KB203015

믿음이
그대를 속일지라도

종교 강박으로부터의 **자유**를 향한 해석학

이 저서는 연세대학교 연구처 주관 2020년도 인문사회 학술연구비
특별지원사업의 학술저서부문에 선정되어 수행된 연구결과임

연구과제

군림하던 앎의 주체에서 내던져진 삶의 실존으로:
기만과 강박으로부터의 해방을 향한 종교철학적 해석학

연세종교철학문고 003

믿음이
그대를 속일지라도

종교 강박으로부터의 자유를 향한 해석학

정재현

동연

들 어 가 는 말

"삶이 그대를 속일지라도 슬퍼하거나 노여워 말라." 러시아의 시인 푸시킨의 시 첫 구절이다. 그러나 과연 삶이 우리를 속이던가? 삶이 우리를 속인다고 생각하는 것은 삶과 앎이 불일치하는 데에서 비롯된 착각이 아닐까? 게다가 그런 불일치의 책임이 사실 삶에게 있는 것이 아니라 오히려 앎에게 있는 것은 아닐까? 삶은 내가 어찌하기 이전에 이미 그렇게 살아오고 있으니 말이다. 내가 삶을 사는 것이 아니라 삶이 나를 살고 있으니 속이고 말고 할 것이 없다. 다만 이미 그렇게 살아오고 있는 삶에서 앎이 나름대로 쪼가리를 추려보는데 이것이 계속 밀고 들어오는 삶에 대해 수시로 어긋나니 애꿎게 삶이 속인다고 했을 뿐이다. 말하자면, 삶을 어찌해보려다가 여의치 않으니 질러본 앎이 우리를 속이고 있는지도 모른다. 그렇다고 삶이 속지는 않는다. 그렇다면 누가 속는가? 앎이 속이고 앎이 속는다. 그래서 자기모순이고 자가당착이다. 그런데 이게 앎에서는 드러나지 않는다. 삶으로 봐야 비로소 힐끗 보일 따름이다. 그렇다면 우리는 삶과 앎 사이의 어디에 걸쳐 있는가? 속이는 앎과 속지 않는 삶 사이에서 우리는 도대체 무엇이고 누구인가?

이래서 우리 자신을 보아야 한다. 그렇다고 다시 본성이나 본질로 되돌아가자는 것은 아니다. 물론 그동안 그렇게 해 왔었다. 그러나 그것이 오히려 우리 삶과 동떨어진 기만이었다는 것은 이제 비밀도 아니다. 하니 이를 더이상 되풀이할 이유는 없다. 그렇다면 우리 자신을 어떻게 돌아볼 수 있는가? 다름 아닌 삶이다. 단도직입적으로 삶을 사는 사람으로 들어가야 한다. 그러나 들어간다고 하여 특별히 다른 곳으로 가는 것은 아니다. 삶을 사는 사람, 아니 사람의 삶은 지금 여기이니 바로 우리 삶을 볼 일이다. 그런데 이렇게 눈을 돌리는 것이 쉬운 일이 아니었다. 저마다의 아우성도 일일이 담아낼 수 없거니와 앞에 비하면 너무 막연했기 때문이었다. 허무와 불안으로 시작한 우리 시대인 현대를 기다려야 했다. 아니 사실 그런 것들을 겪으면서 비로소 삶에 눈을 뜨게 되었다. 더이상 미룰 수도 없고 외면할 수도 없었기 때문이었다. 이런 시대적 요청의 선두에 몇 선구자들이 나타났다. 이제 우리는 그렇게 삶을 전면으로 불러낸, 아니 밀고 들어오는 삶으로 과감하고 진솔하게 뛰어든 그들의 통찰을 새기고자 한다. 망라할 수 없으니 일련의 흐름을 따라가면서 중요한 길목에서 이정표를 세워준 몇 가닥을 살피고자 한다.

여기 묶은 것은 그런 취지 아래 개설했던 수업에서 필자가 강의했던 것들이다. 군림해왔던 앎보다 더 깊은 뿌리에 삶이 있다는 반동에서 시작한다. 그리고는 그런 삶을 앎이 잘라내고 눌러왔다는 절규를 곱씹는다. 나아가 이런 반동과 절규를 싸안고 삶에서 있음이 뜻을 지닐 수 있는 길을 더듬는 성찰도 살핀다. 정신에만 골몰하는 관념론에 대한 육체와 물질의 유물론적 반동이 시작이라면 포이어바흐와 함께 정신에 대한 자연의 권리 원천을 회복시킨다. 그러한 정신이 도덕이나 문화 또는 종교의 이름으로 자연과 생명을 억압해왔다는 니체의 고발은 삶의 원초적 전율을 더욱 강렬하게 일으키니 앎의 속임에 의한 우상화가 기만과 억압의 원흉임을 만천하에 폭로한다. 이러한 저항과 반동은 급기야 삶을 살게 하는, 그래서 다시 살아 움직이게 된, 있음을 새삼스레 드러내니 이 대목에서 하이데거의 기여가 적지 않다. 다시 말하면, 강단에서 머물렀던 앎의 철학에 대한 반동으로써 삶의 철학에서 서주를 울렸던 현대의 해방 추구가 그렇게 육체와 실존에 대한 절규를 거쳐 삶에서의 뜻풀이로서 해석학에 이르게 된 진전 과정을 살피고자 하는 것이다. 이로써 이러한 일련의 작업이 앎에게 속아 자가당착적으로 억압당해왔던 삶의 해방을 꿈꾸는 길을 향해 한 걸음 더 나아가게 해준다는 것을 확인한다. 말하자면 '앎이 그대를 속일지라도' 삶은 이러한 기만과 억압을 벗어나 자유를 향해 몸부림쳐왔다는 해석학적 지론을 길어낸다.

앎의 속임이라는 문제에 주목하여 비판하고 일상적인 삶의 해방을 도모하는 기획이 이 책의 1권을 만들었다면, 2권에서는 앎의 위치에서 작동하고 있는 믿음의 문제를 다룬다. 믿음도 앎의 차원에 머무르는 한 만만치 않게 우리를 속이기 때문이다. 그래서 '믿음이 그대를 속일지라도'라는 제목으로 달아보았다. 이 문제를 다루기 위해 구체적으로 종교철학과 그리스도교 신학에서 전개된 논의들을 주목하여 살핀다. 따라서 2권은 믿음을 인간의 정신적 영역으로만 추려왔던 종교 전통에 대한 비판에서 시작하여 결국 삶에서 믿음의 뜻을 다시금 길어내는 방향으로 논의를 전개한다. 그중에서도 굵직한 이정표들만 골라 살피는데, 구체적으로 종교를 교리나 윤리로 추려왔던 종래의 이념체계가 삶의 현실을 억압해왔다고 고발하고 대안으로 불안한 현실에서 자유를 향한 실존으로써 믿음의 뜻을 일구려는 시도에서 시작한다. 말하자면 앎의 논리를 따라 축소되었던 믿음을 삶의 터전으로 끌고 나오면서 결단을 강조하는 불트만의 실존해석학이 2부의 출발이다. 그리고는 이런 터전 위에서 신의 계시도 교리나 윤리로 축소되는 것이 아니라 현실에서 행동하게 하는 힘의 원천으로 새롭게 이해하고자 하는 통찰로 나아간다. 이 대목에서 신의 계시를 아전인수로 주무르는 종교를 비판하는 저항과 참여의 행동신학자 본회퍼의 전율적인 사자후를 곱씹게 될 것이다. 나아가 이와 같은 앞선 논의들을 아우르면서 종교 바깥과도 소통할 수 있도록 넓이와 깊이를 더하는 성찰을 되새긴다. 이를 위해 구원을 명분으로 삶을 옥죄이던 종교적 억압으로부터 벗어남으로써 오히려 믿음의 참된 뜻인 자유를 향해 갈 수 있는 길을 더듬는 리쾨르의 종교철학을 논의한다. 이와 같은 분석을 통해서 해석학은 결국 앎과 믿음에 의해 벌어졌던 무수한 기만과 왜곡 그리고 이에 의한 억압과 강박으로부터 벗어나서 불안하지만 자유로운 삶의 현실로 나갈 수 있는 길에 이바지할 수 있다고 풀이한다. 아울러 이제 해석학은 그러한 해방의 힘으로 치유하는 성찰의 뜻까지 담아야 하는 것으로 읽어가고자 한다.

이러한 목적을 위해서 이 책은 그러한 해석학에 이르는 도정에서 큰 걸음을 내디뎌준 선현들의 주요 작품을 골라 강독하는 방식으로 구성되었다. 그러기에 어떤 인물이나 특정 주제에 대한 개괄적인 소개를 목적으로 하기보다는 사상가들의 원작 자체에 대한 밀도 있는 독법을 통해 통찰을 일구어내는 것을 목표로 했다. 그래서 관련된 이차 자료들을 가져오는 확장적인 방식보다는 원작의 내용 안으로 파고드는 집중적인 분석을 택했다. 때로 같은 내용이 반복되기도 하는데 이는 원작에 충실하려는 의도에 의한 것이기도 하지만, 맥락에 따라 보완과 추가를 위한 것이기도 하다는 것을 밝혀둔다.

여기에 수록된 강의는 여러 학기에 걸친 과목인데 연세대학교 대학원/연합신학대학원 종교철학 전공생들의 도움으로 상당한 분량의 녹취록을 만들 수 있었다. 이에 도움을 준 원생들에게 깊은 감사를 표한다. 아울러 여러 가지로 어려운 상황에서 선뜻 출판해주시는 동연 출판사 김영호 사장님과 함께 수고해 주신 분들께도 감사의 인사를 전한다.

2020년 가을
연세대학교 신학관 연구실에서
정재현

차 례

3부

—

믿는다는 것은
그렇게 산다는 것

1 장

믿음은 앎이 아니라 삶

　'신학'에 있어 〈신〉과 〈학〉 사이의 거리에 조금이라도 정직할 수 있다면 그 어떤 신학적 진술도 목청 돋우고 침 튀기면서까지 할 만한 것은 없어 보인다. 혹시 이전에는 그런 모양새가 통하던 때가 있었겠지만 이제는 사람들의 머리가 커졌기 때문이다. 머리만 커진 게 아니라 눈도 커졌다. 마음까지 커졌는지는 모르지만 하여튼 이미 이리저리 커져 버린 현대인들에게는 윽박지른다고, 반복한다고 먹혀들지 않는다. 해서 서구 교회가 이미 가라앉은 지 오래고 한국 교회도 그 전철을 답습한다. 왜 그런가? 교회가 그들만의 언어를 주술로 되풀이하고 있는 것도 주요한 이유 중의 하나일 것이다. 물론 주술에 길들여진 사람들은 하루라도 읊조려주지 않으면 못내 불안하겠지만, 이건 절대로 교회 담을 넘어 세상 밖으로 나가지 못한다. 신학도들이 '신학 따로, 목회 따로'이듯이 신자들도 사실 '믿음 따로, 삶 따로' 살고 있다. 때로 '복음에 대한 확신'은 이런 현실에 주저해서는 안 된다고 뭇사람들을 길들여 온 것 같은데 이게 대체로 주술을 확장할 뿐이었다. 게다가 이젠 '확신의 죄'까지 고발되었으니!

　그러나 믿음의 이유이며 터전이어야 하는 삶은 우리로 하여금 그저 주술적 감상에 몽롱하게 머무르기를 허락하지 않는다. 삶이 그렇고 삶과 얽힌 죽음이 그렇기 때문이다. 말하자면 주술의 몽롱함이 현실의 불안과 억압으로부터의 해방이라는 착각을 잠시 일으킬 수는 있어도 죽음이라는 삶의 구조적 한계는 그렇게 몽롱한 착각이 오히려 우리를 종속시키고 억압한다는 것을 드러내기 때문이다. 머리가 커진 현대인들에게, 죽음과 얽힌 삶으로 스스로를 다시 보고자 하는 현대인들에게, 재래적 종교가 설득력을 지니지 못하는 이유도 여기서 찾을 수 있다. 그러니 종교라 하여 믿음만 운운할 일이 아니라 먼저 조신하게 삶을 살피고 결국 죽음을 새겨야 할 일이다. 말하자면 삶 위에 믿음을 군림시키고자 했던 종래의 종교를 벗어나 삶에 닿을 수 있는, 그래서 삶에 깔릴 수 있는 믿음의 가능성과 의미를 더듬어야 할 일이다. 물론 근대의 선험적 자아로 표상되는, 죽음을 잊어버린 유아론적인 주체가 아니라 구역질 날지도 모르는 타자들 사이가 삶의 터일 수밖에 없는 현대의 주체이니 관계나 체험이 관건이 될 터이고, 죽음에 대해 조금은 용기 있는 성찰이 현대를 열게 했다면 시간과 역사가 새삼스러운 무게를 지니게 되는 것도 당연한 일이다. 이렇게 삶이 뜻을 구하고 그 뜻이 참에 다가가는 길을 더듬어보려는 노작인 해석학은 관계와 시간 등으로 표상되는 삶과 죽음의 얽힘이라는 지평 위에서 '참'[진리]과 '뜻'[해석] 사이의 경계 허물기를 통해 종국적으로 같음의 이념에 의한 억압으로부터 다름의 해방을 꿈꾸고 있는 듯이 보인다.

　이제 함께 살피려는 불트만의 해석학도 바로 이러한 성찰에 참여하고 더 깊이 나누려는 노력의 일환이다. 신과 만나는 인간의 터가 이성이나 정신만이 아니라 몸과 마음이 분리될 수 없는 '통사람'을 가리키는 실존이어야 한다는 지론을 토대로 그의 노작을 실존해석학이라고 부를 수 있거니와 이를 경전해석에도 적용하는 그의 탈신화화에 대한 오해를 추려내고 보다 맞갖게 이해함으로써 믿음의 본래적인 뜻인 자유를 향할 수 있는 길을 도모하고자 한다.

인식론을 넘어서 해석학으로

불트만, 〈학문과 실존〉

학문 대 실존

불트만(Rudolf Bultmann)의 해석학을 살피는 데 있어 기본개론에 해당하는 가장 탁월한 자료로서 〈학문과 실존〉이라는 논문이 있다. 제목으로만 보면 다소 뜬금없어 보이기도 하지만 그 뜻을 풀면 그렇게 묶어 대조한 의도에서 그의 해석학적 구도를 매우 효과적으로 파악할 수 있다. 단도직입적으로, 학문이 앎을 가리킨다면, 실존은 삶을 뜻하니 이는 앎과 삶 사이의 관계에 대한 논의이며 그중에서도 특별히 대조에 주목하려는 의도를 지닌다. 한 걸음 더 들어가서, 그가 말하는 학문이 근대 인식론에 집중한 것이라면, 실존은 현대 해석학을 가리키는 것으로 읽을 수 있다. 결국 '학문과 실존'은 '인식과 해석'이라고 새길 수 있다. 그런데 이 대목에서 특별히 주의를 기울여야 할 것이 있으니 그것은 우리가 인식과 해석을 대비해 놓고서도 대체로 해석을 인식으로 끌고 들어가는 본능적이고도 관습적인 성향에 크게 지배받고 있다는 점이다. 아무리 인식과 해석의 차이를 강조해도 다시 인식으로 되돌아가는데 그 이유인즉, 우리는 원초적으로 인식주체의 주도권을 기본구도로 하여 자기중심적으로 세상을 살아가고 있기 때문이다. 바로 이런 이유로 인식과 해석을 대비하는 것은 매우 중요하다. 불트만은 그 대비를 다음과 같이 간명하게 언급한다.

우리는 우리 주변 세계와 우리에게서 일어나는 세계 현상들, 자연, 역사, 인간 정신의 현상들에 대한 방법론적인 연구를 학문이라고 칭한다. 이 연구는 저 영역들에서 지식을 얻으려는 목적으로, 즉 '진리'를 인식하려는, 다시 말하면 그 현상들의 '실제적인' 모습, '참' 모습, 그 자체들의 모습을 인식하려는 목적으로 수행된다. 반면에 우리가 '실존'이라고 부르는 것은 가령 단순한 물존적 존재 어떤 것이 '실존한다'=물존적으로 존재한다는 사실이 아니라, 특수하게 인간적인 방식으로 존재하는, 즉 자신의 존재를 위임받은, 자신의 존재를 문제시할 수 있는 자신의 존재의 만족 또는 불만을 말할 수 있는 인간의 존재, 간단하게 말해서 시간적인 존재로서 그 자신의 역사를 가지고 있는 책임적인, 인격적 존재이다.[1]

문단 중간에 위치한 '반면에'를 기준으로 학문과 실존이 균형적으로 대비된다. 학문을 논하는 데에서 핵심적인 용어들로서는 인식, 지식, 진리 등이 있다. 그런가 하면, '반면에' 이후에 부정되고 있는 '사실'도 학문 쪽에 속하는 용어이다. 실존에 대한 서술에서는 '사실'과 대비되는 것으로 '문제'를 들 수 있다. '사실'은 이미 거기에 그렇게 주어져 있는 대답이라면, '문제'는 물어야 하는 물음을 가리키니 말이다. 말하자면 앎은 바로 그 앎을 통해서 사실로 새겨질 대답을 얻는 것을 목표로 하는 반면에, 삶은 여전히 모를 수밖에 없는 삶에 대한 물음을 부여잡고 갈 수밖에 없다. 사실 앎이 구하는 대답은 예측 가능성을 높이는 데에 기여하니 현실적으로 유용할 뿐 아니라 절실하게 필요하다. 그리고 이런 이유로 인간 정신활동에서 중요한 기틀이 되고 인류문명에

---

1 루돌프 불트만, "학문과 실존", 허혁 옮김.『학문과 실존』제1권, 1; 이하 "학문과 실존"으로 표기한다.

기여해 왔다. 그런데 삶이 문제라는 것은, 그래서 여전히 물을 수밖에 없다는 것은 예측 가능성으로 싸잡힐 수 없는 차원에서 비롯된 것이니 물음이란 예측 불가능성과의 씨름이라고 해도 과언이 아니다. 그리고 이러한 점이 바로 학문과 실존 사이의 결정적인 대조이며, 앎의 논리와 삶의 생리 사이의 차이이다.

보다 구체적으로 살펴보자. 학문을 말하는 부분에서는 '진리, 인식, 지식'이 한 묶음이 되고, 실존을 다루는 부분에서는 '시간, 역사, 인격'이 또 다른 묶음이 될 터이다. 서술의 순서대로 열거했지만 우리가 다시 추리는 것이 앞으로 읽어가는 데 도움이 될 것이다. 학문으로 표기된 '인식'은 앎이라는 행위를 가리킨다. 이보다 앞서 주어진 앎으로 '의식'이라는 것이 있다. 내가 하기 전에 이미 주어진 의식 덕분에 좀 더 알기 위해 하는 인식이 가능하게 된다. 그리고 이러한 인식은 그 행위를 통해서 '지식'을 산출한다. 그렇게 산출된 지식이 종국에 '진리'를 향하는 것은 물론이다. 단계를 이어가면서 대답의 밀도가 높아지고 사실로 다가가게 된다. 이에 비해 실존에서 나온 시간과 역사라는 것은 끊임없이 변화하는 흐름이니 앎으로 모두 담을 수 없다. 그러니 물음이 나올 수밖에 없다. 실존이 문제라는 것은 이것을 가리킨다. 시간이 그렇고 역사가 그렇다. 시간 안에서 살 뿐 아니라 시간을 살기 때문이다. 뒤집어 말하면 시간이 나를 산다. 삶이 나를 살아간다고 해도 좋다. 같은 말이다. 내가 삶을 사는 것이 아니라 삶이 나를 살아가는 것이니 모를 수밖에 없고 물을 수밖에 없다. 인격이라는 것도 그런 뜻에서 주어진다기보다는 만들어져 간다는 성격을 부여받는다.

학문과 실존에 대한 대비는 계속 이어진다.

학문은 현상들을 인식하려고 하면서 그것들을 사유의 대상들로 만든다.··· 그것들을 객관화한다.··· 학문적인 사유는 동시에 현상들과의 직접적인 해후로부터 벗어난다. 거리를 두면서 자체를 그것들에 ―주체로서 객체에― 대립시킨다. 학자가 고고학자로서, 예술사학자로서 가령 아폴로 신상의 자료와 그 기법을 탐지함으로 그것의 역사적인 위치를 확정한다면 시인은 그것이 자신에게 말하는 것을 직접 들으려고 한다.[2]

당연히 학문의 방법은 '사유'다. 앞서 인식을 말했는데, 인식이 아는 행위이고 사유는 생각하는 것이니, 인식이 내용을 담는 행위에 초점을 둔 용어라면 사유는 형식적인 기능을 가리킨다. 그런 사유는 '직접'이 아니라 '거리'를 두고 벌이는 일이다. 자고로 사유행위는 주-객 대립을 근간으로 하니 이들 사이의 거리는 불가피한데 학문의 보편성을 위한 객관성 확보가 관건이기 때문이다. 고고학자나 예술사학자가 그런 예에 해당한다. 그런가 하면 '실존'의 역할에 해당하는 '시인'(詩人)은 직접 들으려고 한다는 것이다. 그래서 학문의 '거리'와 실존의 '직접' 사이에 정면 대결이 나타난다.

학문이 설정하는 거리에 의한 객관화는 어떤 방식으로 일어나는가?

인간은 객관화에서 자신의 인간됨과 대면한다; 이 점에서 그는 자기 자신을 자신에게 일어나는 일과 다른 것으로 파악한다.··· 인간은 낙원 신화가 구상적으로 묘사하는 바와 같이 그에게 일어나는 현상들과 그

---

2 "학문과 실존," 『학문과 실존』 제1권, 1. 중간에 생략하면서 골자만 추렸다. 학문이 취하는 사유-객관화-비직접성-거리-대립이라는 일련의 전개를 시각화하기 위해서였다.

를 억압하는 현상들의 이름을 지으며, 주체로서 자신을 그것들에게 대
립시킨다.[3]

자신과 일을 분리한다. 인간이 자신과는 다른 사건이나 현상을 파
악하려니 객관성을 위해서 거리를 둔다. 그런데 그러다 보니 오히려
거리 때문에 불안하게 된다. 그래서 이를 극복하려고 '이름'을 붙인다.

원시적 인간은 무서운, 자신을 위협하는 세력들에게 이름을 주면서 그
것들을 객관화하며, 자신의 사유를 위해 이용할 수 있게, 유용하게 만
들고 자신의 행위로 접근할 수 있게 하여, 객관화하는 칭명에 의해 자
신을 불안으로부터 해방시킨다.[4]

이름이란 모르던 것을 알게 되는 것이다. 아니 솔직히 말하면, 이
름을 붙이면서 안다고 생각한다. 물론 불안으로부터의 해방을 위한
것이다. '앎'이라는 행위를 통해서 불안을 극복하고자 하는 욕구를 어
느 정도 충족시킨다고 생각하게 된다. 곧 깨어질 '앎'이라고 하더라도
적어도 깨어지기 전까지라도 작동하고 있는, 우리의 불안을 어떤 식
으로든지 해소하고 해방시켜 주는 방식으로 작동하는 정도의 '앎'이
다. 그 '앎'의 가장 손쉬운 방식이 '이름'이다. 이름이 어느 정도로 효과
적일까? 불트만은 간결하게 대답한다: "이름으로 표시된 악마는 축출
할 수 있다; 이름으로 표시된 신은 경배하며 부를 수 있다."[5] 무서운

---

3 "학문과 실존," 『학문과 실존』 제1권, 1.
4 "학문과 실존," 『학문과 실존』 제1권, 2.
5 "학문과 실존," 『학문과 실존』 제1권, 2.

악마도 이름을 붙이면 몰아낼 수 있다. 까마득한 신도 이름을 붙이면 불러내고 경배할 수 있다. 그리고 보면 이름 짓기는 학문에서만 벌어지는 일이 아니었다. 심지어 종교부터 그러했다. 기실 이름 붙이기일 뿐일 수도 있다. 그런데 이름을 붙여놓고서는 불안을 극복했다고 생각하고 싫은 것을 몰아내고 좋은 것을 불러들인다. 이름의 위력이다. 자기기만의 착각일 수도 있는데 말이다.

이런 방식으로, 학문을 가장 일상적으로 견인해온 것이 이름 짓기이다. 사실 모든 학문이 나름대로 개념 규정을 하는데, 그것이 사실상 이름 짓기이다. 개념으로 규정한다(defining)는 것은 끝(fine)을 자르는 (de) 것이다. 그 끝은 어디인가? 끝까지 가는 것이 아니라 자르는 곳이 끝이다. 자르니 끝이 된다. 자르니까 자르는 것의 안과 밖이 있고 자르는 것의 안에 딱 들어간 것이 끝이다. '잘라서 여기까지가 끝이다'라는 것이다. 그렇게 정의되고 규정되니까 많은 복잡한 소용돌이의 동사들까지도 추려서 명사로 만든다. 명사화라는 것이 이름 짓기가 아닌가? 이름 짓기가 일상 행위에도 깊숙이 자리 잡고 있지만 학문 활동도 연장선 상에서의 심화이고 확장이지 별 다른 것이 아니다.

물론 학문도 배부르고 등 따스한 지적 유희만은 아니다. 학문도 불안으로부터의 해방을 향한 몸부림이다. 인간이 살아야 할 터전인 거친 자연을 길들이는 정신문화활동의 끝자락에 등장한 학문은 과연 자구적 노력의 정점이었다. 즉 인간이 살기 위해서 죽을 수밖에 없는 것들의 경험이 누적되는 가운데 삶을 더 안전하게 꾸려내기 위한 몸부림이었다. 여기서 이름 짓기(naming)라는 탁월한 방법은 자연(nature)을 문화(culture)로 길들이는 것(taming)이었다. 그렇다면 왜 그러했는가? 자연은 험난했다. 과학이 발달한 지금 조금은 나아졌다고 할지도 모르지만 그 차이는 생각보다 그리 크지 않다. 그 험한 자연은 인간에게 불안과 공포일 수밖에 없다. 그러한 불안과 공포를 벗어나고자 인간은 자연을 갈고 닦는다. 그래서 이제 자연은 인간이 길들이는 문화 활동의 대상이 된다. 학문이 그 정점에 있다.[6]

학문과 대비되는 실존은 무슨 태도를 취할까? 실존은 어느 순간도 불안으로부터의 해방을 말하지 않는다. 대조에도 불안을 과제로 삼는다는 점에서 학문과 실존은 공통적이지만 그것을 과제로 삼아서 취하는 목적과 방향이 매우 다르다. 그러면 어떻게 다를까? 나중에 해당하는 부분에서 다시 언급하겠지만, 단도직입적으로 말하면 실존은 불안을 싸안는다. 학문은 불안을 극복한다는 구실로 제거하려고 하지만, 실존은 그러한 시도가 일시적인 기만일 뿐이며 결국 불가능하다는 깨달음으로 불안을 싸안고 헤쳐 가는 지혜를 더듬고자 한다.

신앙도 학문적으로?

이렇게 놓고 봤을 때 '학문 대 실존'이라는 틀에서 신앙에 대해서

---

6 인간은 자연에서 불안과 공포를 겪으면서 이를 극복하는 해방을 꿈꿨다. 그러다가 자연을 주물렀다. 그런데 과도하게 주물렀다. 그러다 보니 예상할 수도 없었던 자연의 '복수'가 벌어진다. 의인화의 표현이지만 자연이 자연이라면, 그래서 스스로 그러하다면 스스로 그러해야 하는데 그렇지 못하게 되니 스스로 그렇게 되도록 되돌리려는 성향을 지닌다. 이른바 자연의 자정작용이라고 해도 좋은 일이다. 그런데 자연의 자정작용 때문에 자연을 주물러왔던 인간이 더 고통을 당한다. 불안과 공포를 극복하겠다고 자연을 대상적으로 탐구하고 분석하고 이용했는데 인간의 과도한 착취와 남용에 대한 자연의 자기정화가 도리어 인간에게 불안과 공포로 다가온다. 엄청난 자가당착이다. 학문의 자가당착이다. 이를 부추기면서 돌아간 산업과 경제 등 온갖 일상생활이 그러한 자기모순에 빠지는 것을 우리는 에누리 없이 목도하고 있다. 우린 지금 이런 현실에 살고 있다. 문제는 앞으로 이런 악순환의 굴레가 더욱 증폭되고 가중될 것이 더 진하게 예상된다는 데에 있다.

분석한다면 어떻게 될까? 우리가 신앙을 매우 지극히 학문적인 방식으로 한다는 것을 부정할 수 없다. 무슨 말인가 하겠지만, 종교의 궁극적인 목적을 '불안으로부터의 해방'으로 새기기 때문이다. 종교는 마땅히 그래야 하지 않을까 하면서 당연한 듯하니 재론의 여지가 없어 보인다. 그런데 불트만에 의하면 신앙은 학문적으로가 아니라 실존적으로 해야 한다. 그런데 실존에서는 불안과 관련하여 해방이 아니라 결단이 요구된다. 불가능한 해방을 주장하면 도피로 빠질 수밖에 없다는 것이 그의 지론이다. 그런데 바로 이런 이유로 불트만의 주장이 환영받지 못했다. 탈신화론화 또는 비신화화로 번역되는 그의 주장에 대한 온갖 시비가 있지만 사실 우리 신앙의 목표와 방향을 해방이 아니라 결단으로 잡아야 한다는 것이 달갑지 않은 것이 더욱 근본적인 이유일 것이다. 아니 사실 그렇게 이해하지도 못하고 비신화화에 대한 표피적인 오해에 머물러 거부하고 있다고 보는 것이 더욱 정확할 것이다.

그렇다면 이를 해결하기 위해 거꾸로 질문해볼 수 있다. 우리가 비록 신앙을 '학문' 방식으로 해왔다고 해도 나름대로 그만한 종교적인 기능이 작동해왔다는 것을 부정할 수는 없다. 종교가 본디 해방을 위한 것이니 말이다. 그래서 종교의 그러한 기능을 예찬하고 칭송하고 활용해왔는데 그런 것들이 도대체 어떤 문제를 지니고 있기에 문제라는 말인가?

이 질문에 대해서 한 실마리가 될 수 있는 통찰이 앞서 나왔다. '이름으로 표시된 악마는 축출할 수 있다. 이름으로 표시된 신은 경배할 수 있다.' 이게 이름의 힘이다. '이름'을 '종교'로 바꾸어도 여전히 성립한다. 이게 종교의 힘이다. 종교의 매력이면서 동시에 마력이다. 그런데 마력에 우리가 휩쓸릴 수도 있다. 어느 순간 매력과 마력을 구별하지 못하기도 한다. 마력에 휩쓸리고 있는데도 매력인 줄로 안다. 하느님 또는 하나님이라고 이름만 열심히 불러도 주술효과가 나타난다. 똑같은 언어를 계속 부르면 공중부양이 일어나고 주술효과가 나타난다.

> 다음 문제가 활발해졌다: 객관화하는 사유의 방법이 실제로 현상의 본질 인식을 얻게 하는 방법인가? 객관화에는 한계가 있지 않은가? 아니, 객관화가 도대체 가능한가? 현상을 있는 그대로 인식하는 지식이라는 것이 있을 수 있는가?[7]

그런데 근대인은 이런 질문을 던지지 않았다. 근대인들에게 이것은 곧 물러설 수 없는 신념이었다. 객관성과 보편타당성이 진리의 기준으로서 중요했으니 마땅한 것이기 때문이었다. 고대와 중세를 지배한 '무엇'에 대해 근대를 세운 생각하는 주체인 '누가'가 등장하니 '무엇'이 객체가 되고 이제 주객 관계를 '어떻게' 엮을 것인가가 관건이 되었으니 말이다.[8] 이것이 인식론이다. 인식론이 과제로 삼는 '어떻게'는 '무엇'과 '누가' 사이의 거리를 잇는다. 거리를 두면서 거리를 잇는다. 이때 이어내는 구체적인 방식이 진리의 정합(coherence)과 대응(correspondence)이었다. '현상을 있는 그대로'라는 이념에 사로잡힌 나머지 객관화의 한계를 잊어버리고 덮어버렸다. 인식론의 기만이다. 그러한 앎의 기만에 대한 삶의 폭발이 이러한 질문들로 터져 나왔다.

---

7 "학문과 실존," 『학문과 실존』 제1권, 2.

8 여기서 의문사로 표기하는 시대정신의 특징에 대한 메타언어는 필자가 사상사를 읽어내는 데에 사용하는 관통용어이다. 이에 대해서는 필자의 다음 저서를 참조하라. 정재현, 『신학은 인간학이다: 철학읽기와 신학하기』, (왜관: 분도출판사, 2002), 전권.

다시 말하면 누구도 자신의 주관적인 선입 판단들로부터 완전히 풀려날 수 없고, 오히려 객관성을 찾으려는 역사과학이 가능한 한 제거하려는 것을 원리로 만들 뿐이다. 이제는 역사과학도 주관성에서 벗어난 객관성에 도달하지 못한다는 사실을 인정해야 할 뿐 아니라 그것이 어떤 의미에서 그런가를 밝혀야 할 것이다.[9]

실존의 복잡성과 이로 인한 객관성의 불가능성

선입견이라는 것이 좋다는 것은 아니지만 제거할 수도 없다. 그러니 '있는 그대로'는 불가능하다. 그런데 가능하다고 주장하면 착각이고 기만이라는 것이다. 이런 이야기를 역사과학의 사례를 가지고 불트만은 설명한다.

> 그러므로 이렇게 다시 물을 수 있다: 단지 공간과 시간상으로 확인할 수 있는, 그런 현상들의 영역이 시야에 들어왔다고 해서, 다시 말하면 역사서술이 단지 연대기나 단편작품일 경우에 역사가 뜻하는 것이 이미 충분히 파악되었다고 할 것인가? 우선 다음과 같은 이유에서도 그럴 수는 없다: 역사란 여하한 경우에도 사실 하나의 움직임이다: 아니 개체 현상들이 연관성 없이 병행하거나 연속적으로 발생하는 과정이 아니라 원인과 결과에 의해 연결된 과정이며, 이러한 연결은 힘들의 작용을 전제하기 때문이다.… 그다음에 역사적 사건에는 역사과정의 연관성에서 차지하는 그 의미가, 어떤 사건을 비로소 어떤 역사적 과정의 위치에 올려놓는 의미가 함께 속한다.[10]

---

9 "학문과 실존," 『학문과 실존』 제1권, 3.

여기서 '움직임, 연결된 과정, 힘들의 작용'은 모두 역사의 중요한 요소들로서 실존에 속한다. 이어서 '사건, 과정, 의미'가 나온다. 이도 역시 실존에 속한다. 이쯤 하면 다음과 같이 추려지지 않을 수 없다: "역사적 현상들은 여러 관점에서 각이한 조망들에 의해 관찰될 수 있다: 왜냐하면 인간 자신이 복합적인 존재이기 때문이다."[11] 인간 자신이 복합적인 존재이다. 이것은 학문이 설정하고 있는 일련의 인간관에서는 받아들일 수 없는 전제이다. 고전적 정의로서 '이성적 동물'에서는 인간은 이성으로 규정되었다. 근대로 넘어와 '생각'을 말하는데, 대표적으로 데카르트의 생각을 말할 수 있다. 데카르트의 경우에는 '나는 생각한다, 고로 존재한다'라는 명제에서 가리키는 생각이다. 데카르트의 기본 이념은 명석 판명(clear and distinct)이었다. 확실성이라고도 한다. 이게 단순성에서 가장 중요하다. 형이상학자들의 복잡한 얘기를 '누가'가 등장해서 '어떻게'라는 이름으로 추려내야겠다고 한 것이 인식론이다. 복잡을 다시 단순화해서 미궁에 빠져버리는 형이상학의 문제를 해결하겠다는 거대한 사명이었다. 그래서 다시 단순성을 내걸었다. 근대의 출발이었다.

같은 근대의 시작으로 파스칼도 '생각'을 말했다. 그는 인간을 '생

---

10 "학문과 실존," 『학문과 실존』 제1권, 4.

11 "학문과 실존," 『학문과 실존』 제1권, 5. 인간이 복합적인 존재라고 하는 것은 현대 이전에는 마치 숨겨야 하는 치부처럼 여겨졌다. 인간이 세계를 있는 그대로 본다는 것을 무의식적으로 설정한 형이상학은 인간이 단순한 정도가 아니라 무색투명한 것이었다. 그래야 그대로 볼 수 있고, 인간이 옳은 것이 그것 그대로라고 할 수 있었으니 말이다. 그러다가 인식론으로 오면 인간은 세계를 보아내는 탁월한 안경이다. 이 역시 투명해야 했으니 가능한 한 가장 단순한 것이어야 했다. 그러니 인간이 복합적이라는 것은 부정되었어야만 했다. 드러나고 덮어야 했었다. 삶의 억눌렸다는 것은 이런 연유다. '삶의 철학'이 그저 튀어나온 것이 아니니 무색투명 또는 단순을 강요받았던 역사를 배경으로 하는 것이었다.

각하는 갈대'로 묘사했다. 데카르트의 생각과는 뭔가 공유하는 듯하면서도 사뭇 달랐다. 파스칼의 생각에는 감정이라는 요소가 굉장히 강하게 들어있다. 물론 파스칼이 이성을 거부하지는 않았다. 그러나 그가 생각이라고 했을 때는 감정의 요소도 같이 들어갔다. 자기 자신에 대한 더 진한 성찰이었다. 그래서 근대의 시작에 서 있는 사람이지만 현대 실존주의의 선구라도 말한다. 그로부터 삼백 년 뒤에 등장하게 될 실존주의를 그만큼 앞당긴 선구자였다. 이런 식으로 더 거슬러가서 중세를 시작하고 고대를 마무리 지은 아우구스티누스를 고전적인 의미의 실존주의자라고 말할 수도 있다.

그래서 실존주의라는 역사적인 흐름에서 고전적으로 아우구스티누스, 근대적으로 파스칼, 현대로 와서 키르케고르 등을 아우르는 통사적인 접근을 하는 분석도 있다. 파스칼만 하더라도 '생각'과 '갈대' 사이에서 모순을 데카르트처럼 합치시키기보다는 과감하게 드러내려고 하는 통찰을 적극적으로 하려고 했다는 점에서 실존주의 선구자라고 말할 수 있다. 또 다른 예로, 파스칼이 말하는 '천사와 짐승의 중간자'라는 것도 있다. 인간이 천사와 짐승의 중간자라고 했을 때 이말은 50% 짐승, 50% 천사라는 것은 아니다. 인간 안에 100% 천사의 가능성과 100% 짐승의 가능성이 동시에 이글거리고 있다는 뜻이다. 그러니까 복잡다단한 실존의 모순에 대해서 차츰 주목하기 시작한 것이다. 그런 점에서 실존주의 선구라고 말한다. 그런데 바로 그런 이유로 파스칼의 통찰이 근대의 중심 지론이 되지 못했다. 그 시대엔 복잡성을 받아들일 수 없었기 때문이다.

그러나 이제 우리 시대에는 복잡성을 더이상 단순의 이름으로 억누를 수 없다는 것을 공유하고 있다. 더이상 참을 수 없는 몸부림의 폭발인 것이다. 수백 년을 기다려 우리 시대인 현대로 넘어와서 '실존'의 이름으로, '삶'의 이름으로 터져 나온 것이다. '인간 자신이 복잡한 것이다'라는 말이 오늘날엔 자연스러울지 모르지만 긴 세월 동안 억제되어 있었던 얘기였다. 그런데 사실 복잡하다는 것이 어렵게 하는 면이 없지는 않으나 오히려 더 편하게 풀어주는 차원도 있다. 단순성을 구실로 무수히 잘라내고 억눌렀던 역사를 돌이킨다면 더욱 분명하게 확인할 수 있다. 다만 인간은 그렇게도 복잡한데 하나의 관찰방식만 옳다고 주장하게 되면 독단이 되고 오류가 된다는 점을 놓치지는 말아야 한다.

> 인간은 물질적인, 정신적인 욕망들과 의지, 환상도 가지고 있다.… 이 관점들은 각기 방법론적 오류가 개입되지 않는다면 객관적으로 올바른 것을 보여준다. 그 상은 오로지 관찰방식이 절대화되고 도그마가 될 때에만 잘못된다.[12]

결국 관점은 서로 다르게 특정한데 그러니 부분적일 수밖에 없고 그런 의미에서 주관성이 불가피하게 허용될 수밖에 없다는 것이다. 특정성이나 주관성이 문제가 아니라 이를 독단화하는 것이 문제다. 역사가가 주관적일 수밖에 없는데 '주관적'이라고 하는 것이 잘못 봤다는 것은 아니다. '특정', '관점', '주관성'이라는 말은 절대화, 도구화에 대립시킬 수 있는 말이다. 실존을 설명하는 '역사의 의미, 과정, 작용'이 나왔고 여기에 '주관성, 특정, 관점'이 모두 실존에 해당한다. 불트만은 이렇게 요소를 개진하고는 본격적으로 실존에 대해 주장한다:

---

12 "학문과 실존," 『학문과 실존』 제1권, 5.

"이 관점들의 계기 외에 또 다른 계기를 생각할 수 있다: 그것을 나는 실존적 해후의 계기라고 부르고 싶다."[13] 여기서 해후(Begegnung/en-counter)는 반대 방향에서(gegen/counter) 서로를 향해 다가와 만나는 것이다. 어느 한쪽에서 일방적으로 주도권을 쥐고 다가가거나 포섭하는 것이 아니다. 학문에서는 반대 방향에서 서로 다가간다는 것은 혼란스러운 제거의 대상인데, 실존적 현실에서는 무수하게 복잡한 것들이 수없이 대립할 수밖에 없다. 이렇듯이 삶의 현실에서 나를 향해 거슬러 서로 얽히는 것을 '실존적 해후'라고 한다. 그리고는 해후 덕분에 "역사가는 학문적인 역사상을 성립시키는 데서 자신의 실존으로 참여한다"[14]는 것이다.

학문적 거리 대 실존적 참여

'참여'라는 말은 저 앞에 말했던 '거리'와 정확하게 대비된다. '거리'라는 말에 대비시켰던 '직접'이라는 말의 또 다른 표현이 '참여'이다. 그런데 여기서 불트만이 '참여'라는 표현을 얼마나 심오하고 신중하게 사용하고 있는지에 대해 우리가 주의 깊게 살펴야 한다. 그냥 가볍게 선택된 용어가 결코 아니다. 이걸 가벼이 지나가 버린 무수한 비평가들이 불트만이 신의 차원을 폐기하고 인간실존에만 집중한다고 오해해 왔었다. 만일 그랬다면 도대체 해후는 무엇이고 참여는 무엇을 가리키겠는가? 실존밖에 없다면 '실존적 자위'(existential masturbation)란 말인가? 그런데 시중에 돌아다니는 책들이 불트만을 비판하는 것을

---

13 "학문과 실존," 『학문과 실존』 제1권, 6.
14 "학문과 실존," 『학문과 실존』 제1권, 6.

보면 이런 방식으로 풀고 있으니 참으로 안타까운 일이 아닐 수 없다. 불트만이 뭐라고 얘기했는지 보자.

> 역사는 스스로 역사 안에 서서 역사에 참여하고 있는 자를 위해 여기서 비로소 말을, 다시 말하면 역사의 본질을 드러내기 시작한다. 그를 위해 비로소 역사적 현상들은 그 의미와 함께 드러날 수 있다. 이것은 물론 파악하는 주체가 주관적인 임의에 의해, 현상들 자체에 실제로 없는 의미를 그것들에게 제공한다는 의미에서 그렇다는 것을 가리키지 않는다. 15

불트만을 포함하여 실존주의를 비판하는 형이상학이나 그리스도교 교리주의자들이 내세우는 중요한 이슈 중에 하나가 이것이다. 실존을 말하면서 '신이 없는지 있는지 모르겠고 그냥 이쪽의 이야기만 벌려놓고 내지르면 된다, 하면 된다, 결단하면 된다고 하니 도대체 신은 어디로 갔는가'라고 비아냥조의 비판을 많이 한다. 그러나 불트만은 주관적인 임의에 의해 원래 없던 의미를 만들어내는 따위의 짓을 말하는 것이 결코 아니다. 앞에 분명히 '주관성'을 말했고 이어서 '특성'과 '관점'을 말했었다. 그러나 그게 '임의'는 아니다. 학문의 눈으로 보면 '주관성, 특정성, 관점'이 '임의'로밖에 보이지 않는다. 그것이 학

---

15 "학문과 실존," 『학문과 실존』 제1권』, 6. 주관적이거나 개별적인 것을 무조건 임의라고 보는 발상은 사실상 객관성이나 보편성을 명분으로 하는 폭력이다. 인류사에 과연 진정 보편이나 객관이 존재했던 적이 있었는가를 돌아본다면 그러한 점은 더욱 분명해진다. 주관과 임의가 구별되어야 하는 것은 분명하지만 임의도 무가치한 것으로 매도될 수는 없다. 사실 많은 경우 임의의 선택과 결정일 수밖에 없는 것들이 우리 삶을 엮어가고 있으니 말이다. 말하자면 임의의 시행착오에서 주관이 엮어지고 그리함으로써 주관이 다시 임의로 빠지지 않을 수 있는 기제가 될 터이다. 삶이 그렇게 생겼기 때문이다.

문주의, 로고스주의(logocentrism)의 문제이다. 그런데 앞서 말한 대로 신앙이 그런 방식으로 굴러가고 있다. 그런 역사가 너무 길다. 교리가 원흉이다. 그러니까 시작은 고전으로 거슬러 올라간다.

주관적인 임의는 결코 '실존'에 속하는 것이 아니다. 실존을 주장하기 시작한 키르케고르의 핵심적 주장으로 '진리는 주체성이다'라는 명제가 이를 부추기는 것처럼 오해되고 있으니 거슬러 여기서부터 논하는 것이 좋겠다. 이 명제는 진리가 한갓 주관적이거나 심지어 임의적이라는 것이 결코 아니다. 그랬다면 무정부적 상대주의를 예찬하는 것밖에 안 된다. 그러나 실존주의자들이 그렇게 이상하거나 멍청한 사람들은 아니었다. 그렇게 보는 눈이야말로 여기서 불트만이 말하는 학문적 태도, 즉 근대 인식론의 객관성 이념에 머물러 있는 것일 뿐이다. 키르케고르가 말하는 주체성으로서 진리란 '삶에 닿는 참'을 가리킨다. 그것도 누구나 동의해야 하는 보편적 진리가 아니라 개체 인간인 실존의 삶에서 뜻을 지니는 진리다. 이는 거꾸로 과연 인류 역사에 서로 다른 개체 인간들이 동의할 수 있는 보편적 진리라는 것이 있었는가를 되물으면 오히려 해명이 될 터이다. 대체로 그렇게 주장되었던 보편적 진리란 지배자와 가진 자들의 체제 유지를 위한 음모에서 나왔다는 것이 고발되고 항거된지도 오래되었으니 아직도 진리의 보편타당성과 객관성 같은 시대착오적인 봉창을 두드릴 일은 아니다. 그 서두에 키르케고르의 이와 같은 전율적인 선언이 등장했던 것이다.

그래서 불트만도 이렇게 질문을 던졌다. "'학문'이 객관을 말하는데 객관이 가능한가?" 물론 근대를 향해서 현대가 던지는 시비를 불트만도 공유하고 던졌지만 그렇다고 해서 이런 질문이 주관적인 임의를 정당화하거나 예찬하는 쪽으로 흘러가는 것은 절대로 아니다. 그렇다

면 무엇인가? 주관적이고 특정한 관점을 가질 수밖에 없지만 '임의'가
아니라는 것에 주목해야 한다. 똥과 된장을 구별해야 한다. 구별하지
못하는 학문주의자들의 맹목성을 오히려 잘 꿰뚫어 보아야 한다.

> 오히려 여기에서 분명히 해야 하는 것은, 역사에 대한 역사가의 순수
> 한 관계가 주체의 객체에 대한 관계의 전통적 도식에 의해 파악될 수
> 없다는 것이다.[16]

학문의 방식으로는 안 된다는 얘기이다. 근대 인식론의 방식으로
는 안 된다는 말이다. 우리에게 주객 관계는 너무나 익숙하다. 이것을
부처님 손바닥의 손오공, 손오공이 느끼는 부처님 손바닥 같은 것이
라고 생각한다는 말이다. 그리고 우리는 선택의 여지 없이 이미 인식
의 주체라는 것이었다. 더 나아가서 신앙에 있어서도 그래야 한다는
것이었다. 둘러싸고 있는 세계를 대상으로 관계했으니 말이다. 그런
데 이제 실존은 세계가 그저 대상이고 마는 것이 아니라고 한다. 삶이
그렇게 생겨 먹지 않았기 때문이다. 그래서 그렇게 될 수 없다는 것이
고 그걸 대체하는 것이 실존이다. 주객 구도에 의한 대립의 대척점에
실존적 해후가 나타난다. 실존적 해후가 주관적 임의가 아닐 수 있는
근거가 무엇인가?

주관이 임의가 아닐 수 있는 근거

사건들 또는 역사과학적인 인물들 자체는 결코 역사적 현상들이 아니

---

16 "학문과 실존," 『학문과 실존』 제1권, 6.

다. 그렇다고 해서 한 인과 관계의 구성성분들로 볼 수 있는 것도 아니다. 그것들은 오로지 미래, 그것들에게 의미 있게 하는, 현재로 하여금 책임을 가지게 하는 미래에 대한 관련성에서만 사건일 수 있다.[17]

'미래에 대한 관련성에서만'이라는 조건이 주관으로 하여금 임의로 빠지지 않게 하는 결정적인 근거이다. 미래에 대한 관련성 때문에 '임의'로 빠지지 않을뿐더러 빠지지도 못한다. 미래는 주관을 명분으로 하여 임의로 주무를 수 있는 것이 아니기 때문이다. 더 나아가 미래는 '현재로 하여금 책임을 지게' 한다. 여기서 '책임성'이라는 핵심요소가 나온다. 임의와는 정면으로 대조되는 책임 말이다. 다시 말하면, '임의'에 빠지지 않을 수 있는 결정적인 근거는 미래와의 관련성인데, 미래와의 관련성의 구체적인 내용이 책임성이다. 관련성이라는 말은 형식 언어이고, 책임성이라는 말은 내용 언어이다. 임의라고 하는 것은 무책임의 방종이다. 그런데 '실존'의 주관성이 임의적이지 않을 수 있는 것은 무책임한 방종이 아니라 미래와의 책임적인 관련 때문이라는 것이다. 앞서 말한 '참여'도 이에 연관될 터이니 미래에 대한 책임성이 참여의 또 다른 표현이라 하겠다.

> 역사의 의미에 대한 문제는 여전히 중요하게 요구된다. 왜냐하면 우리는 역사에 속하는 자로서 역사로부터 오기 때문이다. 우리가 회고하는 역사적 현상들의 의미에 대한 물음은 곧 미래에 의해 책임성을 지니게 된 현재를 위한 것이다.… 이 모든 것은 역사적 인식이 '주체', 즉 역사가의 개인적인 임의에 달려 있다는 의미에서 주관적이라는 것을 의미

---

17 "학문과 실존," 『학문과 실존』 제1권, 6.

하지 않는다는 것이 분명해질 것이다.[18]

이제 미래에 대한 책임으로 인하여 실존적 주체가 개인적 임의로 전락하지 않을뿐더러 참여의 뜻을 풀어주는 것이라면, 역사라는 것을 시제적으로 새롭게 구성하고 이해해 볼 수 있다. 역사의 시제라고 하면 일단 과거가 등장한다. 그런데 불트만은 무엇보다도 미래를 강조한다. 이런 혁명적인 차이를 보아야 한다. 우리는 흔히 역사라고 하면 과거로 돌아가서 옛날이야기를 떠올린다. 세계사, 한국사라고 하면 과거의 일이다. 그러나 과연 역사가 단순히 과거 이야기인가? 그렇다면 실증사관 이외에는 아무것도 가능하지도 않은데 그것조차도 별다른 의미가 없다. 많은 사람이 역사를 이런 정도로 새기니 그저 흥밋거리나 상식 정도의 수준으로 옛이야기를 정리하는 것을 역사로 알고 있다. 그러나 역사는 그런 따위의 옛날이야기가 아니다. 그런 이야기는 지금 있어도 좋지만 없어도 그만이다. 현재에 의미 있게 새겨지지 않는다면, 나아가 미래와 관련되지 않는다면, 역사는 사실상 아무것도 아니다. 물론 과거가 폐기처분 되어야 한다는 것은 아니다. 엄연한 과거가 마땅하지만 미래와의 관련성과 이에 근거한 현재의 책임성으로 작동할 때 비로소 역사가 된다. 불트만의 지론을 우리 나름대로 새겨본다면, 결국 역사란 '미래와 관련하여 과거가 현재에 대해서 지니

---

18 "학문과 실존," 『학문과 실존』 제1권, 7. 인식론의 앎과 해석학의 삶을 단적으로 시제의 차원에서 견주어도 불트만의 이러한 논의를 이해하는 데에 도움이 될 터이다. 앎이란 대체로 과거로부터 가지고 와 현재에 적용하고 사용하는 것인 반면, 삶은 물론 이미 살아온 과거는 당연하지만 미래가 차지하는 비중이 앎과는 비교도 되지 않을 정도로 크니 말이다. 사실 미래는 앎에 대해서는 모름일 수밖에 없으니 이 점을 주목해도 앎과 삶 사이의 차이를 시제로도 읽을 수 있다. 그러니 실존이 미래에 연관된 책임성을 지닌다는 것은 불가피할 정도로 당연하고 임의에 대한 경계 장치가 된다는 것도 타당하게 된다.

는 의미구성'이라고 하겠다.

우리가 역사에 대해 일반적으로 정의할 때 과거와 현재 사이의 관계를 말하는 것은 지극히 당연하고 상식적인 것이다. 그런데 불트만에게 있어서 실존의 기본적인 틀로서 역사를 말할 때 그는 미래의 중요성을 누구보다도 강조한다. 그에게 있어서 역사는 세 개의 시제가 입체적으로 엮어지고 동원되어야 하는 그림으로 그려져 있다. 아래의 언술은 그것을 실존의 관점에서 한 번 더 강조해준다.

> 오로지 역사에 대한 참여에 의해 스스로 움직이는 자, 다시 말하면 미래에 대한 자신의 책임 때문에 역사의 언어를 터득한 자만이 역사를 이해할 수 있다. 이 의미에서 역사에 대한 "가장 주관적인" 해석이 곧 "가장 객관적인" 해석이다. 오로지 자신의 역사적 실존에 대한 문제 에 의해 움직여진 자만이 역사의 요구를 들을 수 있다.[19]

'역사의 요구'라는 표현에 주목해보자. 전율하지 않을 수 없다. 이것이 바로 학문과 실존 사이의 차이를 극명하게 드러내는 결정적인 요소라고 하겠다. 학문이 목표로 삼는 불안 해방은 '보다 나은 미래를 위하여'라고 말할 수는 있을 것이다. 하지만 실존이 향하는 것은 '보다 나은 미래를 위하여'라고 풀어질 수 없는 차원의 문제이다. 물론 실존에 대해서 학문이 통째로 의미가 없는 것은 아니다. 학문이 나쁘다는 것도 아니다. 인간 실존과 믿음에 대해 앎으로써만 재단할 수 없다는 것일 뿐 앎이 무의미한 것은 아니니 말이다. 믿음에는 당연히 앎의 요소가 있기 때문이다. 모르지만, 모르기만 하는 것은 아니기 때문이다.

---

19 "학문과 실존," 『학문과 실존』 제1권, 8.

그것도 없이는 시작도 되지 않는다. 그러나 그게 전부는 아니다. 학문이 인간의 삶과 믿음을 이해하고 구성하는 데 어느 정도의 적절성을 지니느냐가 관건이다. 앎에 갇혀서 앎이 전체라고 해버리면 자기가 알고 있는 것이 전부가 되어 버리기 때문에 하느님을 믿는 것이 아니라 자기의 신념을 믿게 된다. 결정적인 오류에 빠진다. 그래서 학문적 신앙은 자가당착이 된다는 것이다.

신앙: 객관적 확신인가, 실존적 결단인가

신앙의 현실에서 전개되는 미래는 '보다 나은 미래를 위하여' 반드시 간다는 보장도 없다. 그런데 그러다 보니 이런 반문을 받을 수밖에 없다. 만일 그렇다면 신앙은 의미도 없고 효과도 없는 것 아닌가? 그렇다면 보다 나은 미래를 어느 순간에서 해방으로 만나지 못하고 경험하지 못한 사람의 삶과 그 사람의 믿음은 무엇이란 말인가? 아무런 의미도 없고 말아야 하는가? 그런 삶을 살 수밖에 없는 현실에서 여전히 살아야 할 이유와 의미를 어떻게 이끌어 낼 수 있을 것인가? 이게 실존주의가 싸안아야 할 과제다. 어떻게 풀어 가는가를 보자.

매우 단순한 예를 들어보자 : 내 아버지가 내 아버지라는 것은 외견상 객관적으로 확인할 수 있으며 관찰에 의해서도 인지할 수 있는 것 같이 보인다. 그러나 그가 내 아버지라는 것은 결국 하나의 유일한 사람, 즉 나에 의해서만 인지될 수 있다; 그리고 나는 무관심한 관찰에 의해서가 아니라, 그가 나에게 아버지이며 나는 그를 나에게 아버지이게 하는 개인적인 해후에서만 인지된다. 또는 한 친구의 우정을 관찰에 의해서, 가령 심리학적인 분석에 의해 확인하려고 한다면 나는 그것으로써 이마 우정 관계를 파괴했을 것이다; 우정 관계는 오로지 상호신뢰에만 근거를 두고 있기 때문이다.[20]

'저 사람이 진짜 내 친구인가?'하는 것을 열심히 심리학적으로 분석하려고 하는 순간, 우정은 파괴된다. 우정은 오로지 신뢰에 근거를 두고 있기 때문이다. 심리학적 분석은 앎이고 신뢰는 모름이다. 신뢰란 모르면서 믿는 것이다. 알면 믿고 말고 할 필요가 없다. 다 아는데 신뢰할 필요가 있을까? 신뢰하지 않아도 그냥 앎이고 사실이고 객관적인 명제이다. 2+2=4라는 명제가 믿고 말고의 거리가 아닌 것처럼 말이다. 그러나 모르면서 믿는 신뢰는 반드시 해방으로 간다는 보장도 없이 믿는 것이다. 해방에 대한 보장을 전제한다면 '신뢰'가 아니라 '확인'일 뿐이다. 그런데 이 대목에서 덧붙이자면, 우리는 신앙을 신뢰의 방식이 아니라 확인의 방식으로 하려는 성향에 매우 강하게 지배되고 있다. 그러니 실존의 이러한 논의들이 매우 못마땅할 뿐 아니라 사실 이해하지도 못한다. 그러나 신뢰는 확인이 아니라 모험을 이끌고 간다.

> 객관화하는 관찰의 입장에서 보면 신뢰에는 모험이 들어 있다. 그러나 그러한 모험 없이는 사람과 사람 사이에 인격적인 관계는 있을 수 없다. 탐지를 통해 자신의 미래의 신부를 알아보려는 미래의 신랑은 그녀의 사람됨을 알아낼 수 없을 것이다; 사람됨은 객관화하는 관찰에서가 아니라 실존적 해후에서 드러나기 때문이다.[21]

20 "학문과 실존," 『학문과 실존』 제1권, 9.

신뢰에는 모험이 들어있단다. 그러나 과연 우리의 신앙에 모험이 들어있는가? 확신이라는 이념에 모험이 들어있는가? 우리는 신앙에서 모험을 피하고 안정만을 찾으려 한다. 끝없이 확인하려고 혈안이 되어 있다. 그래서 '확신의 죄'라고까지 말한다. 그러나 결혼을 앞둔 남녀 사이에서 모험을 피하려고 만나지 않고 다른 사람을 시켜서 염탐하는 행위로는 상대를 알 수 없는 것과 마찬가지로 확인하려는 행위는 신앙이 아니다.

다시 말하면 그것은 순간의 결단들에서 그때그때 일어나는 사건(Ereignis)이라는 것을 뜻한다. 실존은 물존적인 것(Vorhandenes)이 아니라 그때그때 일어나는 것(Geschehendes)이다. 아버지나 아들 또는 신부, 신랑 또는 친구로서 나의 존재는 자연 과정처럼 진행되지 않고 항상 문제를 지니고 있으며 오로지 나의 결단들로서만 얻어지거나 아니면 잃을 수 있는 것이다.[22]

실존을 구성하고 있는 문제-신뢰-모험-결단으로 이어지는 일련의 궤적을 잘 보아야 한다. 학문에서 이름을 붙여 불안으로부터 해방되는 것을 목적으로 하는 것과는 극적으로 대비된다. 그런데 신뢰에서 모험은 문제에 대한 대답이 아니다. 신뢰에서 모험을 관통하게 하는 것이 바로 결단이다. '불안을 극복하려는 확신'과 '모험의 불안도 싸안

---

21 "학문과 실존," 『학문과 실존』 제1권, 9.
22 "학문과 실존," 『학문과 실존』 제1권, 10. 여기에서 '물존적인 것'이라고 번역된 것은 하이데거가 인간-세계의 관계에 대한 분석에서 사용한 표현인데 그저 눈앞에 그렇게 있는 것들을 가리킨다. 그는 이에 비해서 '쓸모 있는 연관을 지닌 것'을 들추어서 세계와 관계하는 현존의 방식을 설명했으며 불트만이 이를 사용하는 것으로 보인다.

는 결단'은 이처럼 다르다. 다른 정도가 아니라 정면으로 마주한다. 확신하고 결단하는 것이 아니라 모험에서 결단하는 것이니 말이다.

그런데 교회 안에서는 종교적으로 '확신'과 '결단'이라는 단어를 마구 버무려서 쓴다. 그래서 구별이 잘 안 된다. 구별이 제대로 되지 않은 채 결국 우리를 끌고 가는 동력은 결단을 확신으로 채색하는 기만일 수도 있다. 결단이라는 것이 이래서 확신의 부산물이 되어버린다. 그러나 결단은 기본적으로 신뢰이고 모험이니 불안의 문제를 싸안고 씨름하는 실존적인 삶이다. 문제를 해결해서 제거하는 것이 아니다. 이미 삶이라는 것에서 불안을 제거하는 것이 불가능한데 그렇게 살아가는 불가피한 현실에서 그것과 어떻게 관계할 것인가를 고민한다. 이름 짓기를 통해 불안으로부터의 해방으로 끌고 갈 것인지, 아니면 모르는데도 모험 혹은 신뢰해서 결단으로 갈 것인지 말이다. 확신은 알면서 행동하는 것이고 결단은 모른 채로 하는 것이다. 알면 결단은 필요가 없으며 가능하지도 않다. 알게 된 내용을 그냥 실습하면서 확인하는 것일 뿐이다. 그러나 결단은 모르는데 행동하는 것이다. 아주 오래전 영화인 '인디애나 존스'에서 보면, 다리도 없는 낭떠러지에서 뛰어내리는데 막상 뛰어내리니까 다리가 생긴다. 다리가 있어서 뛰어내린 것이 아니다. 이렇듯 모르고 하는 행위가 결단이다. 모험과 결단은 항상 같이 가는 말이다.

항상 문제가 일어난다. 해결되고 없어지는 것이 아니다. 불안으로부터의 해방으로 끝나지 않는다. 삶이 그렇게 생겨 먹지 않았기 때문이다. 불안으로부터의 해방이라는 것이 종교가 취하는 방식으로는 일시적으로 작동할지 모르지만 결국 기만적이다. 그런데 그렇게 하니 종교가 삶의 현실에서 자꾸 동떨어진다. 교회 안에서 자꾸 해방을 외치지만 밖으로 나와 삶의 현실에서는 또다시 억압과 속박을 겪으면서 씨름하다가 다시 되돌아간다. 그러면서 안과 밖의 괴리를 느낀다. 그 것을 계속하다가 타성이 되어버리고는 그렇게라도 끌고 가야 되겠다 싶은 사람만이 교회에 남아 있는 현실이다. 이게 아닌가 싶은 순간 방 황하게 된다. 이것이 바로 이 문제를 극복하기 위한 좋은 실마리이다. 확신과 결단을 묶어서 확신의 방식으로 주물러왔던 '확신 이데올로기' 를 극복해야 한다. 사실 자기기만일 뿐이기 때문이다. 그러한 자기기 만을 깨어주는 결단은 확신이 아니라 모험이다. 확신과 결단의 대비 를 좀 더 극적으로 보여주는 구절을 읽어보자.

> 신뢰와 사랑의 인격적인 관계에는 모험이 있다. 나는 내게 주어지는 신뢰, 내게 선사되는 사랑을 우선 검토하고 나서 주는 자가 실제로 신 뢰할 만하며 너그럽다는 것을 확인할 수 없다. 오히려 나는 내게 베푼 신뢰, 내게 선사한 사랑을 오로지 신뢰의 개방에서만 인식할 수 있 다.[23]

검토하고 확인한 후에 신뢰하는 것이 아니라 먼저 신뢰한다는 것 이다. 그래서 '모험'이라고 했다. 이제는 '개방'으로도 묘사된다. '검토' 와 '확인'은 앎이다. 그러나 '개방'은 열린다는 것인데 모름에 대해 그 러하다는 것이다. 여기서 필자가 사용하고 있는 메타언어인 '앎'과 '모

---

23 "학문과 실존," 『학문과 실존』 제1권, 12. 신뢰와 모험의 관계를 앎으로 보면 모순으로 다가오지만 삶에서는 불가피할 정도로 얽혀 있다는 것을 부정할 수 없다. 이럴 정도로 앎과 삶이 충돌한다. 사실 서로 충돌할 것이 아니었는데 앎이 나름대로 목적을 명분으 로 삶을 마구 잘라내고 추리다 보니 벌어진 비극이다. 그래서 앎이 우리를 속인다고 한 것이다. 삶이 속이는 것이 아니라는 말이다.

름'이라는 표현들에 좀 더 주목해주기 바란다. 서로 다르게 쓰이는 용어들을 관계의 망 속에서 볼 수 있게 해주는 관통 도구이다. 검토가 앎이고 개방이 모름이다. 열린다는 것은 밀려 들어오는 새로운 것에 대한 것이니 결국 모른다는 것이다.

> 오히려 나는 언제나 내 결단이 올바른 것이었는가, 아니었는가라는 위험을 안고 있다. 적합한 회고는 객관화하는 반성에 의해 제기될 수 있는 것이 아니라, 오로지 나를 고발하는 양심에 의해 나를 촉구할 수 있을 뿐이다.[24]

확신에는 위험이란 있을 수 없다. 우리의 믿음이 앎의 방식으로 가게 되면 확신이고 확신에는 모험도 없고 따라서 위험도 없다. 불안으로부터의 해방에는 더이상 위험이 있으면 안 된다. 그러나 우리 삶의 현실에는 엄연히 위험이 있다. 그러나 종교는 불안으로부터의 해방을 마구 남발한다. 기만일 수밖에 없는데도 말이다. 그러면 어떻게 해야 할까? 그동안 신앙이 너무 학문적인 방식으로 오해되어 왔기 때문에 우리부터 오염을 정제하는 작업이 필요하겠다. 학문적이라고 해서 무슨 대단한 학술적 밀도를 말하는 것이 아니라는 것은 새삼 강조할 필요가 없겠다. 다만 보다 객관적으로 잡힐 수 있도록 대상화하는 방식으로 신앙을 꾸려왔다는 뜻일 뿐이다. 우리는 학문 대 실존을 대비시켜놓고 계속 실존을 학문적으로 되돌려 새길 가능성이 너무나 많다고도 여러 번 지적했다. 그런데 문제는 그렇게 새겨왔기 때문에 다른 방법을 알지 못한다는 것이다. 학문과 실존을 열심히 대비해도 실존을

---

24 "학문과 실존," 『학문과 실존』 제1권, 12.

새기는 방법이 너무 막연하기 때문에 힘들다. 방법이라는 것 자체가 이미 대상화이며 객관화이다. 그런데 실존은 그냥 대책 없이 부딪치는 것이다. 거리를 두는 관찰이 아니다. 그러니까 당연히 모험이고 심지어 위험이다. 백번 양보해도 대답이 아니라 물음이다. 거칠게 다시 강조한다면, '학문과 실존'은 '대답과 물음'이다. 사실 우리는 학문의 세계에서 대답을 먼저 만난다. 묻기도 전에 대답이 먼저이다. 교리문답이 좋은 증거다. 게다가 물음마저도 학습된다. 그러나 삶은 다르다. '우리가 의식하지 못하는 가운데 삶은 이미 우리에게 질문의 형태로 자리 잡고 있다.' 물음이 없는 것이 아니라 단지 덮여져 있을 뿐이다. 그렇기 때문에 우리가 성경을 읽거나 설교를 들을 때에도 우리가 의식하지 못하는 가운데 삶에 돌아다니고 있는 물음의 얼개에 맞춰서 나도 모르게 추려지고 있는 것이다. 이것이 소위 해석학이 말하는 선이해이다. 어떤 것인지는 모르지만 없지는 않다.

신의 탈출로 인한 비가시성과 피안성

실존에 관한 자유와 담론은 오로지 실존 개념이 해석된다는 의미에서만 —물론 방금 제시된 상술6들에 의해 시도된 바와 같이— 있을 수 있다는 것이 분명해졌기를 바란다. 지금까지의 상술들에서 사실 실존이 그 의미상 그때마다의 내 실존이라는 것, 이것에 관해(über) 내가 말할 수 없으며 오로지 그것으로부터(aus)만 말할 수 있다는 것이 결과로서 드러났다.25

---

25 "학문과 실존," 『학문과 실존』 제1권, 12. 거리와 참여 사이의 대비는 학문방법론에서도 중요한 대비를 이룬다. 소위 설명과 이해가 바로 이에 해당할 터인데, 설명은 설명 대상

'관해'라는 것은 거리를 두는 앎의 논리 구조이다. 하지만 '으로부터'는 삶에서 터져 나오는 생리의 작동방식이다. 저 앞에서 '거리'와 '참여'를 대비해서 보았던 것과 같은 맥락이다. 그런데 그런 '으로부터'도 좀 더 세밀하게 분류된다. 신으로부터와 인간으로부터가 모두 가능한데 모양새는 사뭇 다르기 때문이다. 불트만의 설명에서 드러난다.

> 그런데 이것은 신학 상으로 객관화하는 담론으로서 신에 관한 한 담론이 불가능하다는 결과를 낳는다. 물론 나는 ―실존에 관련시켜서― 신 사상과 신에 대한 신앙의 의미를 발전시킬 수 있다. 그러나 나는 신 자신에 관해 객관화하면서 말할 수 없다. 그는 오로지 나를 나의 실존에서 적중시키는 그때마다 그의 말로 나를 만난다. 그로부터(von), 오직 실존으로부터(aus) 두려움과 떨림, 감사와 신뢰로 말할 수 있을 뿐이다.[26]

한글로는 동일하게 '으로부터'로 번역되지만 하느님으로부터는 근원을 가리키는 von/from을 쓰고, 인간실존으로부터는 몸부림의 계기이니 안에서 밖으로 나오는 aus/out of를 쓴다. 여기서 우리는 관계방식에 대해 실존적으로 다시금 추릴 수 있게 된다. '하느님에 관해서'가 아니라 '하느님으로부터'라고 해야 하고, 인간도 이 맥락에서 그것이 동기가 되어 터뜨려내는 몸부림으로 새겨져야 한다. 학문이 신에 대해서 논했다면, 실존은 거꾸로 신으로부터의 계기에 의해 촉발

에 거리를 두고 묘사하고 기술하는 것이라면, 이해는 이해해야 할 상대와의 관계 안으로 들어가야만 가능한 것이니 거리가 아니라 참여로써만 도모될 수 있기 때문이다. 그 외에 방법론적인 대비인 보편주의와 개체주의도 같은 맥락에서 새길 수 있을 터이다.
26 "학문과 실존," 『학문과 실존』 제1권, 12.

되어 밖으로 터져 나오는 몸부림이라는 것이다. 이토록 '신으로부터'를 강조했는데도 불트만을 오해하는 사람들은 도대체 왜 이를 보지 않고 건너뛰고 있는가를 묻지 않을 수 없다.

> 신은 세계의 연관성 내부에 그 자리를 두고 있는 산물이 아니다; 그러
> 므로 신은 이 연관성 내부에서 —설사 그것이 그 연관성의 절정이라는
> 위치를 차지할지라도— 필연적인 산물로서 생각될 수 없다.[27]

이 말을 듣는 순간, 신 존재증명을 우주론적으로 풀어내려던 중세 스콜라철학이 떠올랐을 것이다. '연관성'을 문장으로 푼다면 우주론적 증명이 탁월한 예증이 된다. 결과로부터 원인으로 거슬러 올라가는 것이니 말이다. 세상은 창조행위의 결과이니 창조행위가 있었고 행위의 주체인 창조주가 원인으로서 반드시 있어야 한다. 우리도 생물학적으로는 부모가 원인이고 앞서 조부모로 계속 거슬러 올라가는 것과 같은 이치다. 그렇다면 최초의 원인이 있어야 하고 인과적인 연관성에서의 최초는 위계질서에서의 최정상일 것이다. 이것이 우주론적 증명이다. 이렇게 위치 지어놓고 신을 그렸다. 이것이 학문이 말하는 객관화된 근거를 가진 신이다. 사실이고 명사이며 사물인 신이다. 그러나 신이 사물인가? 신이 그저 존재이기만 한가?

이를 위해 생각을 돌려보자. 예를 들어, 하찮은 물통 하나도 그저 사물이 아니다. 스스로 움직이지 않고 고정되어 있으니 그저 사물처럼 보일 뿐이다. 그러나 사물이 최초의 장면이 아니다. 이 명사는 이보다 앞선 주어와 동사로 표현되는 사건의 산물이다. 여기 그 '무엇인가

---

27 "학문과 실존," 『학문과 실존』 제1권, 13.

없지 않고 있다'라는 사건이 있었고, 그런 후에 있는 그것이 '책이 아니고 물통이다'라는 또 다른 사건이 있었다. '있다'라는 사건과 '이다'라는 사건이 있었는데 이 두 사건이 결합하여 비로소 사물을 만들었다. '있다'라는 존재와 '이다'라는 본질의 사건이 사물을 이루어내고 있는 것이다. 그러니 눈앞의 사물이 그저 사물이 아니라 사건의 산물이고 눈앞에서도 여전히 그렇게 사건이다. 이를 인간에게 적용시키면 '살다'까지 추가된다. 그런데 하물며 신이 존재라는 이유로 그저 사물인 것처럼 간주되어서야 될 말인가?

> 신은 정지할 줄을 모르며 관찰의 대상이 되지 않는다. 사람은 그를 볼 수 없다. 그로부터 들을 수 있을 뿐이다. 그의 불가시성은 우리의 인지 기관들의 불충분성에 기인하는 것이 아니다. [28]

'사실' 또는 '사물'은 '사건'과는 달리 정지되어 있는 명사이다. 하지만 신은 그렇게 정지된 명사가 아니다. 불가시성은 불가지성이라고

---

28 "학문과 실존." 『학문과 실존』 제1권, 13. 토마스 아퀴나스의 <신학대전>에서 볼 수 있듯이 인간이 어느 정도 신을 알 수 있다고 생각했던 때가 있었다. 비록 낮은 단계의 지성으로 신을 에누리 없이 알 수는 없지만 말이다. 그리고 은총에 의해 보충된다고도 했다. 그런데 이제 칸트가 물자체 불가지론으로 있음 그 자체는 알 수 없고 앎의 틀 안에 담긴 것까지만 알 수 있다고 했다. 신론을 전개해야 하는 그리스도교신학에 심각한 도전이 되었다. 그런데 불트만과 같이 해석학적 통찰을 공유하는 현대 신학자들은 칸트의 불가지론에 대해 비판하면서 넘어선다. 신을 알 수 없는 것은 여전히 어쩔 수 없지만 앎의 한계 때문이 아니라 신이 인간의 앎을 벗어나기 때문이라고 받아친다. 인식론에서는 인식 대상은 그저 머물러 있고 인식주체가 능동적이든 수동적이든 주도권을 지닌다는 것이었지만, 해석학에서는 종래 인식대상이었던 삶의 세계가 그렇게 부동자세로 머물러 있지 않고 우리 삶에 밀고 들어와 우리를 엮어낸다는 관계론을 개진하기에 이런 논의가 가능해진 것으로 볼 수도 있다.

바꾸어도 상관없다. 불트만은 신의 불가지성이 인식의 한계 때문이 아니라고 분명하게 말한다. '인지기관들의 불충분성'이라는 것은 대표적으로 칸트가 집성해 놓은 선험적 구성설에 동원되는 감성과 오성 그리고 이성의 한계를 가리킨다. 말하자면 인간이 인식대상과 관련하여 그러한 대상을 만나기에 앞서 지니고 있는 인식 기능 및 그것의 한계를 명확하게 선언하고 이를 넘어서는 주장을 가상이라고 비판한 선험적 구성을 염두에 둔 것이다. 그러면서 불트만은 인간이 신을 알 수 없는 것은 단순히 인식론이 말하는 앎의 한계로 인한 것이 아니라고 일축한다. 물론 그렇다고 알 수 있다는 것은 더욱 아니다. 신의 불가시성은 과학의 발전에 따라서 없어지는 따위의 것이 아니다. 만일 신이 관찰 가능하다고 하면 그것은 신이 사물로서 존재한다고 전제하는 것이다. 하지만 신은 사물이 아니라 사건이다. 신은 나에게 들이닥치는 사건이다. 객관화하고 대상화할 수 있는 객체가 아니라는 말이다. 신은 행위이며 사건이다. 들이닥치는 방식이 불가시적일 뿐인데, 우리는 그것을 안 보인다고 노심초사하고 개념화하고 정리하려고 할 뿐이다.

그런데 신을 알 수 없는 이유가 인식의 한계 때문이 아니라 신 스스로 사건이고 동사이기 때문이라는 것이다. 불트만은 이에 대해서 심지어 '신의 탈출'이라고까지 말한다. 신이 스스로 숨기신다는 것이다.

오히려 그것은 근본적으로 객관화하는 인지의 영역에서의 신의 탈출로서 이해되어야 할 것이다. 그의 계시는 오로지 행위에서(in actu)만 계시이며 결코 계시성이 되지 않는다. 그의 말을 믿는 자는 신앙의 실존적 행위에서 얻는 확신(Certitudo)을 가지고 있으며, 안전(Securitas)을 가지고 있는 것이 결코 아니다. 왜냐하면 신은 믿는 자가 단번에 일

어난 결단으로서 자신의 신앙을 회고할 수 있다는 의미에서 신앙으로 고수될 수 있지 않기 때문이다.[29]

그런데도 신의 '탈출'이나 '은폐'를 신의 '부재'로 오해하고는 불트만을 비판한다. 명사적 사물의 눈으로 신을 보고 있으니 불트만의 통찰이 제대로 보일 리 없다. 볼 줄 모르고서는 없다고 주장하고 있다고 하니 안타까울 뿐이다. 반복하건대, '계시이지 계시성이 되지 않는다'는 것은 동사이지 명사가 아니라는 것이다. 그렇다면 동사로서 탈출이 왜 중요한가? 어떤 뜻을 가지는가? 우리가 기도할 때 불러내는 하느님, 그때 불려 나온 하느님은 나의 기억 속에 있는 하느님이다. 기억 속에서 회고하고 고수한다. 내 기억 속에 있는 신앙을 반복적으로 꺼내서 복습하는 신앙이다. 이런 익숙한 형태와 방식 덕분에 마음은 편해진다. 그런데 이러한 복습은 미래와는 연관될 수 없다. 나의 기억창고에 들어 있는 하느님의 내용과 다른 방식으로 하느님이 들이닥친다면 곤란하기 때문이다. 기억창고가 와해될 수 있는 새로운 깨달음을 만났을 때 이런 방식으로 대응하기 십상이다. 그래서 미래는 없고 따라서 역사가 아니다. 탈출은 바로 역사를 과거의 기억에만 가두는 우리의 굴레를 깨시는 하느님의 행위로서 소중한 뜻을 지닌다. 하느님의 탈출이야말로 우리를 위한 친절한 우상파괴이다. 그런데도 이를 신의 부재로 오인하니 이것이야말로 우상 숭배이다.

신은 언제나 한번 파악된 것의 피안에 머물러 있다; 다시 말하면 나의 신앙 결단은 항상 새로이 수행된 것으로서만 참이다. 신은 "항상 길가

---

29 "학문과 실존,"『학문과 실존』제1권, 13.

는 나그네"이다(Rilke); 신은 어떤 순간에서도 지금 정지해 있는 자로서 파악될 수 있지 않다; 그는 항상 새로이 내 결단을 요구하는 자로서, 항상 오고 있는 자로서 내 앞에 서 있으며 그의 끊임없는 이 미래성은 곧 그의 피안성이다.[30]

신의 불가시성이라는 통칭적인 성질을 공간적으로는 '피안성'이라고 말하며, 시간적으로는 '미래'라고 말한다. 미래도 모르고, 피안성도 모른다. 그러므로 '모름'일 수밖에 없다. 인간의 인지 기관의 한계성 때문이 아니라 신의 '탈출' 때문이다. 인간의 한계에 의존해서 보였다가 말았다가 하는 가련한 하느님이 아니다. 오히려 신의 탈출이 '계시'이다. 계시는 어느 순간에도 우리에게 완결된 지식의 형태로 남아있을 것을 허락하지 않는다. 계시는 끝없는 탈출이기 때문이다. 그래서 학문으로는 불가능하고 우리는 그저 실존으로 더듬으면서 기다릴 수밖에 없다. 모험이란 이것을 말하니 할 것은 결단뿐이라는 것도 이를 가리킨다. 그래서 인식론이 아니라 해석학이다.

---

30 "학문과 실존," 『학문과 실존』 제1권, 13.

계시란 모름을 고백하는 것

불트만, 〈신약성서의 계시개념〉

계시가 교리보다 먼저이다

무릇 종교에서, 특히 신을 말하는 종교에서 '계시'는 '신의 나타남'(Erschließung)이라는 사건을 가리킨다. 뜻을 풀자면, 숨겨져 있던 것이 열려 드러난다는 것이다. 물론 '드러남'의 이면에 '숨겨짐'이 깔려 있다. 그런데 신에 대한 학문적·객관적 논의가 불가능하다고 주장하는 불트만이 도대체 계시를 어떻게 이해하고 있는가는 주목을 끄는 문제임은 분명하다. 그에게서 계시는 우선 인간의 유한성과 밀접하게 연관된다. 뒤집어 말하면, 인간이 자신의 한계에 대한 절절한 의식이 이를 뛰어넘으려는 초월을 지향하게 하고 여기서 신의 계시가 접목되는 것이니 신의 계시는 인간의 유한성에 대한 것이며 유한성을 위한 것이라고 새길 수 있다는 것이다. 불트만에 의하면, 신의 계시는 유한한 인간에게 받아들여지고 새겨지는 생리와 맞닿아있다고 한다. 그는 이를 이렇게 간명하게 진술한다: "우리가 계시를 아는 이유도 그것이 우리의 삶에 속하기 때문이다."[1] 그런데 삶에 속한다는 말을 또 삶에서 나왔다는 식으로 뒤집어 새기는 것은 부적절하다. 삶과 동떨어져 있는 것이 아니라는 점을 주목하고자 할 따름이었으니 유한한 삶이 아니라면 굳이 신의 드러남을 앙망할 이유도 없겠기 때문이다. 이를 다시 한번 확인해 주는 다음과 같은 단언은 압권이다: "우리의 죽음이

---

[1] 루돌프 불트만, "신약성서의 계시개념", 허혁 옮김『학문과 실존』제1권, 17; 이하 "신약성서의 계시개념"으로 표기한다.

우리를 항상 따라다니고 우리 삶의 이 사실이 우리로 하여금 계시를 묻게 한다."[2] 무슨 말일까? 죽음이 계시를 요구한다는 말이다. 그렇다면, 이러한 통찰이 계시를 죽음에 복속시키는 것인가? 실존의 유한성마저 학문적 논의를 빌미로 객관성이라는 기준을 들이대면서 더이상 유치한 비난을 지속할 일은 아니다.

그렇다면 계시를 통해 우리에게 알려지게 된 것은 어떤 것일까? "우리 한계에 대한 지식은 어떤 교의 개조에 간직하여 안전하게 보관할 수 있는 지식이 아니라, 오히려 우리가 늘 반기를 들고, 늘 무시하고 늘 잊어버리는 불안한 지식이다."[3] 계시에 의해 알려지는 것은 안전하게 보관할 수 있는 것이 아니라 '잊어버리는 불안한 지식'이라고 한다. 무슨 뜻인가? 왜 그런가? 앞서 '죽음이 요구한 계시'라는 풀이가 이에 대한 대답이 될 것이다. 죽을 수밖에 없음이 필요로 하는 계시이니 '불안한 지식'이다. 무시하고 잊어버린다고 했는데 죽음에 대한 우리의 태도가 덮어버리고 잊어버리고 싶기 때문인 것과 무관할 수 없을 터이다. 그런데 우리는 계시를 교리에다 집어넣어 다시 '안전한 지식'으로 뽑아내고 있다. 종교적 인간의 생리 때문이다. 본디 계시가 교리의 원천이었는데 거꾸로 계시가 교리에 귀속되어버렸다. 불트만이 위에서 한 말은 이에 대해 경계하는 뜻까지도 포함한다. 그런데 교리의 안전성에 대한 비판으로 들리니 이도 또한 종교인들이 듣기 싫은 분석이 된 듯하다.

그러나 아래 추가로 해준 설명을 지나치지 않는다면 왜 계시가 교리로 둔갑해서는 안 되는지를 여실히 공감할 수 있을 것이다.

---

2 "신약성서의 계시개념,"『학문과 실존』제1권, 18.
3 "신약성서의 계시개념,"『학문과 실존』제1권, 18.

계시에 대한 지식은 자신과 자신의 한정성에 대한 지식과 같고 항상 새로 다르게 알아야 하기 때문에 항상 다시 모르게 된다. 신약성서의 계시 개념에 대한 물음이 우리 자신의 제한성에 근거를 두고 있다는 것은 어떤 지식의 안전한 소유에서가 아니라 하나의 '특이한 알지 못하는 앎'을 근거로 묻는다는 말이다.[4]

계시는 '알지 못하는 앎'에 얽혀 있다. 계시는 유한한 인간에게 들어오시는 하느님의 사건이니 이렇게 역설로밖에는 말할 수 없다. 인간의 언어와 사고로는 달리 설명할 수 있는 길이 없기 때문이다. 하지만 아예 모르면 얘기가 시작도 안 된다. 더군다나 싹 다 알면 이미 알려져 있는 지식이지 계시가 아니다. 이미 알려져 있는 지식의 좋은 사례로 '세계관'이라는 것이 있다. 아예 세계를 보는 틀이다. 세계뿐 아니라 신도 그 관점에 들어가서 그렇게 따라줘야 한다. 근대가 좋은 증거이다. 근대에는 신도 인간이 구성해 놓은 안전한 세계관에 신 자신을 맞춰서 움직여줘야 할 것을 요구받았다. 이런 왜곡된 패턴들을 깨뜨리기 위해서 불트만은 계시라고 하는 것을 '알지 못하는 앎'에서 비롯된다고 했다. 이를 '무지의 지'라고도 부른다. 지식이 없음을 아는 지혜, 무지의 지는 그런 것이다. 더 크게 비울수록 더 넓게 볼 수 있는

---

4 "신약성서의 계시개념," 『학문과 실존』 제1권, 18-19. 불트만의 이러한 통찰은 참으로 전율적이다. 우리는 대체로 계시를 들먹이면서 무엇인가 대단한 것을 알게 되었다는 듯이 거들먹거리는 종교적 성향을 흔하게 보게 된다. 그런데 자고로 '계시'라는 것은 인간이 알지 못하기에 힐끗 알려지는 현상이나 사건을 일컫는 것이니 사실 그 배경은 모름일 수밖에 없다. 계시된다고 해도 모두 알려지는 것이 아니니 여전히 엄청난 모름이 드리워져 있을 수밖에 없다는 것을 주목하라고 일깨워주니 말이다. 이쯤 되면 해석이라는 것은 알려는 인식과는 근본적으로 다르다는 것이 더욱 확연해진다. 모르는 가운데 뜻을 더듬는 것이니 말이다. 그래도 괜찮고 그럴 수밖에 없는 것은 이미 그렇게 살고 있기 때문이다.

것이다. 이런 대목에 머물러서, 지식을 챙기려고 하기보다도 지혜를 깨달을 일이다. '알지 못하는 앎'이라고 하는 것에 대해서 말이다. 이것이 계시로 하여금 계시이게 하는 인간 쪽에서의 최소한의 장치이기 때문이다.

그런데 이를 잊어버리면, 다시 반복하지만 계시는 '이미 알려진 지식'으로 전락한다.

> 계시 개념에 대한 우리의 물음은 무지의 지에 의하여 유도된다고 하였다. 이 지식이 무지이며 미결의 것이라는 사실이 늘 은폐되는 것은, 이 지식이 어떤 결정된 표현(Ausgesprochenheit)과 결정된 해석(Ausgelegtheit)에 있고 때마다 이 기성 해석과 그의 개념성으로 개인의 소유가 되는 데서 온다.[5]

'기성'이라고 번역되어 있는데 '이미 그렇게 되어 버린 것'을 뜻한다. 그런데 계시가 기성 지식으로 받아들여진다는 것이다. '바깥으로 내질러 말해진 것'일 뿐 아니라 '이미 그렇게 해석된 것'으로 전락하고 만다. '살아계신 하느님의 말씀'이라는 말이 아주 무색하게도 이렇게 되고 만다. 신 관념, 세계관 등 인간이 언제든지 소유할 수 있고 바로 써먹을 수 있게 된 교리들이 그 증거물이다. 삶의 문제에 답을 구할 때에도 준비된 처방전처럼 도구로 바로 들고나올 수 있다. 계시는 지금 새롭게 밀고 오는 사건일 것인데, 교리라는 틀로 다 집어넣어 버리니 왜곡이 발생할 수밖에 없다. 교리는 시대정신과 세계관에 의해 구축된 한계를 벗어날 수 없기 때문이다. 그런데 교리는 세계관에 한정

---

5 "신약성서의 계시개념," 『학문과 실존』 제1권, 20.

되어서 신의 계시를 이해할 수밖에 없을진대 교리를 믿는 것은 세계관을 신봉하는 것이며 결국 그러한 세계관을 믿는 자기 자신을 믿는 것일 수밖에 없다. 이를 경계하기 위해서 불트만은 계시와 관련된 우리의 삶과 앎은 늘 '미결'이고 '무지'일 수밖에 없다고 누누이 강조한다. 없다는 것이 아니라 모른다는 것이다. 아직 모른다고 해서 나중에 알게 되는 것도 아니다. 언제나 계속하여 모른다는 것이다. 그뿐 아니라 우리가 결정할 수 없다는 것이다. 이런 통찰을 신이 없다고 주장했다고 천박하게 오해하는 부류들이 아직도 적지 않지만, 불트만은 '미결'과 '무지'로서 우리 삶이 신의 계시에 대해 철저하고도 처절한 한계를 지니고 있다는 것을 조신하게 고백하는 자세를 일관되게 견지해왔다.

계시와 만나는 인간의 꼴, 물음

고대와 중세에는 물음이라고 할 만한 것이 없었다. 굳이 말하자면 '무엇' 물음밖에 없었다. 그런데 그것은 인간의 물음이 아니라 신이 그 자체로 군림하기 위해 짜 맞추어 놓은 물음이었다. 결국 물음보다 대답이 먼저였으니 물음이라고 할 것도 없었다. 교리가 이런 구조를 배경으로 짜여있었다. '교리문답'이 바로 그 증거다. 교리라는 대답이 있고 질문은 그에 맞추어 짜인다. 그래서 사실 '교리답문'이다. 이게 근대로 넘어오면 어떻게 될까? 물음의 갈래가 펼쳐진다. '누가'가 등장한다. 인식론이 근대의 핵심과제였으니 '어떻게'가 기본 물음이기는 하지만 '누가'가 등장했기에 '어떻게'가 나올 수 있었다. 당연히 앎의 주체인 '누가'는 '무엇'이라는 대상을 객체로 삼는다. 그런데 '어떻게'라는 물음도 뭔가 빨리 대답으로 종결짓고, 더 나아가 하나로 모아져야 한다는 동일성의 이념에 지배되고 있었다. 근대까지도 물음(quest-ion)은 항상 문제(problem)였던 것이다.

그러다가 우리 시대인 현대로 와서는 '언제/어디서'로 만들어진 '누가'가 스스로를 물음으로 새긴다. 말하자면 세 개의 물음들이 뒤얽힌 삶이니 이제 인간 자체가 물음이다. 게다가 그런 물음은 대답으로 마무리된다는 보장도 없다. '언제'와 '어디서'가 소용돌이치니 그때 거기의 대답이 지금 여기에서도 힘을 발휘할 수 있는 것이 아니기 때문이다. '지금 여기'가 중요하게 되었으니 대답을 얻지 못해도 물음이 중요하게 되었다. 아니 삶이 그렇게 대답으로 정리될 수 없는데 그래야한다는 강박이 억압일 수밖에 없다는 것을 깨달은 반동으로 물음을 묻게 되었다. 이것이 인식론과 근본적으로 구별되는 해석학의 핵심이다. '언제/어디서'가 '누가'를 만들어가고 있기 때문이다. 그래서 이제 터져 나온 '물음'은 해결되고 제거되어야 할 '문제'가 아니라 함께 끌고 가야 할 삶의 생리로 새겨진다. 이렇게 하여 비로소 삶이라는 터전과 함께 인간은 '물음을 묻는 실존'으로 거듭나게 되었다. 이제는 문제-해결이 아니라 끊임없는 물음으로 살아가야 하게 되었다. 그런데 이것이 오히려 대답 강박에서 벗어나게 하는 길이 되었다. 해결 강박으로부터의 해방 말이다.

이제 우리는 우리 삶에서 어떤 것이 펼쳐질지 모름에도 불구하고, 더욱이 그 모름에 대한 대답이 없을지라도, 물음을 물으면서 살아간다. 그런데 물음은 삶이 묻는다. 내가 묻는 것이 아니라 삶이 묻는다. 물론 그 삶은 죽음과 얽혀 있다. 앞서 죽음이 묻게 하는 것이 계시라고 했는데, 결국 죽음과 삶의 얽힘이 계시를 묻는다고 해야 한다. 그렇다면 계시에는 앎도 있지만 모름도 있다. 그래서 물음이 일어난다. 계시에 죽음과 모름이 물음의 꼴로 얽혀 있다. 그런데 우리는 그동안 계시에 대하여 모름과 죽음을 덮어두고 죽음이 없는 삶을 영위하기 위한 앎이라는 방식으로 접근하고 있었다. 마치 계시를 다 아는 것처럼 말이다. 인식에 의한 오만이고 기만이다. 인간 스스로가 물음이라는 것이 중요한 이유가 바로 여기에 있다. 특히 계시와 관련해서는 더욱 그러하다.

시대정신에 따른 계시의 굴곡과 부침

실제로 그리스도교의 역사에서 계시의 위치는 시대정신과 사유방식에 따라 요동쳤다. 본격적으로 종교적 제도화가 이루어진 중세부터 보자. 이성과 신앙의 관계를 핵심과제로 했던 중세에 계시는 당연하게도 이성과 밀접하게 얽히는 것으로 간주되었다.

교회 전통에 의하면 계시 개념은 이성과 계시의 상호 관계를 묻는 물음으로 규정되어 왔다. 계시에서 어떤 모양으로든지 주어진 지식은 이성지(理性知)와 같은 것으로 생각한 것이다. 이 사실은 가톨릭에서 이 양자의 상호관계를 규정하되, 이성지를 계시지가 보충하고, 실하게 만든다는 관계에서 본 것으로 알 수 있다.[6]

---

6 "신약성서의 계시개념," 『학문과 실존』 제1권, 20-21. 중세 스콜라철학과 신학이 이에 해당할 터이다. 이때 가장 중요한 과제는 이성과 신앙의 관계였다. 여기서 다루는 이성과 계시의 관계도 이러한 맥락 안에서 다루어졌음은 물론이다. 고대의 유산인 이성에 대하여 새로운 시대인 중세를 만든 그리스도교는 당연히 신앙을 내세웠으니 그 시작은 이성과 신앙의 대립이었다. 테르툴리아누스가 말한바 "불합리하기 때문에 믿는다"는 비아냥조의 명제는 이를 극명하게 보여주는 압권이었다. 그러나 이렇게 해서는 제국의 보편주의를 충족시킬 수 없었으니 이성과의 타협을 시도할 수밖에 없었고 여기서 스콜라철학/

계시에 대한 이와 같은 이성적 접근은 아무래도 신 존재 증명에서 절정을 이루었다고 평가된다. 물론 당시로는 지상 최대의 과제였었다. 도대체 신의 존재 여부가 증명되어야 한다든가, 증명될 수 있다든가 하는 발상 자체가 지극히 형이상학적 사유일 수밖에 없기는 하지만 말이다. 말하자면 인간 이성의 한계라는 것에 대한 비판적 성찰이 아직 등장하기 이전이었으니 그저 소박하고도 낭만적으로 증명하려고 했던 것이다. 그런데 문제는 아직도 인지구조와 한계를 감지하지 못했던 천 년 전 사고에 머물러 신 존재 증명에 골몰하려는 부류들이 적지 않다는 점이다. 해석학적 성찰은 고사하고 인식론적 반성도 거치지 못한 단계이니 갈 길이 멀다고 하지 않을 수 없다. 그랬던 옛이야기를 좀 더 살펴보자.

'증명 강박'을 가지고 있는 분들이 더러 있다. 그러나 증명이라는 것이 무엇인가? 인간의 인지 능력의 극대화를 추구하는 것이다. 그래 보았자 인간의 인식 안에서 벌어지는 일에 불과한 데도 말이다. 그러니 신 존재 증명은 인간의 앎에 신을 가둬 놓는 행위인 셈이다. 그래서 불트만도 이렇게 말했다: "계시는 지식과 교훈의 전달자였으니, 신 자신도 인식의 대상일 수 있는 현존으로 전제되었다. 신을 증명한다는 말도 이 사실을 잘 말해 주고 있다."[7] 중세에는 증명이 중요했지만, 이제 해석학적 통찰에 의하면 증명되는 신은 계시로 힐끗 알려질 뿐인데도 인간의 이성에 들어와 자리 잡으니 축소된 것일 뿐이다. 앞서 말한 대로, 하느님이 스스로 있음으로 보여주셔야 할 것을 인간이 알량한 앎에다가 집어넣고 이러쿵저러쿵한 것이라는 말이다. 그러니 신

신학이 태동한다.

7 "신약성서의 계시개념," 『학문과 실존』 제1권, 21.

자체라기보다는 인간의 필요를 만족시켜주는 합목적적인 세계관에 맞추어 짜인 신에 불과하다는 비판을 피할 길이 없었다. 증명된 신은 과연 신인가라고 묻지 않을 수 없게까지 되었으니 말이다.

이런 상황은 모양새만 달라졌을 뿐 종교개혁 이후 근대 신학에서도 여전히 지속되었다. 다만 인식의 형식적 기능인 이성이라는 도구로써만이 아니라 내용을 담는 정신적 기능인 지성의 차원에서 계시가 새겨지니 교리의 정립을 중심으로 하는 정통주의 신학이 그 좋은 사례에 해당한다.

> 프로테스탄트 정통주의 신학에서도 같은 현상을 볼 수 있다.… 계시 개념은 이 기본 이해에서 신학적으로 발전하지 못하고 오히려 전통의 지배하에 머물러 버리고, 지의 개념에 의하여 성격이 규정되므로 계시는 지식 전달을 위한 초자연적 준비기구로 낙착되고 말았다. 따라서 이 지식의 계시성도 이성지와 그의 초자연적 근원으로 성격 지워졌다.[8]

그러나 이도 잠시였으니 근대 후기로 가면 인간은 이제 그렇게 내용을 구성해가는 정신 기능인 지성과 감정 그리고 의지라는 세 요소를 근거로 실체로서 '정신'으로 등극한다. 말하자면 관념론적 형이상학을 재건하면서 인간은 세계를 구성하는 자아라는 실체로 격상되었다. 이러면서 인간은 하늘 높은 줄 모르는 위치를 꿈꾸었다. '인간의 신격화'라는 예찬인 듯 조롱인 듯 하는 표현이 등장한 것도 이때였다. 그런데 이 과정에서 계시와 함께 종교에 대한 거부가 본격화되었다.

---

8 "신약성서의 계시개념," 『학문과 실존』 제1권, 21.

탈종교화가 세속화의 방향으로 박차를 가하게 되었다는 것이 그 좋은 증거다. 계몽주의가 사상적 배경이었으니 '어두운 종교'에다가 '과학의 밝은 빛'을 비춰준다는 시대였다.

> 그다음 세대에 이르러 이성이 자립적 자각에 도달하자, 이성은 지금까지의 자신의 한계를 긍정하지 않으려고 했다. 즉 인간의 한정성을 전혀 무시하려고 했다. 한때 인간의 한계 주장이 득세하였다가 거부를 당한 것이므로, 이 이상 더 인간의 한계성을 알려고 하지 않은 것은 충분히 이해할 수 있으나, 계시개념이 소용없는 것이 되거나 본래의 뜻을 잃어버릴 수밖에 없게 된 것도 사실이다.[9]

계시가 실종되는 듯했다. 계시도 인간이 스스로를 어떻게 보는가에 따라 이토록 오르락내리락했다. 중세에는 이성으로 보니 계시도 이성과 아귀가 맞아야 했다. 근대로 와서 보다 크게 정신으로 보니 계시도 정신과 아귀가 맞아야 했다. 물론 이성은 갈래가 없지만 보다 큰 정신은 갈래가 있다. 갈래도 있고 내용도 있다. 지성, 감정, 의지가 그것이다. 계시도 이와 마주해야 했다. 그래서 정통주의, 경건주의, 자유주의라는 신앙 사조들이 나왔다.

그러나 근대 후기의 복잡한 갈래들에 대한 세세한 논의를 생략하더라도 이러한 소용돌이는 결국 인간 스스로의 자화상에 혁명적인 전환을 일으키는 계기가 되었다. 인간의 삶이 그렇게 정신의 갈래에 의한 소용돌이로만 굴러가지 않는다는 절절한 체험이 오히려 그러한 정신의 관념에 대해 항거하게 하였기 때문이었다. 인간이 그토록 잘난

---

9 "신약성서의 계시개념," 『학문과 실존』 제1권, 21.

정신이 아니라 오히려 쉽사리 풀 수 없는 모순으로 내던져졌음을 자각하게 되었던 것이다. 실존이 본질을 깨고 나온다는 것은 모순을 겪는다는 것을 가리킨다. 실존은 그런 뜻이었다.

> 인간의 삶이 이성, 즉 정신에 있지 않고 하나의 수수께끼라 하여 인간의 유한성을 다시 찾으니 계시에 대한 이해가 보다 실제적으로 되어가게 되었다. 자신의 모순을 자신이 알 때 계시를 묻는 일은 다시 뜻있게 된다.[10]

> 그것은 우리 삶의 수수께끼며, 섬뜩한 것으로서 우리 제한성의 사실 외에 다른 것이 아니다. 우리가 만일 이 섬뜩한 것에 도취한 나머지 그것을 신으로 간주하면, 여기에서 계시되는 바로 그것을 숨기는 것이 아닐까?[11]

이제 인간은 실존으로 넘어간다. '수수께끼', '모순'에 주목하게 되었다는 것이 그 증거다. 이성과 정신에 비추자면 실존은 전인이다. 실존에 비해 이성은 정신 중의 한 요소에 불과하며, 정신조차 산술적으로만 보더라도 육체를 뺀 반쪽일 뿐이다. 이에 비해 실존은 전인, 즉 '통사람'이다. 말하자면, 인간의 자화상이 점차로 확장되어 왔다. 그 옛날 이성이나 정신을 명분으로 덮어두었던 풀릴 수 없는 모순과 수

---

10 "신약성서의 계시개념," 『학문과 실존』 제1권, 22. 인용을 연이어 한 것은 '모순'과 '수수께끼'를 시각적으로 보다 밀접하게 연결하고자 함이다. 그리고 이것이 근대 후기에 인간이 자신의 자화상을 이성에서 정신으로까지 등극시키면서 한계를 무시하려 했던 당대의 정황과 얼마나 극적으로 대조되는지를 드러내고자 하기 때문이었다.
11 "신약성서의 계시개념," 『학문과 실존』 제1권, 24.

수께끼들이 삶에 밀고 들어왔기 때문이었다. 아니 인구의 급팽창으로 그렇게 억눌렀던 수수께끼와 모순들이 본격적으로 터져 나왔다고 하는 것이 보다 정확할 것이다. 그 눈으로 거슬러 보니 옛날에 인간이 스스로를 너무 좁게 가두어 놓고 보았다는 것을 깨닫게 되었다. 변화하는 것도 믿을 수 없다고 보았고 물질적인 것도 가치가 낮다고 생각했었던 탓이다. 그러나 삶은 변화이고 물질이며 육체였으니 그런 생각은 착각 정도가 아니라 억압이었다. 실존은 그러한 억압에 대한 반동이었다. 본질의 껍질을 깬다는 뜻으로서 '탈존'으로까지 새겨야 한다는 주장도 이런 맥락에서 나왔다.

그러한 실존이 이제 계시와 마주한다. 신앙도 마찬가지다. 인간의 자기 이해이면서 동시에 신앙의 터전이고 계시와의 상응 구조이다. 즉 실존은 계시가 받아들여지는 틀이기도 하다. 중세에는 계시가 이성과 마주했다면, 근대로 와서는 계시가 정신의 차원에서 새겨졌다. 거부하든 받아들이든 이성과 정신이 상응하는 구도였다. 그런데 우리 시대에 계시는 더이상 이성이나 정신과 마주하지 않는다. 아니 인간이 이성이거나 정신이기만 한 것이 아니다. 이성과 정신이 없지는 않지만 이것들은 인간 삶의 현실에서 이제는 과거보다 아주 작은 것들이다. 몸이 살고 있으며 모순과 수수께끼로 뒤범벅이니 계시가 그저 이성이나 정신과만 주고받고 해서는 아무런 의미도 지니지 못 한다. 인간 자신의 확장과 심화 때문이다.

이성-정신-실존이라는 일련의 자화상 전환을 다시 새겨보자. 군이 숫자로 견주면 보다 확연하게 비교된다. 중세에 이성은 전체였다. 일찍이 고대에 인간을 '이성적 동물'이라고 새겼는데 동물성은 억눌리고 이성만으로 인간의 정체성을 삼았으니 이성은 에누리 없이 인간의 전체였다. 물론 이와 평행으로 달리는 감성이라는 것이 있지만 대체로 이성에 의해 억제되었을 뿐 아니라 그러한 대조에도 오늘날의 맥락에서는 한 묶음으로 처리되어도 무방할 정도였다.

　그러다가 근대로 넘어가면서 인간은 인식주체가 된다. 앎이라는 행위에 보다 본격적으로 주목한다. 즉 이제 인간은 무엇인가를 행하는 주체이다. 단순히 이성이나 감성과 같이 텅 빈 형식적 기능에 머무르는 것이 아니다. 물론 근대 전기 인식론에서는 아직 이성과 경험이라는 앎의 기능들에 골몰했지만 인식주체인 인간은 세계를 구성하는 자아로까지 등극했으니 이제는 내용을 만들어가는 정신적 주체가 되었다. 여기서 정신을 이루는 세 갈래인 지성과 감정 그리고 의지가 등장한다. 사실 의지라는 것이 중세에 대한 반동을 일으키며 새로운 시대를 열게 했으니 근대 전체를 관통하는 가장 중요한 정신 요소라고 해도 좋다. 근대가 주체, 그것도 자유와 자율적 주체의 시대라고 한다면 의지가 이를 선도했던 것이 결정적이기 때문이다. 하여튼 의지에 의해 그렇게 추동된 정신은 이성과 감성이라는 형식적 기능에 내용을 부과하여 지성과 감정이라는 내용적 요소를 보다 본격적으로 갖추도록 스스로를 엮어갔다. 상세히 논하지 않더라도 이제 인간은 지성과 감정, 의지라는 내용적 요소로 이루어진 정신적 실체로서 주체가 되었다. 말하자면 인간이 이성에서 정신으로 확장되었던 것이다. 나아가 인간이 세계를 구성하는 정신적 주체가 되니 스스로 세상을 만들고 다스린다는 생각을 하게 되었다. 그렇다면 계시는 어떻게 될 것인가? 배경이 이러하니 이제 계시는 인간의 정신적 실체성과 궤를 맞춰주는 방식으로 움직여주던가, 아니면 아예 필요 없게 되었던 지경에까지 이르게 되었다.

그러나 이것은 근대 끝자락의 이야기다. 위에서 언급되었던 수수께끼, 모순이라는 것이 이래서 중요하다. 인간이 세상을 지배하는 방식으로 스스로를 엮어내고 잘 살아갈 줄로 생각했던 근대는 그럴 수 없는 삶의 현실에서 소외와 허무를 겪으면서 모순, 그것도 수수께끼 같은 모순으로 내던져졌다는 것을 깨닫게 되었다. 역사상 가장 큰 전환이었다. 혁명이었다. 실존은 여기서 튀어나온 것이다. 그래서 실존은 절규다. 몸부림이다. 우아하고 격조 있는 사조가 아니다. 이런 실존에서 이성이나 정신은 한갓 지엽적인 부분일 뿐이다. 이성은 이제 단지 한 가닥일 뿐이어서 왈가왈부할 것도 없다. 사실 우리가 얼마나 어느 정도로 이성적으로 사는가? 우리 삶에서 이성이 어느 정도의 비율로 자리 잡고 지배하고 있는가?

그런데 근대에 와서 확장된 정신도 그 안에 지성, 감정, 의지가 서로 밀고 당기기를 한다. 지성과 감정은 영원한 평행선이라 만날 수 없다. 게다가 의지도 지성이나 감정 중 어느 한쪽으로 귀속될 수 없다. 정신에서부터 인간은 이미 자기 분열을 경험했기 때문에 헤겔이 그 분열을 어떻게 극복하고 결국 종합할 것인가 하는 물음으로 세계와의 관계 속에서, 신과의 관계 속에서 그림을 그려내고자 했다. 그것이 〈정신현상학〉에서 전개시켜 나간 '역사변증법'이다. 물론 정신을 이루는 세 갈래는 더 줄일 수 없는 셋이다. 그런데 묶어내려고 했다. 그 중에 최고는 이성(지성)이라고 보았었다. 그러니까 지성주의가 되고 주지주의가 되었다. 구체적으로 관념론의 형태로서 주지주의다. 형식적으로 말하면 관념론이고 내용적으로 말하면 주지주의다. 종합이라고는 했지만 그렇게 한 쪽으로 집중시키는 환원의 방식을 취했었던 것이다. 당연하게도, 아니 불가피하게도, 억눌린 것들이 저항했다. 물질이, 육체가, 몸이 앞장섰다. 그래서 '통사람'으로, 실존으로 나온다. 그런데 전인인 실존은 그 자체로 이미 모순일 수밖에 없다. 자기를 이루고 있는 요소들이 서로 충돌하니 부조리를 겪을 수밖에 없기 때문이다. 환원을 거부한 '통사람'을 이루는 것들이니 그럴 수밖에 없었다. 그런 모순들은 같음으로 정리될 수 없는 다름인데, 다름은 자연스럽게, 아니 불가피하게, 모름을 끌고 들어온다. 이래서 계시의 자리가 달라진다.

우리 자리에서 다시 마주하는 계시

우리 상황에 맞게 보다 구체적으로 더듬어보자. 계시를 도대체 인간이 왜 끌어들이고 떠올리는가? 모르기 때문이다. 모자라다고 느끼기 때문이다. 내가 알고 있는 것으로 충분하다면 타자가 알려주는 것이 굳이 필요하지 않다. 그런데 그것이 필요하다고 느낀다. 왜? 인간 스스로 제한되어있기 때문이다. 유한 때문이다. 계시의 인간학적 동인은 인간의 유한성에 대한 자의식이다. 그런데 우리는 종교 안에서 계시와 함께 어느덧 유한성을 망각해버린다. 이게 계시의 아이러니다. 원래 인간적 동기로서 유한성 의식이 관건이었다. 내가 부득이 한계에 부딪혀 그 너머 알 수 없는 것에 대하여 나보다 힘이 있는 타자가 뭔가 힐끗이라도 보여주기를 기대한다. 유한성 의식이 철저한 전제인데, 이전에 인간 스스로를 이성과 정신으로 포장하던 과정에서 계시의 근거와 동인이었던 유한성 의식은 사라져버리고 계시를 통해서 지식을 확장해가는 줄로 착각하면서 본디 계시를 앙망했던 유한성을 망각하는 자가당착이 오히려 종교에서 벌어졌다. 유한성 망각을 일반

언어로 번역하면 '자기도취'다. 여기서도 앎이 우리를 속이는 결정적인 사건의 증거를 여실히 확인할 수 있다. 그러나 계시는 자기도취를 깨는 사건이다. 그런데 우리는 자기도취의 방식으로 계시를 새기려한다. 이 얼마나 아이러니인가? 이게 종교적 인간이다.

그러나 반복해서 강조한 바와 같이, 인간의 자화상이 변해감에 따라 계시에 대한 이해가 변해오고 있었다. 불트만도 이를 다음과 같이 말한다: "계시에 대한 견해는 자신을 이해하는 방식과 어디에서 자신의 본래성을 위한 자기 존재의 최고가능성을 보는가에서 각기 달라진다."[12] 그렇다고 해서 계시를 인간의 틀 안으로 아전인수로 끌고 들어가자는 것은 아니다. 왜냐하면 "인간이 소유할 수 있는 것은 신이 아니라 자기 자신일 뿐"[13]이기 때문이다. 자고로 인간은 신을 소유할 수 없다. 신앙의 독실함을 근거로 소유하려 드는 경향이 적지 않은데 이에 대한 엄중한 경고다. 그런데 우리는 불트만의 이 경고도 바로 오해한다. 신 없이 자기 자신으로 되돌아오고 파고든다고 말이다. 그러나 그의 지론은 계시를 빙자하여 인간이 신을 소유로 간주하고 마구 오용해서는 안 된다고 경고하는 뜻을 지닌다. 계시를 운운해 봤자 자신의 언어로 회귀될 뿐이니 말이다. 결국 불트만은 계시가 힐끗 알려지면서도 비교도 되지 않는 모름을 우리에게 일깨워주는 데에 보다 깊은 뜻이 있다는 것을 이렇게 여러 각도로 에둘러 분석하고 주장한 것이다. 그러니 더이상 그가 외부의 신에 대하여 무관심하다거나 심지

---

12 "신약성서의 계시개념,"『학문과 실존』제1권, 23.

13 "신약성서의 계시개념,"『학문과 실존』제1권, 24. 인간이 계시를 빙자하여 나서보았자 자신에 머무를 뿐이라는 진단이다. 겉보기에 신의 언어로 포장하는 듯한 종교언어도 자기도취에서 비롯된 것일 가능성이 농후하다는 비판이다. 계시 운운하는 사람들이 귀를 기울여야 할 예언자적 외침이다.

어 부정한다고 오해할 일은 아니다. 그리고 우리는 이를 다음의 논문
에서 여실하게 확인하게 될 것이다.

"진공 중에서, 빈손으로!"

불트만, 〈예수 그리스도와 신화〉

불트만의 해석학 연구논문 중에서 가장 핵심적인 작품이다. 그는 이 논문을 복음서가 전해 주는바 예수의 선포에서 핵심주제라고 할 수 있는 '하느님 나라'에 대한 논의로 시작한다. 하느님 나라가 이 세상에 대한 하나의 새로운 제안인가 아니면 종말론적 표상인가? 그런 얘기를 하다가 종말론으로 새기자고 한 후에 이렇게 질문을 던진다: 예수의 그러한 설교가 우리에게 어떤 의의를 가질 수 있는가? 현재를 위해서 아직도 중요한 것인가? 그러니까, '신의 나라'라는 종말론적인 표상이 이 천년이 지난 오늘날 우리에게 의미를 지닌다면, 어떤 방식으로, 어떤 근거로, 어떤 의미를 지닐 수 있을 것인가? 이런 문제를 던지고 시작한다.

신화: 인간이 주인은 아니지만 노예도 아니다

불트만의 단언적인 선포에서 시작해보자. '탈신화화'가 바로 그것인데 "정확히 더 깊은 의의를 보존하기 위해서 신화적인 표상들을 제거해야 될 것"이라고 주장한다. 그런데 '제거'는 "신화적 진술들의 배제가 아니고 해석이다"[1]라고 부언한다. 그렇다면 어떤 방식으로 해석한다는 것인가? 해석이 필요할 수밖에 없는 절박한 근거에서 실마리를 찾아보자: "신화들은 인간이 세계와 그 생의 주인이 아니라는 것과

---

1 루돌프 불트만, "예수 그리스도와 신화," 허혁 옮김 『학문과 실존』 제3권 (서울: 성광문화사, 1981), 220; 이하 "예수 그리스도와 신화"로 표기한다.

인간이 살고 있는 세계에는 수수께끼와 신비들로 가득 차 있다는 통찰의 명시적 표현이다."[2] '주인이 아니라는 것', 이게 핵심이다. 그래서 '수수께끼와 신비들로 가득 차 있다는 것'이 바로 직결된다. 이 세계는 모름으로 가득 차 있다는 것이 신화를 관통하는 주제다. 주인이 아니다. 그러니 모름으로 가득 차 있다. 신화의 뜻이 그렇다는 것이다.

앞서 살핀 대로 그 무엇인가가 계시로 자리 잡는 중요한 동기는 바로 인간의 유한성에 대한 자의식이다. 이제 신화에서는 같은 말을 '주인이 아니다'라고 표현한다. 무엇의 주인이 아니라는 말인가? 이 세계의 주인이 아닐뿐더러 자기 삶의 주인도 아니다. 앎이라는 행위에서는 인간이 주체다. 그러니까 인간은 앎의 주인이다. 그런데, 삶에서는? 더이상 인간이 주인이 아니다. 앎이라는 행위 때문에 등장하게 된 '주체'라는 말을 그대로 삶에 적용할 수는 없다. 그저 관습적으로 그렇게 하고 있을 따름인데 이게 많은 착각과 오해를 일으킨다. 그래서 이제부터 우리는 해석학에서 새겨지는 '주체'라는 용어에 대해 다시 정의해야 한다. 소위 포스트모더니즘에서 중요한 주제 중 하나가 '주체'이다. 그런데 이는 대체로 근대적 주체에 대한 반동 또는 저항으로 제시되었다. '근대방식의 주체가 과연 사람에게 가능한가?'라고 물었다. 물론 가능하지 않다고 주장한다. 설령 가능하더라도 '그게 인간에게 바람직한가'를 묻는다. 물론 이도 부정된다. 가능하지 않을 뿐만 아니라 바람직하지도 않다. 왜? 그렇게 잘 나지도 않았는데 잘났다고 했기 때문이다. 그 배경에는 근대가 있었다. 둘러싸고 있는 모든 것들에 대해 주도권을 지니는 주체였으니 핵심은 자유, 자율 등이었다. 여기서 자유보다 더 중요한 것은 자율이었다. 그것이 근대 주체였다.

---

2 "예수 그리스도와 신화," 『학문과 실존』 제3권, 221.

그런데 우리 시대인 현대가 '주체'란 말을 근대로부터 가져왔다. 사실 습관적인 사용이다. 물론 직접적인 적용은 불가능하다. 주체라는 말의 뜻을 현대의 삶에 간접적으로 적용시켜 보았을 때 그나마 할 수 있는 얘기이다. 앎의 주체는 앎이라는 행위의 대상이 되는 것들과의 관계 속에서 대상을 주무르는 주도권을 지닌 잘난 주체이다. 그러나 삶의 주체는 지금 여기, 생의 주인이 아니니 주체라는 표현 자체가 오도의 가능성을 진하게 지니고 있다.

사실 '주체'란 말은 고·중세 시대에는 없었다. 그런데 근대에 앎이라고 하는 것이 전면에 등장하면서 인간이 앎이라는 행위의 주체가 되었고, 그 주체와 관련해서 상대로서 객체라는 말이 등장한다. 그래서 '주객구도'는 근대의 도식이다. 고·중세 시대에 어떤 작품을 뒤져 봐도 주객구도라는 말은 없다. 토마스 아퀴나스에도, 거슬러 아우구스티누스에도 없다. 오늘날의 우리에게는 굉장히 익숙하지만 고·중세 시대에는 없었다. 인간이 앎이라는 행위의 주체로 부상하면서 앎이라는 행위로 세계와 신까지도 포함해서 대상으로 설정하면서 주객관계가 설정되었었다.

그렇게 인간이 주체로서 주도권을 지니고 세상을 잘 다스리고 자신의 행복을 위해서 끌고 갈 수 있을 것 같았지만, 현실은 어떠했는가? 근대를 시작해준 과학이 그 시대 끝자락에는 급기야 종교를 대체하면서 '과학주의'로 등극했었다. 그런데 과학주의가 어떻게 되었는가? 세상은 과학주의로 몰려갔는데 현대로 넘어오면서 과학은 '주'(主)로 올려지는 것을 스스로 거부했다. 오히려 과학이 스스로 한계를 선포했다. 그게 현대이다. 그게 현대과학이다. 근대와 현대 사이의 결정적인 차이는 더 발달한 과학이 '주'(主)의 위치를 정중하게 거절한 것이다. '과학주의'로 치닫게 된 근대의 절정에 대하여 현대과학이 한 계선언을, 자폭 선언을 하니 '과학주의'는 붕괴해버린다. 그래서 등장한 것이 '허무주의'이다. 그래서 과학주의와 허무주의는 동전의 양면처럼 같이 간다.

　이제 허무주의를 거치면서 주체를 말하니 더이상 둘러싸고 있는 세계를 대상으로 주도권을 가지고 주무를 수 있는 그런 주체가 아니다. 과학주의가 허무주의로 붕괴하는 과정을 거치면서 이제 인간은 믿을 것이 없어졌다. 중세에는 종교를 믿었었다. 근대에는 과학을 믿었다. 현대는 무엇을 믿는가? 더이상 종교는 아니다. 마르크스, 니체 등이 토해낸 종교 비판으로 우리 시대인 현대를 시작했으니 반종교의 시대이다. 과학이 자폭 선언을 했다고 해서 다시 종교의 위상이 회복되는 게 아니었다. 그럴 수도 있었을 텐데 종교는 너무 준비가 안 되었다. 스스로의 게토에 갇혀버렸기 때문이었다. 현실과 동떨어졌기 때문이었다. 비교적 재빠른 반응이 그리스도교계에서 나왔었으니 가톨릭의 제2차 바티칸공의회를 거론할 수는 있다. 가톨릭은 중세에서 근대로 넘어올 때 빗장을 걸어 잠갔다. 트리엔트 공의회가 '교회 밖에 구원은 없다'고 재천명했다. 여기서 교회는 물론 가톨릭교회다. 물론 '교회 밖에 구원이 없다'는 선언은 시대의 전환기마다 나왔었지만 한 세기 후 제2차 바티칸공의회에서 이를 포기하고 항복 선언을 한다. 빠른 속도의 근현대화이다. 중세로 계속 머물고 있다가 근대와 현대를 한꺼번에 받아들여 개혁의 기치를 내걸은 것이 제2차 바티칸공의회라고 할 수 있다. 그러나 과학의 자폭 선언을 기회로 삼을 준비가 그리스도교계 안에는 거의 되어 있지 않았다. 점점 더 밀려 나가는 가운데 오늘날에는 과학과 종교가 거의 따로 노는 세상을 살고 있다. 일각에서는 종교와 과학, 과학과 신학 사이의 연결을 시도하는 노력들이 있지만 일반 사회에 의미 있는 영향을 주기에는 작은 이야기에 머무르고 있는 실정이다.

하여튼 '주체'에 대한 이야기가 너무 길어졌지만, '생각하는 주체'에서 '던져진 실존'으로의 현대적 자화상의 대전환은 인간이 세계와 자신의 주인이 아니라는 신화의 착상을 다시금 되돌아보게 하는 계기가 되었다. 말하자면, 근대에는 신화(神話)가 설 자리가 없었는데 오히려 현대로 넘어오면서 새삼스럽게 주목받게 되었던 것이다. 19세기 중엽에 시작한 현대가 한 세기 동안 소중한 현대고전들을 쏟아냈다. 그런데 1960년대 이후 최근 반세기, 그러니까 우리의 최근 50년 포스트모더니즘이 본격적으로 만개하는 이 시대는 그 이전과는 또 다른 방식으로 신화가 새롭게 각광받는다. 신화가 더 적극적으로 읽히고 있다. 그리스도교가 신화에 대해 왜곡되고 과도한 거부반응을 보이고 있을 때, 문화 일반은 새삼스레 더 주목하고 있다. 인간 자화상의 전환과 맞물려지는 것이다. 저 옛날에 있었던 신화가 오히려 근대와는 구분되는 현대 시대정신 속에서 등장한 인간의 자화상과 맥을 같이 하기 때문이다. 인류 선조들이 언어를 사용하면서 인간이 세계뿐 아니라 자기 삶의 주인도 아니라는 것. 수수께끼로 차 있다는 통찰을 신화에 쏟아놓았기 때문이었다.

> 우리는 우리 자신의 행위들에서 아주 자주 알 수 없는 일들을 볼 수 있다는 경험에 근거를 두고 있다.… 이해할 수 없는 불행이 솟아올라서 자신을 어떻게 할 수 없게 되기도 한다.[3]

---

3 "예수 그리스도와 신화," 『학문과 실존』 제3권, 222.

'이해할 수 없는 불행'은 앞에서 얘기했던 '수수께끼', '신비'에 해당한다. 그러더니 불행은 악으로 규정된다. 불행을 실체화해서 악으로 설정한다: "악은 단순히 세계 여기저기서 발견될 수 있을 뿐만 아니라 모든 개별적인 불행이 사람들의 행위로부터 자라서 결국 모든 사람을 위압하는 정신적 분위기를 만들어내는 유일한 세력을 표현한다는 통찰이다"[4] 그러니까 현실에서 겪게 되는 불행의 많은 계기로부터 악이라는 방식으로 추상화시키고 신의 위상으로까지 올리게 되면 사탄이 되고 마귀가 된다. 그런데 그렇게 하다 보니, 결과가 어떻게 될까? "각자가 책임을 져야 하는데도 악이 하나의 세력이 되어서 기이하게도 인간 사회의 각 구성원을 노예화한다는 사실의 통찰과 인식으로 표현된다."[5]

악을 그렇게 외부자로 설정하니 세상에서 벌어지는 모든 불행, 우리가 원하지 않는 고통은 전부 악의 책임이라고 해버리게 된다. 신화 속에서 그렇게 설정한 악신 이야기들이 그 증거이다. 인간이 책임을 지기에는 너무나 막강한 힘으로서 악이다. 신화가 그렇게 그린다. 인간은 아무런 대책이 없다. 그런 악이다. 그러니 각자의 책임이 아니라 전가되고 전도시키는 것이다. 그런 다음에 '내가 도저히 악한 신을 대적할 수 없으니 이 신에게 차라리 잘 보여야 하겠구나'라고 하게 된다. 노예화가 벌어지는 것이다.

---

4 "예수 그리스도와 신화,"『학문과 실존』제3권, 222.

5 "예수 그리스도와 신화,"『학문과 실존』제3권, 222. 악에 책임을 전가하기 위해서 외부적인 실체로서 위상을 갖게 했는데, 그 위력이 막강하다 보니 도리어 인간이 여기에 노예가 되는 자가당착이 벌어졌다. 신화적 표상으로 등장하는 마귀나 사탄이 그 좋은 증거이다. 그런데 이것이 비단 옛날이야기로 그치지 않는 것은 아직도 인간이 불가항력적인 힘을 겪을 수밖에 없으니 어떤 형태로든지 표상하려는 종교적 추동은 멈추지 않을 것이기 때문이다.

여기서 우리가 주목해야 할 것이 있다. '주인이 아니라는 것'과 '노예화'라는 것, 이 둘 사이에 관계가 어떠한가? 밀접하게 연관이 되어 있다. 그러나 과연 같은 얘기인가? 우선 느낌으로도 아니다. '주인이 아니라는 자의식'과 '노예화로 전락한다는 것' 사이에는 엄청난 거리가 있다. 그런데 현실의 종교적 인간에게는 이 둘 사이의 간격이 점점 줄어들다가 어느 순간 붙어버린다. 주인이 아니더니 그냥 노예가 되어버린다. 그래서 불트만이 열변을 토한다. '주인이 아닌 건 맞다. 그러나 노예화되어서도 안 된다.' 그럼 그 사이에 어떻게 경계 지대를 설정하고 나아가 그것을 넓힐 수 있을까? 그게 관건이다. 이것이 실존철학의 과제요 해석학의 목표이다. 또한 성서의 뜻풀이에 접근하면서 신화를 읽어낼 때 주목하고 주의해야 할 첫 출발이기도 하다. 주인이 아니라고 하는 것에 대한 진솔한 인정과 인식은 일단 중요하다. 그렇지만 주인이 아니라는 것을 빌미로 삼아서 마구 노예로 전락하는 통속적 왜곡의 태도에 대해서 경계해야 한다. 자칫 까딱하면 그냥 동전의 양면처럼 된다. 주인이 아니려니 바로 노예가 되어버린다. 그리고 앞서 말한 대로 종교의 현실은 실제로 그랬다. 종교 현실은 '주인이 아니라는 것'에 대해서는 아주 적극적으로 '당연히 그렇지'라고 한다. 그러다 보니 하느님에게 잘 보이면 복(福) 받는데 잘못 보이면 벌을 주는 존재로, 결국 공포의 신으로 그린다. 그래서 강박이 되고, 독단이 되고, 노예화되어버릴 수밖에 없다. 늘 하는 얘기지만 주인이 아님에도 자유할 수 있어야 한다. 이것이 신앙의 길인데 주인이 아니라니 달리 선택의 여지가 없다고 판단한다. 그냥 노예로 빠질 수밖에 없고, 더 나가서 '노예의 편안함'을 즐기려 한다.

탈신화화: 노예로의 전락에 대한 저항

고대와 중세에는 전제군주체제였으니 일반 평민들은 그런 노예의 식을 가질 수밖에 없고 계층으로써의 노예뿐 아니라 평민들도 위계질서 속에서도 그럴 수밖에 없었다. 근대도 역시 마찬가지였다. 땅을 끼고 도는 1차 산업에서 공장을 중심으로 하는 2차 산업으로 대체되어 가고 있었을 뿐 위계질서는 여전히 그대로였다. 1차 산업은 땅이 관건이었다. 아비가 땅을 가지고 있으면 아들이 물려받는다. 조상이 얼마나 말을 잘 채찍질해서 보다 더 넓은 땅에 말뚝을 잘 박았는가에 따라 가문의 위대함이 결정되었고 그것을 계속 승계하니 1차 산업에 의해 주어진 세상을 살 수밖에 없었다. 그 체제에서 소작인으로 태어났으면 계속 소작인으로 사는 것이다. 이건 혁명이 아니면 뒤집을 길이 없었다. 그러나 근대 과학혁명이 이걸 뒤집었다. 그런데 과학은 똑똑한 엘리트들이 하는 일이었다. 그래서 근대는 과학자들을 중심으로 하는 엘리트들이 지도자가 됐다. 이름하여 시민사회라고 하는데, 이 시민은 잘난 엘리트들의 집단이다. 그러니까 여전히 또 다른 위계질서였다. 이건 2차 산업에 의한 위계질서이다. 공장생산을 생각해 보자. 땅은 좀 작더라도 그 땅 위에다가 벽을 세우고 지붕을 덮고 그 안에서 기계를 발명해서 공장을 돌리면 이것이 땅보다 생산성이 훨씬 높다. 경제권력이 출현하고 이에 의한 위계질서가 재편되었다. 잘난 엘리트 시민계층이 출현하고 여전히 무수한 평민들이 이를 떠받치고 있었다.

3차 혁명으로 넘어가 보자. 여기서부터 대전환이 벌어진다. 3차는 무형산업이다. 1, 2차는 유형인데, 3차는 무형이다. 3차는 그래도 무형이지만, 여전히 가시적인 무형이다. 그런데 4차는 비가시적인 무형이다. 점점 더 진화한다. 어쨌든, 3차에서부터 이미 노예화에 대한 반동이 일어나기 시작한다. 3차 산업혁명과 함께 민주주의도 점점 대중화되기 시작한다. 엘리트들이 일찍이 〈권리장전〉을 읊었지만 그건 귀족들의 이야기였다. 고대의 아테네는 말할 것도 없고, 중세 1215년의 〈마그나카르타〉도 귀족의 민주주의지 평민들에겐 해당되지 않았다. 일반 시민들에게 해당되는 것은 18세기 산업혁명이고, 이것이 계몽주의와 같이 굴러가면서 새로운 시대의 길목을 닦는다. 노예화가 아닌 저항의 자화상들이 봇물처럼 터져 나온 것이다. 세상을 그렇게 살아보니까 자화상이 바뀌고 자화상이 바뀌니까 같은 텍스트라도 읽어내는 방식이 달라진다. 신화를 보는 방식이 달라진다. 성서를 보는 방식이 달라진다. 물론 이런 전환 역시 벌어진 지 얼마 되지 않은 일이다. 긴 세월 동안은, 불트만이 안타깝게 지적하고 있듯이 주인이 아니라는 이유로 바로 노예화로 전락할 수밖에 없었다. 달리 방법이 없었던 그런 긴 세월을 살아왔었다는 것이다. 그러기에 우리 과제는 주인이 아니면서도 어떻게 하면 노예화로 빠지지 않을 수 있을까 라는 것을 찾아가는 것이다. 탈신화화는 여기서 나왔다.

이어서 본격적으로 탈신화화의 과제를 이야기한다. 신화를 액면 그대로 읽어내려고 하는 것은 과거의 이야기로 되돌아가는 것이다. 적어도 시제로 말하자면 과거 이야기로 되돌아가서 이미 벌어져서 지금 어떻게 바꿀 수 없는 사실을 기억해내는 행위로 신앙을 새긴다. 이미 노예화의 생리가 작동할 소지가 깔리게 된다. 그런데 불트만은 이러한 태도가 잘못이라고 지적하는 데에서 시작한다. 그것이 잘못인 것은 인간도 어찌할 수 없는 과거로 스스로를 종속시키기도 하지만 살아계신 하느님을 과거 사실에 묶어두기 때문이라는 것이다. 하느님

이 살아 활동하신다면 시제를 관통해야 마땅한데 문자에 머무르면 과거에 복속되기 때문이다. 그러나

> 인간에 대한 그리스도교적 표상은 그가 본질상으로 시간적이라는 것을 말한다. 즉 그는 그의 성격을 형성한 과거 및 언제나 새로운 해후들을 제공하는 미래를 지니고 있는 역사적 존재이다.[6]

여기서 인간은 과거와 미래의 얽힘으로 이루어진 시간적 존재로 그려진다. 옛날에 그랬었는데 그걸 내가 지금 기억의 창구에서 경전에 힘입어서 끌어내는 것이 아니라 지금 그렇게 일이 일어나는 것으로 받아들여야 한다는 것이다. 불트만의 분석에 따르면 신약성서도 그토록 '지금'을 강조하고 있으니 신화를 과거로 묶는 폐습을 넘어설 것을 요구하고 있다는 것이다. "심판은 지금 세상 위에 드리워져 있다"[7] '지금'이라는 이야기를 계속한다. "진실로 진실로 나는 너희에게 말한다. 죽은 자들이 신의 아들의 음성을 들을 때가 오는데 지금이 바로 그때이다."[8] '지금'에 대해 계속 강조한다.

신도 가두어버리는 세계관

'세계관'이라는 말을 일각에서 즐겨 쓴다. '기독교 세계관'이라는 표현이 좋은 사례이다. 그런데 이런 표현을 즐겨 쓰는 부류들의 신앙

---

6 "예수 그리스도와 신화," 『학문과 실존』 제3권, 228.
7 "예수 그리스도와 신화," 『학문과 실존』 제3권, 228.
8 "예수 그리스도와 신화," 『학문과 실존』 제3권, 228.

유형을 보면, 여기서 불트만이 비판하고 있는 세계관과 아주 정확히 맞아떨어진다. 좀 더 자세히 살펴보자.

> 물론 탈신화화를 위해 현대적인 세계관이 척도에 해당한다는 것은 옳은 말이다. 그렇지만 탈신화화 작업이 성서 또는 그리스도 소식을 전적으로 제거하자는 것은 결코 아니다. 그것은 오히려 지나간 시대의 세계관에 불과하며 그리스도교 교의학이나 교회의 설교에서 자리를 잡고 있는 성서의 세계관을 버리자는 것이다. 탈신화화하는 것은 성서와 교회의 소식이 낡은 세계관에 결부되어 있다는 것을 부인하는 것이다.[9]

자고로 세계관이라고 하는 것은 '이미 짜여있는 앎'에 해당한다. 세상을 보는 나름대로 관점인데, 세계관이 어떤 식으로 작동하는가? 바로 이미 짜여있는 앎의 방식으로 작동한다. 그럼 하느님이 새롭게 역사하셔도 내가 익히 알고 있는 대로 풀어낸다는 얘기다. 결국 하느님을 믿는 것이 아니라 자기가 만들어서 안전하게 가지고 있는 세계관을 믿게 된다. 그런데 자기의 것을 믿으니 결국 자기를 믿는 것이다. 세계관이라는 형태의 앎이 우리를 속인다는 것을 여기서 확인하게 된

---

9 "예수 그리스도와 신화," 『학문과 실존』 제3권, 231. 이 인용구만 달랑 떼어놓고 읽으면 오해하기 십상이다. 그런데 이런 오해가 쉽게 일어나는 이유는 이해되지 않는 내용들은 거의 다 건너뛰기 때문이다. 그러다가 이런 구절이 나오면 갑자기 비난의 화살을 날리니 안타까울 따름이다. 여기서 불트만이 제거하자는 것은 그리스도의 소식이 아니라 이를 둘러싸고 있었던 당대의 세계관이다. 본디 배경이라는 것이 본래의 취지를 전달하는 데에 더 효과적이어야 하는데 여기서는 곡해의 근거가 되고 있기 때문이다. 거꾸로 낡은 세계관에서만 설득력을 지니는 것으로 읽힌다면 그것이야말로 오히려 해결되어야 할 일이 아니겠는가를 묻는다면 불트만의 갸륵한 취지를 이해할 수 있을 것이다. 언제 나온 불트만이냐고 할 일이 아니다. 현실의 신학과 그리스도교, 교회는 아직도 이보다 훨씬 이전의 시대착오에 머물러 있으니 말이다.

다. 그런데 이것이 믿음으로까지 자리 잡으니 믿음이 우리를 속인다고 해야 할 터이다. 물론 잘못된 믿음이지만 말이다. 자고로 '이미 짜여 있는 앎'이면 그렇게 될 수밖에 없다.

그런데 그렇게 '이미 짜인 앎'이라는 것은 어떻게 만들어지는가? 종교적 인간이 기성 지식을 어떻게 만드는가? 인간은 인간에게서 발동되는 원초적 종교성에 의한 욕구를 충족시키는 방식으로 세계관을 엮게 되어있다. 문명사가 그러했다. 인간이 스스로를 어찌할 수 없는 운명으로 읽어내면서 그나마 그 안에서 어찌해보려는 규범을 추스르고는 둘러싼 자연을 운명과 규범의 눈으로 보았다. 자연을 규범의 눈으로 본다. 즉, 자연을 도덕의 눈으로 본다. 말하자면 자연을 사회의 눈으로 본다. 그러면 자연이 선악 판단을 하게 된다. 그래서 악한 놈은 내동댕이치고, 선한 사람은 보호해주어야 한다는 것이다. 그런데 자연은 그렇지 않다. 엄연히 그렇지 않은데도 그걸 포기하지 못한다. 자연의 실상으로부터 거리가 먼 관념이라고 할지라도 그렇지 않고는 달리 방법이 없다. 예측불허의 자연에서 어떤 일이 벌어질지 견딜 수가 없기 때문이다. 그래서 도덕 판단이라는 나름대로 법칙을 세웠다. 자연에다가 도덕 법칙을 들이댄다. 급기야 더 나아가서, 과학이 발달하니까 자연법칙이 나온다. 법칙이라고 하는 건, 그게 도덕 법칙이 되었든, 자연법칙이 되었든, 예측 가능성을 높이는 일이다. 안정성을 높이는 일이다. 법칙의 눈으로 자연의 확장을 인간과 관련지으면서 세계관이 형성된다. 자연이라는 인간 삶의 터를 인간적인 뜻으로 새기면 세계관이 된다. 인간이 먹고 살자고 한 짓이다. 지탄받을 일은 아니지만 그렇다고 그것이 하느님마저 가둘 수 있는 틀은 아니다.

세계관에 대해 살폈으니, '우주'라는 표현도 곱씹을 만하다. 한자로 풀면, 우주는 집 우(宇), 집 주(宙)다. 우(宇)는 지붕이 있어서 우리를 덮어주는 것이고, 주(宙)는 그 안에 거주하는 것이다. 지붕 아래 사는 것이다. 우(宇)는 하드웨어고, 주(宙)는 소프트웨어다. 진짜 우주일까? 인간이 본 것이다. 한자어만 그런 게 아니다. 서양어도 마찬가지다. 우주를 가리키는 cosmos는 혼돈을 뜻하는 chaos에서 나온 것이다. 혼돈으로부터의 질서다. 혼돈은 인간이 살지 못한다. 그런데, 우주가 질서로 보이지만 지금도 엄청나게 큰 혜성이 지구를 향해서 달려오고 있다고 한다. 그걸 깨는 것이 가능한가가 관건이다. 그냥 버스만한 크기로 대기권에 들어와도 대폭발이 일어난단다. 혼돈과 혼돈 사이에 잠깐 질서적인 것처럼 보이는 세계 안에 우리가 살고 있는 것일지도 모른다. 우주적인 혼돈이 워낙 길고 긴 호흡이고, 그것에 비해서 인생은 굉장히 짧다 보니, 그 혼돈을 평생 몇 번 겪을까 말까 할 뿐이지만 말이다. 그러니 잠시의 평온을 질서로 본다. 예측 가능하다. 물론 안정을 위해서다.

우주에 대한 또 다른 표현이 있다. 조화를 뜻하는 universe도 있다. 다양한(diverse) 것들의 일치(unity)다. 충돌하는 것들이 함께 있다는 뜻에서 조화다. 이처럼 우주를 질서나 조화로 새긴다. 그래야만 우리의 안정 욕구를 충족시켜주는 세계관이 되기 때문이다. 낡은 세계관뿐 아니라 지금의 세계관도 마찬가지다. 그것을 불트만은 목표로 삼는다: "어떤 세계상도 그것이 어제의 것이든지 오늘날 또는 내일의 것이든지 결정적인 것은 아니다."[10] 그런데 이를 결정적인 구도로 보고 세계를 예상하며 하느님의 활동을 결정한다. 결국 핵심은 내용보다는 방식인데 이 점에서 세계관이 문제를 지니고 있다. "그러나 중요

---

10 "예수 그리스도와 신화," 『학문과 실존』 제3권, 232.

한 것은 학문적인 연구의 구체적인 성과나 어떤 세계상의 내용이 아니라 세계상들을 산출해내는 사유방식이다."11

세계상은 내용이고, 사유방식은 형식이다. 내용보다 형식이 더 중요하다. 내용은 시대에 따라 이럴 수도 있고, 저럴 수도 있다. 그러나 사유방식에 해당하는 형식은 그 내용에 대해 거리를 두고 비판적으로 성찰할 수 있게 해주는 틀이 된다. 내용에 들어가서 헤매고 있으면 영원히 결론나지 않는다. 그러나 한 발짝 뒤로 물러서서 그 입장에, 그 내용에 도달하게 된, 나름대로 그것을 취하게 된 과정과 방법에 대해서 성찰한다면, 얘기는 상당히 달라질 수 있다. 성찰이라는 것은 이차적인 것이다. 한 단계 물러서는 것이니까. 그러나 정치도 종교도 물러서지 못한다. 함께 모여 논하지 말라는 이유가 여기에 있다. 세계관도 그렇다. 그러나 사유방식이란 뒤로 물러서는 것이다. 세계관으로 처리할 수 없는 결정적인 이유를 불트만은 다음과 같이 강조한다: "인간이 지배할 수 없는 우연한 사건들과 운명들이 있다"12 운명 이야기가 나온다. 운명은 어찌할 수 없는 것을 말하는 것이 아닌가?

그 끝은 죽음이다. 역사는 계속되며 바빌론의 높은 망대들은 자취를 감춘다. 현실적이며 영구한 안전이란 있을 수 없으며 노력으로 안전을 확보할 수 있다는 인간의 확신이야말로 다름 아닌 환상이다.13

---

11 "예수 그리스도와 신화," 『학문과 실존』 제3권, 232. 세계관이 사유방식에 영향을 주는 것 이상으로 지배한다는 것은 새삼 강조할 필요도 없다. 그래서 내용보다 형식이 더욱 중요하다. 내용을 놓고 보면 동의할 수도 있고 거부할 수도 있지만, 사유 방식에서는 영향을 받는 줄도 모르고 오로지 보편적 진리인 양 고집을 부리는 경우가 비일비재하니 말이다. 불트만이 제시한 이와 같은 세밀한 분석의 눈에 주목하지 않으면 뭉뚱그려 오해하는 것밖에 달리 길이 없을 것이다.
12 "예수 그리스도와 신화," 『학문과 실존』 제3권, 233.

여기서 '안전, 확신, 환상'이 한 묶음이다. 안전을 위해서 확신을 가지려고 발버둥 치는데 환상일 뿐이라는 것이다. 세계관이라는 것이 그렇다는 것이다. 그런데 사람들이 이를 만들어 놓고 심지어 신까지도 여기에 집어넣고 세계관에 합당하게 움직여달라고 한다는 것이다. 신화가 바로 이에 대한 탁월한 증거이다. 그런데 그런 세계관을 담은 신화로써 사람들이 얻으려고 하는 것은 다름 아닌 안전인데, 이것은 바로 그가 깊은 불안을 지니고 있기 때문이라는 것이다. 불트만은 이렇게 말한다: "이 노력 근저에 들어 있는 원흉은 무엇인가? 그것은 염려, 곧 인간이 자기 자신을 위한 안전을 스스로 얻어야 한다고 생각할 때 마음 깊은 곳에서 움직이는 숨은 불안이다"[14] 결국 세계관이나 신화나 모두 불안을 잊어버리려는 자기기만적인 동기가 작동하고 있다는 것이다. 노예화할 수밖에 없는 이유를 다시금 확인하게 된다.

그런데 불트만은 '신화'를 넘어서 '신의 말씀'을 들어야 한다고 호소한다. 왜냐하면 "신의 말씀은 인간을 그의 아집으로부터 자신을 위해 구축하는 환상적인 안전성으로부터 불러"[15]내기 때문이다. '신화'가 아니라 '신의 말씀'이다. 불트만이 이렇게 강조하는데 왜 도대체 그의 탈신화화를 그렇게 유치하게 오해하는가? 좀 더 보자. 안전과 불안

---

13 "예수 그리스도와 신화," 『학문과 실존』 제3권, 233.

14 "예수 그리스도와 신화," 『학문과 실존』 제3권, 233. 숨은 불안이 안전을 얻으려고 안달하게 하는 것은 재론의 여지가 없다. 그런데 그러한 안전을 인간이 스스로 얻으려고 하는 태도가 인간으로 하여금 불안에 노예가 되게 한다는 것이다. 불트만이 불안의 상황에서 자유와 결단을 강조하는 것이 한가롭게 들릴지도 모르지만 오히려 인간의 안전노력이 노예화로 몰고 간다는 점을 염두에 둔다면 그가 참된 안전의 근거를 외부에서 기대한다는 주장에 더욱 귀를 기울일 수 있다. 그렇게 된다면 그가 외부를 부정한다는 공연한 오해도 극복할 수 있을 것이다.

15 "예수 그리스도와 신화," 『학문과 실존』 제3권, 233.

에 관한 이야기가 이를 더 자세히 보여준다. "신앙은 인간 자신의 안전
성의 포기이며 안전성을 오직 불가시적인 피안, 즉 신에게서만 찾으
려는 과감성이다. 다시 말하면 신앙은 안전성을 볼 수 없는 곳에서의
안전성이다."16 불트만도 우리 시대가 공유하는 역설적 통찰을 필요
한 대목에서 유감없이 사용한다. 신앙이 안전성을 보장해주는 것이
아니라 오히려 이를 포기하는 것이라고 한다. 이래서 환영받지 못했
을 뿐 아니라 엄청난 오해를 받았다. 사실 안전성을 보장해주지 못하
는 신앙이라면 종교적 인간의 원초적 욕망을 충족시켜줄 수는 없다.
그러나 불트만은 '종교적 인간의 욕망'을 말하는 것이 아니라 '그리스
도인의 믿음'을 찾아 나선 것이다. 그래서 '안전성을 볼 수 없는 곳에서
의 안전성'이라고 말한다. '불가시적인 피안'이라고도 했다. 눈앞에서
보고 확인할 수 있는 것이 아니라는 것이다. 왜냐하면 세계에서 안전
성을 구하는 사람들에게 신과 그의 행위를 밝혀 줄 수 있는 것이 세계
안에는 아무 것도 없기 때문이다. 그런데 우리는 이것을 견딜 수 없기
때문에 어떤 식으로든지 신의 행위가 구체적으로 개입한다고 생각한
다. 그러나 그런 식으로 무엇인가 보이는 순간 그것은 우상이 될 수밖
에 없고 인간은 노예가 될 수밖에 없다. 그런데 종교적 인간인 우리이
이를 견디지 못한다. 이스라엘 백성들만 금송아지를 만든 것이 아니다.
아니 금송아지를 만들지 않았다고 우상을 숭배하지 않은 것이 아니다.

　불안에서 벗어나려는 종교적 인간에게 신의 말씀은 어떻게 작동
하는가? 불트만은 간명하게 말한다. "신의 말은 인간을 그의 불안 중
에서 부르며 그를 자유로 부른다"17 '불안 중에서 자유로'가 중요하다.

---

16 "예수 그리스도와 신화," 『학문과 실존』 제3권, 234.
17 "예수 그리스도와 신화," 『학문과 실존』 제3권, 234.

불안에서 벗어나는 것이 아니다. 불안일 수밖에 없기 때문이다. 그러나 불안 중에서도 자유로 간다는 것이다. 불안을 벗어나는 것이 아니다. 이유인즉, "안전을 위한 그의 노력에서 인간은 그의 자유를 잃기 때문이다"[18] 자고로, 인간이 안전을 위해서 안달하게 되면 결국 자기에게 속박되고 기만당하니 자유를 잃어버릴 수밖에 없다는 것이다. 삶에 대한 깊은 통찰이 아니고서는 나올 수 없는 지혜다. 앎의 논리에서는 더듬을 수도 없다. 불안을 벗어나고 안전을 구하다가 자유를 잃어버리는 자가당착의 앎에서 헤어 나오라는 통찰이다. 그래서 불트만은 다시금 강조한다.

> 참된 자유가 법들 내부에서의 자유라는 것은 옳다. 그러나 그것은 안
> 전성에서의 자유가 아니다. 왜냐하면 그 자유는 언제나 책임과 결단에
> 서 얻어진 자유이며 동시에 불안에서의 자유이기 때문이다.[19]

'불안에서의 자유'는 불안이라는 상황 안에서의 자유를 가리킨다. 우리의 이러한 독법이 임의적 해석이 아닌 것은 방금 읽은 데서 나온다. '그것은 안전성에서의 자유가 아니다'라고 한다. 안전성에서의 자유라고 하는 말은 무엇인가? 안전성이라고 하는 것이 보장된 틀 안에서의 자유일 터이다. 우리는 사실 그걸 원한다. 안전과 자유를 함께

---

18 "예수 그리스도와 신화," 『학문과 실존』 제3권, 234. 안전을 얻으려고 안달하면 노예로 전락할 수밖에 없기 때문이다. 누누이 강조한 바려니와 그가 말하는 자유는 한가한 것이 아니었다. 인간에게는 노예가 되는 굴레로부터 벗어나는 길이 될 터이며 외부에 신의 관여를 배제하지 않는 장치로서 뜻도 지니기 때문이다. 안전을 얻으려는 안달에는 신이 끼어들 여지가 없기 때문이다. 비록 신의 말씀이라는 종교적 언어로 덧칠을 두툼하게 하더라도 말이다.
19 "예수 그리스도와 신화," 『학문과 실존』 제3권, 235.

갖기를 원한다. 그런데 불트만은 '안전성에서의 자유'가 아니라 '불안에서의 자유'를 말한다. 삶에서 영구한 안전이란 불가능할 뿐 아니라 더 나아가서 안전이라는 것이 지니는 생리로 인해 불가피하게 자기 강박으로 꼬이기 때문이다.

시작에서 전제는 불가피하나, 결론에는 전제가 없어야 한다

우리는 어떠한 전제들도 없이 해석해야 하지 않는다. 본문 자체가 해석을 위한 표상들을 제공한다고 보아야 하지 않는가? 때로 이런 주장도 받아들여진다; 그러나 그것은 불가능하다. 우리의 해석이 우리 해석의 결과들에 관련된 것인 한, 무(無)전제적이어야 하는 것은 자명하다.[20]

무엇은 불가능하고, 무엇은 자명한가? 단도직입적으로, 시작에서 전제를 없애는 것은 불가능하다. 그러나 결론에 대해서는 전제를 미리 달아서는 안 된다. 이것이 해석학의 기본 공리이다. 예를 들면, 성서를 읽을 때 우리는 이미 그것을 관심해서 읽고 씨름하는 이유가 있다. 우리 나름대로 문제를 가지고 시작한다. 그 문제 자체가 이미 전제다. 그래서 시작할 때는 전제가 없을 수가 없다. 내가 던지고 있는 물음 자체가 전제이니 말이다. 불트만은 말한다: "방법은 물음의 방법, 문제 제기의 방법 외에 다른 것이 아니라고도 말할 수 있다. 다시 말하면 내가 주어진 본문에 대해 특정한 문제들을 제기하지 않고는 그것을 이해할 수 없다."[21]

---

20 "예수 그리스도와 신화," 『학문과 실존』 제3권, 238.
21 "예수 그리스도와 신화," 『학문과 실존』 제3권, 239. 그러나 보다 엄밀하게 본다면, 이미

그러나 성서 본문을 읽으면서 교리나 그밖에 다른 선입견적인 의도에 맞춰서 성서를 읽고 이에 맞춰 결론을 끌어내려는 태도는 매우 부적절하다. 시작에서는 전제가 불가피하지만, 결론에 대해서는 어떠한 전제도 영향을 주어서는 안 된다. 시작의 전제일지언정, 결론의 전제가 되어서는 안 된다. 결론이 어디로 갈지 미리 안다면 그것은 결론이 아니라 시작에서 설정된 전제를 반복 확인하는 것에 불과하다. 앎이 우리를 속이는 전율적인 사례에 해당한다. 그런데 교리가 이런 방식으로 작동했었다. 그 결과 교리가 우리 삶과 동떨어지게 되었다.

다시 새겨보자. "내가 주어진 본문에 대해 특정한 문제들을 제기하지 않고는 그것을 이해할 수 없다" 특정한 문제들이 어디서부터 나오는가? 물음을 묻게 하는 동인이 무엇인가? 그다음 문단에 바로 나온다. "이 관계를 나는 '생활 관계'라고 부른다"[22] 생활 관계라고 번역된 표현은 문자 그대로 '삶'이다. 앞서 계시개념을 다루면서 '이성이나 정신은 모두 지엽적인 조작이고 통사람, 즉 실존'이라고 했을 때 바로 삶을 가리킨 것이었다. 애써 '관계'라는 표현까지 덧붙인 것은 삶이 독립적인 실체가 아니라 타자와 상호의존적인 관계라는 것을 다시 강조하는 뜻을 지닌다. 그래서 불트만은 이렇게 확언한다: "그러므로 내용에 대한 자신의 관계가 본문에 접하게 하는 문제를 유발시키거나 본문으로부터 얻는 대답을 불러일으킨다는 것이 모든 해석 방법의 첫째

우리는 특정한 문제를 제기하고 있다. 종교 경전은 말할 것도 없고 소설을 읽을 때에도 이미 나름대로 삶의 물음들을 가지고 있다. 의식하지 못하고 문장으로 정리하여 제기하지 않더라도 말이다. 만일 그렇지 않다면 어떤 작품도 끝까지 읽어나갈 동기를 가질 수 없을 터이다. 그것은 흥미나 관심, 때로는 공감이나 부정 등 온갖 다양한 형태로 나타나겠지만, 결국 마주하는 것들과의 관계에서 내 삶이 던지고 끌고 가고 있다는 것이 증거이다.

22 "예수 그리스도와 신화," 『학문과 실존』 제3권, 239.

전제이다."[23] 이것이 바로 '해석학적 순환'의 한 축이다.

불트만은 해석학적 순환의 탁월한 증거로 수없이 회자되는 아우구스티누스의 유명한 구절을 인용한다. "당신은 우리로 하여금 당신을 향하도록 창조하였나이다; 우리의 마음은 당신에게서 안정을 찾기 전에는 불안하나이다."[24] 그런데 그는 이 구절이 바로 우리가 신을 미리 찾고 원하고 있었다는 것을 가리킨다고 풀이한다. 말하자면, "인간은 신의 계시 곧 그리스도 안에서의 그의 행위에 의하지 않고도 미리 신을 알고 있다"[25]는 것이다. 시작에서 전제가 없을 수 없다는 것을 이렇게 입증하면서 주장한다.

물론 그리스도교 전통주의자들은 바로 이를 반대할 터이다. 그러나 일찍이 그리스도교 역사에서도 자연 계시를 받아들여 왔다. '자연 계시'로 보는 자연신학적 입장과 함께 철학적 인간학으로 가면 인간에게 심겨진 '원초적 종교성'이라고 풀 수도 있다. 인간 안에 심겨진 '종교적 인간의 원초적 종교성'이다. 종교성이라는 게 무엇인가? 인간 스

---

23 "예수 그리스도와 신화," 『학문과 실존』 제3권, 239.

24 "예수 그리스도와 신화," 『학문과 실존』 제3권, 240. 아우구스티누스의 의도와는 무관하게 이에 대해서는 여러 각도에서의 분석이 가능하고 실제로 제시되어 왔다. 여기서 이를 자세히 소개할 것은 아니지만 우리 맥락에서는 신이 궁극적 안정의 원천이라는 최소한의 '선이해'에 대한 예증이 될 터이다.

25 "예수 그리스도와 신화," 『학문과 실존』 제3권, 240. 이 구절도 잘 새겨야 한다. 계시, 그것도 그리스도를 통한 하느님의 계시가 아니어도 인간은 이미 신을 알고 있다는 말은 자칫 엄청난 오해를 일으킬 것이기 때문이다. 이는 인간이 신의 개념을 조작한다는 것도 아니고 신에 대해서 계시에 앞서 상당히 알고 있다는 것도 아니다. 아우구스티누스의 고백이 가리키듯이 궁극적 안정을 희구하는 삶을 이미 그렇게 살아오고 있었다는 것을 가리킬 뿐이다. 이런 명제를 인식론으로 당겨서 읽으면 오해밖에 할 것이 없다. 그러나 해석학은 '이미 삶'이다. 선이해가 이를 가리킨다. '미리 신을 알고 있다'는 말은 그래서 '이미 안정을 앙망하면서 살아왔다'는 뜻으로 새겨져야 한다. 맥락에서 보면 충분히 그렇게 풀어질 수 있다.

스로가 유한성을 의식한다. 그런데 유한성 의식은 그냥 주어지는 건 아니다. 모든 피조물이 유한하지만, 모두 유한성을 의식하고 있지는 않은 것으로 보인다. 그런데 인간은 유한성을 진하게 의식한다. 죽음에 대해서도 선구한다. 두려워하기도 하고, 선구적으로 결단하기도 한다. 온갖 다양한 형태지만, 어쨌든 그것과 관계한다. 내세나 영생과 같이 죽음 너머의 저편을 떠올리지 않더라도 한계 너머 저편을 향하고자 하는 성질인 초월성을 지니고 있기 때문이다. 유한성은 초월성 때문에 드러난다. 초월성은 유한성 때문에 요구된다. 유한과 초월은 반대이지만 유한성의식과 초월지향성이 묶여서 종교성을 이룬다. 그래서 종교적 인간이다. 불트만의 말은 이런 뜻이다.

창세기는 이를 신화적인 방식으로 표현했다. 흙에서 왔고 흙으로 돌아간다. 유한성이다. 그런데 신의 형상대로 지어져서 그 형상을 닮아가기를 앙망하게 되어있다. 그렇게 앙망하게 하는 동인은 바로 하느님의 '숨결'이다. 일반적인 표현으로 번역하면 '초월지향성'이라고 말할 수 있다. 다른 피조물들은 자신의 한계를 초월하지 않는다. 맹수가 우리보다 힘이 더 세지만, 한계를 초월하지 않기 때문에 그냥 그렇게 산다. 그러나 우리는 맹수보다 훨씬 약한데도 초월성을 지니고 있기 때문에, 그것과 맞붙어서 생포할 체제들을 고안하고 동물원에 집어넣든가, 사파리에 풀어놓고 즐긴다. 초월성이 벌려낸 장면이다. 초월성이 수백 층의 건물을 만들고, 비행기를 날린다. 물론 멋지게 날아가는 새가 더 높이 날려고 비행기를 따로 만들지는 못한다. 그러나 인간은 날지 못하지만 비행기를 만든다.

한계를 뛰어넘어 신을 향하려는 성정으로써 초월성이 창조 섭리를 통해 '원래부터 심겨져 있다'는 것이다. 창세기가 이미 그렇게 고백하고 있다. 불트만은 여기에 주목했다. 이미 창조 섭리 속에서 하느님을 향하고자 하는 성정(性情)을 입김으로 불어 넣어 주셨다는 것에 말이다. 이것이 종교적 표현이라면, 일반적으로는 인간의 한계를 뛰어넘으려고 몸부림치게 되어있다고 해도 좋을 일이다. 어쨌든. 겉보기에는 비슷해 보이는 피조물이지만, 인간에는 초월성이 심겨져 있다. 그러기에 신앙이 가능하고 필요하며, 신앙에서의 자유, 책임, 결단에 대해 논할 수 있다. 책임을 물을 수 있다. 문제에 대해서 검토하고 시비하고 비판할 수 있다. 그러나 이미 심겨진 초월성이라는 성정에 대해서 겸손하게 전제하지 않으면 신앙은 마술이 되고 믿어져서 믿는다는 요술이 남발된다.

자신의 유한성을 물음으로 새기고 심겨진 하느님의 형상 덕분에 넘어서려는 초월성이 발동하니 하느님에 대해 묻는 것은 자신에 대한 물음에서 시작한다는 통찰에 이르게 된다. 그래서 불트만은 이렇게 단언한다: "신에 대한 물음과 나 자신에 대한 물음은 동일한 것이다"26 그런데 여기서 동일하다는 말은 매우 은유적인 표현이다. 액면 그대로 동일하다는 것은 아니다. 신에 대한 물음이 인간 자신에 대한 물음을 토대로 하고 있고 그 안에 포함하고 있다는 것이다. 그런데 앞의 물음이 뒤의 물음을 싸안고 넘어선다. 포함하고 초월한다. 그래서 신에 대한 물음은 나 자신에 대한 물음이다.

신의 행위, 개입인가 임재인가?

이제 불트만은 이 논문의 마지막 절에서 신은 '존재'로 머물러 있는

---

26 "예수 그리스도와 신화," 『학문과 실존』 제3권, 241.

것이 아니라, 나에게 들이닥치시는 '사건'이고 '행위'라고 주장한다. 그런데 이것이 새삼스러울 까닭이 무엇인가라고 반문할 수 있다. 왜냐하면 하느님은 늘 우리의 소원과 필요에 대해 관여하시고 개입하시는 방식으로 응답하신다고 믿어지기 때문이다.

신화론적인 사유에서는 신의 행위가 자연, 역사 또는 인간의 숙명, 영혼의 삶에서, 사물들의 자연적인, 역사적인 또는 심리학적인 현상에 개입하는 행위로서 이해된다. 그 행위는 이 사건들을 결합하며 동시에 그 결합을 파괴한다. 이 신적인 원인은 인과연관성에 의해 서로 연결되는 사건들의 연쇄에 의해서의 고리로서 도입된다. 사람들은 놀라운 사건이 기적, 다시 말하면 초자연적 원인의 결과 외에 다른 것이 아니라는 인습적인 표상으로 그 개입을 이해한다. 그러한 사유에서는 실제로 세계의 행위나 사건들을 생각하는 방식으로 신의 행위를 생각한다.··· 왜냐하면 기적을 일으키는 신적인 세력이 자연적인 세력과 같은 것으로 생각되기 때문이다. [27]

여기서 '개입'이 매우 중요한 표현이다. 우리가 기도할 때 거의 '신의 개입'을 요구하는 내용으로 기도한다. 개입은 개입 이전과 이후를

---

27 "예수 그리스도와 신화," 『학문과 실존』 제3권, 245. 기적이라고 불리는 사건을 '초자연적인 원인의 결과'로 보는 태도를 '인습적인 표상'이라고 했다. 말하자면 기적조차도 원인과 결과의 관계로 묶어서 설명될 수 있어야만 받아들여지고 안정감이라는 소기의 목적을 달성할 수 있다는 종교적 욕구가 인과율이 해당하는 것으로 보기 어려운 기적에 대해서까지 이를 적용하게 만들었다고 분석한다. 인과율이 인습이라는 분석은 그냥 스쳐 지나갈 수 없는 예리한 통찰이다. 모든 것을 이러한 틀에 넣어야만, 즉 조건적인 연관성의 틀로 보아야만 타당하다고 보는 습관이 삶의 설명될 수 없는 부조리와 모순을 외면하게 하기 때문이다.

확연하게 갈라낸다. 개입이 없었다면 있을 수 없는 일이 개입 이후에 일어나야 한다. 말하자면 개입은 이후의 사건에 대한 원인으로 작용하고 이후의 사건은 이로부터 비롯된 결과이어야 한다. 그러다 보니 세계에서 사건들이 일어나는 것과 같은 방식으로 신의 행위나 사건들이 일어난다고 보게 된다. 포이어바흐의 표현을 빌린다면, 자연적인 사건의 흐름에 초자연적인 개입을 요청하는데 결과는 자연적으로 나타나야 한다. 그래서 개입이다. 초자연이 자연으로 들어와서 자연으로 이루어져야 하니 말이다. 그런데 그러다 보니 신의 힘과 위상이 자연의 그것과 동등선 상에서 받아들여지고 새겨지더라는 것이다. 결국 신의 힘을 앙망하는 종교성이 자연적 목적을 위해서 초자연적 수단을 끌고 들어와 다시 자연적 차원으로 흡수하는 꼴이 된다. 그러나 이것이야말로 오히려 신성모독이라는 것이다.

> 사실 신의 행위라는 의미에서의 이적은 세계의 사건의 차원에서 일어나는 사건으로서 생각될 수는 없다. 그것은 단지 객관적인 세계상 내부에서만 가능한 객관적인 과학적 증명에 해당되는 가시적인 것이 아니다. 신의 행위는 학문적인 객관적 관찰자에게는 하나의 신비이다.[28]

신의 행위는 세계에서 일어나는 가시적인 사건이 아니니 과학적으로 증명될 수도 없다. 객관적인 태도로만 보면 '신비'일 수밖에 없다. 그런데 신비라는 것은 여전히 모른다는 것인데 이를 견디지 못하니 '개입'이라고 보아야만 직성이 풀리는 성향이 그렇게 신의 행위를 자연세계의 인과율적 연관체계 안에 집어넣고 보려고 한다는 것이다.

---

28 "예수 그리스도와 신화," 『학문과 실존』 제3권, 245.

그렇다면 그 신비는 어떻게 일어나는가? 아래 구절에서 우리는 불트만의 탈신화화의 결정적인 설명을 만난다.

비(非)세계적인, 초월적 행위로서 신의 행위에 관한 사상은 세계행위들이나 세계 사건들 **사이에서** 연출되는 행위로서가 아니라 그것들 **안에서** 일어나는 행위로서 생각될 때에만 잘못 이해되지 않을 수 있다.[29]

이 구절에서 우리가 대비적으로 주목해야 할 것이 있다, 그것은 바로 '사이에서'와 '안에서'이다. 앞서 말한 개입이 바로 '사이에서'라는 방식으로 일어난다. 자연적인 사건들의 흐름 사이로 초자연적인 행위가 밀고 들어오는 것으로 새겨지기 때문이다. 자연적인 사건의 사이에 들어오는 것이니 개입인데, 그런 방식의 개입이기 때문에 눈앞에서 확인할 수 있을 정도로 보여야 한다. 그런데 이것이 눈에 보인다고 서술하는 것이 바로 신화적 표현이다. 그래서 신화는 초자연적인 개입이 눈앞에서 보이는 사건처럼 서술한다. 나아가 이를 문자적으로 새기고 사실적으로 받아들인다. 그리고 이를 독실한 신앙으로 간주한다. 이에 따르면, 자연적 사건이 진행되는 가운데 하느님이 자연적 사

---

29 "예수 그리스도와 신화," 『학문과 실존』 제3권, 245. 여기에서 대비되는 '사이에서'와 '안에서'는 공간 이미지를 사용하는 은유이지만 시간적인 차원으로도 대비되는 절묘한 뜻을 지닌다는 점을 놓쳐서는 안 될 것이다. '사이에서'는 앞과 뒤의 가운데로 끼어들어가는 것이니 시간적인 간격을 반드시 필요로 하지 않는다. 그러나 '안에서'가 말하는 '안'이라는 것은 버젓이 보이는 바깥과 어느 정도로 떨어져 있는 것인지 바깥에서 가늠할 길이 없다. 게다가 바깥의 껍질을 벗기는 것도 간단하지 않지만 설령 벗긴다고 하더라도 안이 드러난다는 보장도 없다. 불트만이 이렇게 시간과 공간 차원으로 대비할 수 있는 은유를 동원해서 말하고 싶은 것은 자고로 신과 관련해서 인간이 어떠한 형태나 방식으로든지 대상화하는 것이 빠질 수밖에 없는 오류를 보다 회화적으로 보여주고자 하는 것이 아닌가 한다.

건의 인과적 순서 사이에 마술적으로 들어와서 개입하고 이것이 새로운 원인이 되어 다른 결과를 만들어낸다. 인과연쇄성을 새롭게 창출한다는 것이 신화가 가지고 있는 초자연적 세계관의 일반적인 방식이다. 물론 옛날에는 그런 방식으로 생각했다. 그런데 지금 그렇게 생각하기는 어렵다. 어려운데 그렇게 생각하고 믿어야 독실한 신앙인 줄로 착각하고 그렇게 붙잡아야 한다고 하니까 현대인들에게 성서가 읽혀지지 않는다.

현대인들은 묻는다. 만일 신의 행위가 그렇다면, 아니 그러해야 한다면, 도대체 무수한 악들이 어찌하여 아직도 말살되지 않고 창궐하고 있는가? 보이는 것으로 말하자면 신의 행위를 거스를 만한 것들이 더 압도적으로 지배하고 횡행하고 있지 않은가? 그렇다면 신의 개입이 도대체 왜 이렇게도 보이지 않는가? 이런 물음을 묻지 않을 수 없다. 신정론으로 자연스레 들어왔다. 아니 그렇게 신화적인 묘사를 사실적으로 새기게 되면 피할 길이 없다. 이에 대해 불트만은 어떻게 대답하는가? 신의 역사는 보이는 개입이 아니라는 것이다. 물론 보이지 않는 이유는 신의 행위가 가시적으로 사이로 개입해 들어오는 방식이 아니라 엄연히 흐르고 있는 자연적 사건의 진행 과정 안에서 역사하시기 때문이라는 것이다. 말하자면 '사이로 파고드는 개입'(inter-vention)이 아니라 '안에서 작동하는 임재'(presence)라는 것이다. 그러니 보이지 않는다: "신의 행위는 신앙의 눈 이외에는 누구의 눈에도 숨겨져 있다." 그렇다면 이렇게 반문할 것이다. '신앙으로만 보이는 것이라면, 없다고 부정해도 반박할 수가 없지 않은가?' 하고 말이다. 그러나 이는 반대 경우를 가정해 보면 바로 대답할 수 있다.

만일 '사이에서'로 새겨지는 개입, 즉 초자연적인 개입을 통해 원하는 자연적 결과를 기대한다면, 신의 행위가 자연현상 사이로 파고들어 개입하기 전까지 진행되는 모든 과정은 신의 역사와는 아무런 관련이 없게 된다. 그냥 알아서 가고 있는 것이다. 그러다가 우리가 필요할 때 불리어 나온 신이 개입해 들어오게 된다. '사이에서'를 고수하게 되면 오히려 사이 앞에서 벌어지는 현실은 신과 아무런 관련이 없게 된다. 그냥 굴러간다. 이것이 바로 '사이에서'로 그려지는 신화적인 사고가 지니는 결정적인 자가당착의 함정이요. 오류 추리의 맹점이다. 자가당착인 것은 신화적 사고가 설정하는 신의 위력이 오히려 '사이로'만 제한되기 때문이고, 오류추리인 것은 초자연적인 차원이 자연으로 드러나야만 한다는 발상을 당연하게 여기는 데에서 비롯된다.

그러나 '안에서'로 읽게 되면, 자연적인 흐름의 모든 과정이 신의 역사로 새겨질 수 있다. '사이에서'는 매우 극적으로 보이기는 하지만, 그러한 만큼 신의 행위가 마술적 개입(magical intervention)으로 간주될 수밖에 없다. 그러나 '안에서'는 보이지 않는다. 알려지지도 않는다. 그래서 신비이다. 신의 비밀이다. 그렇다면 어떻게 신비라는 것을 알게 되었는가? 만일 이렇게 질문한다면 신비를 인식의 대상으로 간주하는 오류에 빠진 것이다. 신비를 안다는 것 자체가 형용모순이다. 그렇다면 '안에서'는 앎의 문제가 아니라 삶의 차원이고 뜻의 문제로 새겨야 한다. '사이에서'가 신과 인간 사이에 어떠한 거리도 인정하지 못하는 시각이라고 한다면, '안에서'는 신의 행위가 인간에게 겪어지는 가운데 여전히 드러나지 않고 또 그럴 수 없는 거리를 가리킨다. '안에서'가 오히려 거리를 가리킨다. '사이에서'는 보인다고 주장하는 것이지만, '안에서'는 보일 수 없다고 하는 것이니 말이다.

대비를 해보자면 아래와 같이 추릴 수 있다.

사이에서	↔	안에서
개입	↔	임재
마술적	↔	사건적
가시적	↔	비가시적
차안	↔	피안

신의 임재가 범신론에 빠지지 않으려면

그런데 신의 행위가 '사이에서'가 아니라 '안에서'라고 주장했더니 범신론의 문제가 제기되었다. 모든 것이 신이 임재로 일어난 일이라면, 모든 자연현상도 신의 임재이고 활동이라 하니, 만물에 신이 깃들어져 있다는 범신론으로 빠지는 것이 아닌가라는 비판이 나오지 않을 수 없겠기 때문이다. 이를 간파한 불트만은 '신의 임재'와 '범신론'은 서로 확연히 다르다고 주장한다. 어떻게 다를까? 범신론은 주어진 세계가 이미 그렇게 신의 산재로 짜여 있다는 것을 주장한다는 것이다. 말하자면, 범신론은 앞서 말한 세계관의 한 종류라는 것이다. 자연은 이미 그 안에 신이 깃들어 있다고 하니 '신·즉·자연'이다. 신이 자연이라는 양태를 취한다는 것이다. 이제 이런 범신론적 공식은 세계가 과거로부터 이미 다 엮어져 있으니 신도 그 구도 안에서 움직여야 하고 그 틀을 벗어나서는 안 되는 것을 요구한다. 즉 그러한 세계관을 벗어나서 신이 새롭게 등장할 수 있는 가능성을 신에게도 허락하지 않는 구도이다. 그러니 범신론에서 사실 믿음의 대상이 되는 것은 신이 아니라 신도 그렇게 따라 움직여주어야 하는 세계에 대한 인간의 관념이다. 믿는 것은 신이 아니라 관념이었다. 앎이 속이고 믿음이 속이는 사례이다. 물론 잘못된 앎이고 잘못된 믿음이지만 말이다.

범신론에 대한 이러한 비판과 함께 불트만은 아래와 같이 대안을 제시한다.

> 범신론적 경건으로 간주될 수 있다는 것이다.… 신앙은 세계 사건들과 신의 행위의 직접적인 동일성 위에 근거를 두지 않고 피상적인 비동일성에 반하여 오로지 지금 여기에서 믿어질 수 있는 역설적 동일성 위에 근거를 두고 있다.[30]

신과 세계의 관계는 직접적 동일성도 아니고 피상적 비동일성도 아니며 '역설적 동일성'으로 새겨야 한다는 것이다. '직접적 동일성'은 에누리 없이 바로 같다는 것을 가리킨다. '사이에서'가 그런 방식으로 신과 세계를 이었는데 부적절하다고 비판되었다. '피상적 비동일성' 이란 신과 세계가 겉보기로 그렇게 다르다는 것인데, 이를 거부하는 것은 직접적 동일성이 아니라고 해서 그렇게 겉보기에 다르다는 것으로만 내몰 수는 없다는 것을 뜻한다. 그리고 이제 '역설적 동일성'이란 신과 세계가 같지 않기 때문에 '사이에서'는 부적절하지만, 그렇다고 아예 무관할 정도로 다르지는 않으니 '안에서'가 가능하고 필요한 관계라는 것을 가리킨다. 그러한 역설적 동일성을 이제 신과 인간의 관계에 적용하면 다음과 같은 고백에 이르게 된다: "창조자로서 신에 대한 이해는 나 자신을 지금 여기서 신의 피조물로서 이해할 때에만 순수하다."[31] 언뜻 보기에 지극히 당연한 말씀이다. 그런데 이것이 엄청

---

30 "예수 그리스도와 신화," 『학문과 실존』 제3권, 246.

31 "예수 그리스도와 신화," 『학문과 실존』 제3권, 245.

나게 새삼스러운 뜻을 지닌다. 신과 인간의 관계가 창조주와 피조물이라는 것은 그리스도교의 창조신앙에서는 당연한 대전제이다. 그런데 여기서 우리가 눈여겨보아야 할 것은 '지금 그리고 여기서'(hier und jetzt)라는 조건이다. 이것이 불트만의 저 유명한 실존 단서이다. 이 취지를 잘 봐야 한다. 우리의 신앙을 되돌아보면 대체로 그 내용이 옛것인 경우가 많다. 이미 거기에 그렇게 있던 것을 지금 여기로 가져와 재생시키고 있으니 말이다. 기억에서 반복적으로 끌어내어 재생시키면서 평안함과 안정감을 얻는다. 그리고 그것을 신앙으로 간주하고 받아들이도록 길들여져 왔다. 결국 신앙의 근거가 과거다. 그런데 그때 그 과거는 나의 기억이다. 물론 나의 기억은 내가 조작한 것은 아니다. 신앙생활의 누적된 경험에서 이리저리 남아 있는 기억들이겠지만, 중요한 것은 기억이라는 점이다. 나의 기억을 다시 끌어내서 반복적으로 재생함으로써 얻어내는 편안함을 신앙의 은총으로 새기도록 길들여져 있을 때, 신앙하는 것은 무엇인가? 나의 기억을 신앙하는 것이다. 즉, 나의 믿음을 믿는 것이다. 하느님을 믿는 것이 아니라 나의 믿음을 믿는다. 그런데 나의 믿음을 믿는 것은 결국 나를 믿는 것이다. 그러나 "실존 이해는 나의 지식에서 완성된 지식으로서 자신을 표현하지 않는다."[32] 신앙이 빠질 수도 있는 자아도취를 깨는 통찰이다.

이처럼 불트만은 우리의 신앙 내용이 대체로 과거로부터 우리에게 전수되어온 지식을 근거로 할 가능성이 농후하다고 비판한다. 그런데 이런 신앙에 신의 역사는 없다. 새로운 역사가 있을 수 없다. 그러면 신의 미래는 어떻게 되는가? 신의 미래가 인간의 과거에서 끝나버린 것이 된다. 확고한 신앙이라는 명분으로 완결된 관점에 의해서

---

32 "예수 그리스도와 신화," 『학문과 실존』 제3권, 245.

신의 미래가 아예 사라지게 되는 셈이다. 인간의 미래는 말할 것도 없고 신의 미래도 과거에 의해서 다 정리된다. 신의 미래 또한 예견되어 버린 것일 뿐이다. 그렇다면 '창조자로서 신'은 어디로 갔을까? 옛날에 창조하시고 종적을 감추신 걸까? 그렇다면 창조는 현재가 아니라 옛날에 벌어지고 끝난 것인가? 그러면 지금은 창조를 하지 않으시는 것인가? 현대과학에서 보더라도 우주는 팽창하고 있다고 하지 않는가? 지금도 창조하고 계신다는 것이 우리의 창조 신학이고 창조신앙이어야 하지 않는가? 아직도 창조와 진화의 관계를 놓고 고민하는 사람들이 많지만 참으로 불쌍한 영혼들이다. 창조와 진화가 도대체 왜 충돌해야 하는가? 창조가 진화 따위의 방식을 포함하지 못할 이유가 어디 있겠는가? 창조의 다종다양성은 모든 것이 다 가능하다고 해야 하지 않을까? 아니라면 과거로 미래를 지배하는 꼴이다. 인간의 앎으로 신의 삶을 재단하는 오류다. 창조가 '없음으로부터 있음으로'라고 한다면 역사는 있음 안에서의 변형들이라고 이야기할 수 있다. 그런데 있음은 고정된 존재가 아니라 변화하는 생성이다. 우리 인간의 삶도 생성소멸의 과정을 겪고 있다. 생성이라고만 하면 반쪽일 뿐이다. 소멸도 하고 있으니 말이다. 그래서 생성소멸이다. 생성과 소멸은 반대말이지만 실은 같은 말이다. 하느님의 창조도 이런 맥락에서 새겨야 할 것이다. 어쨌든 끝없이 계속 창조하시는 하느님이기에 범신론으로 귀속될 수 없다고 말한다. 앞서 말했던 '안에서'가 뜻하는 임재는 모든 가능성으로 새롭게 들이닥치시는 하느님에 다가가려는 몸부림의 언어이다.

좀 더 구체적으로, 믿음은 '완성된 지식'이 아니라는 것이 중요하다. 이를 교리와 견주면 이것이 얼마나 중요한지 바로 드러난다. 교리는 완성된 지식을 표방하기 때문이다. 심지어 그것은 '미리 주어진 신념'이다. 내가 어찌해 보기도 전에 이미 나에게 주어져 있으니 말이다. 그러나 "어떤 경우에도 전능자인 신에 대한 신앙은 모든 일을 행할 수 있는 전능한 존재가 현존한다는데 대한 미리 주어진 신념일 수 없다."[33] 신앙은 '미리 주어진 신념'이 아니다. 흔히 말하는 세계관이 바로 미리 주어진 신념에 해당한다. 세계는 마땅히 이럴 것이라든지 그래야 한다는 관념이 미리 주어진 신념이다. 범신론도 바로 그러한 세계관이다. 신관이면서 세계관이다. "우리는 범신론이 사실 미리 파악된 신념, 즉 세계 내에서의 모든 사건이 ―신이 그 세계 안에 거주하기 때문에― 신의 행위라고 주장하는 일반적인 세계관이라고 결론을 내릴 수 있다."[34] 결국 내가 미리 주어진 신념을 믿게 되면, 새롭게 역사하시는 하느님의 가능성은 차단될 수밖에 없다.

믿음은 신념 확인이 아니라 실존 수행이다

믿음은 '미리 주어진 신념'이 아니라 지금 여기서 수행되는 '실존의 행위'이다. 그래서 불트만은 "전능한 신에 대한 신앙은 현실적으로 나의 실존에서 수행됨으로 지금 여기에서 나를 압도하는 신의 권세에 굴

---

33 "예수 그리스도와 신화," 『학문과 실존』 제3권, 246. 불트만이 말하는 '미리 주어진 신념'은 다음에 다루게 될 본회퍼가 그의 역작 <저항과 복종>에서 설파한 '임기응변의 신'에 견줄 만하다. 하느님이 새롭게 다가오실 가능성과는 무관하게 인간이 이미 나름대로 가지고 있는 종교적 이념, 즉 자신의 종교적 욕구를 충족시켜줄 체계를 가리킨다는 점에서 비슷하다. 그리고 그러한 체계가 하느님의 새로운 역사를 재단하는 기준이 되니 하느님은 뒤로 밀려나고 체계가 우상이 된다고 비판하는 점에서도 견주어진다. 이렇듯이 불트만의 탈신화화와 본회퍼의 비종교화는 함께 가는 시대정신의 얼개들이다.

34 "예수 그리스도와 신화," 『학문과 실존』 제3권, 246.

복할 때에만 순수하다"[35]고 말한다. '미리 주어진 신념'과 정반대의 대극에 '실존 수행'이 위치한다. 그뿐 아니라 '실존 수행'은 권세에 대한 굴복의 방식을 취한다. 매우 아이러니컬하게 들리기도 하는데 '미리 주어진 신념'과 비교하면 그 취지가 확연하게 드러난다. 오히려 미리 주어진 신념은 바로 그 신념을 구실로 신의 나타나심을 거부하고 신념을 고수하는 작태로 이어지는 경우를 종교 안에서 부지기수로 볼 수 있으니 과연 어느 것이 진정한 신앙의 길인가는 두말할 나위도 없다.

> 그러므로 그것은 신앙이 나의 의식에서 완성된 지식으로서 표현되어야 하는 것을 뜻하지 않는다. 그것은 오히려 신앙 진술들이 일반적인 명제들이 아니라는 것을 뜻한다. 그러므로 가령 루터의 "세계는 어디에서나 주의 것이다"라는 고백은 교의학적 확언으로서 참된 것이 아니라 오직 지금 여기에서만, 즉 그것이 나의 실존의 결단으로 확언될 때에만 참된 것이다.[36]

'교의학적 확언'이 아니라 '실존의 결단'이다. 전자가 앎의 꼴이라면 후자는 삶의 얼이다. 그런데 공교롭게도 아니라고 하는 교의학적 확언이야말로 우리가 그동안 해왔던 신앙의 방식이었다. 하느님에 대한 앎도, 믿음의 내용을 구성해야 될 앎도 당연히 그런 방식이어야 한

---

35 "예수 그리스도와 신화," 『학문과 실존』 제3권, 246.
36 "예수 그리스도와 신화," 『학문과 실존』 제3권, 246. 그래서 밀접하게 연관되어 보이는 교리와 신앙을 구별하는 분석들이 종교학자나 신학자들 사이에서 많이 제기되어 왔다. 본디 교리라는 것이 신앙의 혼란을 방지하기 위한 계도 방책으로 만들어진 것일진대 일반적으로는 함께 가는 것이 마땅하다. 그러나 현실은 교리가 판정 기준으로 등극하면서 오히려 신앙을 억압하는 왜곡으로 빠지는 경우들이 허다한 상황이다. 여기서 '확언'과 '결단'의 대비를 보더라도 양자 사이의 긴장은 간단하지 않은 과제라 하겠다.

다고 생각하도록 길들여져 왔었기 때문이다. 물론 교리가 결정적인 원인이었다.

실존의 수행은 "이에 반해 그리스도인은 신이 지금 여기에서 나에게 관여하며 나에게 말한다는 것을 믿는다"[37]고 강조한다. 그러나 아래 인용구에서 불트만이 아니라고 하는 것들이 정확하게도 우리 신앙인들이 하고 있는 것이다.

> 이 신앙은 단번에 소유되는 앎이 아니다. 그것은 일반적인 세계관이 아니다. 그것은 지금 여기에서만 실현될 수 있다. 그것은 믿는 자가 신이 지금 여기에서 무엇을 말하는지를 항상 물을 때에만 생생한 신앙일 수 있다.[38]

신앙은 일반적인 세계관을 고수하는 것이 아니다. 그래서 '지금', '여기', '물음'이 핵심이다. 그런데 우리가 신앙의 내용을 늘 대답의 형태로 받아 새기는데 익숙해져 있다. 물음이라는 게 없다. 믿음에서 물음은 늘 의심이나 회의로 간주되어 왔기 때문에, 물음을 물어서는 안된다. 늘 말하지만 대답이 먼저 있고, 거기에 맞도록 물음을 물었다. 교리문답에서는 답이 먼저 있었다. 그 답에 맞춰서 물음을 물었다. 심지어 교리는 아예 물음 없는 대답이다. 그러나 불트만은 거꾸로 말한다. 그러면 그것은 내가 이미 알고 있는 지식이나 만들어 놓은 신념을 믿는 것일 수밖에 없다고 말이다. 그러니 자가당착에 빠질 수밖에 없다. 그래서 대안을 제안한다. 물음 없는 대답을 뒤집어서 대답 없는

---

37 "예수 그리스도와 신화," 『학문과 실존』 제3권, 246-247.
38 "예수 그리스도와 신화," 『학문과 실존』 제3권, 247.

물음, 즉 물음을 묻되 대답 없음을 각오하라는 제안이다. 대답 없음이 무엇인가? 모르는 채로 뛰어드는 모험이다. 위험하고 때로 결단을 요구한다. "나는 그가 행하는 것을 알지 못하며, 아마 영원히 알지 못하고 말 것이다."[39] 언젠가 안다는 것이 아니라, 영원히 알지 못한다. 그러면서도 신앙이 가능해야 한다. 사실 신앙의 제대로 된 모습이겠다. 아니라면, 앎에 대한 확인이다. 자기 앎에 대한 반복적인 확인이다. 자기 것을 계속 들고 뛰는 것이다. 그러나 물음은 모름으로 이어지는데 심지어 참음을 요구받기에 이른다고 강조한다. 대답 없음을 참고 견디라고 한다. 믿음이란 그런 것이니 말이다. 이제 해석학은 이 뜻을 길어내고자 한다.

> 그러나 나는 그것이나 자신의 실존을 위해 중요하다는 것을 굳게 신뢰하며 나는 신이 내게 말하는 것을 풀어야 한다. 아마도 그는 나에게 조용히 참고 있으라고만 말할 수도 있을 것이다.[40]

---

39 "예수 그리스도와 신화," 『학문과 실존』 제3권, 247.
40 "예수 그리스도와 신화," 『학문과 실존』 제3권, 247. '참고 있으라'는 것은 결코 쉬운 일은 아니다. 그러나 불트만이 엄청난 비판과 거부를 감수하면서 이런 통찰을 나누려는 취지를 살피는 것이 중요하다. 이런 대목을 무시하거나 부정하다보니 그가 인간 실존에만 머물렀다고 거의 정반대로 오해하게 되기 때문이다. 참으라는 것은 인간이 인간 안에서 벌어지는 일에 초점을 맞추고 신앙에 관한 논의를 한다면 굳이 필요한 행동이 아니다. 왜 참아야 하는가? 자연현상 안에 보이지도 않는 곳에서, 혹은 실존 바깥의 외부에서 어떤 행위나 사건이 일어나는지 기다리면서 삶으로 참여하라는 것이니 일반적인 오해를 정면으로 뒤집어줄 소중한 통찰이다. 그러나 우리는 대체로 참으라는 말에 동의하지 않는다. 그렇기 때문에 그가 인간 실존에만 머물고 맴돌았다고 계속하여 오해한다. 그러나 그것은 오해일 뿐이다.

실존의 체험이 외부를 부정하는 것은 아니다

그런데 이렇게 했더니 탈신화화라는 것이 결국 신에 대한 망각이거나 은폐 심지어 부재로 몰고 가는 것이 아닌가 하는 비판을 받았다. '대답 없음을 참으라니 신이 없다는 것이 아닌가?'라고 말이다. '사이'가 아니라 '안'이라고 하고, 범신론처럼 애당초부터 있는 것도 아니고 지금 여기서 인간 실존과 궤를 같이 한다고 하더니, 급기야 인간에게 조용히 참으라고 한다면, 결국 아무 것도 하는 것이 없는 것이 아닌가 라고 묻지 않을 수 없기 때문이다. 이 대목이야말로 불트만이 가장 많이 오해받는 부분이다. 그뿐 아니라 설령 이해하려고 애를 쓰는 사람들조차도 상당히 섭섭해하는 부분이다. 그러나 불트만은 다음과 같이 항변한다.

이 점에서 실제로 중요한 반론이 고개를 든다. 신앙은 역시 신이 믿는 자의 외부에 있을 때에만 참된 의미를 가지는 반면, 위에서 말하는 것이 옳다면 그 결과는 신의 행위가 직접 객관적인 현실성이며 순수하게 주관적으로 심리학적인 체험들에 한정되며 신은 단지 내면적, 영적 현상으로서만 실존한다는 것이 아닌가? 그러한 반론들은 언제나 거듭 제기된다. 그리고 슐라이어마허와 포이어바흐의 암영이 이 대결에서 재생된다. 체험은 사실 제1차 대전 이전의 독일 신학에서 유명한 구호였다. 신앙은 자주 체험으로서 묘사되었으며 이 구호는 바르트와 이른바 변증법적 신학자들에 의해 결정적인 공격을 받았다.[41]

---

41 "예수 그리스도와 신화," 『학문과 실존』 제3권, 251.

슐라이어마허와 포이어바흐가 언급되고 있다. 19세기 초중반에 슐라이어마허는 '감정'을 말했고 이어서 포이어바흐는 '투사'를 말했다. 그런데 감정이나 투사 모두 다 이쪽에서 벌이고 있는 일이다. 신앙은 그런 것이라고 이야기 한 것이다. 중세 사람들이 종교를 '교리'로 정리했고 근대인들이 종교를 '윤리'로 정리했다면, 이제 슐라이어마허는 교리도 아니고 윤리도 아니고 '감정'이라고 했다. 교리는 지성에 뿌리를 둔 종교적 결정이고 윤리는 의지라는 기능에 근거한 종교적 변형이었다. 그런데 슐라이어마허는 '지성도 의지를 넘어서 감정이다'라고 말한 셈이다. 한 세대 후에 등장한 포이어바흐는 감정을 부풀리다 보니 인간이 자신을 신에게 투사했다고 보았다. 감정도 투사도 다 이쪽에서 벌인 일이다. 따라서 실존 또한 이러한 맥락에서 감정이나 투사처럼 종교를 인간의 영역에서 벌어지는 것으로 환원하고 있다고 비판을 받았던 것이다.

그러나 감정과 투사 이후에 '체험'이 등장한다. 그런데 사람들은 체험마저도 줄곧 주관으로 끌어당겨 해석했다. 저마다 같은 사건에 대해서 체험이 다르기 때문에 주관으로 쉽사리 매도되기 때문이다. 그런데 체(體)는 '내 몸 안에서 일어나는 것'이지만 험(驗)은 '다른 것을 겪는 것'이다. 즉 체험은 주관적이기만 한 것이 아니라 '주관과 객관의 얽힘'이다. '체'라고 했을 때는 머리만이 아니라 '온몸'이 겪는 것이다. 머리가 겪는 것은 '앎'이지만 몸이 겪는 것은 '삶'이다. 따라서 체험은 삶의 언어이다. 경험이 앎의 언어이니 이와도 구별된다. 체험은 살아낸다는 것이다. 살면서 잘근잘근 겪고 씹는 것이다. 그중에서 일부는 알고 일부는 모르는데, 모르는 부분이 훨씬 더 크다.

그러니 체험이라고 다 안다고 할 수 없다. 어떤 사건에 들어가서 그 속에서 뒹굴고 겪으면 다 알게 되는가? 체험 중에 일부밖에 알 수 없다. 내 몸 안에 담긴 만큼이다. 그러나 담긴 만큼도 앎으로 모두 끌어낼 수는 없다. 삶으로 겪었지만 그게 모두 다 앎으로 나올 수는 없기 때문이다. 이 사이의 차이를 주목해야 한다. 이게 바로 체험이다. 그렇기에 실존을 단순히 주관으로 매몰시켜서는 안 된다.

> 신을 말하는 것이 곧 나 자신을 말하는 것을 뜻한다는 확인은 결코 신이 믿는 자의 외부에 없다는 결과를 낳지 않는다.… 신앙이 순수하게 심리학적인 사건으로서 해석될 때에만 그러할 수 있을 것이다."[42]

'실존의 수행'이라고 해서 외부를 부정하는 것이 아니라고 강변한다. 천박하게 오해할 일이 아니다. 사실 실존이라는 것이 그러하다. 인식과는 전혀 다르다. 인식은 주체가 자신의 바깥이라도 자신 안으로 끌고 들어와서 주무르는 것이다. 한참 주무르다 보면 바깥의 것이 없어져도 주무를 수 있다. 인식이란 그런 것이다. 그러나 실존은 안으로 다 끌고 들어올 수 없다는 것을 뼈저리게 느낀다. 아니 실존이란 본디 바깥으로 튀어 나가는 것이다. 어디로 튈지도 모르고도 튀어 나가는 것이다. 튀어 나갈 바깥도 있는데 그 바깥에 아무것도 없다거나 안에서 모두 다 싸잡아 안다고 할 수는 없다. 그래서 인식과는 달리

---

[42] "예수 그리스도와 신화," 『학문과 실존』 제3권, 251. 여기에 아주 좋은 실마리가 있다. 흔히들 신앙을 마음에서 일어나는 현상이나 행위 정도로 생각한다. 말하자면 통상적으로 '심리학적인 사건'으로 간주한다. 그런데 이것이야말로 인간 자신 안에서 순환하는 생리작용이니 언제나 자기정당화가 가능한 안정추구기제일 뿐이다. 그러나 불트만은 신이 '믿는 자의 외부'라고 분명하게 말한다. 자연에서는 보이지 않는 '안'이고 인간에게는 '외부'라는 것이다. 주관으로의 함몰이 아니다.

실존에서는 다시 관계 사이의 거리가 자리 잡는다. 엄연히 외부가 있다. 실존이 터는 체험도 주관으로 함몰시킬 수 없다는 것도 같은 맥락이다. 슐라이어마허는 물론 포이어바흐도 인식구조에 초점을 두고 심리적인 이야기를 했었지만, 체험은 단순히 심리로만 치환시킬 수 없다. 체험은 주관적인 것으로 끝나는 것이 아니다.

외부에 대한 증명 요구의 자가당착

그런데 이제 실존이 외부를 부정하는 것이 아니라고 하면, 증명하라고 아우성치는 부류가 있다. 그러나 외부라고 해서 증명하라고 요구하는 것은 부적절하기 그지없다.

그러나 우리는 신, 즉 그의 대상에 관한 신앙의 주장들이 객관적으로 증명될 수 없다는 데 대해 숙고해야 한다. 그것은 신앙의 약점이 아니라 신앙의 참된 능력이다. 신앙과 신 사이의 관계가 세계 상황들에서 주체와 객체 사이의 관계처럼 증명될 수 있다면 그것으로써 신은 증명의 요구가 정당성을 가지는 세계와 같은 평면에 놓일 것이다.[43]

신이 만일 증명된다면 어떻게 될 것인가? 증명은 마땅하고 증명하는 것은 절실할 것처럼 보이지만, 거꾸로 '증명되는 신'은 세계와 같은 차원에 놓여있게 된다. 물론 전통적으로 신 존재 증명은 신을 존재의 수직적 정점에다 올려놓았다. 삼라만상이 철저히 위계질서에 잡혀 있다고 보았기 때문이다. 신이 최고로 높다는 것은 무엇을 의미하는가?

---

43 "예수 그리스도와 신화," 『학문과 실존』 제3권, 252.

최고의 가치라는 것이다. 전통적으로 존재는 그냥 사실이 아니라 가치였다. 형이상학은 '존재가 가치'라고 이야기하는 것이다. 그래서 형이상학과 윤리는 불가분리의 것이었다. '있는 것은 좋은 것이다'라고 하면서 말이다.

'더 거룩할수록 더 아름답고 더 착하고 더 참되고 더 있다.' 성(聖)-미(美)-선(善)-진(眞)의 비례만큼이나 존재가 비례한다는 말이다. 더 있다면 더 가치가 있는 것이다. 그래서 존재가 가치라고 했다. 그래서 형이상학이다. 그러니 형이상학이 구원론이다. 철학적 구원론인 것이다. 인간이 형이상학을 통해서 자기 구원의 이념을 집성하려고 했었다. 약육강식의 세계에서 제대로 된 사회, 국가 체제가 가능하려면 더 높은 가치를 더 있는 것으로 추구해야 된다고 본 것이다. 그러니까 최고 존재는 최고 가치이다. 이것이 바로 신이다. 그래서 신이 형이상학적 위계의 정점에 있게 되었다. 그러면서 신을 세계 연관의 정점으로 생각하게 되었다. 그런데 신이 정점에 있으실지언정 증명의 결과로서 설정된다면 세계의 연장선에 놓이게 될 수밖에 없게 된다.

이런 난황을 간파한 불트만은 실존을 구실로 하여 외부에 신이 없다고 부정하지는 않지만 그렇다고 해서 증명 대상도 아니라고 단호히 거부한다. 증명을 거부해야 하는 절실한 이유가 있다. "모험 없이는 신뢰도 사랑도 없기"[44] 때문이다. 여기서 '증명'과 '모험'이 정면으로

---

[44] "예수 그리스도와 신화," 『학문과 실존』 제3권, 252. 신뢰와 사랑처럼 우리가 좋아하는 것에 모험과 같이 우리가 싫어하는 것이 함께 간다니 매우 불편하다. 그래서 거부한다. 그렇게 모험을 거부하면서 함께 거부한 것이 무엇이었는가? 타자이고 외부이다. 신이 우리와 관계하는 꼴이고 길일 터인데 이를 거부하니 우리에게 신은 거의 대부분 아전인수로 자리 잡는다. 내 밭에 끌어들인 물이니 필요할 때에 언제든지 당겨쓴다. 이것이 좋으니 모험은 싫은 것이다.

충돌한다. 증명 대 모험이다. 고전적인 방식으로는 증명 강박으로부터 벗어날 수 없다. 그런데 근대로 오면 증명할 수 없게 된다. 증명되었다는 신의 존재를 인간이 확인할 방법이 없기 때문이다. 있음에서는 증명을 해야 했었는데 앎에서는 증명할 수 없게 되었다. 그러나 삶으로 나아가게 되면 증명이 불가할 뿐 아니라 가능하더라도 의미가 없다고 거부된다. 삶은 증명으로 욕구충족이 되지 않기 때문이다. 삶은 신뢰를 요구하는 모험으로 엮어져 있기 때문이다. 증명은 앎에서 비롯되지만, 모험은 모름에서 비롯된다. 삶이 그렇게 생겨 먹었기 때문이다. 신앙이 모험이라고 했지만 이것은 모험이 좋아서가 아니다. 증명되는 신이라면 세계와 평면적인 관계에 머무를 수밖에 없으니 세계와 인간을 견인할 수 없다. 그래서 증명이 아니라 모험이다. 증명이 아니라 모험이라는 것이 오히려 '신은 외부'라는 것과 궤를 같이 한다. 증명이라면 안으로 끌고 들어오는 것이다. 최고 정점에 모시더라도 여전히 안으로 끌고 들어오는 것이다. 그러나 증명이 아니라 모험이라면 이제 우리가 신에 대해 가지는 관계는 '확실한' 것이라기보다는 '새로운' 것으로 전환해야 한다.

확실함에서 새로움으로

우리는 지금 또 다른 문제에 대해 대답할 수 있다. 신의 행위가 불가시적이며 증명되지 않으며 신자들에게 선사된 영이 객관적으로 관찰될 수 없다는 데 대해 우리는 확실한가? 그러면 신앙은 인격적인 실존에 대한 새로운 이해라고 말해질 수 있다.[45]

---

45 "예수 그리스도와 신화," 『학문과 실존』 제3권, 252.

'확실한'과 '새로운'은 어떻게 다른가? '확실한'은 이미 그렇게 주어진 것이다. 기성 지식이다. 내 것이다. '새로운'은 좋아 보이지만 두렵다. 어떻게 될지도 모른다. 내 것이 아니다. 증명이 아니라 모험이니 그럴 수밖에 없다. 자기 이해조차도 그저 주어진 것이 아니다. 그러니 이러한 전환을 위해서 대단히 깊은 통찰을 해야만 하는 것도 아니다. 그저 나 자신에 대해서 진술하기만 해도 충분하다.

> 나의 과거와 미래는 달력이나 연구계획에 적힌 단순한 시간 이상이 된다. 이제는 내가 무시간적 진리로서, 단번에 받아들인 신념으로서 이 자기이해를 소유할 수 없다는 것이 분명하게 되었을 것이다. 즉 나의 새로운 자기이해는 이미 본질상 날마다 새로운 이해로 되어야 하며 그래야 나는 그 중에 포함되는 명령도 이해하게 된다.[46]

많은 신앙인이 시간을 초월한 영원한 진리라는 틀로 신을 이해하려고 한다. 그러나 그것은 사실상 '무시간적 진리'일 뿐이다. 말하자면 시간을 살아야 하는 우리에게서 떨어져 있을 수밖에 없다. 그런데 그런 방식으로 신에 대해서 뿐 아니라 인간 자신에 대한 이해도 한 순간에 주어진 것으로 착각한다. 그러나 삶에 조금만이라고 정직하다면, 우선 나 자신에 대한 이해부터 '본질상 날마다 새로운 이해'라는 것을 부정할 수 없다. 타성에 젖어 기성 관념으로 흡수시켜버리니 그저 무시간적으로 주어진 것처럼 보이지만, 우리 삶에서 어떤 것도 단순반복은 아니다. 그렇게 보고 싶어 한다면 나에게로 끌어들이고 있다는 뜻이다. 거기에는 외부로부터 어떤 명령도 받아들일 수도 없고 이해

---

46 "예수 그리스도와 신화,"『학문과 실존』제3권, 254.

할 수도 없다. 그러나 단번에 받아들인 확실한 것이 아니라 날마다 달라지는 새로움일 수밖에 없다. 이렇게 본다면 불트만의 탈신화화야말로 오히려 외부에서 명령으로 다가오시는 하느님에 대해 더욱 겸허하게 열린 자세로서 믿음을 강조한다는 것을 부정할 수 없게 된다.

'외부에서의 명령'이야말로 뭇사람들이 불트만을 비판하는 지점을 정확하게 반격할 수 있는 결정적인 준거이다. 이 점을 우리가 좀 더 주목할 필요가 있다. 신앙을 불안과 밀접하게 연결시키는 그의 다음과 같은 언술은 이를 더욱 확연하게 뒷받침한다.

> 신앙은 미래에 대해 자유로운, 완전한 개방성을 포함한다.… 그러므로 미래를 향한 자유로운 개방성은 동시에 불안을 스스로 지는, 다시 말하면 그것을 위해 결단하는 자유이다. 그리스도 신앙에 미래에 대한 자유로운 개방성이 포함되어 있다면 그 신앙은 허무에 직면한 불안에서의 자유로움이다.[47]

여기서 우리가 눈여겨보아야 할 것은 불안 극복을 명분으로 하여 불안으로부터의 도피를 부추기는 것이 아니라 도리어 불안과 '함께', 심지어 불안 '안에서'를 강조하고 있다는 점이다. 불안을 스스로 진다고 한다. 허무에 직면한 불안을 싸안고 가는 자유다. 불트만은 친절하게 '불안에 대한 과감성'이라고까지 덧붙여주기도 한다. 이와 같은 통찰은 적어도 다음과 같은 두 가지 면에서 특별하게 주목해야 할 필요가 있다. 우선 불안을 싸안는 자유란 외부에서의 명령에 대한 실존의 반응이다. 외부라는 것을 부정할 수도 없거니와 명령이라는 것을 거

---

47 "예수 그리스도와 신화," 『학문과 실존』 제3권, 255.

부활 수도 없으니 불안을 피할 길이 없다. 그런 상황에서 명령을 향한 결단은 자유를 부른다. 그러니 불안하면서 자유로운 믿음이란 외부의 명령과 마주한다는 결정적인 증거가 된다. 또한 불안 극복이라는 비현실적인 기만을 넘어서 불가피한 불안과 함께 가는 현실 방안에 대한 통찰로서 뜻도 지니고 있다. 확실함에서 새로움으로의 전환도 이런 뜻을 지닌다. 아래의 구절도 우리의 이러한 이해를 옹호해준다.

> 언제나 현재하며 전능한 신의 이념은 지금 여기에서, 말하는 그의 말을 통하여서만 나의 실존에서 현실이 된다. 그러므로 신의 말은 오로지 말해지는 순간에서만 그 본질이 성립된다고도 말해져야 할 것이다. 신의 말은 무시간적인 진술이 아니라 지금 여기에서 인간을 향한 구체적인 말이다. 신의 말은 확실히 영원한 말이다. 그러나 이 영원성은 무시간성으로서가 아니라 지금 여기에서 일어나는 현재로서 이해되어야 한다.[48]

영원한데 무시간이 아니라고 한다. 무시간성이 아니라 지금 여기서 일어나는 현재라는 것이다. 그래서 '영원한 현재'[49]라는 절묘한 표현도 등장한다. 그럴 때 신의 미래는 어떤 방식으로 진행되는가? 신은 질적인 영원성의 차원으로 우리에게 온다는 것이다. 그래서 '계속되는 현재'이다. 현재가 계속된다는 것은 미래가 질적으로 밀고 들어온

---

48 "예수 그리스도와 신화," 『학문과 실존』 제3권, 256.
49 '영원한 현재'(The Eternal Now)는 불트만과 필적하는 동시대 종교철학자 폴 틸리히의 표현이다. 그의 세 권의 설교집 중 한 권의 제목이기도 하거니와 연대기적인 시간인 크로노스를 넘어 뜻이 엮이는 차원의 시간인 카이로스를 묘사하는 역설적 발상인데 이 맥락에 연관되어 사용했다.

다는 것을 가리킨다. 그래서 새로움을 일으켜준다. 양적인 연장은 사실 과거의 확장을 뜻할 뿐이다. 그러나 질적인 진입은 신이 우리에게 카이로스로 밀고 들어오는 방식으로 이해되어야 한다. 시간적으로, 즉 연대기적으로 보는 것이 아니라 의미적으로, 사건적으로 본다. 확실함을 명분으로 하는 속박으로부터 벗어나는 해방의 새로움을 위해서임은 물론이다.

새로움의 꼴: 미래이면서 피안

그렇다면, 그런 미래가 현재에 어떻게 밀고 들어오는가?

확실히 그 말은 신의 은혜가 언제나 이미 나를 위해 행한, 다가오는 은혜라는 것을 말하나 내가 과거의 역사학적 사건처럼 그것을 회고하는 방식으로 다가오는 것은 아니다. 행위하는 은혜는 지금 종말론적인 사건으로서 현재한다. 신의 말은 지금 여기에서 사건으로서 일어날 때에만 신의 말이다. 역설은 언제나 지금 여기에서 일어나는 말이 사도의 설교의 처음 말과 동일한 말이라는 데 있다.[50]

모순은 이게 맞으면 저게 틀리는 것이다. 양자택일이다. 모순으로 귀결되는 것은 동일성의 원칙 때문이다. 같은 것만 옳은 것이고 다른 건 틀린 것이 되기 때문이다. 있음은 있음만 옳고, 없음은 틀린 것이 된다. 마찬가지로 나와 다른 것은 틀린 것이 된다. 따라서 동일성의 원칙은 배타주의일 수밖에 없다. 배타주의의 근거는 동일성이다. 자

---

50 "예수 그리스도와 신화," 『학문과 실존』 제3권, 258.

기와 같음은 옳음이고 다름은 틀림이다. 그런 모순으로부터 현대의 반동이 역설을 들고 나왔다. 역설은 대립하는 이항이 서로 얽혀져 있다는 것을 가리킨다. '왜'라는 물음이 모순으로부터 역설로 전환시켰다. '무엇'을 물으면 동일성을 요구하기 때문에 모순이 되었지만, '왜'는 이를 파고 드는 근거 물음이다.

근거는 밑바닥이다. '왜'는 파고 들어가는 것이다. 일상 언어로 바꾸면 '시비'이다. 잘 만들어났는데 시비를 거는 것이다. 삶과 죽음은 분리가 불가능하다. 생성하면서 소멸한다. 삶이 죽음과 얽혀져 있기 때문이다. 우리는 지금 살아가면서 동시에 죽어가고 있다. 그러니까 우리의 정체성은 사실 비동일적 정체성(nonidentical identity)이라고 할 수 있다. 이는 말장난이 아니고 역설이기에 가능하다. 근거를 묻는 '왜'가 역설에 이르는 이유이다.

이 충돌은 우리 시대에서의 신앙이 올바른 표현 양식을 발견하지 못했다는 것과 우리 시대가 신앙의 근거와 대상의 일치를 아직 인지하지 못했으며, 행위하는 신의 피안성과 은폐성을 아직 현실적으로 이해하지 못했다는 것을 보여준다. 우리 시대는 그 자체의 '그렇지만'를 아직 확인하지 못했으며 신과 그의 행위를 대상화하려는 유혹에 항상 빠져들어 가고 있다.[51]

---

51 "예수 그리스도와 신화," 『학문과 실존』 제3권, 258. 한 마디로 인간이 신을 안다고 하는 대상화의 행위가 얼마나 엄청난 자가당착이고 자기모순인가를 세밀하게 분석하는 탁월한 통찰이다. 우리가 신이 그렇게 저편이고 숨겨져 있다는 것을 너무나도 새까맣게 잊어버리고 믿음을 명분으로 앎으로만 끌어내려 했던 모습을 되돌아보게 한다. 더 나아가 그러니까 아무것도 하지 못하게 되는 것이 아니라 오히려 신과 관련하여 우리가 자유하게 되는 길로 인도될 가능성에 열리게 되는 것이 아닐까 한다.

신의 행위를 보더라도 인간은 시공간적으로 더듬을 수밖에 없기 때문에 시간적으로는 미래적이고 공간적으로는 피안이다. 미래이고 피안이니 도대체 보이지 않는다. 피안은 우리에게 '은폐'로 새겨질 수밖에 없으니 말이다. 다른 말로 '비가시성'이라고도 한다. 우리는 신을 보려고 하지만, 신은 비가시적이다. 위에서 나온 "그럼에도 불구하고"는 무엇인가? 확실하지 못함에도 '불구하고'이다. 증명되지 않음에도 '불구하고'이다. 그런데 이것을 아직 확인하지 못했다는 것이다. 정직하게 말하자면 확인을 거부하고 있다고 해야 할 것이다. 확실성과 증명 가능성을 붙잡으려 하면서 아쉬워하고 있기 때문이다. 사실 많은 신앙인이 불확실성과 증명 불가를 견디지 못한다. 불확실성은 우리 시대의 언어라면, 증명 불가는 근대의 언어인데도 아직도 아쉬워한다. 인간의 종교적인 욕구가 확실과 증명이 주는 안정을 향하고 있기 때문이다. 그러니 '불구하고'를 받아들일 수 없다. 혹자는 이런 신앙에 대해 '그렇다면 왜 신앙하는가?'라고 반문할 수도 있다.

> 성서와 교회의 설교의 신화론적인 세계상에 대한 비판은 신앙을 위해 깊은 의미의 봉사를 하고 있다. 왜냐하면 그것은 신앙에 대해 그 자체의 본질을 진지하게 생각하도록 촉구하기 때문이다. 탈신화화의 과제는 이 촉구를 받아들일 때에만 그 의미를 얻는다. 신의 불가시성은 신과 그의 행위를 가시적인 것으로 만들려는 유혹에 빠지게 하는 모든 신화를 배제한다.[52]

드디어 결정적인 선언이 나온다. 이 선언을 토대로 위에서 던진 질

---

52 "예수 그리스도와 신화," 『학문과 실존』 제3권, 259.

문에 대답해 본다면, 비가시성이야말로 신앙의 이유이고 타당성의 근거이다. 가시성이라면 신앙을 필요로 하지 않는다. 단순 확인과 동의 정도로 충분하다. 신앙을 확인과 동의로 보아왔기 때문에 비가시성이 아니라 가시성을 예찬해왔고 그것이 '안에서'보다도 '사이에서'를 찾아 왔었지만 말이다. 이제 불트만이 제안하는 탈신화화란 가시적인 것으로 만들려는 성향을 배제하는 것이다. 물론 참된 신앙의 가능성을 일구어내기 위해서이다. 가시화란 눈앞에 보이게 하는 것이니 손안에 잡히게 하는 것이고 결국 내 것으로 만드는 것이다. 또는 나를 거기에 그렇게 집어넣고 나서는 나를 확장하는 것이다. 말하자면 자기 확인 욕구충족이다. 그런데 우리는 신앙을 이런 방식으로 해 왔다. 그 좋은 사례가 바로 인의론이다.

> 우리는 경험에도 신을 믿을 수 있을 뿐인 바 그것은 우리가 양심에도 인의를 받아들일 수 있을 뿐인 것과 같다. 탈신화화는 사실 율법의 업적들 없이 오로지 신앙 만에 의한 바울과 루터의 인의론을 위한 표현을 다시 표현해야 하는 과제를 지니고 있다. 더 정확하게 표현하면 탈신화화는 신앙에 의한 인의론을 철저하게 앎과 사유의 영역에 적용시킨다.[53]

사람들은 인의론을 통해 구원받는 것에 초점이 가 있다. 그것도 강박적일 정도로 지나치게 골몰하고 있다. 그런데 인의론은 앎의 차원에 속하는 것이라고 탈신화화가 폭로한다. 압권이다. 불트만의 탈신화화는 이러한 자의적 인의론이야말로 자기기만이라는 것을 고발한다. 앎의 차원에서 돌고 있으니 그럴 수밖에 없다. 이를 불사하면서도

---

53 "예수 그리스도와 신화." 『학문과 실존』 제3권, 259.

끌고 가는 구원에 대한 집요한 관심은 결국 종교적 이기주의로 귀결된다. 확실한 것으로 신과 구원을 정의하려니 스스로 다 그려낸다. 왜 그런가? 인의론과 안정성이 연결되어 있다는 점을 주목하면 대답이 나온다. 구원 교리의 확실성을 보장해주는 근거로 연결되어 있으니 말이다. 드디어 불트만의 탈신화화의 결정적 선언이 등장한다.

진공 중에! 빈손으로!

> 신을 믿으려는 사람은 그 자신이 이른바 진공 중에 서야 한다는 것을
> 알아야 한다. 안정성을 포기하는 사람은 참된 안정성을 찾을 것이다.
> 인간은 언제나 신 앞에 빈손으로 있을 뿐이다.[54]

'진공 중에'와 '빈손으로'가 핵심이다. 여기에 머물러야 한다. 종교는 이걸 견디지 못한다. 그동안 그래왔다. '진공 중'과 인의론을 비교해보아라. 우리가 하느님과의 관계에서 인의론으로 서려고 한다. 진공이 아니다. 하느님이 결정하셔야 하는 것을 자기가 결정하려는 추태를 볼 수 있다. 그게 바로 인의강박, 확신강박이다. 불안 때문이다. 불안과 자유를 반대말로만 새겨온 악습의 결과이다. 확신이나 인의라는 말이 그럴 듯해 보이지만 사실 전부 강박이다. 신이 어떻게 다가오

---

54 "예수 그리스도와 신화," 『학문과 실존』 제3권, 259. '진공 중에-빈손으로'는 '비가시성-피안'인 신과 대응적으로 관계하는 인간의 마땅한 모습이다. 이것이 일그러지면 인간은 다시 대상에게 폭력을 행사하는 주체가 될 것이며, 신은 사이로 들어오는 방식으로 보이는 방식으로 군림하는 군주가 될 것이다. 탈신화화는 신과 인간 모두 올가미로부터 벗어나게 하는 해방의 길이다. 물론 신이 그러한 올가미에 놓여 있지는 않지만 우리가 지니는 신 개념은 그런 신세에 있었으니 신 개념의 해방이라는 과제는 여전히 소중하다.

실지 모르는 방향으로 나에게 닥치실 수도 있는데, 그런 가능성에 대해 '진공 중에, 빈손으로' 결단하는 삶으로서 믿음이 마땅하다는 것이다.

　그래서 신화배제는 가시화 배제를 뜻하고, 진공 중에 빈손으로 인의론까지도 놓아야 된다. 인의론은 우리가 결정하는 것이 아니니 말이다. 당연하게도 그분의 결정이다. 인의론이 주는 안정성도 놓고 비가시성의 영역인 은폐성과 피안성에 대하여 겸손하고 조신하게 모험하는 신앙의 모습이 탈신화화가 추구하는 방향이다. 탈신화화는 결국 신화를 신화로 읽으라는 것이다. 이것이 신앙의 마땅한 길이기 때문이다. 오랫동안 신화를 '역사'로, 즉 '사실'로 읽으려고 했다. 그러다 보니깐 원래의 취지가 사라져버리고 신화가 가질 수 있는 풍부한 실존적 의미나 파장들을 '사실'로 납작하게 만들어버렸다. 신화를 '받아들일 것이냐, 말 것이냐'라는 사실 수용 여부가 관건이 되어버렸다. 신화의 본래 취지는 실종되고 말았다. 주인이 아니로되 노예도 되지 말아야 한다는 숭고한 취지는 슬며시 은폐되더니 완전히 망각되고 말았던 것이다. 그러니까 신화를 신화로 읽으라고 한 것이다. 신화를 역사를 치환시키지 말고 신화를 신화로 읽으라는 것이 탈신화화이다.

　'사실이 아니라 신화로'의 구체적인 뜻은 무엇인가? 사실과 구별되는 '진실'로 읽어야 한다는 것을 가리킨다. 진실은 무엇인가? 사실일 수도 있지만 사실이 아닐 수도 있다. 그런데 더욱 중요한 것은 이것이 관건이 아니라는 점이다. 신화로 읽으라는 것은 그런 뜻이다. 천박한 사실주의를 신화에 들이대는 것을 종식하고 신화를 신화로 읽자는 것이다. 사실주의를 들이대면 이 세상에는 사실과 비(非)사실밖에 없게 된다. 그런 세상 속에 살고 있던 사람들은 신화를 사실로, 이를 거부하는 사람은 비사실로 새긴다. 그게 전부인 것처럼 되어버린다. 그것밖에 방법이 없다. 그러니까 사실로 받아들이면 객관적으로 가시적으로 이해해버리거나 아니면 통째로 비사실로 읽는 수밖에 없다. 그러나 사실이 아니라는 것이 그 신화의 가치를 추락시키는 것은 결코 아니다. 과연 신앙이 그 정도일 뿐인가? 그렇다면 신앙이라는 것이 앎의 연장선일 뿐이다. 그러나 사실이 아니라 진실이 삶을 좌우한다. 그걸 사실 대 진실, 사실 대 의미라고 새길 수 있다. 그러니까 신화를 사실로 보거나 비사실로 치부해버리거나 하지 말고 오히려 진실로 향하는 것으로 새겨야 한다. 다의성과 모호성으로 말이다. 진실로 향하는 신화는 다의성과 모호성을 가지고 있다. 사실이 일의적으로 구성되어야 하는 것에 비한다면, 진실은 다의적이고 심지어 모호하기도 하니 말이다.

상황에 따라 뜻은 계속 역동적이고 변화할 수밖에 없다. 그래서 다의성이다. 물론 다의성은 일의성에 비해서 불확실하다. 그러니까 모호성이다. 다의성과 모호성을 한꺼번에 가지고 있는 것은 바로 상징이다. 사실이 기준이 아니라 진실까지 캐어내는 인간에게서 벌어지고 있는 언어라고 할 수 있다. 상징과 신화를 그렇게 새겨야 하지 않을까? 신화적 신앙은 결국 신화의 모든 진술이 사실이라고 보는 것이다. 그러니까 결단이 필요 없다. 사실인데 결단이 왜 필요한가? 사실은 그냥 사실이다. 그러니까 그냥 인정, 수긍에 머무른다. 그리고 그것을 신앙으로 간주한다. 앎에 머무른다. 그것도 우리를 속이는 앎에 말이다. 믿음이라고 불러도 여전히 앎의 꼴을 취하고 있을 뿐이다. 하지만 결단이라는 것은 알고 동의하지 못해도 하는 것이다. 수긍이 불가능하다. 그냥 뛰는 수밖에 없다. 머리는 이해하지 못하는데 몸이 뛴다. 앎으로는 받아들이지 못해도 삶으로는 이미 산다. 그래서 결단은 모험이라고 한다. 뛰고 가는 수밖에 없으니 말이다. 해석학은 이를 향하는 몸부림이다. 확실한 것을 잡아 안정을 구하려는 인식론과는 사뭇 다를 수밖에 없는 이유가 여기에 있다.

2 장

삶으로 밀고 들어오는 계시

불트만을 살피고 본회퍼로 들어온다. 불트만을 읽을 때 반복해서 강조했던 것들을 염두에 둔다면 굳이 부언하지 않아도 좋겠다. 하지만 새로 시작하는 마당이니 함께 상기할 목적으로 덧붙인다. 불트만을 읽을 때 '삶과 믿음의 얽힘'이라고 했었다. 그런데 삶도 내가 살고 믿음도 내가 하는 것이라고 착각해왔던 종래의 사고방식으로 보면 계시를 인간이 만들어내고 주무른다고 말하는 것처럼 들릴 수도 있다. 그러나 삶은 내가 사는 것이 아니라고 했다. 오히려 삶이 나를 사는 것이라고 했다. 그러니 삶이라는 말로써 인간이 주체가 된다고 생각하는 오해는 이제 버려야 할 일이다.

믿음도 다르지 않다. 종래 종교는 내 쪽으로 끌고 들어와 내가 받아들이고 즐기기 좋도록 만들었었다. 그러나 이제 불트만과 함께 믿음은 '불안에서의 자유를 향한 결단'이라고 했다. 종교적 인간의 원초적 욕구를 충족시켜주는 체계로써 종교와는 사뭇 다르다. 사실 이래서 사람들이 싫어했다. 공연히 다른 평계를 대었지만 솔직하게 말하면 이것이 이유였다. 그러나 믿음은 내가 좋아하는 것을 좇아다니는 것과는 거리가 멀었다. 그렇게 좋아하는 것이 오히려 나를 옭아매어 왔다는 것이 드러났으니 종교가 벌여낸 우상화였다는 고발에서 믿음은 시작한다. 불트만이 '탈신화화'로 이를 더듬을 길을 모색했다면 본회퍼는 소위 '비종교화'로 역시 이 과업에 뛰어들었다. 물론 목적은 공유했지만 출발과 전개는 꽤 달랐다. 어떻게 다를까?

나치 정권에 의해 안타깝게 희생된 본회퍼의 기라성 같은 사자후들이 많지만 해석학적 관심에 따라서 그가 계시에 대해 읊조려준 초기작품인 〈행위와 존재〉를 읽고자 한다. 여기서 본회퍼가 특별히 주목한 것은 '삶으로 밀고 들어오는 계시'이다. 당연한 듯이 보이지만 그동안 계시가 그렇게 받아들여지지 않았다. 바로 앞선 근대만 보더라도 인간이 세계를 앎의 대상으로 삼는 주체였으니 신의 계시에 대해서도 그런 방식으로 관계하는 것을 벗어날 수 없었다. 그러다 보니 앎의 주체라는 것을 명분으로 자기 자신을 중심으로 신의 계시를 파악하고 나아가 체계적으로 정리하려고 했다. 그 결과 인간은 자신의 왕국을 건설하려는 듯 타자를 밀어내더니 결국 자기 안에 갇혀버리게 되었다. 신도 아전인수의 굴레 안에 머물러야 했다. 인간의 욕망충족 체계로 자리 잡은 종교는 이렇게 작동했지만 그러면서 임기응변의 신으로 전락하고 말았다.

그러나 아전인수와 임기응변의 신은 사실상 인간이 만든 신이었다. 그러니 우상일 수밖에 없었다. 현대를 열어준 의심의 대가들이 뿜어낸 투사, 아편, 환상 등은 모두 이를 향해 던져진 것들이었다. 본회퍼는 이러한 예언자적 통찰을 자신의 학문적 과제로 삼았을 뿐 아니라 온몸을 던져 수행하고자 했다. 그가 그렇게 했었던 데에 여러 이유가 있겠지만 하느님이 우리 삶에 밀고 들어오신다는, 그래서 우리의 욕망 충족에만 머물러 있을 수 없다는 통절한 깨달음도 한몫했을 것이다. 아직 그렇게 절박한 현실로 내뛰기 전이었지만 이미 그런 깨달음을 초기 작품에서부터 녹여내고 있었다. 다소 난해하지만 차분히 읽어가면 그와 같은 전율적인 성찰을 함께 나눌 수 있으리라 기대한다.

다름과 모름으로서 계시

본회퍼, 〈행위와 존재〉

본회퍼(Dietrich Bonhoeffer)는 마흔이 되기도 전에, 안타깝게도 형장의 이슬로 사라졌다. 조금만 더 일찍이 전쟁이 끝났었더라면 세상이 좀 달라졌을 텐데 하면서 그를 아끼는 많은 사람이 아쉬워한다. 그럼에도 그 짧은 시간 동안 여러 작품을 냈다. 정말 진한 씨름의 성찰이 담겨 있다. 우리가 함께 살피려는 『행위와 존재』는 그가 매우 젊은 나이에 낸 교수 자격 논문이다. 본회퍼의 글은 불트만의 것과는 많이 다르다. 무엇보다 말투가 다르다. 구체적인 설명을 해 준 불트만과 달리, 본회퍼의 글은 처음부터 질러 나간다. 게다가 이 책은 고밀도의 전개로 구성되어 있어 상당한 풀이를 필요로 한다.

행위와 존재의 밀고 당기기

책의 제목이 일단 이 연구의 기틀을 말해준다. '행위'와 '존재'를 동격으로 놓았다. 인간과 신의 관계 구도에 대한 본회퍼의 일침이라 하겠다. 근대인들이 스스로를 주체로 정립한답시고 세계나 신마저 대상으로 설정하고 군림하는 꼴을 '행위'라고 부르면서 저편의 '존재'를 밀어낼 일이 아니라는 주장을 하고자 했다. 그렇지만 '행위'를 앞에 놓았다. 행위가 더 우선적이라고 주장하려는 것이라기보다는 바로 앞선 시대인 근대가 인간을 주체로 내세우면서 행위를 더욱 부각시켜 왔으니 이 지점에서 시작한다는 뜻이 더욱 깊게 깔려있다고 봐야 한다. 그리고는 '존재'를 이었다. 보통 존재를 말한다면 이를 앞에 두고 뒤에 다른 것을 붙여 말하는 것이 통례인데, 이런 점에서도 본회퍼의 의도가 돋보인다. 근대인들이 주체적 인간의 행위를 기준으로 삼는 경향에 대해 존재를 덮어두지 말라고 외치려는 것이다. 3개의 장으로 이루어져 있는데 먼저 1장에서 행위에 해당하는 두 갈래의 움직임을 분석하고 존재로 넘어간다. 그리고는 2장에서는 행위와 존재의 대결을 계시에 적용하여 각각 풀어내고는 다시 이 둘을 묶을 길을 찾는다. 같은 방식으로 3장에서는 몇 개의 교리를 포함하여 종교적 현실에 적용해본다.

1장부터 보자. 먼저 행위에 해당하는 두 개의 길로 '선험론'과 '관념론'을 말한다. 한글 번역에 '초월론'으로 되어있는데 수정이 필요하다. 물론 이러한 추상적 용어들은 사전적으로 뜻이 추려지기는 어렵다. 그러나 통례라는 것이 있고 더욱이 확연한 구별이 결정적으로 중요한 경우가 적지 않다. 특히 여기서는 더욱 그렇다. 일반적으로 '초월'은 형이상학적으로 한계 너머 저편을 가리키는데 이에 대해서는 '내재'가 반대말에 해당한다. 그러나 본회퍼가 행위를 말하면서 소개하는 두 갈래이니 초월이 아니라 선험이어야 한다. '선험'이란 인간이 주체로서 객체에 대해 주도권을 쥐고 나름대로 파악하는 권리를 행사하는 위치를 가리킨다. 심지어 객체를 만나 겪기도 전에 만나는 틀과 길을 나름대로 이미 가지고 있다는 것을 가리킨다. 그래서 선험이고 그래서 행위이다. 근대 전기의 흐름에서 예고가 있었거니와 결국 중기에 집성한 칸트에게서 결정적인 사례를 확인할 수 있다.

그런데 선험이라고 하다 보니 건너편의 객체에 해당하는 것이 밀려나는 듯 보였다. 그래서는 안 되겠다 싶어서 건너의 객체가 주체 안에서 제대로 자리를 잡는다는 주장이 나타났다. 이른바 관념론이다.

선험이라는 명분으로 주체로 함몰되지 않도록 하기 위해서 건너의 객체를 되살리려고 애를 썼다. 그러기는 했는데 객체를 주체 안으로 끌고 들어와서 살렸다. 정신의 이름으로 그렇게 한 것이다. 근대 후기의 독일관념론이 바로 이에 해당한다.

선험이나 관념이나 모두 인간이 주체로서 객체와 관련하여 주도권을 지닌다. 그래서 행위이다. 다만 선험은 객체를 객체대로 싸잡을 수 없고 주체에 담긴 만큼에 초점을 둔다면, 관념은 객체가 주체 안으로 들어오니 선험의 문제를 극복할 수 있다고 주장할 뿐이다. 물론 이 모두는 행위이다. 말하자면 인간 주체의 주도권을 전제하고 있다.

이와는 달리, 한 걸음 더 나아가는 움직임이 있다. 이른바 '존재론'이다. 존재는 그저 객체로만 머무를 수 없는, 저 너머의 무엇이다. 그리고 그것이 그저 거기에 그렇게 머무르고 마는 것이 아니라 이쪽을 향해서 무엇인가를 한다. 말하자면, 행위하는 인간에게 다가온다. 존재는 이처럼 주체의 주도권으로 정리될 수 없는 저편의 무엇이다. 특히 인간과 신의 관계라면 이러한 차원이나 방식을 저버려서는 안 될 터이다. 그런데 그동안 근대가 인식론이라는 구실로 선험론을 전개하거나 이 토대 위에서 다시 형이상학을 추구하니 관념론에 머무를 수밖에 없었다고 비판한다. 결국 행위와 존재가 서로 밀고 당기면서 인간과 신의 관계가 엮어지는 것이니 계시도 이러한 구도에서 보아야 한다는 것이다. 특히 계시야말로 행위에만 초점을 두면 아전인수에 빠질 수밖에 없으니 존재의 차원에 대한 강조가 매우 중요하다고 강조한다. 그러나 그렇다고 해서 존재로만 기울면 계시실증주의같은 파행으로 귀결될 수밖에 없으니 행위와 존재 사이의 긴장과 조합이 결정적인 관건이라는 것이다. 본회퍼의 이 작품은 바로 이런 맥락에서 해석학적으로 지대한 의미를 지닌다. 그의 통찰을 보다 자세히 살펴보아야 할 마땅한 이유가 바로 여기에 있다.

행위로 기울어지는 선험론과 관념론

그렇다면 이제 1장부터 살펴보자. 여기서 본회퍼가 주장하는 바는 무엇일까? 이에 답하기 위해 1장의 마지막 부분으로 바로 날아가 보는 것도 효과적이다.

그리스도교적 사고가 모든 자율적 자기 이해에서 만나게 되는 주장은 다음과 같다. 즉 인간은 자기 자신에게 진리를 부여할 수 있으며, 스스로 진리 안에 존재할 수 있다는 것이다. 왜냐하면 실존의 '근거'는 그 어떠한 방식으로든 진리 안에 (하느님과의 유사성 안에) 있어야 하기 때문이다. 그러나 여기서 말하는 진리란 오직 하느님에 대한 그 어떤 관계성을 지칭한다. 그러나 이러한 관계성은 그리스도교 신학에서는 —율법과 복음의 계시 속에서 인간에 맞서 그리고 인간에게 건네진— 하느님의 말씀을 통해서만 가능하다.[1]

인간이 진리를 구하는데 그 진리는 하느님과의 관계를 전제한다고 한다. 그런데 그러한 관계는 "인간에 맞서"는 하느님의 말씀을 통해서라는 것이다. 이것이 핵심이다. 이 표현과 대립각을 세우는 것이 바로 나온다: "사고는 선한 행위와 마찬가지로 '자기 자신 안으로 구부

---

[1] 디트리히 본회퍼, 『행위와 존재: 신학 내에서의 초월철학과 존재론』, 김재진·정지련 옮김 (서울: 대한기독교서회, 2010), 89; 이하 『행위와 존재』로 표기한다.

러진 마음'을 해방시킬 수 없다."2 '사고', '선한 행위', '자기 자신 안으로 구부러진 마음', 이런 표현들이 '맞서'의 반대에 해당한다. 이런 것으로는 신과 관계하고, 신의 계시를 수용하거나 결단할 수 없다는 것이다. 여기에서 사례로 든 것이 독일 철학사의 사례이다.

> 가장 심오한 독일 철학이 만유로 하여금 자아에 사로잡히도록 만든 것이 과연 우연일 수 있겠는가? 이러한 인식도 '자아를 진리로 세우는 것'이다.3

"자아에 사로잡힌다"는 것이 행위 쪽의 극단이라면, "인간에 맞서"라는 표현은 이에 대립한다. 자아를 진리로 세우려는 근대인들의 집요한 경향에 대하여 그리고 그것에 대한 교회의 호응에 대해, 본회퍼는 '인간에 맞서는 하느님의 말씀'을 강조한다. 교회는 어떤 방식으로 호응했는가? 자아는 정신이다. 정신에는 지성도, 의지도, 감정도 있다. 지성은 고대와 중세를 지배해 왔지만, 근대에는 고·중세에 약세였던 의지가 등장했고 감정까지도 등장했다. 지·정·의의 세 요소가 모두 등장하면서, 인간이 자기 안에서 자기 정체성과 세계, 나아가 하느님을 이해하려 했던 것이다. 지성에 따른 이해가 정통주의고 감정에 따른 이해가 경건주의이며 의지에 따른 이해가 자유주의다. 근대 신앙은 그렇게 흘러왔다. 결국 인간 정신이다. 인간이 정신의 구도 안에서 인간과 세계, 신을 모두 이해하고자 했었다.

큰 그림으로 보자면, 행위냐 존재냐를 묻는 것은 신과 인간의 관계

---

2 『행위와 존재』, 90.
3 『행위와 존재』, 90.

를 묻는 것이다. 거칠게 말하자면 '행위로 관계하는가,' '존재로 관계하는가' 하는 것이다. 이를 위해 본회퍼는 이렇게 논증을 개진한다. 인간이 신과 관계하는 방식을 보니 그것은 크게 선험론적 방식이거나 관념론적 방식이거나 존재론적 방식이었다. 앞의 둘은 '선험적 시도' 안에 묶인다. 그래서 1장의 첫 절에서 선험론과 관념론을 동시에 다룬다. 이 시도들과 존재론적 시도를 대별하기 위해 지금부터 본격적으로 '이쪽'과 '저쪽'이라는 표현을 쓰겠다. 선험론적 방식과 관념론적 방식의 공통점은, 존재론적 시도와 비교하자면, '이쪽'의 작업이라고 특정될 수 있다. 결국 인간 정신의 작업이다. 시대적 배경으로 보자면, 선험론은 근대 전기에서 중기, 즉 칸트까지에 걸쳐 있다. 관념론은 칸트 이후의 근대 후기로부터 본회퍼 직전까지에 해당한다. 이것이 1장 1절의 내용이다. 반면 2절이 다루는 존재론적 시도는 고중세의 이야기로 시작한다.

선험론과 관념론은 '이쪽'의 시도라고 했다. 선험론의 그림은 이렇다. 이쪽에서 무언가를 하는데, 저쪽에 무엇이 있는지는 우리가 알지 못한다. 저쪽에서 무엇이 오더라도, 이쪽에서 담을 수 있는 만큼만 알 수 있다. 저쪽을 부정하는 것은 아니다. 계시라는 형태로 저쪽에서 보내는 것이 있는데, 그것을 받는 틀이 이쪽에 있다는 것이다. 그 틀이 이미 짜여 있다. 그래서 선험이다. 관념론은 어떠한가? 이쪽이 저쪽을 만든다는 것이다. 물론 인간이 '신'을 만든다는 것은 아니다. 인간이 '신관'을 만든다는 것이다. 신을 만든다면 있음의 이야기고, 신관을 만든다면 앎의 이야기다. 있음과 앎을 구분해야 이 차이를 이해할 수 있다.

선험론은 있음이 없지는 않지만 앎에 담기는 만큼만 알 수 있다고 주장하는데 그 앎의 틀이 선험이라는 것이다. 그래서 본회퍼는 자주

"연관해서"라는 표현을 사용한다. 한편 관념론은 저쪽을 '존재'라는 이름으로 우리가 그린다고 말한다. 이름은 '존재'이지만 결과적으로는 이쪽이 그려낸 저쪽이다. 그래서 '관념'이다. 실제로 이런 생각은 피히테나 헤겔만 갖고 있던 것이 아니었다. 일상적인 신앙생활에서도 이런 경향은 아주 농후하게 발견된다. 한편, 존재론은 저쪽에서 시작한다. 선험론은 이쪽에서만 안다고 하고 관념론은 이쪽이 저쪽을 싸안는다고 하는 것이라면, 존재론은 저쪽이 일단 있고 이쪽을 향해 다가온다고 말한다. 이렇게 해서 세 갈래로 나뉜다.

그렇다면 현대철학사조인 현상학이나 실존철학은 어디에 들어갈 수 있을까? 셋 모두를 이용한다. 해석학도 그렇다. 어떻게 이용하느냐, 셋을 어떻게 관계 짓느냐가 관건이다. 현상학은 현상에서 출발한다. 여기에서 '현상'은 고전적 현상과는 아주 다르다. 후설이 말하는 현상은 플라톤과 칸트와 비교하면 그 차이가 더욱 분명해진다. 플라톤에게 현상은 '가짜'다. 조금 순화하면 '그림자'이다. 이데아가 진짜고, 현상은 그것의 그림자이다. 껍질이다. 현상을 잘 살핀다면 진짜의 흔적을 찾을 수는 있다. 그 흔적으로부터 이데아의 기억을 더듬는 것이 플라톤에게 있어서 과제다. 그래서 '상기'와 '모방'이 중요하다. 현상은 그런 운명에 놓여 있었다. 있음의 차원에서 불쌍하고 가련한 그림자이고, 가짜인 있음이다. 그런데 칸트로 넘어가면 현상은 앎의 이야기가 된다. 물자체라고 불리는 있음은 그대로는 알 수 없지만 그것이 무언가를 쏟아부어 줘서 앎의 틀에 담긴다. 처음 담기는 통로가 '감성'이다. 감성이 지관이라는 장치를 갖고 있는데 안에서 작동하는 직관이 시간이고 바깥에서의 직관이 공간이다. 거기에서 뽑아낸 것은 알려질 만한 감각 자료라서 '지각'이라고 부르는데 이를 오성이 자신의 장치인 범주를 통해 개념으로 추려낸다. 이렇게 지각으로 재단되고 개념으로 추려진 것이 현상이다. 칸트에게서 현상은 앎이다. 앎에 담긴 있음이라고 해도 좋다. 그런데 모르는 있음에 대해 써먹을 가치가 있는 앎이다. 오히려 그러한 앎만 쓸 수 있다. 이제 현상은 진짜가 된다.

현상학을 제창한 후설도 앎의 차원에서 출발하기는 한다. 그런데 현상의 껍질을 벗겨 본질을 보려고 한다. 현상 위의 본질을 말하는 플라톤이나 현상 뒤의 본질은 알 수 없다는 칸트와는 달리, 현상 안에서 본질을 찾으려고 한다. 현상의 지위가 훨씬 높아진다. 물론 오직 현상밖에 없다는 현상주의와는 당연히 다르다. 그런데 의문이 생긴다. 현상 안에서 본질을 찾는다 하니 다시 본질로 되돌아가는 것처럼 보이기 때문이다. 다시 본질로 되돌아간다니? 과정 철학의 사례와 비슷하다. 화이트헤드는 과정에서 출발했다. 그런데 과정을 실재의 논의로 끌고 들어간다. 현상학이 현상에서 시작하여 본질로 들어간 것과 비슷해 보인다. 둘 모두 현상과 과정이라는 현대적인 착상에서 시작하지만, 현상학은 본질로의 환원을 도입함에 따라 근대적 발상으로 되돌아가는 듯이 보였다. 그래서 본회퍼도 현상학이 결국 관념론에 빠진다고 비판한다. 존재에까지 나아가지는 못했다는 것이다. 본질과 존재는 뭐가 다른가? 본질은 '이다'이고 존재는 '있다'이다. '이다'와 '있다'는 무엇이 다른가? 예를 들면, '이것은 리모콘이다'라는 본질 판단에는 '무언가가 없지 않고 있다'는 존재판단이 깔려 있다. 없지 않고 있는 그 무엇이 있되, 그 무엇이 어떤 것이라는 것이다. 그런데 현상학은 '있다'에까지 가지 않고 '이다'에서 멈춘다. 그래서 존재론으로 가지 못하고 관념론에서 그쳤다는 것이다. 이것이 현상학에 대해 본회퍼가 아쉬워하는 지점이다. 이제 현상학이 이르지 못하고 머물렀던 지점에서 더 나아간 것이 후설의 제자인 하이데거다. 이를 보고 있던 본회퍼는 하이데거가 제시한 '현존재'의 이야기를 끌고 나온다. 현존재가 존재로 향할 뿐 아니라 존재로부터의 길에도 이어져 있다고 보았기 때문이다. 아울러서 현존재를 근거로 '삶'을 새로운 출발로 잡는 기획의 실마리가 될 것으로도 보았다. 하이데거가 말하는 '현존재'를 한 글자로 줄이면 '삶'이니 말이다.

선험론은 저쪽에서 보내준 것에 대한 이쪽에서의 앎뿐이라는 것이다. 관념론은 그 앎이 알량하게 받아내고 마는 것이 아니라 있음에 대해 구성적 기능을 한다는 것이다. 관념론에서 정신은 이성이나 경험과 같은 인식기능에 불과한 것이 아니라 그 자체로 실체이며 심지어 주체로서 실체이다. 선험론의 주체인 이성은 정신의 한 기능에 불과한 반면, 관념론의 정신은 실체로서 활동하는 주체다. 데카르트의 정신-물질이 칸트에게서 현상-물자체로 벌어졌다면 헤겔에게는 정신-자연인데, 정신이 활동하는 실체인 만큼 자연도 살아 있는 실체이다. 그런데 자연은 정신이 바깥으로 밀고 나간 것이다. 그러니 정신이 자연을 모를 수가 없다. 칸트가 말하는 '가만히 있는 물자체'와는 다르다. 셸링에서는 정신이 근본인데 알려질 수 있고 그래서 보일 수 있게 된 정신이 자연이다. 따라서 정신과 자연이 결국 하나라고 한다. 헤겔은 둘이 하나가 되어야 하는 것은 맞지만, 주고받는 과정을 거치면서 하나가 되어야 한다고 주장한다. 역사의 소용돌이를 보았기 때문이다. 이것이 변증법이다. 정신 바깥으로 나간 자연이 다시 정신으로 되돌아와야 한다. 결국 정신인 자연이니 이것이 바로 관념론이다. 자연을 말하기는 하는데 정신으로 싸잡으니 말이다.

주변을 보자. 지금 내가 들어 앉아 있는 건물은 인공물이다. 자연물로 보이지는 않는다. 그러나 사실 자연의 파생물들이다. 그런데 자연만의 파생물은 아니다. 인간의 정신이 어떻게든 작동했다. 인공물은 자연의 파생물인데, 정신이 가미되어서 인공적인 것이 되었다. 그래서 인공물로부터 정신을 읽어내는 것은 어렵지 않다. 그렇다면, 물, 불, 공기, 흙, 이런 순수한 자연은 어떨까? 정신적인 요소가 전혀 없을까? 고대 그리스 사람들은 어떻게 생각했을까? 물질이 활동한다는 물활론도 있었고, 만물에 영이 깃들어져있다는 정령론도 있었다. 말하자면 다 살아있었고 갈라서 한쪽을 죽이지 않았다. 그런데 과학을 명분으로 근대인들이 찢었다. 그런데 헤겔은 그것을 다시 묶었다. 다만 정신을 중심으로 다시 묶었다. 그래서 관념론이다.

현대는 정신을 중심으로 묶는 방법이 현실과 동떨어져 있다고 지적한다. 자연과 정신이 얽히긴 해야 하지만, 헤겔 방식으로는 아니라는 것이다. 그렇다면 어떻게 해야 하나? 실존철학이나 해석학도 이를 고민한다. 애석하게도, 현상학은 현상 속에서의 본질로 끌고 들어가버렸다. 그렇기 때문에, 현상에서 출발한다는 점에서 현대적인 착상임에도 불구하고, 그 긴장을 끌고 가지 아니하고 한 틀에서 정합시키는 방식이었다. 현상학은 정교한 체계를 꿈꿨기 때문에 그랬다. 그래서 앞서 말했듯이 본회퍼도 여기서 현상학을 비판한다. 관념론에 반해서 나름대로 존재론적 기획을 꿈꾸었음에도 다시 관념론에 빠져버리고 말았다는 것이다.

그런데 왜 현상학을 언급했나? 전체적인 맥락에서는 사실 필요가 없었다. 그래도 굳이 언급한 것은 현존재의 이야기로 나아가기 위해서였다. 현존재는 있음도 아니고 앎도 아니고 삶이다. 이제 다시 읽어본다면 본문 속에서 이 점을 확인할 수 있을 것이다. 현상학은 선험론,

관념론, 존재론을 어떻게 생각했고, 현존재는 그 셋을 어떻게 엮어내었나? 그리고 현존재는 현상학을 어떻게 수정/보완했나? 기본 틀은 셋이고, 그것의 해법이 둘이다. 행위와 존재가 그 해법에 관련된다.

그렇다면 크게 볼 때 행위는 어디에 해당하나? 우리는 행위는 이쪽에서 하는 것이고, 존재는 저쪽에서 군림하는 것이라고 생각할 유혹에 빠지기 쉽다. 물론 그렇게 생각하는 것도 일단 뜻이 없지는 않다. 여기까지 그린 그림이 있어야 하기 때문에 그렇게 생각도 할 수 있다. 1절이 행위 이야기고 2절이 존재 이야기이며, 그 둘을 묶으려고 애쓰는 것으로 보이니 말이다. 묶으려고 애쓰는 얘기는 앞에 나온다. 예컨대,

> 그렇지만 순수[선험]철학과 순수 존재론은 관념론이나 현상학과는 달리 계시 개념 안에서 행위와 존재의 문제를 이해하는 데 기여할 수 있는 것으로 입증될 수도 있다. 왜냐하면 그들은 철학적인 행위와 존재 문제를 마지막까지 간파하고 관철시켰기 때문이다. 그리고 그들은 인간을 '~과의 연관 속에 있는' 순수 행위로 파악하고 존재 안에서 사고를 순수 존재론적으로 '지양'시킴으로써, 행위와 존재 해석의 물음이 계시에서 아주 예리하게 제기될 수 있는 여지를 마련해 주기 때문이다.… 그러나 이러한 계시 개념에 의해 '~과의 연관 속에 있는' 존재-또는 존재 속에서의 행위의 지양-이 근본적으로 신학적 해석에 개방되고, 이로써 계시 개념을 이해하는 데 도움을 준다. 물론 계시 개념 안에서 순수[선험]철학과 순수 존재론 양자는 아주 특별한 방법으로 결합되고 극복되며, 또한 지양된다는 사실이 분명히 드러날 것이다.[4]

---

4 『행위와 존재』, 89-90.

일단 여기에서 본회퍼는 선험론과 존재론을 선택한다. 첫째로 인간을 순수 행위로 파악한다. 존재는? 앞에서 본회퍼는 존재는 주어진 것이 아니라고 했었다. 우리는 존재를 주어진 것으로 치부하고 넘어가기 쉽다. 그런데 그렇지 않다는 것이다. 왜 주어진 것이 아닌가? 주어진 것이 아니라면 무엇인가? 소여성, 즉 '주어진 것'이 아니라는 것은 무슨 뜻인가? 주어진다는 것에는 받는 것이 있다. 존재가 주어진 것이라면 받는 쪽에 대하여 주어짐의 위치에 있게 된다. 대상화될 수밖에 없는 역학이 작동한다. 그래서 아니라는 것이다. 이후 존재론을 다루며 이 점이 이야기될 것이다.

본회퍼는 1장 끝에서 이렇게 말하고 있다. 선험론과 존재론이 선택되어야 하는데, 또한 그것은 얽혀야 한다. 일단 선험론은 이쪽 이야기고, 존재론은 저쪽 이야기이다. 그 둘이 양극이다. 그것이 얽히면 어떻게 되는가? '결합'되어 '극복'되고 '지양'된다. 이것이 본회퍼의 기획이다. 그렇다면 무엇을 향하는가? 결국 "만유로 하여금 자아에 사로잡히도록 만든 것"을 거절하고, "인간에 맞서 인간에게 건네진", 말하자면 타자로서 신을 기다리고자 한다. 일차적으로 우리는 본회퍼를 이렇게 읽을 수 있다. 행위에 이쪽을, 존재에 저쪽을 두자고 할 것처럼 보인다. 그러나 그렇게 끝나지는 않는다. 그렇다면 어떻게 가고 있는가?

문제 제기: 계시에서 어디까지 존재이고 어디서부터 행위인가?

좀 더 자세히 보자. 이를 위해서 시작부터 다시 돌아가 보자. "도처에서 계속되는 논쟁들은 결국 동일한 문제 제기, 즉 칸트와 관념론이 신학에 제기한 문제들과 씨름하는 것이었다."5 여기에서 언급되는 '신학에 제기한 문제들'이란 무엇인가? 인간이 주체로서 주도권을 쥐고 세상을 이해하고 이 맥락에서 신이해도 시도하는 상황에서 종교나 신학이 계시를 어떻게 말할 수 있을 것인가 하는 문제이다. 곧 인간이 이쪽에서 내지른다고 하는데, 저쪽에서 온다는 계시는 어떻게 되냐는 것이었다. 이런 상황에서 본회퍼는 일단 양자택일의 대결과 긴장으로 보는 데에서 논의를 시작한다: "중요한 것은 신학적 개념의 형성, 즉 신학적 개념들을 '선험론적'으로 해석하느냐, 아니면 '존재론적'으로 해석해야 하느냐는 양자택일의 결단 문제다."[6] 선험론이 이쪽이 주도권을 쥔다는 지론이라면, 존재론은 저쪽에서 온다는 주장을 핵심으로 한다. 이렇게만 보면 정말 양자택일로 내몰리고 그 외에 달리 방법이 없어 보인다. 그런데 본회퍼는 바로 이런 정황에서 이를 가로지르는 해법을 위해서 '행위와 존재'를 들고 나온다.

'초월'은 있음의 특수양태에 대한 것이고 '선험'은 앎의 관계방식이라는 것은 앞서 말했다. 그런데 한편으로 하느님의 있음은 초월일 수밖에 없고, 다른 한편 하느님에 대한 인간의 앎, 즉 인간의 인식대상으로서 하느님 개념이 있는데 이들이 어떻게 연관되는가가 관건이 된다. "이 문제는 하느님 개념의 '대상성'과 그에 적합한 인식 개념의 문제이고, '하느님의 존재'와 이러한 존재를 이해하는 정신적 행위 사이의 '관계 규정'에 관한 문제다."[7] 물론 여기서 '존재'가 있음을 가리키고

---

5 『행위와 존재』, 27.

6 『행위와 존재』, 27. 선험론과 존재론이라는 것을 양자택일로 놓고 선택하고 결단해야 하는 것으로 보는 것은 본회퍼가 새삼스럽게 주장하는 것이 아니라 이미 근대를 관통하고 있던 대결이었다. 인식론이 설정하는 주객구도에서 상호관계를 대안으로 시도하기 이전까지는 주관주의와 객관주의의 대결을 팽팽하게 전개해 왔으니 말이다. 그러니 본회퍼도 당대 정신문화를 이런 구도에서 볼 수밖에 없었다.

7 『행위와 존재』, 27.

'개념'이 앎을 가리키니 신과 인간의 관계가 있음과 앎의 문제로 추려져 왔다는 것이다. 그런데 있음과 앎의 구도로 보게 되니 신-인 관계를 계시-신앙으로 치환할 수도 있어 보이는데, 그렇다면 신앙을 행위로 보고 계시를 존재로 보면서 서로 연관시킬 수 있는 방안을 모색해볼 수 있을까를 묻는다. 그러면서도 더 나아가서 존재로서 계시가 근대적 인간 주체가 설정하는 것처럼 행위 안에 주어지는지, 아니면 행위로 흡수되지 않는 존재의 위상을 지닐 수 있는지를 묻는다.

> 즉 '계시 속에 있는 하느님의 존재'가 무엇을 의미하는지 그리고 그것이 어떻게 인식될 수 있는지, 또한 행위로서 신앙과 존재로서 계시가어떻게 서로 상대에게 작용하면서, 또한 서로 상응하는지 그리고 인간이 계시로부터는 어떻게 정립될 수 있는지, 즉 계시란 오직 행위 실행속에서만 '주어지는' 것인지, 아니면 계시 속에 인간을 위한 '존재'가 존재하는 것인지가 신학적으로 해석되어야 한다.8

"그것이 어떻게 인식될 수 있는지"까지는 앞에서 이미 나온 이야기이다. 그런데 그 뒤가 중요하다. '행위'와 '존재'가 나오면서 동시에 '신앙'과 '계시'가 나온다. 앞서 우리는 행위와 선험론을, 존재와 존재론을 동일시하려는 유혹이 있을 것이라고 말했다. 후자는 동어반복으로보이기도 한다. 그런데 여기에서 행위로서 신앙과 존재로서 계시를대비시킨다. 즉, 행위와 존재라는 개념을 다각도로 사용하는데, 나름

---

8 『행위와 존재』, 27-28. 이 인용구절을 보면 '행위와 존재'라는 쌍과 '신앙-계시'라는 또 다른 쌍이 크고 작게 얽혀 있음을 알 수 있다. 앞의 양항이 형식적 구도분석을 위한 것이라면, 뒤의 것은 본회퍼가 주장하고자 하는 내용의 차원에서 얽히어야 하는 양항에 해당한다.

의 원칙과 목적이 있다. 그 목적이 중요하다. 이 목적이 앞서 미리 언급했던 '인간에 맞서'였다. 선험론과 관념론에서는 이 '맞서'가 생각될 수 없고, 존재론에서는 '맞서'를 말하기는 하는데 그래도 그 틀이 간단히 잡힐 수 있는 것이 아니다. 그렇다면 이 '맞서'를 어떻게 이해해야 하는가? 조금 넘어가면 계시 속에서 행위와 존재를 대비하고 있기도 하다. 이 문제 제기에서부터 행위와 존재가 어떻게 대비되는 것인지 읽어내야 한다. 한편으로, 행위와 존재는 신앙 대 계시인데, 또 계시가 행위 안에서 주어지는지 존재로 나타나는지가 관건이 된다. 앞의 구분이 선험론에, 뒤의 구분이 존재론에 해당할 것이다. 말하자면, 행위와 존재를 양항의 관계에 대해서 뿐 아니라 한 항목을 쪼개어 분석하는 데에도 사용한다.

이렇듯이 계시에 연관해서 행위와 존재를 대비시킨다. 이런 대비가 누구 이후부터 가능했을까? 본디 모든 것은 존재에서 나왔고 존재로 수렴된다고 했다. 자연과 정신의 완벽한 합치, 있음과 앎의 같음을 꿈꾼 헤겔조차도 그러했다. 현대로 넘어온 뒤, 현상학조차도 현상-본질을 위계적으로 이었다. 그런데 하이데거가 이를 비판했다. 그의 표현대로는 '존재 망각'이다. 그에게 존재는 이미 행위이고 사건이다. 개념의 대등한 대립적인 쌍이라는 것은, 이를테면 천칭저울에 올려두었을 때 둘의 무게가 같다는 것이다. 과거의 시각에서 보면, 존재와 행위의 무게는 같을 수가 없다. 그런데 이것을 대등개념으로 보면서 둘의 무게가 같다고 한다. 이는 하이데거가 '존재와 시간'을 맞먹게 두고 엮으려 했던 것과 맥을 같이 한다. 현대적 발상을 일찍이 공유한 것이다. 물론 하이데거는 이를 실패했다고 보았지만 후대의 사람들은 여기에서 혁명적 통찰을 끌어냈다.

시간은 행위를 이해하는 데에 중요하다. 현상에 대한 고전적인 이해에서는 플라톤의 언급을 떠올려야 한다면, 시간에 대해서는 아리스토텔레스의 언급을 떠올려야 한다. 아리스토텔레스는 시간을 공간의 이동, 즉 있음의 움직임이라고 보았다. 고전의 시각에서는 현상도 있음의 눈으로, 시간도 있음의 눈으로 본다. 결국 현상과 시간은 존재의 부수물들일 뿐이니 현상과 시간이 없을수록 더 제대로 존재하는 것이었다. 즉 현상과 시간은 존재의 눈에서는 방해물이거나 적어도 하찮은 것일 뿐이었다.

근대로 넘어가면 칸트의 언급이 있다. 그에게 시간은 앎의 틀, 즉 물자체로부터 뭔가를 받을 때 감성이 갖는 장치인 직관의 두 형식 중 하나이다. 이제 시간은 있음 자체가 아니라 앎의 틀로 간주된다. 그런데 현대로 넘어오면서 시간은 인간과 세계를 구성한다. 인간이 역사의 대전환을 겪은 후에, 역사가 인간 자화상의 본질적인 구성 요소로 자리 잡은 이후다. 근대까지만 해도 본질은 물론 생각과 정신도 초시간적이었다. '이성적 동물'은 물론이거니와 '생각하는 갈대'에서도 갈대는 생각을 방해해서는 안 되는 것이었다. 그러나 이제 더이상 인간을 그렇게 그리는 것이 불가능하다. 바람직하지도 않다. 그러한 인간은 삶의 현실로부터 너무나 동떨어져 있기 때문이다. 그래서 삶의 철학이 나왔으니 시간이 더이상 부수현상이 아니게 된 것이다.

삶은 '누가-언제/어디서'이다. 근대 전기의 데카르트나 중기의 칸트에게는 '누가'만 있었다. 생각하는 주체나 선험적 자아가 그것이다. 그런데 육체가 반동을 일으키고, 더 나아가 육체와 정신의 불가분한 단일체를 구성하는 요소로 시간이 대두된다. 시간과 공간을 잘라내면서 구성되던 선험적 자아와는 달리, 현존재는 시간으로 만들어진다.

삶이 있음을 구성하기 때문에 시간을 거부할 수 없는 것이다. 이것이 본회퍼가 하이데거를 붙잡고 행위와 존재를 엮을 가능성을 찾아내는 지점이다. 그래서 존재와 시간의 대비가 중요하다. 행위와 존재의 대비 역시 임의로 엮은 것이 아니라 이러한 맥락에서 선정된 것이다.

존재와 시간의 대비를 좀 더 살펴보자. 하이데거가 존재와 시간에 대해 말한다. 고·중세 시대에서는 존재가 시간에 의해 변화해서는 안 된다. 근대에서는 시간이 앎의 틀로 작동한다. 그런데 현대에서는 시간과 존재의 무게가 같아진다. '언제-어디서'로 만들어진 '누가'에 드리워진 존재이기 때문이다. 현존재는 존재의 자리로서 존재와 연관된다. 여기에서 '현'에 해당하는 Da는 '거기에'라는 뜻이니 공간을 가리킨다. 그런데 우리말에서는 한자어로 '현'(現)이니 시간 개념으로 옮겨진다. 옮겨지는 것이 아니라 'Da'가 이미 시공간의 분리 불가한 시공간을 가리키니 오히려 마땅하고 옳은 표기이다.

〈형이상학입문〉에서 하이데거는 존재와 반대되는 것들을 열거한다. 생성, 가상, 사유, 당위가 그것이다. 생성과 반대로서 존재는 고정이다. 가상과 반대로서 존재는 본질이다. 사유(주체)와 반대로서 존재는 객체이다. 당위와 반대로서 존재는 현실이다. 그렇다면 고정, 본질, 객체, 현실만이 존재인가? 그렇게 생각한다면 존재의 반쪽만을 말하게 된다는 것이다. 고정과 생성, 본질과 현상, 현실과 당위, 객체와 주체가 모두 뒤얽혀 존재라는 것이다. 그러니 존재는 곧 행위이다.

이러한 관점에서 보니, 신과 인간의 관계가 이러한 그림에 따라야 한다는 것이었다. 이쪽이거나 저쪽으로 양분되어 있던 기존의 신학적 담론은 반쪽 이야기만 해왔다는 것이다. 그래서 하이데거의 통찰 덕분에 전통적으로 존재의 반대로 내몰리던 것이 존재로 싸안아질 수 있었고, 이것이 존재가 회복해야 했던 뜻으로 드러나게 되었다. 시간이 결정적 계기가 된다. 그래서 행위도 끌고 들어와 이을 수 있게 되었다. 이런 맥락에서 선험론과 관념론의 문제를 모두 지적한다. 선험론은 저쪽을 둔 채 이쪽을 본다. 이에 비해서 관념론은 양쪽 이야기를 다 하기는 하지만, 저쪽을 이쪽으로 끌고 들어오니 아전인수의 방식이었다. 저쪽이 없지는 않은데 이쪽에서 이야기한다. 그래서 본회퍼가 근대 후기 독일 관념론을 그토록 강하게 비판했던 것이다.

본회퍼의 간결한 한 마디가 기본 구도를 정리해 준다. "행위와 존재를 총괄하는 것은 의식과 존재를 총괄하는 것과 일치하지 않는다."9 시작하는 부분에서 이런 구별을 분명하게 했다. 말하자면 행위를 의식으로 치부할 일은 아니라는 단서이다. 어떻게 구별해야 하나? 본회퍼는 의식과 행위를 구별함으로써 그의 작업이 인식론이 아니라 해석학이라는 것을 확실하게 단언한다. 심지어 선험론과 관념론에서 인식론의 영역에 대해 비판하고 있으니 그가 의식과 행위를 구별하는 것은 논의의 시작에서 매우 중요한 의의를 지닌다.10 의식(Bewußtsein)은 존재(Sein)로부터 바로 주어진 것인 양 취해진다. 그런데 행위는 이야기가 다르다. 본회퍼는 이를 분명히 구별한다. "따라서 행위는 존재에는 낯선 순수 '지향성'으로 사고되어야 한다."11

의식은 존재로부터, 존재에 대해, 존재를 향해 내뻗는 지향성을 본

---

9 『행위와 존재』, 28.

10 의식이란 내가 하는 것이 아니라 주어지는 것이다. 인식론에서, 주어진 것은 의식이고 이를 토대로 하는 것이 인식이며, 인식을 거쳐 나오는 것이 지식이라면 그러한 지식은 종국에 진리를 향한다. 반면 해석학에서는 이미 그렇게 주어진 이해로서 '선이해'가 시작인데 이로부터 실존이 하는 것이 해석이라면 그러한 해석은 성찰을 엮어내고 결국 의미를 향한다.

11 『행위와 존재』, 28.

성으로 한다면, 행위도 지향적이기는 하지만 존재에는 낯설다는 것이다. 아니 거꾸로 행위에 대해 존재가 낯설다고 해도 좋다. 그리고 바로 이런 이유로 본회퍼는 계시를 새기는데 어느 한쪽도 버릴 수 없이 소중하다고 말하고 싶어 한다. 그래서 그는 이 둘 사이의 긴장을 이렇게 묘사한다: "존재가 결코 '입증'될 수 없고 단지 '제시'될 수밖에 없는 것처럼, 행위도 결코 '설명'될 수 있는 것이 아니라, 단지 '이해'될 수 있을 뿐이다."[12] 무슨 말인가? 입증과 제시가 어떻게 다른가? 입증은 안에서 밖으로 가는 것이고, 제시는 밖에서 안으로 오는 것이다. 말하자면, 존재에 대해서는 인간이 어떤 식으로든지 엮어낸다는 것은 불가능하며 단지 존재가 가리키는 것이 드러내거나 밀고 들어오는 방식으로만 관계할 수 있다는 것이다. 설명과 이해 역시 같은 방식으로 적용될 수 있다. 설명은 거리를 두고 객관적으로 묘사하는 것이라면, 이해는 그 안으로 들어가 함께 구르는 관계에서 얻어지는 새김질이다. 굳이 대립시키자면 객관주의 대 주관주의이고, 보편성 대 개체성이며, 가치중립 대 가치개입이다.

행위를 말하는 선험론

이제 1장으로 들어가 보자. 본회퍼는 행위를 말하는 선험론에 주

---

12 『행위와 존재』, 29. 설명과 이해는 학문방법론, 특히 자연과학과 인문학 사이를 오가는 사회과학방법론이 씨름하는 문제에서 가장 기본적인 구도에 해당한다. 설명은 인식자의 견해가 관여되지 않아도 좋은 상황이니 거리를 두고 객관적인 묘사가 가능하다는 입장에서의 시도라고 한다면, 이해는 이해하는 사람이 이미 거기에 그렇게 얽혀 있어 주고받는 관계일 수밖에 없다는 대조를 보인다. 그런데 본회퍼는 행위가 단순히 객관적 묘사의 대상일 수 없다고 하고 있다.

목하기 위해서 정지작업을 시작한다.

> 따라서 다음에서는 두 가지 점을 염두에 두어야 한다. 첫째, 칸트가 '스콜라신학'의 배후까지 소급되는 이 개념의 오랜 발전 과정을 되돌아보며 구축하려 했던 '진정한 선험철학'과 칸트 이후의 관념론에서 이해되었던 '초월적 철학'은 분명 구별되어야 한다.[13]

번역의 문제를 상론하기보다는 어의를 정리하는 것이 효과적이다. 다시 말하지만, 선험은 앎의 차원이고 초월은 있음의 차원이다. 칸트는 인식론, 즉 앎의 문제를 다루었고, 이후 근대 후기 독일 관념론자들은 그런 앎의 토대 위에서 다시 있음을 구해낼 가능성을 논했다. 그러니 칸트의 선험론과 이후 근대 후기의 관념론이라고 부르는 것이 더 적절하다. 잊지 말아야 할 것은 전자는 앎의 이야기이고 후자는 앎에 토대를 둔, 있는 이야기라는 것이다. 본회퍼의 다음과 같은 언술도 이러한 구별을 뒷받침한다. "진정한 선험론에는 사고와 초월적인 것의 관계가 내포되어 있지만, 그 초월적인 것을 처리할 권한은 주어져 있지 않다."[14] 말하자면, 선험은 앎의 차원으로서 초월적인 것인 있음과 관계를 지니기는 하지만 어디까지나 앎이 있음을 주무를 수는 없다는 말이다. 당연한 말씀일 뿐 아니라 본회퍼가 이 연구를 통해서 강조하고 싶은 바이다. 그는 계시를 인간이 아전인수로 주물러서는 안 된다고 말하고 싶기 때문이다. 심지어 선험론은 초월적인 것인 있음을 물자체로, 즉 알 수 없는 것으로 모셔 두고자 하며, 앎은 그것과의

---

13 『행위와 존재』, 34.
14 『행위와 존재』, 35.

관계에서 한계지어 있다는 태도를 견지하기 때문에 본회퍼의 기획에 기여할 수 있는 것으로 간주되고 있다.

그런 행위가 구체적으로 어떤 특성을 지니는가?

> 인간은 결국 자신을 초월적인 존재로부터 이해하는 것이 아니라, 오히려 자기 자신으로부터, 이성으로부터 또는 이성이 ─그것이 지성적이든, 윤리적이든─ 자신 안에 설정한 한계로부터 이해하게 된다.[15]

> 진정한 선험론은 그 어떤 존재 문제도 알지 못한다. 진정한 선험론은 존재 문제를 알 수도 없다. 왜냐하면 '존재 문제'의 '독단론'을 넘어서는 것에 바로 선험론의 의미가 있기 때문이다. 현실을 모사한다는 의미의 인식은 불가능하다. '진리 문제'에 있어서 그 어떤 척도도 빗나가는 곳에서 인식은 오히려 오직 근원적으로 인식 주체 안에서 초월적 통각의 통일성 안에 기초하면서 자신을 실현하는 종합─이 종합은 논리적으로는 '경험적인 것'에 앞서 있는 것, 즉 '선천적인 것'으로 사고되어야 한다─에 의해서만 가능하다.[16]

결국 같은 이야기이다. 선험의 영역에서 존재는 저편이고, 이편에서 이루어지는 것은 선험적 통각, 즉 경험 자료로부터 모은 것을 오성

---

15 『행위와 존재』, 36. 인용문을 연이어 효과를 높이고자 했다. 그런 이유로 여기에 첨언을 하는 것도 좋을 터이다. 이 짧은 문장은 선험론에 대한 정의에 해당한다. 여기서 중요한 것은 '이성'과 '한계'라고 하는 것이다. 이 둘을 결합하면 바로 칸트가 나오게 된다. 그리고 그가 선험론의 대표주자이니 이는 두말할 나위도 없다. 이성의 한계라는 부정할 수 없는 구조에서 어떻게 계시가 뜻있게 관계할 수 있을까 하는 것이 이 작품의 관건이다.
16 『행위와 존재』, 37.

에서 추려내어 얻은 현상 그리고 이로부터 더 나아간 이성이 경험의 영역을 넘어서 구상해가는 것일 뿐이니 말이다. 이런 선험론의 입장에서 진리는 어떻게 선포되는가? "진리는 오직 순수 행위 속에서만 존재한다. 따라서 존재 개념은 행위 개념으로 해소된다. 따라서 존재는 오직 인식과의 '연관성' 내에서만 존재한다."17 선험론이란 이런 것이다. 존재 자체를 어찌지 못하니 행위로만 말한다. 그런데 바로 이런 이유로 사고는 주체 행위로서 대상화할 수 있는 범위까지를 싸잡는데 그렇게 싸잡히지 않는 것들에 대해서는 부득이하게 한계로 겪어질 수밖에 없다. 사실 칸트가 말하는 물자체 불가지론이 바로 이를 가리키는데 강조해야 할 것은 한계 저편이 없다는 것이 아니라 모른다는 것이다. 본회퍼는 바로 이 지점에 주목하여 선험론을 취하면서도 넘어서려고 기획한다. 아래 서술은 그러한 시도를 보여준다.

> 즉 사고는 ―그것 없이는 그 어떠한 대상적인 것도 존재하지 않는―
> '비대상적인 것'의 한계에 부딪친다. 왜냐하면 이러한 비대상적인 것
> 이 제한된 존재의 조건이기 때문이다. 비대상적인 것은 인간이 그로부
> 터 삶을 영위하는 실존의 한계다.… 이제 자아와 사고의 개념 안에서
> 이러한 한계와 부딪칠 때 이중적인 태도가 가능하다.18

여기서 '비대상적인 것'이란 인식의 틀 안에 담길 수 없는, 즉 인식의 한계를 넘어서 있는 것을 가리킨다. 그런데 이것이 사고와 인식에 대해 한계로 작용한다. 그러니 존재의 조건이면서 실존의 한계이기도

---

17 『행위와 존재』, 38.
18 『행위와 존재』, 39.

하다. 그런데 그런 한계에 대해 두 갈래의 반응을 떠올릴 수 있다. 하나는 앞서 논했던바 알 수 있는 한계 안에서만 논하자는 선험론이라면, 또 다른 길은 한계 너머 저편으로 가서 이를 사고의 주체 안으로 끌고 들어오는 것이다. 말하자면 관념론의 길이다.

존재를 행위 안으로 끌고 들어오는 관념론

> 또 다른 하나의 가능성은 ─이것은 진정으로 모든 철학함의 거대한 욕망이지만─ 사고가 비대상적인 것의 주로 도약하는 것이다. 즉 사고가 자아를 자신 안으로 끌어들임으로써 사유하는 자아를 '철학함'의 한계점이 아니라 오히려 출발점으로 만드는 방법이다.[19]

'사고'는 앎이고 '비대상적인 것'은 있음이다. 앎이 있음의 주(主)가 된다는 것이다. 이것이 관념론이다. 그런데 이 방법은 결국 흡수통합이기 때문에 다음과 같은 문제를 가질 수밖에 없다. 한계 너머를 한계 안으로 끌어들이니 초월을 잃어버린다. 그런데 그러다 보니 한계 안의 현실도 내재화된 초월과 뒤섞여 이도 저도 아닌 것이 되고 만다는 것이다. 집토끼와 산토끼를 다 잡는다는 설계이지만 산토끼는 물론 집토끼마저 놓친다는 것이다. 빈손으로 자신에게만 되돌아오는 유아론이 되고 만다는 것이다. 사실 이것이 관념론의 운명이기도 했다.

---

19 『행위와 존재』, 39. '또 다른 하나의 가능성'이라는 표현에서 '또 다른'은 선험론과 비교하여 다른 길로서 관념론을 가리킨다. 선험론에서는 자아가 한계였는데 관념론은 그러한 한계를 넘자는 기획이니 자아가 한계를 넘어 저쪽으로 나아가서 이쪽으로 끌어들인다. 자아가 출발점이 된다는 것도 이를 가리킨다.

그러나 이러한 방법은 두 가지, 즉 '현실'과 '초월'을 잃어버릴 수밖에 없다. 또는 '어느 하나를 다른 하나를 통해' 상실하지 않고는 이루어질 수 없다. 철학, 사고, 자아는 초월 대신에 자기 자신에 귀속된다.[20]

연이어 관념론에 대한 보충 설명이 나온다.

관념론은 자신을 이해하는 현존재에게서 그의 초월적인 연관성을 빼앗아 감으로써, 즉 현존재를 '초월적인 것 사이에 있는 존재'로부터, 달리 말하자면 초월에 '사로잡혀 있는 존재'로부터 해방시킴으로써 — 순수 선험철학 속에서는 초월적인 것에 사로잡혀 있었던-존재 개념을 행위 개념 속에서 완전히 해소하는 것처럼 보인다.[21]

선험론에서 물자체는 비대상적인 것, 즉 저쪽의 것이니 선험의 한계 너머 초월적인 것으로 있었는데(선험 너머가 바로 '초월'이라는 단어를 사용해야 하는 대목이다), 거기에 사로 잡혀있던 것을 관념론은 관념이라는 이름으로 행위 안으로 끌고 들어온다는 것이다.

이로써 관념론은 칸트의 발견을 극단화시켰다. 존재는 자아에 의해서 선천적 종합 속에서 '파악된 존재'다. 따라서 자아 없는 존재란 존재하지 않는다. 자아는 창조적이고 단독적으로 활동한다. 자아는 자기 자신으로부터 나와서 다시 자기 자신으로 되돌아간다. '이해된 존재'가 아닌 존재, 절대적으로 사유된 존재는 곧바로 유물론이 될 수도 있다.

---

20 『행위와 존재』, 39.
21 『행위와 존재』, 41.

관념론과 유물론은 매우 밀접한 관계에 있다.[22]

관념론에서 무릇 존재라는 것은 사유하는 자아에 의해 '파악된 존재'이다. 그런데 이렇게 되면 구도는 매우 달라 보이지만 결과적으로는 선험론과 비슷하게 된다. 파악된 존재라는 말은 '알게 된 있음'이라는 것인데 이는 '앎에 담긴 있음'이니 말이다. 선험론도 있음 자체를 부정하는 것은 아니다. 다만 있음 자체는 알 수 없고 앎에 담긴 있음, 즉 현상만을 알 뿐이라는 것이다. 관념론도 존재 즉 있음을 파악이라는 앎으로 포장하니 있음의 위치를 보장하는 듯하지만 사실 앎일 뿐이지 않는가하는 의문을 제기하지 않을 수 없다. 자아가 나갔다가 다시 되돌아간다는 것이 바로 이를 가리킨다. 그런데 이러한 관념론의 구도에서는 그렇게 하지 않음으로써 있음이 여전히 앎의 바깥에 머무른다면 유물론으로 전락할 수밖에 없다고 주장한다. 이것이 바로 관념론이 있음을 앎으로 싸잡으려는 명분이다. 그런데 본회퍼가 보기에는 바로 그런 이유로 관념의 이름으로 초월을 상실하고 만다는 것이다. 여기서 주목할 것은 초월과의 연관이 고통일 수 있다는 점이다. 사실 선험론은 초월을 인식하는 것이 불가능하다고 말했지만, 관념론은 초월과의 연관을 고통인 채로 두지 않으려고 사유 안으로 끌고 들어왔다고 본회퍼는 에둘러 비판하고 있다. 그렇게 본회퍼는 헤겔에 대한 비판으로 자연스럽게 이어나간다: "이러한 운동 속에 있는 정신은 언제나 자기 자신을 온전히 소유하는 가운데 머물 뿐, 결코 '초월과

---

22 『행위와 존재』, 41. 본회퍼가 관념론을 비판하는 대목이다. '자아가 자기 자신으로부터 나와서 다시 자기 자신으로 되돌아간다'는 분석은 근대 후기 관념론의 전형에 해당한다. 타자가 없다는 비판도 이렇게 해서 나온다. 그러니 초월도 망실될 수밖에 없다. 본회퍼로서는 존재론으로 가기 위한 초석이다.

의 연관성 속에 있는 존재'의 고통스러운 상태에는 도달할 수 없다."[23]
이성은 형식적 기능이라면, 지성, 감성, 의지는 전부 내용을 지닌 정신
요소들이다. 그러니 관념론에서는 정신은 엄연히 실체이며 활동하는
주체이기까지 하다. 그러니 그렇게 존재를 사유 안으로 끌고 들어온
다. 또 비판하기를,

> 따라서 헤겔은 천사의 철학을 서술하고 있는 것이지, 인간 현존재의
> 철학을 서술하고 있는 것이 아니다. '구체적인 인간'뿐 아니라 철학자
> 역시 정신을 온전히 소유하고 있지는 않다. 그래서 구체적인 인간은
> 하느님 안에 존재하기 위해서는 오직 자기 자신에게 돌아가야 했다.
> 이러한 사실은 그에게 전적으로 자기 자신 속으로 회귀하고 자기 자신
> 안에 머무르며 자기 자신 안에서 안식을 취하는 경험 속에서, 즉 가장
> 고독한 유일성에 대한 경험 속에서 공포와 실망만을 가져다줄 뿐이었
> 다.[24]

앞에서는 칸트에 대해 현존재를 근거로 비판하더니 이번엔 헤겔
에 대해서도 같은 논거로 비판한다. 칸트의 선험론이 현존재와 얽혀
야 하는 세계를 주체가 제한하는 오류에 빠졌다면, 헤겔의 관념론도
세계와 적극적으로 관계하는 듯이 보였지만 결국 자기 안으로 회귀하

---

23 『행위와 존재』, 43.
24 『행위와 존재』, 43-44. 우리가 여기서 놓치지 말아야 할 것은 헤겔로 대표되는 관념론이
그저 자기로의 회귀로 종결되는 것이 아니라 고독, 공포, 실망을 겪을 수밖에 없다고 본
회퍼가 열렬히 비판하고 있다는 점이다. 삶을 가리키는 현존재의 눈에 관념은 그렇게
고독과 이로 인한 소외라는 자기함몰의 문제를 피할 길 없다는 것이다. 관념론을 넘어
서야 할 절박한 이유를 매우 실존적으로 분석한 것으로 볼 수 있다.

는 결과에 봉착하고 말았다고 비판한다. 이들을 관통하는 문제로서 '자기 안에 갇힘'을 집요하게 들추어낸다. 그리고 이를 깨고 넘어서 세계와 긴장관계로 주고받는 '현존재'를 대안으로 삼는다. 물론 현존재는 하이데거의 언어이다. 칸트를 언급하면서는 선험론의 저편에 여전히 현존재에 대해 '비대상적인 것'이 한계로 작용한다고 하더니, 헤겔에 대해서는 그것이 현존재의 철학이 아니라고 말한다. 헤겔의 보편성의 철학에 대한 비판이다. 근대의 철학은 데카르트가 확립한 실체성, 칸트가 구축한 선험성, 헤겔이 완성한 보편성의 철학이었다. 이것이 현대에 와서는 조목조목 반동의 대상이 된다. 보편성에 대해 키르케고르의 개체성이 절규했고, 선험성에 대해 딜타이의 체험이 터전을 현실화시켰으며, 실체성에 대해 하이데거를 포함한 대다수의 현대철학자이 관계를 내세우면서 거부했다.

현존재가 사는 꼴

구체적 인간은 자신이 우연히 여기저기에 세워져 있음을 보게 된다. 즉 그는 자신을 스스로 묻고 생각하며 행동하고 그러한 상황에서 갈 길을 찾는 사람으로서 그리고 자신에게 이미 주어진 정황을 자신과 연관시키고, 그래서 스스로 그러한 정황과의 '연관 속에서' 결정해야만 하는 사람으로 보게 된다. 인간이 —자신을 초월하고 있는 타자와의 '연관 속에' "매 순간 이미 존재하고 있다"는 사실을 통해— 자기 자신에게서 경험하게 되는 폭력은 자기 자신 안에 세상을 극복할 수 있는 가능성을 담지하고 있다는 확실성과는 본질적으로 다른 것이다.[25]

---

25 『행위와 존재』, 44.

근대인들이 헤겔에서 정점을 찍은 관념론으로 그린 그림은 모든 힘든 일이나 악 역시 더 큰 도약과 발전의 동력이고 지양의 계기라는 식으로 보아 왔다. 선험론과 관념론은 확실성이라는 토대를 근거 짓고 인간과 세계는 물론 심지어 신까지 집어넣어 그림을 그렸다. 그러나 이제 인간은 '구체'와 '우연'이다. 본회퍼가 주목하려는 것이 바로 이것이다. 또 '정황'과 '타자'라는 말도 포함된다. 그것들에 대한 '연관', 더 나아가 '폭력'에도 주목해야 한다. 왜 폭력이라는 말을 썼는가? 선험론이나 관념론이 그려내는 '확실성'과 대비시키기 위해서이다. 구체, 우연, 정황, 타자, 연관이라는 것은 우리 삶에서 견디기 힘든 것이다. 현존재의 삶이 이렇기 때문에 행위와 존재의 얽힘은 절실하다고 주장하고자 했다. 확실성이 근대의 언어라면, 이런 것들은 현대의 언어이다. 현존재의 문제를 집요하게 이어가고 있는 셈이다. 단번에 알려지는 인식이 아니라 풀어가야 할 해석의 과제가 불가피하다는 것을 이렇게 삶에서부터 말하고 있다. 그러한 삶을 현존재의 행위라고 했다.

> 따라서 그 질문 자체는 현존재에 속하고, 따라서 답변은 질문 속에 포함되어 있지 않다. 그러므로 철학한다는 것은 현존재의 '행위 특성'에 참여하는 것이지, 존재 안에 근거할 수도 있는 소유로부터 말하는 것이 아니다.[26]

이전에는 미리 주어진 답변에 맞추어 질문을 설정했고, 따라서 이미 대답된 질문이 던져졌었다. 그러니 대답이라고 해봐야 질문이 필요 없는 대답이다. 질문 없는 대답이었다고 해야 할 것이다. 그런데

---

26 『행위와 존재』, 44.

이제 현존재는 대답 없는 질문이다. 현존재에 대한 폭력과 타자에서 던져지는 질문에는 그로부터 대답이 주어질 수 없기 때문이다. 그래서 현존재가 질문이라는 것 자체에 주목하는 것이 중요하다. 이와 견준다면, 인식 주체는 차라리 대답이라고 해야 할 터이다. 현존재가 질문이다. 삶이 물음이다. 물음은 모름과 앎의 얽힘이다. 여기서 모름이 물음을 묻게 하고 나아가 물음이게 한다. 그리함으로써 이제 타자로서 계시, 나아가 하느님의 타자성을 향해서도 주목하게 한다. 그리고 이를 통해서 존재 일변도만도 아니고, 행위 일변도만도 아닌 방식으로 나아가고자 한다. 이러한 방향으로 나가기 위해 이제는 선험론과 관념론을 대비한다.

앎에 머무르는 선험론과 있음마저 주무르는 관념론

그러나 여기서도 진정한 선험론은 관념론보다 겸손하게 판단할 수 있다. 진정한 선험론에서는 외부 세계가 자아와 '연관되어' 있고, 바로 그렇기 때문에 또한 오직 자아를 통해서만 인식될 수 있다는 명제를 넘어설 수 있는 인식이란 존재하지 않는다.[27]

선험론은 있음을 그대로 둔 채 앎에 대한 것일 수밖에 없다는 겸손함을 유지한다. 그런데 이에 비해 관념론은 앎이 있음을 그려낸다. 본

---

27 『행위와 존재』, 45. '행위 특성'과 '존재 안에 근거할 수 있는 소유'를 대비하면 취지를 보다 깊게 이해할 수 있다. 행위의 특성은 시간적 과정에서 진행한다는 뜻에서 추구라고도 새길 수 있다. 이와 비교한다면, 존재에 뿌리를 둔 소유는 무시간적 전제로 읽힐 수 있다. 결국 추구냐 소유냐의 대비로 현존재를 묘사하는 것으로 보인다. 인식주체가 대상을 소유한다면 현존재는 추구로 살아가니 말이다.

회퍼가 놓치지 않으려는 것은 외부이다. 인간의 아전인수로 흡수되지 않는 외부 말이다. 앞서 불트만이 실존 수행에도 이것이 외부를 부정하는 것은 아니라고 한 것 이상이다. 그런데 선험론에는 어쨌든 외부 세계가 있다. 알 수 없지만 있다. 그러나 관념론에는 그러한 외부가 없다. 그래서 본회퍼는 주 계시의 우발성과 타자성을 말할 수 있는 관계 구도로 선험론은 의미를 가질 수 있다고 평가한다. 우발성이란 무엇인가? 예측 불허이다. 인간의 예측 가능한 틀 안에서 일어나는 것이 아니라 신의 마음대로 하는 것이다. 하느님의 독자성과 주권, 이것이 계시의 우발성이다.

> 바로 여기서부터 부정적이든 긍정적이든 간에 존재 판단이 나타나는데, 이 판단은 순수 초월적 사고에 지배되지 않는다. 관념론이 초월적 연관성의 자리에 자아의 창조적 능력에 대한 존재 판단을 위치시킴으로써 선험론을 보완해야 한다고 생각한다면, 선험론의 의미는 극단화로 말미암아 방향이 바뀔 수도 있다. 이러한 점에서 존재 판단으로 시작한 관념론이 —이미 드러난 바와 같이— 새로운 실체 개념 가까이서 종결되고, 이로써 순수 행위 개념이 선험론에 종속되는 것은 결코 우연이 아니다. 나의 인식 대상들, 곧 세계는 '자아와의 연관 속에' 존재하며, 따라서 초월적으로 판단된다.[28]

계속해 온 이야기다. 관념론은 존재, 즉 '저쪽'까지를 싸안고 앎이 있음을 구성한다고 해서 그 있음이 급기야 주체의 위치로까지 부상한다고 말한다. 정신만 주체가 아니고 정신이 보이게 되거나 바깥으로

---

28 『행위와 존재』, 45.

나아가 만들어진 자연도 주체이다. 그러니 앎이 있음을 관장할 수 있다. 그런 그림이 관념론이었다. 그렇다보니 관념론은 결국 있음을 앎으로 끌어들인 셈이 된 것이다. 이는 인간중심주의, 자아중심주의, 더 나아가 유아론으로 빠진다. 본회퍼가 이 점을 다음과 같이 지적하고는 거부한다: "따라서 세계가 '자아를 통해' 존재한다는 것이 관념론이다."[29] 외부를 없애는 아전인수의 전형이기 때문이다.

이러한 관념론의 본격적 시작은 피히테였다. 피히테의 변증법은 자아가 스스로를 정립하고, 자아가 스스로에 대해 비아를 반정립한다는 것이었다. 자아가 앎이고 비아가 있음이며, 자아가 정신이고 비아가 자연이었다. 그렇게 본회퍼는 관념론이 유아론으로 빠질 수밖에 없다는 것을 계속해서 비판하고 있다. 말하자면, "선험론은 자아를 창조주로 만들지 않은데"[30] 비해, 관념론은 자아를 창조주로 만들었다. 이런 방식으로 선험론과 관념론을 대비시키며, 선험론에서는 그나마 취할 것이 있다고 계속 분석해 나아간다. 물론 선험론에 대해서도 비판을 제기한다. 결국 존재론을 끌어들이기 위함이다. 당연히 현존재에 근거한 존재론이니 고전형이상학으로 되돌아가는 시대착오적 발상은 전혀 아니다.

---

29 『행위와 존재』, 45. 선험론은 저편의 있음 자체가 없다고 한 것이 아니라 알 수 없다고 했다. 없다고 했다면 그렇게 없는 것으로 알고 있다는 것이 되어버린다. 알 수 없는 저편을 조신하게 두었으니 이쪽에서 창조한 것은 아니라는 말이다. 사실 관념론을 비판하기 위해서 관념론이 한 것을 선험론이 하지 않았다는 식으로 조소하는 듯하다.
30 『행위와 존재』, 46.

선험론도 유아론에 빠질 수도 있다

즉 "모든 것이 관련되어 있는 선험론의 초월적인 것은 본래 무엇인가?"
초월적인 것이 결코 대상적으로 인식될 수 없다면, 어떻게 이성이 인
식하지 않은 것에 경계를 설정할 수 있는가?[31]

있음 그 자체를 모른다면서 어떻게 앎이 그 있음에 대해서 경계를
지을 수 있는가? 칸트의 폐부를 찌르는 정곡의 질문이다. 그런데 이런
질문을 던지는 이유가 있으니, 알 수 없는 영역의 경계에 대해 선험적
주체가 주도권을 쥐려고 한다면 선험론 역시 관념론처럼 유아론에 빠
질 수도 있기 때문이다. 이 점이 본회퍼가 선험론에 대해 아쉬워하는
부분이다: "따라서 자신을 '초월하는 것'과의 '연관 속에서'가 아니라,
자기 자신과의 '연관 속에서' 자신을 이해하게 된다. 이성의 어떠한 한
계도 설정되지 않기 때문이다."[32] 존재는 이성을 초월하는데 선험이
그것과는 무관하게 잘못 흘러가면 자신과의 연관 속에서 유아론으로
흘러갈 수 있는 맹점을 갖는다는 것이다. 그래서 "관념론에서와 마찬
가지로 칸트적 선험론에서도 이성이 자기 자신에게 사로잡혀 있는지
는 확인해 보아야 한다"[33]고 주장한다. 참으로 예리한 분석이고 비판

---

31 『행위와 존재』, 46-47. 여기에서 선험과 초월이라는 말이 한꺼번에 나온다. 이렇기 때문
에 이들 사이의 관계를 잘 추려두는 것이 중요하다. 반복하지만, 선험은 앎의 차원이고
초월은 있음의 차원이다. 선험은 앎의 차원에서 앎의 대상에 앞서 나름대로 방식으로
앎이라는 행위를 하도록 짜여있다는 것을 가리킨다. 그러니 한계가 있을 수밖에 없다.
이에 비해서 초월은 있음의 차원에서 저쪽의 있음, 즉 이쪽의 앎을 넘어서 있는 저쪽의
있음을 가리키는 말이다. 간단히 공간적으로만 대비하더라도 선험은 '앞'이고 초월은
'위'이다.
32 『행위와 존재』, 47.

이다. 이것이 본회퍼의 최대 관심이다. 도대체 인간의 행위가 자기 자신에게 사로잡힌 것인가의 여부 말이다. 만일 그렇다면 하느님이 계시하실 여지가 없지 않은가 하는 것이 관건이기 때문이다. 그렇게 되면 계시가 쏟아져도 계시를 인간이 마음대로 해석할 수밖에 없을 것이기 때문이다. 실제로 역사의 수많은 비극이 여기에서 비롯된 것이기는 하지만 말이다. 하느님의 타자성이 붕괴되는 순간 도리어 인간을 억압하는 온갖 일들이 벌어질 수밖에 없다는 것을 역사가 증명하고 있다는 통찰에서 본회퍼는 인간을 파고 들어오는 계시의 타자성에 이토록 집중한다. 말하자면, 선험론만 가지고는 인간과 관련하여 계시의 우발성과 타자성을 위치 짓기에 충분하지 않다는 데로 끌고 가려고 한다. 그래서 선험론뿐 아니라 존재론이 필요하다는 전략을 전개한다. 물론 존재론을 논의할 때에도 그 나름의 맹점을 비판하면서 선험론과 엮여야 할 필요성을 제시할 터이지만 말이다.

관념론이 유아론으로 빠지는 것은 사필귀정이다. 그러나 선험론도 유아론으로 빠진다. 결국 관념론도 선험론도 모두 자아도취로 빠질 수 있다. 왜 선험론마저 유아론으로 빠지는가? 저편을 모르는 채로 그냥 두었는데 그냥 두면서 이쪽에만 머무르면 그렇게 된다는 것이다. 이쪽에만 사로잡히게 되기 때문이다. 만일 그렇게 되면, "이로써 하느님의 존재를 자아 밖에서 주장할 수 있는 진정한 하느님 신앙에 대한 관심이 토대를 상실하는 것처럼 보인다."[34] 이제 본회퍼가 비판하는 핵심이 본격적으로 나온다. 자아 밖에서 진정한 하느님을 이야

---

33 『행위와 존재』, 47.
34 『행위와 존재』, 47-48. 선험론이 자아 바깥의 세계가 없다고 하지는 않는데 그 자체를 모른다고 하니 자아에 머물고 갇히게 된다는 결과를 우려한다. 본회퍼가 그토록 소중하게 여기는 '자아 밖에서'를 선험론에서 찾을 길이 없기 때문이다.

기할 수 있는 근거가 사라진다는 것이다. 관념론은 그럴 수 있다손 처도, 선험론까지도 그럴 수 있다는 것이 특별한 주목을 요한다. 겸손하게 한계를 인정했는데도 경계 짓기를 인간이 주도적으로 하면 그렇게 된다는 것이다. 이 얼마나 예리한 해석학적 성찰인가? 이것이 본회퍼의 과제이고 과업이다. 그리고 '비종교화'의 주장이 비로소 여기에서 뿌리를 내린다. 종교란 결국 하느님을 인간의 문화 속으로 끌어들여 '임기응변의 신'으로 만들고 있으니 말이다. 이것을 깨자는 것이 그가 나중에 말할 '비종교화'이다. "자아 밖에서 주장할 수 있는 진정한 하느님 신앙"의 가능성이 어디에 있는가? 다시 말해, 아전인수로 끌고들어가지 않을 하느님 신앙이 어떻게 가능할까 하는 것이다. 앞에서 '인간에 맞서'를 이야기했는데, 어떻게 그것이 가능한가가 관건이라는 말이다. 이어서 읽어 보자.

자아는 자신을 믿으면서 오히려 자신에게 노예가 된다

여기서 다음과 같은 사실이 명백해진다. 즉 자아는 자신을 통해서는 결코 자신을 넘어서지 못한다는 것이다. 자아는 자신 속에 사로잡혀 있으며 ―다른 것을 보더라도 또는 하나님을 보려 해도― 오직 자신만을 보게 된다. 자아는 자신을 자신으로부터 이해한다. 즉 이러한 자아가 자기 실존 속에서 다른 존재를 만나고 그 존재에 의해 극복된다면, 자아는 근본적으로 자신을 전혀 이해하지 못하게 된다. 자아는 자유 속에서 자신을 믿으며 사로잡혀 있다. 자아의 전권 속에 있으며, 오직 자기 자신을 노예로 만들 뿐이다.[35]

---

35 『행위와 존재』, 48.

하느님의 계시 앞에 선 인간에 대해 이토록 절절하고 진솔한 고백을 들어본 적이 있는가? 얼마나 많은 인간이 하느님의 계시를 혼자서 가장 잘 받은 양 대언한다거나 선포한답시고 목청을 돋우고 있는가를 본다면 실로 우리 삶 전체를 뒤흔드는 전율적인 통찰이 아닐 수 없다. 특히 그중에서도 마지막 문장은 압권이다. 자아는 자기를 주체로 내세우면서 오히려 노예가 된다. 여기에서 본회퍼는 대립되는 표현을 연속으로 토해낸다. '자유와 사로잡힘', '전권과 노예' 등 말이다. 근대의 자유는 이성적이고 자율적인 의지의 주체를 이루는 핵심이었다. 그런데 그토록 잘난 자유가 인간 자신을 노예로 만든다는 아이러니를 비판한다. 주체에 대한 과도한 강조가 자유와 자율에 대한 강박으로 몰아갔으니 말이다. 일찍이 근대 사상에서 이런 혜안이 등장한 적이 있었는가? 온통 자유예찬론으로 인간을 신격화하는 방향으로 치달아간 근대가 거대한 소외와 허무로 내동댕이쳐진 것도 모두 자유가 노예로 만드는 자가당착의 가능성을 꿰뚫어 보지 못한 소이였으니 본회퍼의 지혜는 이미 우리 시대를 위한 사자후의 불을 뿜기 시작했던 것이다.

저편의 있음을 겸손하게 두고 앎의 우선적인 위치를 말하는 선험론이나 저편의 있음을 이편의 앎으로 끌어들여 그리려는 관념론 모두 위와 같은 문제에 봉착할 수밖에 없었다. 어느 입장이든 자아를 붙들고 있기 때문이다. 그래서 행위와 존재를 엮기 위해서 선험론과 관념론을 함께 검토하고 비판한 본회퍼는 하느님에 대한 인간의 태도를 이렇게 분류한다.

진정한 선험적 행위에서는 하느님이 항상 비대상적으로 실행 속에 머물러 계신다. 그래서 하느님을 실존적으로 생각하는 행위는 의식 속에서도 수행되지만 더는 의식으로 하여금 자기 자신을 반성하도록 만들지는 않는다. 그러나 관념론적 행위는 '의식된 존재'의 반성 속에서 하느님을 발견할 수 있다.[36]

여기서 '선험'과 '실존'이라는 매우 결이 달라 보이는 어휘가 한 묶음으로 이어져 다소 혼란스럽게 한다. 그러나 선험적 구도에서 하느님은 대상화되지 않으니 자기 안에서만 맴도는 반성으로 끌어들이지는 않는다는 것으로 읽으면 뜻이 통할 터이다. 그런데 관념론은 하느님을 자기반성 안에 이미 가지고 있다. 그러니까 관념론이 하느님을 발견하기는 한다. 그런데 '의식적 반성 속에서'라는 단서가 붙어 있다. 그런데 이렇게 되면,

> 하느님은 의식 속에서 다시 '대상적'이 되고, 이로써 하느님은 선험적 통각의 통일 속으로 수용되고, 의식에 사로잡힌 존재가 된다. 정신적 행위의 기능적 '상호관계'로 사고되어야 하는 하느님이 부지불식간에 대상적 객체가 된다.[37]

여기서 '상호관계'와 '대상적 객체'가 극적으로 대비된다. 우리가 하느님을 부르며 찬양할 때 그 하느님과 상호관계로 만나는가? 그러기보다는 저 높이 있는 대상으로 올린다. '그것보다 더 큰 것을 생각할 수 없는 것'이라고 신을 규정한 안셀무스나 첨탑 꼭대기에 신을 올린 고딕 양식처럼 말이다. 관념론이 결국 이렇게 한다는 것이다. 그러나

---

36 『행위와 존재』, 54.
37 『행위와 존재』, 55.

대상적 객체가 아닌 상호관계라는 것은 일방이 아니라는 것이다. 상호관계는 환원을 거부한다는 것을 가리킨다. 행위만 말하는 근대, 존재만 말하는 고·중세를 각각 반쪽으로 보고 엮으려고 한다. 상호관계가 됨에 따라 하느님은 '객체'가 아니라 '타자'가 된다. 그래서 바르트는 '전적 타자'라고 했는데, 사실 이는 과도했다. 나가다가 너무 나갔다. 상관성을 말할 수 없기 때문이다. 타자이지만 관계도 중요하다. 그래서 역설이다. 바르트도 역설을 말했고 변증법을 말했지만 많은 수정과 보완이 필요했다. 케리그마라는 이름으로 행해지는 강압적인 변증법이었기 때문이다.

당연하게도, 권위주의적인 일방이 아니라 주고받는 상관성이 중요하다. 물론 상관성은 아전인수를 허락하지 않는다. 대상적 객체는 그것을 허락한다. 아니 주체의 임의에 달려 있으니 이미 아전인수이다. 그래서 편하고 좋다. 신도 원하는 대로 믿는다. 그동안 그렇게 해왔다. 근대는 노골적으로 그렇게 했고 고·중세는 그렇게 하는 줄도 모르고 그렇게 해왔었다. 그런데 이제 우리 시대가 요구하는 상호관계에서는 그것이 안 된다. 그래서 이제는 편하지 않다. 신이 대상이 아니라 상대이기 때문이다. 서로 마주한다. 서로 마주하는 상대에게는 모든 가능성이 열려 있다. 상대의 미래, 상대의 변화의 가능성에 내가 열려 있는 것이다. 열려 있다고 하니 그럴듯하고 멋있어 보일지 모르지만, 상관은 언제나 예쁘기만 한 것이 아니다. 때로 불편하다. 아니 불안하다. 예측할 수 없기 때문이다. 본회퍼가 그토록 강조하는 계시의 우발성이다. 하느님과 그러한 가능성을 여는 것이 상호관계이다. 그럴 때에 계시가 비로소 계시일 수 있기 때문이다.

계시의 존재라는 것이 결국 그렇다. 행위로서 계시는 내가 주무를 수 있다. 그러나 존재로서 계시는 하느님이 밀고 들어오신다는 것을 가리킨다. '그리 아니하실지라도'의 가능성까지 열어두라는 것이다. 그런데 이러한 가능성은 존재로서만 열릴 수 있다. 그렇다 보니,

인간이 본성상 하느님이기 때문에 하느님이 인간에게 오시는 것은 아니다. 하느님은 —오히려 그 반대로— 오실 필요가 없었다. 인간은 하느님과 같지 않고 하느님을 자기 자신으로부터는 결코 이해할 수 없기 때문에, 하느님이 인간에게 자신을 파악하도록 내어주시는 것이다. 그리고 그때 비로소 인간은 하느님을 파악할 수 있다.[38]

드디어 계시의 존재적 차원에 대한 이야기가 본격적으로 나온다. 계시가 필요한 이유는 인간이 하느님을 자기 자신으로부터는 결코 이해할 수 없기 때문이다. 계시가 가능한 이유는, 다시 말해 그것이 계시인 이유는 인간이 자신으로부터 하느님을 이해할 수 없기 때문이다. 이해할 수 없음, 이것이 관건이다. 이해할 수 없다는 것은 인간이 행위적 주체로서 주무를 수 없다는 것을 뜻하니 저편의 존재를 가리킨다. 그러더니 이어서 "하느님은 직접적인 행위로서 '존재'하신다"[39]고 한

---

38 『행위와 존재』, 58. '하느님이 자신을 내어주신다'는 통찰은 본디 고전형이상학을 바탕으로 한 중세 스콜라신학에서도 정립된 명제이다. 예를 들면, 토마스 아퀴나스의 신학대전에서도 하느님은 만물을 있게 하시는 힘으로서 자신의 그런 모습을 지성과 은총으로 인간에게 어느 정도 알려주신다. 그러다가 칸트의 선험론으로 과연 인간이 알 수 있는가라는 물음과 함께 그 가능성에 대해 심각한 의문이 제기되었다. 그러나 현대로 오면서 여기서 본회퍼도 동원하는 현존재라는 삶의 터전에서 다시 '자신을 내어주시는 하느님'과의 관계를 말할 가능성을 더듬고 있다. 저쪽을 이쪽에서 정리할 수 없다는 삶의 모름을 일깨워주는 지혜로서 말이다. 이를 여전히 앎의 가능성으로, 또한 있음의 필연성으로 재단하려 한다면 인식론이나 형이상학에 머물러 있다는 증거이니 본회퍼가 이를 강변하고 있다. 중요한 것은 모름에 의한 깨달음이다.

다. 존재인데 '행위하시는 존재'라고 함으로써 행위와 존재의 결합에 대해 계속 말한다. 그러더니 선험론적 시도를 해명하는 끝자락에서 이렇게 말한다: "관념론에서는 존재와 자아가 서로 맞물려 나타나는 반면에, 선험적 단서에서는 자아로부터 자유로운 '존재'가 ―비록 주어지지는 않았지만― 가능해진다."[40] 옳은 말이다. '자아로부터 자유로운 존재'라는 것은 자아 안에 싸잡히지 않는, 즉 자아 바깥에 머무를 수 있는 존재를 가리킨다. 본회퍼가 찾으려고 한 것이 바로 '자아로부터 자유로운 존재'였거니와 선험론에서 최소한 이것이 가능하다 하니 그는 선험론을 취하고 관념론을 비판했던 것이다. 이제 계시는 그렇게 인간 자아로부터 자유로운 존재이니 우발적 행동이 가능하다. 그리고 계시란 그런 것이고 그러해야 한다. 그러나 본회퍼는 선험론을 취하면서도 단서를 달기를 잊지 않는다: "'그리스도에 관한 사실적 내용'을 인격적으로 수용하는 것과 관계되는 모든 것은 선험적인 것이 아니라 인간에게 일어나는 하느님의 우발적 행동이다."[41]

계시의 존재적 차원: 인간의 오만에 대한 경계

이제 계시의 '존재'에 주목한다. 계시는 인간이 짜맞춰 둔 것이 아니라 모르는 채로 질러 들어오는 것이기 때문이다. 이런 논의가 '존재

---

39 『행위와 존재』, 59.
40 『행위와 존재』, 63.
41 『행위와 존재』, 64. 여기서 '우발성'에 대해 주목해보자. 우연적이면서도 수동적이기보다는 능동적인 뜻을 담는 표현이다. 예측불허를 가리킬 터이니 신의 홀연한 모습에 다가가려는 언어적 몸부림의 산물이다. 이는 자아에 갇히어 예상할 수 있는 범위를 벗어나는 특성으로서 오늘날 회자되는 타자성의 또 다른 표현이면서도 매우 동태적인 이미지를 부각시킨다.

론적 시도'를 해명하는 1장 2절에서 본격적으로 전개된다. 우선 존재론은 의식 밖에, 이성 너머에 존재가 먼저 군림한다는 입장이니 계시의 원천을 설명하기에 적합해 보인다. 단적으로, 앞서 논했던 선험론이나 관념론과 비교하여 존재론의 위치를 본회퍼는 간명하게 다음과 같이 추린다:

> 선험론은 초월과의 연관 속에서 사고하며, 관념론은 초월적 존재를 사고 속으로 끌어들인다. 마지막으로 존재론은 존재를 사고로부터 완전히 자유롭게 만들며 존재를 사고 앞에 위치시킨다.[42]

존재와 사고를 놓고 세 가지 입장이 돌아간다. 누누이 반복하지만 선험론은 존재를 전제하지만 사유의 테두리 안에서만 사고하고, 관념론은 존재를 사고 안으로 끌고 들어와 존재라고 한다면, 존재론은 사고보다 존재가 먼저 등장한다고 한다. 계시의 적절한 자리를 찾으려는 본회퍼의 기획에서 관념론은 가장 배격해야 할 것이고 당연히 존재론이 기둥이 되어야 할 터이다. 그러나 선험론을 무시한다면 다시 고전형이상학으로 되돌아가게 될 수밖에 없다. 이를 깊이 의식하고 있는 본회퍼는 그래서 선험론의 통찰을 진하게 새긴다. 그래야 최소한 근대후기 이후의 사람들과 소통할 수 있을 것이기 때문이었다. 그렇다면 어떻게 선험론을 덮어두지 않고 존재론을 붙잡을 수 있을까? 이것이 '존재론적 시도'라는 2절에서 우리가 주목해 보아야 할 대목이다.

먼저 고전적 존재론을 현대화하는 과정에서 현상학을 살핀다. 상세한 논의를 생략하더라도 현상학은 후설과 셸러를 거치면서 존재를

---

42 『행위와 존재』, 66.

추구하는 방향으로 시작했지만 본질로 끌고 가다 보니 관념론으로 빠져버렸다고 개탄한다. 물론 후설보다 셸러는 의식을 초월하는 존재의 위치를 논할 가능성을 더욱 크게 열어두었다는 차이를 가지기는 하지만 말이다. 본회퍼는 이러한 검토를 거쳐 결국 실존에 눈을 돌리는 현상학으로서 하이데거의 철학으로 나아간다.

> 과거의 현상학에 대한 극단적인 방향 전환 속에서 실존이 존재의 본질이 된다. 후설이 괄호 안에 넣은 바로 그곳에서 하이데거는 존재 그 자체를 해명하고 있다. 후설과 셸러가 존재자의 존재로서 무시간적 본질성과 가치들에 관해 말하는 곳에서 하이데거는 존재를 본질적으로 시간성 속에서 해석한다. 그리고 이러한 것은 오직 후설의 순수선험적 의식의 자리에 —현존재를 자신의 존재 방식으로 갖는 고유한 형식 속에서— 존재 그 자체에 대한 질문을 구체적으로 제기하는 자 그리고 그런 식으로 스스로 존재하는 자가 등장할 때만 가능하다.[43]

본회퍼가 존재론적 탐구의 의의를 전제하면서도 하이데거 철학에서 주목한 것은 '시간'과 '물음'이다. 이는 '무시간적 본질' 및 이것이 군림하는 방식으로서 '대답'과 견주어 보면 그 의미가 보다 확연하게 드러난다. 무시간적 본질이 아니라 시간적 실존이 존재를 향하는 터전이고 근거이어야 한다는 하이데거의 통찰을 본회퍼가 공유한다. 말하자면, 있음을 이야기하더라도 삶이라는 터전에서 뜻있게 새겨져야 한다는 것이다. 시대정신에 정직하자는 신념에서는 마땅한 자세라고 하겠다. 존재가 아무리 위대한들 무시간적으로 거기 그렇게 군림하고

---

43 『행위와 존재』, 74-75.

만다면 도대체 우리 인간에게 무슨 의미가 있을 것인가? 그런 구도에서 계시라면 계시하는 신은 무엇이고 또 계시를 받는 인간은 무엇인가? 이래서 삶이 중요하다. 그런데 있음과 견주어 삶의 가장 중요한 특성은 시간이다. 설명이 필요 없다. 죽음과 얽혀 사는 삶이니 두말할 나위도 없다. 그런 삶이 시간적으로 얽어지니 변화무쌍하다. 예측 불허이기도 하다. 당연하고도 불가피하게도 물음이 터져 나온다. 시간이 물음을 묻게 한다. 그것이 바로 실존의 얼개이다. 그리고 여기에 존재가 닿아야 한다. 계시라면 더더욱 그래야 한다. 본회퍼는 이러한 기획을 위해서 이렇게 현존재를 끌어들였던 것이다. 그에게서 "현존재는 '존재하면서 존재를 이해하는 방식으로 존재'"[44]하기 때문이다. 다시 말하면, 이미 앞서 살아오고 있는 삶으로서 자신의 있음을 만들어가고 새기기 때문이다.

그렇다면 어떻게 시간적으로 얽여가면서 물음으로 살아가는 현존재가 존재와 얽힐 수 있다는 것인가? 본회퍼의 다음 구절은 이에 대한 단호한 대답이다:

> 결정적인 것은 현존재가 자신을 이해하고 규정하는 모습으로 그때마다 '존재하고 있다'는 것이다. 여기서부터 철학적 실재론의 경향이 명백하게 드러난다. 세계 속에 있는 현존재가 다름 아닌 실재하는 외부

---

44 『행위와 존재』, 75. 하이데거의 전형적인 표현이다. '존재를 이해하는 방식으로 존재한다'는 것은 종래 군림하던 있음이 아니라 삶을 가리킨다. 그래서 앞서 '존재하면서'라는 전제 또는 단서가 붙었다. 말하자면, 이미 존재하면서, 즉 이미 살아오면서 여전히 모르다가 힐끗 알아 새기는 방식으로 산다는 것이다. 이것을 '이해'라고 했다. 물론 여기서 이해는 그저 앎이 아니다. 그랬다면 이해 없이도 사는 것은 가능했을 것이다. 그러나 이해는 삶이다. 이미 앞서 살아오고 있던 삶이고 그렇게 이어진다. 그래서 '선이해'라고도 한다.

세계 안에 존재하고 있다는 것은 명백한 사실이다.[45]

현존재가 이미 외부 세계에 존재하고 있다. 그렇다고 인식 주체처럼 세계를 대상으로 주무르거나 관념론처럼 세계를 구성해내는 것은 아니다. '세계-내-존재'라는 것은 현존재와 세계가 서로에게 속하면서 서로를 구성한다는 얽힘을 가리킨다. 이런 방식으로 현존재가 이미 세계와 얽혀 있으니 "존재는 자신을 현존재 속에서 이해한다"[46]고 할 수 있게 된다.

이 말은 무슨 뜻인가? 존재론이 과거의 형이상학이 아니라 탈형이상학의 방식으로 다시 존재를 말할 실마리를 하이데거의 현존재론에서 찾았다는 것이다. 하이데거가 현존(Dasein)을 말했을 때, 이것은 존재를 향하는 터전을 가리키는 것이었다. 현존재의 '현'(現)은 '현재'라는 뜻도 있지만 '드러낸다'는 뜻도 있다. 존재가 자신을 드러내기 때문에 우리가 존재의 뜻이 펼쳐지는 가운데에서 관계하는 한에서 현존재가 되는 것이다. 자연스럽게 현존재가 되는 것이 아니라, 없지 않고 있게 만드는 원초적 힘이면서 사건인 존재에 의해 비로소 현존재가 된다는 것이다. 그래서 존재는 명사가 아니고 동사이고 사건이다. 우리로 하여금 세계와 구성적으로 관계하게 하고 거기에서 의미가 구현되게 한다. 이것이 현존재의 뜻이다. 그렇다 보니 현존재는 존재에 대한 이해를 이미 가진다. 그런데 이때 이해는 앎이 아니다. 모르고도 사는 삶이다. 그래서 '선이해'라고 한다. 알지 못해도 살아온 바에 따라 엮여 살아가는 것이 우리 모습이다. 그러니 현존재는 자기 폐쇄적

---

45 『행위와 존재』, 78.
46 『행위와 존재』, 79.

일 수가 없다. 모르고도 사니 열려 있기 때문이다. 현존재를 뒤지면 존재의 근거가 나온다는 하이데거의 착상도 이를 근거로 한다. 그러 더니 급기야 본회퍼는 이렇게 판단한다:

> 존재는 현존재이며 세계-내-존재이고 시간성 속에서 실존함이기 때문 이다. 그러므로 후설적 의미의 순수의식이나 셸러적 의미의 물질적 선 험성이 들어설 자리가 없다. 내 생각에는 하이데거가 현존재라는 개념 으로 행위와 존재를 결합시키는 데에 성공한 것으로 보인다.[47]

본회퍼는 이런 방식으로 하이데거를 빌어서 현존재는 삶이고 행 위인데 이미 존재에 대한 이해를 삶으로, 즉 모르고도 사는 선이해로 갖고 있기 때문에 존재를 향한 통찰이 된다는 것을 공유한다. 이제 현 존재에서 행위와 존재가 얽힐 가능성을 일구어내고서 본회퍼는 하느 님과 이를 연결한다. 그런데 자신의 작업을 구별하기 위해서 토마스 아퀴나스의 존재 유비를 거론한다. 즉, 인간을 포함한 세계와 신의 관 계를 존재 유비를 통해 신을 더듬는 고전형이상학에서 하느님의 행동 양식은 존재의 유비라는 틀 안에서 이해되니 하느님이 접근 가능한 존재가 되고 따라서 신 존재 증명이 가능하다고 주장했다는 것이다. 그리고 이런 가능성은 앞서 끌어들였던 현존재의 구상에도 적용될 수

---

47 『행위와 존재』, 79. 거듭 강조하지만 현존재는 인식주체가 결코 아니다. 내던져진 실존 이니 삶이다. 그 삶에서 있음과 앎이 서로 밀고 당기니 행위나 존재 중 어느 한쪽으로 쏠리지 않고 긴장을 유지한 태로 얽힘을 도모할 수 있게 된다. 여기서 긴장이 움직이는 방식이 순환이다. 이른바 해석학적 순환이란 이것을 가리킨다. 뿐만 아니라 바로 있음 과 앎의 얽힘으로 삶이 만들어져 간다. 그래서 없음과 모름도 끼어든다. 당연히 죽음 때 문이다. 현존재란 그런 뜻이다.

있다고 비판한다. 말하자면 존재론이 사고에 우선하는 존재를 내세우기는 했지만, 형이상학의 체계를 설정하려는 미련을 버리지 못하는 한 결국 자아에 사로잡힌 체계로 전락하기 때문에 계시가 끼어들 자리가 없다고 비판한다. 그래서 존재론에 대한 논의를 마무리하는 단계에서 본회퍼는 존재론이 빠질 수밖에 없는 오류를 세밀하게 들추어 낸다. 이 대목에서 선험론도 다시 언급하면서 같은 오류에 빠질 수밖에 없다고 개탄한다.

> 선험적 단서에는 한계가 이성 그 자체에 의해서 설정되고, 존재론에서는 어떻게든 사고하고 있는 자아의 권능에 빠져버리게 된다. 결과적으로 양자 모두에서는 자아가 자신을 폐쇄된 체계 속에서 자기 자신으로부터 이해할 수밖에 없게 된다. 따라서 철학 그 자체는 계시에 어떤 여지도 남겨두지 못한다.[48]

선험론은 물론이거니와 존재론마저도 자아로 귀속될 수 있다는 것이다. 모르는 것을 재껴두고 아는 것만 취하든, 조신하게 저편의 있음에서 시작한다고 하든, 모두 자아가 하는 짓이어서 자아도취에 빠질 수밖에 없다는 것이다.

그렇다면 이러한 난황에 대한 본회퍼의 타개책은 무엇인가? 선험론이 주제넘게 저편에 대해 경계를 짓지 아니하고 존재론도 존재가

---

48 『행위와 존재』, 86. 본회퍼는 존재론을 애써 관념론과 구별하여 끌어내고서는 이렇게 비판한다. 겉보기에는 꽤 달라 보이지만 결과적으로는 비슷하게 자아 안에 갇히게 된다는 것이다. 왜 그런가? 이유는 자아의 생리 때문이다. 이 눈으로 보면 본회퍼가 집요하게 자아 바깥으로 나갈 길을 찾고 있다는 것을 보다 뚜렷하게 읽을 수 있을 것이다. 저 뒤에 가서 미래나 어린이. 급기야 미래의 어린이를 말하는 것도 이런 연유이다.

사고에 휩쓸리지 않도록 지양하는 방향으로 움직인다면 계시의 여지가 있다고 제안한다. 다음과 같은 분석은 실마리를 잡으려는 애달픈 노력을 여실히 보여준다. "그들은 인간을 '―과의 연관 속에 있는' 순수 행위로 파악하고 존재 안에서 사고를 순수 존재론적으로 지양시킴으로써 행위와 존재 해석의 물음이 계시에서 아주 예리하게 제기될 수 있는 여지를 마련해 주었기 때문이다."[49] 말하자면, 본회퍼는 선험론이나 존재론 모두 스스로의 작업이 끼고 있는 한계를 넘어서려는 오만함을 지양하지 않으면 자기폐쇄에 빠질 수밖에 없지만, 이를 극복하고자 하면 계시의 자리를 위한 가능성을 더듬을 수 있을 것이라고 주장했다.

계시 해석에서 행위와 존재 사이의 긴장

2장에서는 계시를 '행위와 존재의 얽힘'으로 풀어낸다. 물론 둘은 따로 논다. 그렇지만 어느 한쪽도 버릴 수 없다. 선배들은 한쪽에만 치우쳤던 듯한데, 그래서는 안 된다고 본회퍼는 생각한다. 바르트는 저쪽에, 불트만은 이쪽에 치우쳤다고 보았다. 본회퍼가 보기에 여기에는 여전히 한계가 있었다. 따라서 문제에 대한 해결을 도모해야 한다. 본회퍼는 그 답을 교회에서 찾는다. 즉, '공동체'이다. 어떻게 행위와 존재가 교회에서 얽힐까? 이것이 2장에서 다뤄질 이야기이다.

지금까지 기본적인 틀을 짰으니, 본론을 통해 그 적용을 확인해 보자. 1절의 제목은 '계시를 행위 개념으로 해석함'이다. 행위 개념으로 해석한다는 것은 앞서 주지했듯 '이쪽' 이야기를 하겠다는 것이다. 그

---

49 『행위와 존재』, 87.

렇다면 계시를 이쪽에서 어떻게 이해할 것인가? 첫 소절에서 '계시의 우발성'이라고 말했다. 이는 필연성의 반대말이다. '반드시 그러하다'가 아니라 '이럴 수도 저럴 수도 있다'는 것이다. 이를 적극적으로 말하면 자유이고, 더 나아가면 인격이다. 이런 것들을 담기 위한 기본적 틀이다. '우발성'을 통해 본회퍼는 '인간이 이쪽에서 조작해서는 안 된다'는 경계를 확실히 세운다. 즉 신이 원하실 때 계시하신다는 것이다. 물론 그것을 인간이 어떻게 이해하느냐는 별개의 것이긴 하지만 말이다.

> 인간이 스스로 자신을 진리로 세울 수 없다는 것은 올바르게 이해되어야 한다. 이러한 인식으로부터 계시가 요청될 수 있고 또한 진리를 제공해 줄 수 있다고 생각한다면, 이 명제를 잘못 이해한 것이다. 오히려 오직 이미 발생했고 신앙의 대상이 된 계시와 그 계시의 진리로부터만 인간적 자기 이해의 '비진리'가 통찰될 수 있다. 만약 그렇지 않다면, 인간적 사고의 최종적인 요청으로서 계시는 자기 이해의 '비진리'에 빠지게 될 것이고, 결과적으로 인간은 자신의 실존적 요청 때문에 자신에게 권리를 주고 자신을 진리로 세우려 한다.[50]

'인간이 스스로 할 수 없다'는 것이다. 그렇다면 이에 근거하여 계시를 요청한다는 것인가? 그것도 아니라는 것이다. 만일 그렇게 되면 인간이 스스로 자신을 진리로 세우는 오류에 빠지기 때문이다. 거꾸로 계시의 진리로부터 인간 자신의 비진리가 드러나야 한다고 주장한다. 시작부터 '요청'과 '우발성'이 대립을 이룬다. 계시가 요청에서 촉발된다면 선험론이나 관념론의 굴레로 들어갈 소지가 많다. 그러나

---

50 『행위와 존재』, 93.

우발성이 바로 이러한 굴레로부터 벗어날 수 있는 결정적인 실마리가 된다.

앞서 살펴보았던 불트만의 〈신약성서의 계시개념〉과 연결시켜 보아도 좋겠다. 계시는 어느 대목에 해당하는가? 중세시대에는 계시를 이성에 맞붙여 '알려지지 않았던 미지의 지식이 지성과 조우하면서 알려지는 이성적 지식이 된다'고 했다. 근대로 넘어가서 전기에는 인간이 감성, 오성, 이성 등등 형식적인 인식 기능으로 스스로를 세웠으니 계시는 여전히 그러한 인식과 마주하는, 따라서 영역은 확장되었지만 마주하는 방식은 그대로인 상태였다. 그래서 인식은 나름의 한계를 지니지만, 그 너머 저편의 계시가 맞닿아준다고 생각했다. 위에서 말한 '최종적인 요청'이 여기에 해당한다.

근대 후기에는 인식이 정신으로 등극하면서 갈래를 갖는다. 근대 전기의 인식 기능인 감성, 오성, 이성은 인식의 연속적인 순서와 단계이지 횡적인 갈래는 아니다. 감성이 대상 세계와 처음 만나 담아내면 그것을 잘라내어 물자체에 대한 앎, 즉 현상을 만드는 것이 오성이고 이성은 그것을 넘어서 추론적으로 사유한다. 사유하며 우주의 끝이 있다느니, 없다느니 더듬는다. 물론 결판을 낼 수 없으니 이율 배반이었다. 그런데 후기로 넘어가서 정신을 이루는 요소들인 지성, 감정, 의지는 형식적인 기능의 단계가 아니라 각기 내용적 특성을 지니는 동급의 갈래였다. 그렇지만 여기서도 각각 최고 단계에 관련되어 계시가 그것들로 환원되고 말았다. 근대 후기 신학 사조인 정통주의, 경건주의, 자유주의가 이를 입증한다.

신의 자유와 계시의 우발성

　본회퍼는 계시와 관련하여서도 인간이 이와 같이 요청이나 계기들을 명분으로 자기 안으로 흡수하고 환원하는 태도를 취한다는 데에 문제를 제기하면서 2장을 시작했다. 그리고는 신의 의지에 보다 적극적으로 주목했던 중세 말기를 들고 나온다: "여기서부터 둔스(Duns Scotus)와 오컴(William of Occam) 이래로 계시의 '우발성'에 비중을 둔 모든 신학의 관심이 이해될 수 있다"[51]고 하면서 말이다. 둔스 스코투스가 누구인가? 아퀴나스의 제자이다. 그는 아퀴나스의 신 존재 증명 중 가장 중요한 것에 해당하는 필연성에 의한 증명, 즉 신은 다른 모든 우연한 것의 근원으로서 반드시 존재해야 하는 필연 존재라는 것에 대해 되묻는다. "신이 필연적 존재라면 신의 자유와 의지는 어떻게 해명되는가?"라고 하면서 말이다. 이어서 윌리엄 오컴은 중세의 의지주의를 한층 더 발전시켰다. 중세를 지배한 이성과 감성의 대립이 합리주의 대 신비주의로 양대 전통을 이루어왔지만, 자유와 인격에 대한 새삼스러운 주목으로 인한 의지주의의 등장으로 삼각 구도로 중세를 마무리한다. 중세에 주목받지 못했던 의지의 문제가 나왔기 때문에 삼각 구도가 완성되었지만 바로 의지 때문에 인간 주체가 부상함으로써 중세가 마감되고 새로운 시대인 근대가 열리게 되었다. 그리고 이것이 또한 근대가 앞선 시대와 달리 의지주의를 중요하게 부각시킨 계기가 된다.

　계시의 우발성은 이성 초월을 주장하도록 만든다. 즉 이성에 대한 그

---

51 『행위와 존재』, 94.

리고 —잠재적 실존으로부터 전개되는— 모든 가능성에 대한 계시의 절대적 자유를 의미한다.… 이 사건은 하느님의 자유 속에 근거를 가지고 있다.[52]

즉 인간의 틀을 벗어나는 우발성이니 여기에서 우발성은 자유와 같은 의미이다. 그렇다면 신의 자유는 어느 정도인가? "하느님은 그의 '존재적인' '역사적' 말씀에도 속박되지 않는다."[53] 중요한 대목이다. 이미 기록된 경전인 성서에도 하느님은 속박되지 않는다는 것이다. 성경주의에 대한 비판이다. 성경주의로 통칭할 근본주의적 문자주의는 하느님이 특별계시인 성서로써만 말씀하시므로 성경이 중요하다는 입장이다. 그들은 성경의 중요성을 높였다. 좋은 일이다. 그러나 그로써 하느님을 성경에 가두어 성경이 하느님의 자리에 등극해 버렸다. 그렇게 되면 하느님은 과거 기록문서가 될 뿐이다. 성경책을 열면 말씀하시는데 닫으면 조용해지셔야 하는 하느님이다. 이런 우습지도 않은 일들이 벌어진다. 그러나 불트만이 그러했듯 본회퍼도 계시를 '지금 여기'와 밀접히 연관시킨다. 더 나아가 '미래'에까지 연관시킨다. 이 점을 아주 적극적으로 말한다.

하느님은 결코 인간의 뜻에 따라 움직이지 않는다. 하느님은 온전히

---

52 『행위와 존재』, 94. 앞서도 말했지만, 우발성이란 하느님의 자유를 가리키고자 함이었다. 그런데 사실 이러한 발상 자체가 매우 어불성설이다. 인간이 하느님의 자유를 부정하거나 허락할 수 있는 것처럼 말하고 있으니 말이다. 그런데 그렇게 말도 안 되는 일이 종교 현실에서는 엄연하게 일어나고 있다. 그래서 어불성설이 아니다. 아주 절실한 통찰이다. 우상이란 것이 인간이 하느님을 가두는 것이니 말이다. 그런데 거기에 인간도 노예가 된다. 우상이란 삶에게나 하느님에게나 속박이다.
53 『행위와 존재』, 95.

자유로우시며, 모든 주어진 것과 '조건적인 것들'에 무조건적으로 마주선 채 존재하는 분이다. 이것이 바로 하느님의 영광이다.[54]

'비종교화'의 이유가 바로 이것이다. 불트만에게는 '탈신화화'였다. 하느님이 종교의 경전으로 채택된 성경에 가두어지지 않는다는 것이다. 만일 가두어진다면, 이천 년 전의 기록으로 하느님이 끝나고 말겠기 때문이다. 그러면 지금은? 지금은 말씀을 하지 않으시는가? 또 이천 년 후는 어떻게 되는가? 우리는 종교의 전통이다 보니 경전을 통해 하느님의 뜻을 헤아리고 신학을 구성하지만, 그것은 언제나 어디까지나 잠정적인 것이다. 그 역시 하느님이 지금 사용하시는 자료라고 생각해야지, 그 자체로 세상에 던져지는 원천이라고 생각해서는 안 된다. '성서로부터'(from the Bible)가 아니라, '성서를 통하여'(through the Bible)인 것이다. 성경책을 열어야만 하느님이 말씀하시는 것이 아니라, 하느님이 자유롭게 성경을 통해 지금 말씀하시는 것이다. 그래서 불트만도 그토록 강조했던 바와 같이 계시는 '이미 주어진 것'이 아니라고 본회퍼도 목청을 돋운다.

우발적이니 이미 주어진 것이 아니다

"따라서 이러한 관계는 이미 주어진 것으로, 즉 이미 현존해 있는 것으로 파악되어서는 안 되며, 또한 자연법의 관점이나 수학적인 기능의 관점에서 파악되어서도 안 된다."[55] 신-인 관계를 이미 주어져

---

54 『행위와 존재』, 95.
55 『행위와 존재』, 95.

있는 것으로 생각해서는 안 된다는 것은 불트만과도 같다. 과거의 사건이 아니라는 것이다. 불트만의 논문 〈예수 그리스도와 신화〉 5장 1절에서도 "초자연적 개입이 자연적 사건 사이로 파고드는 것이 아니라, 그 안에 깔린다"고 하지 않았는가? '개입'이 아니라 '임재'라고 한 것을 떠올릴 일이다. 그렇다고 범신론도 아니라고 했다. 이는 기존의 세계관에다가 신을 집어넣는 어불성설이기 때문이다. 세계관은 과거로부터 주어진 것이니 말이다. 신을 세계관에 집어넣는 것은 불안을 극복하기 위함에 다름 아니다. 그래서 본회퍼는 단호하게 말한다: "오히려 이 관계는 항상 행위적으로, 즉 그렇게 일어나고 있는 '행위'의 '불안정성' 속에서 파악되어야 한다."56 '이미 주어진 것'과 '불안정성'이 서로 대치하는 반대말이다. 불트만과 함께 호흡하는 본회퍼의 주장이다. 같은 이야기를 아래와 같이 반복한다.

> 계시의 '의식 초월'이 명백하게 주장되는 곳에서는 하느님과 인간의 관계가 순수 행위 속에서 해소되고 만다는 생각은 이상하게 들릴 수밖에 없다.… 왜냐하면 광야에서 주어진 하늘의 '만나'는 결코 비축될 수 없기 때문이다.57

바로 이것이다. 이스라엘 백성들이 광야에서 만나를 모아놓고 쌓았을 때 다 썩어 버렸다. 말씀의 뜻이라는 것이 그렇다. 언제나 내가 필요할 때 꺼내고, 필요 없을 때 냉장고에 넣을 수 있는 것이 아니다. 쌓아두고 소유하려고 하면 어느덧 내 것이 되는데 그렇게 되면 더이

---

56 『행위와 존재』, 95.
57 『행위와 존재』, 96.

상 계시가 아니라는 것이다. 인간의 소유는 계시의 우발성을 부정하니 결국 하느님의 자유를 속박하게 되기 때문이다.

> 하느님의 존재는 오직 행위이며, 인간 속에서도 행위로만 존재한다. 실행된 행위에 대한 모든 '반성'이 이미 행위 그 자체로부터 떨어져 나온 것이기 때문에 행위는 개념으로 파악될 수 없고, 체계적인 사고에 빠지지도 않는다.[58]

단적으로, 존재가 행위라고 한다. 말하자면, 존재와 행위를 서로 잇기 시작한다. 계시를 체계적 사고에 넣을 수 있는가? 그럴 수 없다. 개념도 마찬가지다. 계시를 개념화할 수 없다. 그렇게 계시를 개념으로 만들거나 체계에 넣는 순간 계시는 기성 지식이 되어버리고, 우리의 도구가 되어버린다. 그렇다면 하느님이 새롭게 다가올 가능성을 기성 지식의 틀에 의해 차단하게 된다: "모든 체계는 어떤 방법으로든 '현실-진리-자아'를 하나로 묶는다. 바꾸어 말하자면, 모든 체계는 현실을 이해하고 처리할 수 있다고 생각한다."[59] 체계가 이토록 편리하기는 하지만 또한 동시에 얼마나 폭력적일 수 있는지 묻지 않을 수 없다. 뒤에서는 '현실-진리-자아'에 대한 대안이 나올 것이다. 여기서 말하는 것은, 현실에서 출발하여 진리라는 개념적 틀로 정당화시키

---

58 『행위와 존재』, 96-97.
59 『행위와 존재』, 101. 체계라는 것은 인간의 소유의 전형이다. 하느님의 자유를 담을 수 없다. <소유냐 존재냐>라는 제목의 책이 있었지만, 여기서는 '인간의 소유'냐 '신의 자유'냐가 관건이다. 그런데 인간은 인간의 소유를 원했다. 종교가 이를 부추겼다. 본회퍼의 비종교화가 바로 이를 타도의 대상으로 삼는다. 틸리히가 그의 종교철학에서 주장하는 '종교개념의 극복'도 같은 맥락이다. 양식이 있는 현대 신학자들이 모두 이 과제를 공유한다. 체계를 넘으려는 해체주의라는 시대정신의 반영이라고 하겠다.

고, 그 궁극적 목표로서 자아의 설정으로 나아간다는 철학사적, 종교 사적 고찰이다. 모든 체계라는 것이 이렇게 짜여있다. 이것이 헤겔에서 정점에 이르는 근대 후기 사상이 공유하던 그림이었다. 이리저리 좌충우돌하는 것조차도 체계 안에서는 조화로워지고, 충돌 역시 더 큰 선한 목적 아래 엮인다. 이것이 체계의 그림이다. 즉, 인간에 의해 그려진 체계의 그림 안에서 모든 것이 처리된다. 신은 이제 필요할 때마다 불려나와 작동하는 것으로 대해진다. 아전인수의 그림이다: "인간은 자신의 '악마성' 속에서 현실과 절대적인 것 그리고 이웃을 자신에게로 끌어들이려 한다."[60] 심지어 이웃까지도 끌어들인다. '이웃의 요청'이라는 표현이 자주 나오는데 어느 대목에서는, 결국 '이웃의 요청이라는 것 역시 자기 확장의 결과'라는 비판까지 나아간다. 이웃을 이론과 체계 안에서 만나려고 하기 때문이다. 본회퍼가 다음과 같이 말했을 때 이를 비판한 것이었다. "그러나 인간은 그의 체계 속에서 자신 안에 머물러 있을 뿐, 현실 속으로 들어가지는 않는다. '이론'은 현실 개념을 결코 형성할 수 없다."[61] 현실에서 출발해 진리로 포장해서 자아로 오니 결국에는 자기 안에 머물러 있을 수밖에 없다고 질타한다.

체계와 진리를 명분으로 하는 자아를 비판하다

현실은 '타자'의 요청이라는 우발적 '사실' 속에서 "경험되는 것이다." 오직 '밖으로부터' 오는 것만이 인간에게 그의 현실과 실존을 지시할 수 있다. '이웃의 요청'이 '지속'되는 가운데서만 자아는 현실 속에 실존

---

60 『행위와 존재』, 101.
61 『행위와 존재』, 101.

할 수 있으며, 윤리적으로 행동할 수 있다. 이것이 윤리, 즉 무시간적 진리가 아닌 '현재'의 의미이다. 인간은 절대적인 것을 결코 자기 마음대로 처분할 수 없다. 즉 인간은 절대적인 것을 감당할 수 없다. 따라서 인간은 결코 체계가 될 수 없다.[62]

자아와 타자의 관계에 대한 예리한 통찰이다. 계시를 주목하기 위해, '타자, 우발, 밖, 절대' 등의 용어를 등장시킨다. 이에 대해 '체계'가 대립한다. 그리고는 인간이 '체계'가 될 수 없는 결정적인 근거로 '절대적인 것'을 말한다. 폐곡선의 틀 안에 절대가 들어갈 수도 없고 담길 수도 없으니 말이다. 여기서 '이웃의 요청'이 적어도 중립적 내지는 긍정적으로 사용된다. '타자'나 '밖'과 같이 계시를 이루는 요소들이 '이웃의 요청'과 같은 방식으로 다가올 수 있기 때문이다. 그런데 이어서 '자아'가 그러한 '이웃의 요청'을 이내 주무르는 단계가 나온다.

그러나 자연적 인간은 이러한 '외부로부터'를 이웃의 요청에서 인지하지 않는다. 왜냐하면 이웃의 요구는 기껏해야 자연적 인간이 이러한 주장을 견디어내면서 윤리적으로 행동하는 것만을 도울 수 있기 때문이다.[63]

---

62 『행위와 존재』, 101.
63 『행위와 존재』, 103. 여기서 자아를 이루고 있는 중요한 요소로 '자연'과 '윤리'에 주목해야 한다. 자연적 인간과 윤리적 행동이 이웃의 요청과 관련해서 연결되고 그것으로 자아는 충분하다는 것이다. 그러니 이웃의 요청이 타자의 접근으로 새겨질 가능성이 차단된다. 여기서 그렇게 외부를 차단시키는 것이 바로 윤리다. 윤리란 대체로 자기정당성 확보가 관건이기 때문이다. 윤리가 타자와의 관계를 초점으로 함에도 타자가 끼어들 공간이 없다. 자연적 인간에 해당하는 윤리의 아이러니다.

이웃에게서 타자성을 발견하지 못한다는 것이다. 왜 그런가? 이웃을 아전인수의 눈으로 보기 때문이다. 이웃이라는 것이 나를 중심으로 내가 관계하는 주변일 뿐이기 때문이다. '너'가 되지 못하고 그저 '그/그녀'일 뿐이다. 여전히 '나'는 윤리적으로 잘난 사람이니 그러한 이웃은 내가 윤리적으로 행동하기 위한 훌륭한 장소일 뿐이다. 자선, 동정 같은 것이 이러한 문제에 연루될 수 있다.

키르케고르의 실존 변증법에서 다루는 실존의 세 단계, 즉 심미적·윤리적·종교적 단계를 통해 말하자면 이렇다. 한 인간은 심미적 단계에서는 자기 없이 매몰되지만, 윤리적 단계에서는 스스로 고매하게 설 수 있다. 그러나 종교적 단계에 가서야만 타자가 보인다. 그중에서도 '종교성 B'로 가야 비로소 자기 비움이 가능하다. 이것이 종교가 윤리로부터 구별될 수 있는 근거이다. 왜 19세기 초에 슐라이어마허가 그리고 19세기 중엽에 키르케고르가 윤리와 종교를 갈라냈는가? '근대 종교'란 윤리적인 것이었다. 하르나크나 르낭의 〈예수전〉이 좋은 증거다. 예수를 '도덕군자'로 그렸다. 종교가 도덕이 된 듯이 보였다. 사실 이들로서는 궁여지책이기도 했다. 슐라이어마허는 이에 반대하여 종교는 의지가 아닌 감정이라고 주장한다. 한 걸음 더 나아가 키르케고르는 윤리적 실존과 종교적 실존을 가른다. 윤리에서는 자아가 충만히 선다. 반면 종교에서는 자기부정으로 간다. 자기 확립이 아니다. 이러한 자기부정의 완성이 '종교성 B'이다. 이런 맥락에서 본다면 본회퍼의 절규가 더 깊이 이해된다. "윤리적으로 행동하는 것만을" 돕는다는 것은 자기만을 내세우기 때문에 그런 것이다. 이 때 이웃은 타자가 아니라 나의 틀 안에서 윤리적 행위의 대상으로 전락한다. 그러나 계시로 받아들이는 신앙에서 비로소 외부가 외부로, 타자가 타자로

받아들여진다: "자연적인 인간은 오히려 이러한 '외부로부터'를 —이러한 '외부로부터'를 의미심장하게 이해할 수 있도록 만드는— 신앙 안에 존재하는 계시에서 인지한다"[64] '외부로부터'를, 이웃의 요청이 아니라, 윤리적 대상으로서 이웃이 아니라, 정말로 외부로부터 밀고 들어오는 계시로 생각할 때 의미심장하게 새기는 계기가 되더라는 말이다.

하느님의 일탈

그러나 계시가 비대상적인 것이라면, 그것은 하느님께서 항상 '주체'로 머무르시면서 자신을 인간이 인식하며 움켜잡으려는 모든 행위로부터 일탈시키신다는 것을 의미한다.[65]

'인식하며 움켜잡으려는 모든 행위'는 인식 주체로서 인간이 하는 짓이다. 세계를 둘러싼 것으로 보는 중심적 주체로 스스로를 설정하는 인간 말이다. 그런데 바로 그렇게 선험적으로 주도권을 지니는 만큼 저편 자체를 알 수 없다는 한계를 지닌다는 것이 근대인들의 고백이었다. 선험성이 주도적이면서 동시에 한계적이다. 그런데 이제 본회퍼는 계시하시는 하느님뿐 아니라 계시조차도 움켜잡는 인간의 인식 범위 안에 잡히지 않는데 그것은 인식의 한계 때문만이 아니라 하느님 자신이 스스로 인간의 인식을 벗어나시기 때문이라는 것이다. 계시라는 것이 바로 그렇다는 것이다. 이 점은 불트만도 마찬가지였다: "하느님의 피안성은 인간의 유한성 때문이 아니다." 그렇다고 유

---

64 『행위와 존재』, 103.
65 『행위와 존재』, 107.

한성을 부정하자는 것은 아니다. 유한성만 극복되면 하느님이 그대로 계시되리라는 생각이 잘못된 것임을 말하는 것이다. 하느님의 피안성은 인간의 유한성에 의한 것이 아니라 자기를 스스로 숨기시기 때문이다. 하느님의 탈출이다. 왜? 인간 안에 끊임없이 도사리고 있는 우상을 파괴하고자 하시기 때문이다.

인간의 유한성이 신의 피안성의 근거가 아니다. 만일 그렇게 된다면 하느님의 본성이 인간에 의존하게 되기 때문이다. 만일 그렇게 되면 존재 없이 행위로 모든 것이 정리된다는 것이기 때문이다. 그러나 하느님의 존재는 그럴 수 없다. 그렇다면 신이 아니게 되기 때문이다. 구약성서에서 "나를 보는 자는 죽을 것이다"와 같은 선언도 존재가 행위로 축소될 수 없음을 단언한다. 불트만에서도 다루었던 이야기이다.

> 인간이 인식했다고 할 때, 그는 하느님을 인식한 것이 아니다.… 나의 의식의 '하느님 표상'은 본질적으로 하느님 자신이 아니다. 하느님께서는 오직 '신앙의 행위' 속에서만 존재하신다. 성령은 '나의' 신앙 속에서 당신을 증거하신다. 그러나 이러한 것은 결코 확인할 수 있는 '사실'이 아니라, 오직 ―그 밖의 다른 점에 있어서는 심리적 행동에 불과한― 신앙의 행위 속에서만 '실존적'이 된다. 즉 관계성 속에서만 참된 것이 된다.[66]

자고로 인간이 하느님 운운하는 것은 인식이나 표상일 뿐이다. 하느님 자체가 아니다. 인식론은 이것을 어떤 방식으로든지 가능한 것으로 만들어보려고 발버둥 쳤었다. 인간을 인식 주체로 설정했기 때문이었다. '인식, 표상, 사실, 확인'에 대해 '실존, 신앙, 관계성'이 관건

---

66 『행위와 존재』, 107.

이다. 앞의 것이 앎이라면 뒤의 것은 삶이다. 앞에서 논한 대로, 앎은 진리를 향하지만, 삶은 의미를 구한다는 대비가 여기에 적용된다.[67] 사실 확인이라는 것이 진리의 이름으로 주장되었다면, 실존의 관계는 의미를 향하기 때문이다. 그런데 이제 계시는 확인될 수 있는 사실이 아니라, 관계성 속에서만 참된 것이다. 여기에서 '사실'과 '관계'가 대비된다.

불트만의 '탈신화화'를 논하면서 우리는 이미 이렇게 읽었다. 신화를 사실이라는 기준을 통해 보면, 즉 사실과 가치의 경계를 무시하고 사실을 최고의 가치라고 생각하는 사실주의를 통해 보면, 신화는 사실이거나 비사실 중의 하나이게 된다. 그렇게 되면 문자주의자는 사실이라고 간주할 것이고, 그렇지 않은 입장에서는 비사실이라고 하는 수밖에 없다. 사실주의는 이렇게 비참한 결론만을 갖는다. 다른 방법이 없다. 그러기에 신화를 사실주의로 접근해서는 안 된다는 것이다. 신화는 사실이 아니라 의미다. 사실에 견준다면, '진실'(眞實)이다. 앎의 눈에서는 사실이 더 커 보인다. 그러나 삶의 눈에서 사실은 작은 이야기이다. 한 사태를 두고서도 충돌하는 사실들이 얼마나 많은가? 왜 그런가? 사실이라는 것이 이성으로만 보는 것이 아니고 그보다 더 두터운 층이 겹겹이 작동하기 때문이다. 사실이라고 말하지만 사실이기만 한 것이 아니라는 말이다. 그렇지만 사실이라고 한다. 엄밀히 보

---

67 실재는 참인 것이고, 진리는 참이라고 알려지는 것, 의미는 참으로 살게 하는 것이다. 진리는 참인 것이 아니다. 참이라고 알려지는 것이다. 그래야만 서로 다른 진리를 말하는 것이 설명이 된다. 진리에는 앎이 있고, 의미에는 삶이 있다. 물론 진리나 의미 모두 형식적인 언어이다. 바로 앞서 말한 대로, 굳이 의미의 내용을 밝히자면 자유이다. 진리와 자유가 대비되는데 바로 이런 이유도 한 몫 한다. 앎은 진리를 향하고 삶은 자유를 향한다. 앎은 같음을 향한다면, 삶은 다름을 향할 수밖에 없기 때문이다. 앎으로 억압하니 삶이 아우성친다.

자면 사실은 그저 사실이 아니라 인식의 대상이었다. 그러나 "인간이 하느님에 '대하여' 언급하는 한, 인간의 사고는 진리를 벗어나 자기 사고 속에 폐쇄되고 말 것이다."[68] 말하자면, 사실이라고 하지만 대상이니 인식의 대상화에서 비롯된 것이고 결국 자기 안에서 그려진 사실일 수밖에 없다는 것이다. 본회퍼는 지금 존재를 제쳐놓고 행위만을 이야기한다면 이렇게 매몰될 가능성이 크다고 말하고 있다. 자기중심적으로, 현실 속에서 진리를 설정해 그 틀 속에서 모든 것을 짠다면, 타자 없이 자신에게 갇히고 말 것이기 때문이다. 그러면 어떤 일이 벌어지는가?

내가 믿고 있는지 아니면 믿지 않고 있는지는 나의 종교적 행위들에 대한 그 어떠한 반성을 통해서도 알려질 수 없다. 마찬가지로 내가 신앙하면서 나로 하여금 나의 신앙을 지향하도록 만드는 것도 불가능하다. 그렇게 된다면 나는 결국 나의 신앙을 믿는 것이 된다.[69]

사실을 명분으로 하지만 이는 대상이고 대상은 주체가 벌여낸 일의 결과이니 자신 안에 갇히게 되고 따라서 자기 믿음을 믿게 된다는

---

[68] 『행위와 존재』, 108. 여기서 '대하여'가 관건이다. 자고로 인간이 하느님에 대하여 말한다는 것이 지니는 자가당착의 맹점을 지적한다. 그런데 우리의 사고구조가 그러하고 따라서 언어가 그러하니 '대하여'는 거의 불가피한 것으로 보인다. '주-술'(主-述) 구조가 지닌 언어의 마술에 걸려드는 것인데 하느님마저 그 고리로 끌고 들어가는 것이다. 그러다가 그러한 '주술'이 '주술'(呪術)이 되어 버린다. 인식론을 넘어서 해석학으로 밀고 나가야 하는 절실한 이유도 여기에 있다.

[69] 『행위와 존재』, 110. 포이어바흐의 '투사'나 프로이트의 '환상'과 같은 비판이 사실 자기에게 초점이 맞추어져 있는 것은 불가피할 정도로 당연한 것이다. 종교를 명분으로 한 자기 확인욕구 충족추구가 결국 자기도취로 귀결되기 때문이니 말이다.

것이다. 자기 믿음을 믿는 것인 자기를 믿는 것이니 자아도취에 빠지게 되고 믿음을 믿는 것이니 믿음의 그림인 우상을 숭배하는 꼴이다. 그러니 이 문제는 사실인가의 여부를 따질 따위의 한가하고 유치한 의제가 아니다. 행위에 대해 존재가 그토록 중요한 이유가 바로 여기에 있다.

하느님의 비대상성

이제 본회퍼는 한 걸음 더 나아가 이렇게 말한다. "하느님을 나의 의식의 내용으로 만든다는 것은 하느님을 '존재자'로 이해한다는 것이다."[70] 하느님을 대상화한다면 하느님을 존재하는 '것'으로 만들게 된다는 것이다. 역사적으로 신 존재 증명이 이러한 일을 했다. 신 존재 증명에서 신은 최고 존재'자'였다. 형이상학적으로 옹립된 궁극 존재, 위계질서의 정점이었다. 아퀴나스가 그러했다. 그래서 스코투스가 우연성과 자유의 문제를 제기했었다. 그리고 이는 하느님에 대한 대상화를 거부하고 나아가 신앙의 대상화도 거부하는 뜻에까지 이르게 되었다: "결국 '하느님의 비대상성'으로부터 필연적으로 하느님을 인식하는 자아, 즉 신앙의 비대상성이 대두된다."[71] 비대상성이란 하느님의 대상화를 거부한다는 것이다. 대상화는 인간이 주체로서 하는 것이니 말이다. 주체로서 대상화한다는 것은 주체 안으로 끌고 들어온다는 것이다. 모든 대상화는 주체 안으로 끌고 들어오는, 주체화적 대상화이다. 그렇지 않은 대상화는 없다. 결국 모든 대상화는 주체화이

---

70 『행위와 존재』, 108.
71 『행위와 존재』, 110.

다. 자기 안에 갇힌다는 것이 이를 두고 하는 말이었다. 그래서 비대상성이 중요하다. 대상화는 소유이기 때문이다.

> 하느님은 오직 행위 속에서만, 즉 실존적으로만 알게 된다는 것이다.
> 그렇지 않다면, 하느님은 자신을 체계에 내어 주시게 될 것이다. 왜냐하면 지식은 곧 소유이기 때문이다.[72]

신을 소유한다는 것도 어불성설이려니와 신앙도 소유할 수 있는 것이 아니다. 신앙은 삶이지 소유가 아니기 때문이다. 삶을 사는 것이지 삶을 가지고 있는가? 불트만에서도 이런 식의 이야기를 했었다. 본회퍼가 말하려는 것을 대조시켜가면서 보자. 체계, 지식, 소유가 아니다. 행위이고 실존이다. 앞의 것이 앎이라면 뒤의 것은 삶이다. 넘어가면 하이데거에 관한 언급이 나오고, 이에 대한 불트만과 바르트의 응답이 설명된다. 이어서 바르트에 대한 비판이 나온다. 그리고 이어서 불트만도 비판한다.[73] 그러더니 끝에, 계시에서 행위와 존재의 통일이 일어난다고 말한다.

먼저 계시를 존재로 풀어낸다. '계시의 존재'에서 주목해야 할 부분은 다음이다. "존재에 대한 계시의 존재론적 해석은 근본적으로 존재

---

72 『행위와 존재』, 111. '지식은 소유이다'라는 명제는 앞서 거듭 언급했던 바이다. 지식이 앎인 것은 동어반복이지만 소유도 앎이다. 우리가 소유하고 있는 것은 앎의 차원에서 자리 잡고 있기 때문이다. 삶은 우리가 소유할 수 있는 것이 아니다. 거꾸로 삶이 우리를 소유하고 있다고 해야 할 터이다.
73 본회퍼가 불트만에 대해 가하는 비판의 핵심은 다음과 같이 서술되었다. "현존재의 역사성으로부터 '이미 죄인된 존재'라는 의미 속에서 현존재의 불확실성을 해석하려는 불트만의 시도에는 계시 밖에서 획득한 실존개념의 위험이 도사리고 있다." (『행위와 존재』, 114).

를 '의식 초월적'이며 '대상적'으로 규정한다. 존재는 어떻게든 소여성이 된다."[74] 이 중에서 본회퍼는 '의식 초월성'은 일단 놓아둔 채 '대상성'과 '소여성'을 지워낼 것이다. 사실 이미 1장에서 '소여성' 즉 주어짐은 지워냈다. 주어진다는 것은 준 것을 받아 그 손에 쥐고 있는 것이다. 존재가 그래서는 안 된다. 일차적으로 계시는 의식을 넘어서 있기는 한데 대상적이고 주어지는 것으로 보이지만 결국 그렇지 않은 것으로 새겨진다.

계시의 존재가 체계로 빠지지 않으려면

이어서 계시를 존재로 해석하기 위한 세 가지 가능성으로, 교리, 체험, 제도를 소개한다. 그러나 이들이 나름대로 역할에도 모두 맹점이 있다는 것이 본회퍼의 분석이다. 모두 체계로 편입되기 때문이다. 앞에서 체계를 부정했는데, 이 셋은 모두 체계로 편입되니 말이다. 교리도 그렇고 체험도 그렇다. 제도는 말할 것도 없다. 따라서 셋 모두 부정되어야 한다. 결론적으로,

> 인간 존재의 토대는 '주체 초월적 존재' 안에 있어야 한다. 왜냐하면 오직 '외부로(밖으로)부터'만 인간의 실존을 만날 수 있기 때문이다.… 따라서 새로운 존재는 오직 외부로부터만 근거되고 유지되어야 한다.[75]

이것이 '초월'의 올바른 사용이다. 선험론을 초월론으로 번역하면

---

74 『행위와 존재』, 123.
75 『행위와 존재』, 125.

이 점을 혼동하게 된다. 본회퍼가 집요할 정도로 열심히 강조하는 것이 '외부'이다. 존재라는 말도 현실적으로는 이를 가리킨다. 계시를 말하면서 인간이 자기 안에 갇히어 온 종교의 왜곡을 개탄하는 그의 해석학적 핵심이다. 3장에 가서는 이 점을 보다 구체적으로 강조한다.

> 그러나 "외부로부터"의 요청에 또 다른 요청, 그러나 필수적인 요청이 덧붙여진다. 즉 새로운 존재 양식으로 변화되는 것은 인간의 전체 실존이어야 한다는 요청이다.[76]

왜 외부가 이토록 중요한가? 우선은 인간이 아전인수로 빠지지 말아야 한다는 점에서 중요하다. 그러나 또한 못지않게 중요한 이유는 계시와 신앙이 실존 전체, 즉 전인, 곧 통사람에 얽힌 것이기 때문이다. 말하자면 삶이다. 앎은 인간에게 어찌 되었건 부분에 불과하다. 우리 삶에는 모름이 훨씬 더 크다. 무엇을 얼마나 모르는지도 우리는 모른다. 삶은 죽음과 언제나 얽혀 있기 때문이다. 죽음으로부터 빠져나간 삶의 영역이 있는가? 삶은 삶만으로 에워싸인 폐곡선으로 그려질 수 없다. 그런 삶은 없다. 모름을 배제하는 앎은 있지만 죽음을 배제할 수 있는 삶이란 없다. 이게 왜 중요한가? 무엇이라도 남아 있다면 그것이 그 자신이 표방한 전인(全人)의 외부가 된다. 즉 타자가 된다. 자기인데 타자가 된다. 밖의 타자를 이것이 대체해버리니 참으로

---

76 『행위와 존재』, 126. '외부'와 '전체 실존'이 맞대응하는 구조이다. 전체 실존이 전인적 삶이라면 외부는 이와 마주하는 바깥이다. 즉 외부가 어떤 방식으로든지 인간의 한 부분과만 조응하는 방식으로 축소되어서는 안 된다는 것이 중요하다. 특히 외부가 계시의 자리일 때는 더욱 그러하다. 그렇지 않으면 종교가 벌여 온 아전인수의 굴레로 들어갈 수밖에 없겠기 때문이다.

타자를 만날 수 없다. 인격적인 만남이란 자기화하지 않는 타자와의 만남을 가리킨다. 이건 불편을 감수해야 한다. 그런데 제도는 이런 불편을 편리하게 만들기 위한 인간의 고안이다. 그런데 편리한 제도 안에서 교회는 잘난 인간들이 서로 사교하는 집단이 되었다. 그러니 죄인으로 고백하는 실존은 거기에 들어갈 수 없다.

계시의 제도화 비판으로서 비종교화

'제도' 속에 있는 존재는 죄인된 실존을 만날 수 없으며, 진정한 의미로 인간의 실존과 마주 서 있을 수도 없다. 이러한 것은 오직 다른 인격과의 실제적인 만남 속에서만 가능하다. '교회 개념'은 '제도'가 아니라 인격적으로 파악되어야 한다.77

이는 가톨릭교회에 대한 비판이기도 하지만 어찌 그 교회에만 해당되겠는가? 개신교회라고 여기서 빠져나갈 수 있는 것이 아니다. 제도로서 교회가 아니라, 인격으로서 교회라는 것이다. 행위와 존재의 결합이 일어나는 교회에서 형식적 규정이 '공동체'라면 내용적 규정이 바로 '인격'이다. 따라서 인격과 공동체의 결합, 즉 '인격적 공동체'가 본회퍼가 말하는 교회이다. 이는 자기와 타자의 만남이다. 반면 타자 없는 자기가 바로 죄다. 그런데 인간은 타자 없는 자기에 머물고자 하니 타자와 '마주 서 있을 수 없다.' 이 대목에서 본회퍼는 계시가 그토록 절실한 이유를 이렇게 강조한다: "하느님이 인간을 감싸 안고 인간에게 다가오지 않는다면, 존재자—즉 피조물—가 인간의 실존을 만날

---

77 『행위와 존재』, 126.

가능성은 존재하지 않는다는 것이 내 생각이다."[78] 그리고는 급기야 존재론이 계시에 대한 해석을 위해 필요한 이유를 다음과 같이 설명한다.

> 이것은 숨길 수 없는 사실이다. 참된 존재론은 사고의 한계에서 발원한다. 이곳에서는 선험적 방법과 존재론적 방법이 논리적으로는 더는 강압적이지 않은 방식으로 서로 분리된다. 그리고 이곳에서는 궁극적으로 사고 그 자체가 존재 안에서 지양된다.[79]

이것이 곧 존재론이 계시 해석에서 의미 있을 수 있게 된 이유이다. 존재론은 사고의 한계를 이유로 계시를 부정하지도 않으며 또한 이를 이유로 사고 안으로 끌어들이지도 않으니 계시를 위해 참되다는 것이다. 아울러 이쪽을 말하는 선험론이 저쪽과의 경계에 대해 함부로 재단하지 않으며 또한 저쪽 이야기도 이쪽에 대해 군림하는 방식으로 설정되지 않으니 이들 사이의 역할 분담이 인위적이거나 억지로 되는 것도 아니다. 본회퍼는 "'~안에 있는' 존재로서 인간"을 논한다. 자고로 인간이 외부를 외면하고 무엇인가의 안에 있게 되면 빠질 수밖에 없는 우상 숭배 경향을 신랄하게 질타한다.

---

78 『행위와 존재』, 126.
79 『행위와 존재』, 127. 여기서 '사고의 한계'가 중요하다. 그런데 주의해야 할 것은 사고의 한계에만 초점을 두면 다시 선험론으로 되돌아갈 우려가 있다. 그래서 본회퍼가 열심히 강조한바 사고의 한계를 선험론이 알아서 그어대는 경계선에만 맡겨 두어서는 안 된다. '사고가 존재 안에서 지양된다'고 한 것은 이에 대한 경계 장치로서 뜻을 지닌다. 사고의 한계는 사고가 하는 일이 아니라 존재가 하는 일이라는 말이다.

계시를 존재자로 해석하는 견해로부터… 존재자는 —그것이 종교적 경험이든 축자영감적 성서든, 아니면 가톨릭교회든 간에— 인간의 처분에 맡겨져 있다. 그래서 인간은 같은 것을 자기 마음대로 처분할 수 있게 된다.[80]

무슨 말인가? 계시를 특정한 존재자로 파악해버리면 인간이 마음대로 주무르게 된다는 것이다. 그리스도교 역사가 이를 증명해 준다. 계시실증주의가 탁월한 증거이다. 그렇다면 어떤 일이 일어나는가? 계시를 정형화된 사물, 사실, 결과물로, 존재자로 만들어 자기 마음대로 처분하게 된다. 그래서 이에 대한 강력한 제동장치로서 외부의 계시를 강조한다. 이어 3절에서 본회퍼는 "행위와 존재의 통일로서 교회"를 말한다.

우발성의 시제는 현재로 오는 미래

인간의 실존은 단지 '외부로부터'만 만나질 수 있고, 단지 이러한 '만남' 속에서만 이해될 수 있다는 것이 제시되었다. 진정한 '외부로부터'는 오직 계시 속에서만 존재한다.[81]

계시만 외부로부터 오는 것이 아니다. 인간 실존도 외부로부터만 만나질 수 있다. 무슨 뜻인가? 타자 없이는 인간은 실존으로 구성될 수도 없다는 것이다. 인식 주체는 타자를 대상으로 설정하니 대상화

---

80 『행위와 존재』, 129.
81 『행위와 존재』, 131.

를 하는데 주체의 방식으로 대상화한다. 그래서 주체화적 대상화라고 한다. 말하자면 타자의 자기화이다. 결국 타자가 없어진다. 그러나 실존은 외부 즉 타자가 없이는 실존도 아니다. 그러기에 실존이 계시와 마주하는 상대가 된다. '대상'(對象)이 아니라 '상대'(相對)다. 대상은 주체가 만드는 것이지만 상대는 타자와 자기 사이에서 한쪽으로 흡수되지 않는 팽팽한 대립과 긴장 관계를 가리킨다. 그러면서 교호가 일어나기도 한다. 한쪽으로의 흡수가 아니라 양쪽이 주고받는 교호 말이다.

이러한 그림을 통해 본회퍼는 교회를 말하고 싶어 한다. 어떤 교회인가? 계시를 행위와 존재의 얽힘으로써 이해하는, '인격적 공동체'로서 교회이다. 그래서 또 다른 표현이 '성도의 교제'(Sanctorum Communio)이다. '성도'는 인격이고, '교제'는 공동체이다. 또 우리가 주목해야 할 것은,

> 우발성은 오직 현재 안에서만 존재한다. '과거에 일어난 것'으로서 지나간 것은 ―우리에게 '다가오는'('미래적인') 선포가 계시를 현재로 고양시키지 않는다면― 원칙적으로 '맥락' 속에서만 존재하게 된다. 즉 외부로부터 우리에게 다가오는 사건으로서 우발성이라는 개념에서는 현재가 미래에 의해서 규정된다. 이성 맥락의 원칙적인 '이전'을 고정시키는 체계 속에서는 현재가 과거에 의해 규정된다.[82]

'우발'과 '체계'가 반대되더니, 우발은 '미래에 의해 규정되는 현재'

---

[82] 『행위와 존재』, 133. 시제 단위로 체계와 우발성을 대비하는 탁월한 통찰이다. 앞서 살폈던 불트만도 이에 대해 예민한 감수성을 보여준 바가 있다. 과거로부터 이미 주어진 기성지식인 세계관이 예측을 넘어서 오시는 하느님의 행위를 제약하게 해서는 안 된다고 했던 것이 여기에 견주어질 수 있다.

로 이해되는 반면, 체계는 과거를 통해 이해된다. 이는 시간에 대한 현대적 사유이다. 고전적으로 시간은 있음이 차지하는 공간을 통해 이해되었고, 근대에는 앎의 틀이었다. 그런데 이제는 시간이 실존의 구성 요소로까지 부상한다. 이른바 '누가-언제/어디서'이다. 시간이 빠지면 실존이라는 것이 만들어질 수 없다. 참으로 일어나는 것은 천박한 '사실'이 아니라 미래로부터 현재로 오는 '우발성'이다. 우리는 진실로, 이미 확정된 듯 알려진 사실보다도 아직 알지 못한 채로 다가와 현재에 만들어져가는 의미로 살기 때문이다. 그러기에, "그리스도교적 계시는 '과거에 일어난 일'로 해석되어서는 안 되며, 오히려 유일회적으로 일어난 사건이 항상 현재 속에 사는 교회 내 인간을 위한 미래로 규정되어야 한다."[83] 계시가 살아 움직이는 하느님의 말씀사건이기 위해서는 과거에 이미 주어진 경전의 글귀에 대한 인간의 지식이 아니라 현재로 들어온 미래로 새겨져야 한다고 강조한다. 미래가 존재와 이어진다면, 현재가 행위의 터가 될 것이다.

드디어 행위와 존재의 얽힘을 보다 온전하게 엮을 채비를 시작한다.

여기서부터 계시를 행위와 존재로 해석하는 것에 대한 물음이 완전히 새로운 전환을 맞이한다. 하느님은 그리스도 안에서 공동체와 이 공동체의 지체들인 개인들에게 당신 자신을 선사하신다.… 계시는 공동체 안에서 일어난다. 계시는 우선 자신만의 그리스도교적 사회학을 필요로 한다. 계시를 개인주의적으로 사고하는 것과 공동체와의 연관성 속에서 사고하는 것 사이에는 근본적인 차이가 있다. 지금까지 전개된 문제들은 모두 개인주의적으로 소개되었다. 자아의 연속성을 강조하

---

83 『행위와 존재』, 133.

는 존재론적 시도와 순수 '행위주의'의 선험적 시도는 모두 개별적 인
간이 지시하고, 동시에 바로 이 개별적 인간에서 좌초한다.[84]

　　본회퍼는 계시의 현장으로서 공동체를 제안한다. 위와 같이 선험
론이든 존재론이든 인간 개인으로 소급하는 접근은 자아로 환원시키
는 문제를 안고 있기 때문에 강력하게 배제되어야 한다고 다시 한 번
쐐기를 박는다. 이런 비판 위에 인격적 공동체로서 교회를 본격적으
로 제안한다: "이러한 존재 방식으로서 우리는 인격과 공동체를 들 수
있다."[85] 그런데 이 둘은 서로를 견제하면서 서로를 필요로 한다. 공동
체에 대해서 인격은 여전히 개체의 중요성을 강조하는 계기가 된다.
그렇다고 인격을 구실로 다시 개인주의로 되돌아가는 것은 안 될 일
이다. 그래서 공동체가 역할을 한다. 결국 인격과 공동체를 엮는다.
그리고 이것이 이어지는 단락에서 '인격적 공동체'가 된다. 계시의 터
전으로서 교회에 대한 논의로 들어간다. 그러면서 드디어 그의 입장
을 드러내는 결정적인 선언이 나온다.

---

84 『행위와 존재』, 135.

85 『행위와 존재』, 137. 본회퍼가 여기서 인격과 공동체를 함께 잡으려고 한다는 점은 특별
　한 주목을 요한다. 흔히 강조점이 한쪽으로 기울어지는 것이 일반적인 경향이기 때문이
　다. 근대 시대정신의 핵심인 보편성과 실체성에 대한 항거로 우리 시대가 방향을 잡았
　다고 한다면 보편에 대항하는 개체 그리고 실체의 자족성을 깨는 타자 의존성을 가리키
　는 관계가 핵심이 될 터이다. 여기서 개체와 관계는 분명히 저항 논리를 지니지만 둘 사
　이에 긴장이 도사리고 있음을 부정할 수는 없다. 그러나 관계없는 개체는 이기주의로
　전락하고, 개체 없는 관계는 집단주의로 쇠퇴할 터이니 이 둘 사이의 긴장은 서로를 살
　리는 것이었다. 본회퍼는 바로 이를 주목하고 인격과 공동체를 잡아서 한데 엮어 계시
　의 터전을 그려내고자 했다고 볼 수 있다.

행위 위에 존재, 존재 위에 고난

존재는 행위보다 우위에 있다. 그러나 '어떤 일을 당하는 것'이 존재보다 우위에 있다. 따라서 창조됨, 존재 그리고 행위의 순서로 이어진다 (Luther). 인간은 하느님과 마주하면서 고난의 자리로 빠져든다.[86]

본회퍼의 〈행위와 존재〉라는 작품의 핵심이다. 행위보다 존재가 우위이다. 인간이 개인적 자아로 함몰되어 전락하고 마는 비극을 깊이 새긴 본회퍼의 일침이다. 그러나 여기서 멈추지 않는다. 존재보다도 '당하는 것'이 더 우위에 있다고 한다. 이를 '창조됨'이라고도 표현한다. 일상 언어로 바꾼다면 '던져짐'이라고 해도 좋을 것이다. 이건 행위가 아님은 물론이지만 존재도 아니다. 존재하게 하는 그 무엇이니 말이다. 행위의 존재의 얽힘으로써 교회를 말하는 장에서 하는 이야기이다. 여기에선 어떤 일을 '당하는 것' 즉 수동태로 기술된 바가 존재보다 우선된 것으로 제시된다. 이 무슨 뜬금없는 이야기인가? 행위와 존재에 대해서 이야기하던 중에 갑자기 '당함'을 말하다니 도대체 이게 무슨 뜻인가? 읽어 가면서 풀어보자. 그러나 이 대목에서 놓치지 말아야 할 통찰이 있으니 "실존은 죄인이며 은혜 받은 실존"이라는 고백이다. 소위 '구원받은 죄인'(saved sinner)이다. 그리고 이를 어떤 일을 당하는 그리스도의 공동체에 대한 논의로 이끌고 간다. 본회

---

86 『행위와 존재』, 139. 여기서 '고난'이 갑작스럽게 보일 수도 있다. 행위와 존재를 양항으로 묶어 논하다가 고난이 등장하니 말이다. 우리가 풀어온 맥락에 비추어 고난은 삶을 가리킨다고 볼 수 있다. 무엇을 한다든가 있다든가 하는 것에 앞서 이미 사는 삶인데 어떻게 해보기도 전에 던져지고 일어나고 있는 것이니 당하는 차원이 가장 앞서는 것임을 일깨워주는 은유이면서 현실로서 고난을 동원한 것이라고도 볼 수 있겠다.

퍼의 독특한 전개이고 전략이다. 무엇을 의도한 것일까?

이 물음에 답하기 위해 보다 자세히 살펴보자. 집요할 정도로 행위와 존재를 따로따로 보는 것을 비판하고, 그 대안으로서 행위와 존재의 얽힘을 통해 풀 근거를 제시한다. 그러더니 급기야 다음과 같이 결론적 선언을 한다.

> 이 인격 존재는 오직 그리스도와의 행위 연관성 속에서만 '존재한다.' 이 인격의 그리스도 존재와의 '연관성'은 그리스도 안에 있는 존재, 즉 공동체에 근거되어 있다. 따라서 존재가 행위 없이 존재하지 않는 것처럼, 행위도 존재 속에서 '지양된다.' 행위와 존재의 종합으로서 인격은 항상 '개별적 인격'과 '인류'를 하나의 존재 속에 가지고 있다. 개인이라는 개념은 결코 실현될 수 없는 추상이다. 인간은 그의 일반적인 정신성뿐만 아니라 '실존성' 속에서도 '사회성'과 깊이 결합되어 있다.[87]

여기에서 인격을 행위와 존재의 종합으로 규정한다. 아닌 게 아니라 인격이란 그렇다. 존재이지만 오로지 존재가 아니라 행위이다. 그렇지 않다면 '인격'이라고 부를 수도 없다. 오로지 행위인 것도 아니다. 인격은 그만큼의 존재적인 지속 가능성을 지니고 있어야 하기 때문이다. '실존성'과 '사회성'은 인격에 대한 구체적 설명이다. 인격은 실존성을 갖지만, 개인으로 끝나지 않고 사회성으로 나아간다. '개별적 인격'이 개인적 인격이라면 '인류'가 사회이다.

그렇다면 이제 그려지는 그림은 이렇다. 행위와 존재가 계시를 향하는데 터전이 교회이다. 교회를 떠받치는 것은 인격과 공동체이고,

---

87 『행위와 존재』, 144.

인격은 실존성과 사회성이다. 그렇다면 공동체는? 인격의 사회성이 실마리가 될 터이다. 그리고 이는 또한 본회퍼의 독특한 자유 이해와도 맞닿아 있다. 그는 "신앙의 행위는 자신에게 주어진 인격의 자유를 인정하고, 그 자유가 '밖으로부터' 주어진 것임을 입증한다"[88]고 주장한다. 흔히 자유는 나 자신으로부터 나와서 바깥으로 나아가는 확장적 개념이다. 그런데 본회퍼는 정반대로 자유가 밖으로부터 주어진다고 한다. 너무나 다르다. 왜 그런가? 흔히들 말하는 자유는 인간이 발광하고 몸부림치면서 쟁취해내는, 그래서 소중하지만, 안타깝게도, 다시 자기에게로 갇히고 마는 자유에 불과하기 때문이다. 그런데 자유의 이러한 자가당착이 교회에서만 벌어지는 것은 아니다. 일반 사회에서도 마찬가지이다. 타자가 없는 세상이라면 자아의 자유가 무한할 것 같지만 그것이 자기모순이라는 것을 역사와 사회가 증명한다. 본회퍼가 말하는 '인격의 사회성'이란 바로 이를 가리킨다. 진실로, 타자 없이 어떻게 세상을 살겠는가? 그리고 이 때 자유란 도대체 무슨 의미를 지닐 수 있을까?

이 대목에서 본회퍼의 짧은 한 마디는 압권이다: "그러나 인격이 폐쇄되어 있으면, 그 인격은 단지 '기억' 속의 '말씀'으로 머문다."[89] 본회퍼에겐 이토록 인격의 자기 폐쇄가 문제이다. 자기만 붙들고 늘어지는 것이 문제이다. 그렇게 된다면 기억이 된다고 한다. 신앙에 적용해 보자. 신앙이 자기 굴레에 있으면 신앙은 자기 기억에서 꺼내서 되새기고 다시 집어넣는 식이 된다. 익숙하고 편안하다. 은혜라고 느끼도록 기만당하면서도 편안하니 좋다고 생각한다. 결국 자기 믿음을

---

88 『행위와 존재』, 152.
89 『행위와 존재』, 152.

믿는 자기도취이다. 기억이라고 표현했지만 결국 자기도취이다.

> 오직 인격 그 자체만이 말씀에 '존재 불가능성'의 능력을, 즉 인간의 실
> 존을 능가하는 '밖'의 능력을 다시 되돌려줄 수 있다. 인격으로서 자아
> 가 심판 속에서 또는 공동체와 한 몸을 이루는 가운데 그리스도의 인격
> 과 만나게 된다면, '자아'는 이러한 '(고난)당함'의 원인이 자기 자신이
> 아니라 '밖으로부터 오는 것'에 있음을 깨닫게 된다.[90]

본회퍼가 찾으려는 이 '밖'은 그가 처했던 시대적 정황을 떠올린다
면 더욱 절박하게 새겨진다. 고난의 원인은 자기가 아니라 밖이다. 그
렇다면 그 고난을 감내할 근거를 훨씬 더 크게 가질 수 있다. 그리고
그렇게 감당할 인격 공동체로의 교회를 꿈꾼다. 그러한 교회는 자신
과 이웃의 관계도 다시 세워준다. 아니었다면 나름대로 이웃을 배려
한다는 것조차 자신의 임의의 처분일 수도 있겠기 때문이다. 자선과
동정이 빠지는 함정이 인간관계에 그대로 적용된다는 예리한 분석이
다. 그리고 그것을 극복하는 길이 바로 타자를 외부로부터 불편하게
만나는 것, 고난당하면서 겪는 것이라고 주장한다. 아래 문장에서 그
리스도는 바로 그러한 뜻을 담은 사건이고 상황을 가리킨다. "그리스
도 없이는 이웃도 단지 '자신의 요청을 유보하는 것'에 의해 생겨나는
'자기주장'의 가능성에 불과하다."[91] 자칫하면 이웃의 요청이랍시고

---

90 『행위와 존재』, 152. 이 말을 곱씹어보면 본회퍼가 '인격'이라는 말로 사실상 개체 인간
  이 아니라 이미 인간관계, 그것도 자기-타자 관계를 염두에 둔 것임을 확인할 수 있다.
  그런 점에서 인격과 공동체는 앞서 말한 대로 개체와 관계 사이의 긴장을 포함하면서도
  더 나아가 동어 반복적이라고도 할 수 있다. 뜻의 중첩성이나 언어의 다의성에 대한 좋
  은 예에도 해당한다.

대체한 것마저도 사실은 자기주장일 수도 있다는 것이다. '이웃의 요청'이라는 것이 앞에서는 중립적이거나 긍정적이었었는데 이 대목까지 오고 나니 '그리스도 없이는' 그 역시도 윤리적 자기를 정립하는 것으로 돌아가고 만다. 사실은 이웃이 없기 때문이다. 타자로서 이웃이 아니기 때문이다. 있어봤자 그것은 자기 정립을 위한 수단이었다. 그리스도 없이는 그랬다고 비판하는데 이러한 성향이 종교 속에서 벌어진다는 것이다. 존재보다 당하는 고난이 위에 있다고 한 것도 바로 이런 이유 때문이다.

신앙은 종교적 경건이 아니다

그리스도에게 구체적으로 사로잡힌바 된 '신앙의 운동'은 시간적으로 지나가 버리기 때문에 곳곳에서 확인될 수 없다. 내가 믿었던 곳은 하느님만이 알고 계시지만, 반성에는 파악되지 않는다. 신앙은 '직접적인 행위'로서 자기 자신 안에 머무른다. 그러나 모든 것이 단지 반성 가운데서만 반성에 다가갈 수 있다는 사실로부터 그리고 신앙을 단지 '경건성'과 '종교성'으로 이해함으로써 시간 속에서 흘러가는 직접적 행위를 논구하는 것보다 곡해된 것은 없다.[92]

무슨 말인가? '반성' 안에서 새겨지는 '경건성'과 '종교성'이 종교를 이루어왔다. 직접적인 행위로서 신앙을 반성하다가 자칫하면 종교로 전락시킬 수도 있는 위험성을 지적한다. 그러나 "반성은 언제나 반성

---

91 『행위와 존재』, 153.
92 『행위와 존재』, 155.

속에서 나타난다. 따라서 이러한 반성은 직접적인 행위와의 관계가 단절되었다는 것을 암시할 뿐이다."[93] 이것이 반성의 심각한 문제이다. 반성이란 무엇인가? 반성이란 자기로 되돌아가는 것이다. 근대철학을 의식철학과 반성철학으로 구분해서 이야기하곤 한다. 의식철학은 나가는 것이고, 반성철학은 되돌아오는 것이다. 자기 자신에서 나갔다가 다시 자신으로 되돌아오는 것 말이다. 그 사례들을 생각해 보라. 어찌 되었건 그 영역은 시작부터 끝까지 '자기'이다. 이제 그 자기를 넘어서게 하는 것이 바로 '외부로부터'이다. 행위와 존재를 개인에게 맡기면 내적 순환을 맴돌면서 반성에 그치기 때문이다. 그것을 관통하는 그리스도 사건이 타자와의 관계를 자기 돌파적인 사건으로 구성해주는데, 그것이 바로 행위와 존재로서 얽힘이 일어나는 교회에서 가능하다는 것이다.

이것은 또 무슨 말인가? 계시 실증주의처럼 신에게 전제 군주적 권위가 있다는 것도 아니고, 아전인수로 이것도 저것도 계시라고 할 수 있는 것도 아니라는 것이다. 성서 말씀도 계시라고 했고, 그것이 가리키는 바도 계시라고 했다. 그리스도의 존재도 행위도 계시이다. 그렇다면 행위로서 그리스도와 존재로서 그리스도 각각의 계시의 뜻을 읽어내야 한다. 우리는 존재로서 그리스도에 너무 쏠려 있기 때문이다. 행위로서 그리스도의 차원이 너무 약하다. 행위로서는 예수의 믿음이고 존재로서는 성육신의 믿음이다. 존재에 주목하게 하는 성육신의 차원에서는 그리스도가 하느님이라는 고백에 방점이 찍힌다. 성

---

93 『행위와 존재』, 155. 반성이란 일단 거리를 두는 것이다. 행위의 직접성과 대조될 수밖에 없다. 나갔다가 되돌아오는 것과 거리를 두는 것을 이으면 이 맥락에서는 반성이라는 것이 철저하게 자신 안에서 맴도는 것이라고 하지 않을 수 없다.

육신을 통해 애써 인간이 된 예수를 다시 하늘로 올리려고 무던히도 애쓴다. 존재에 경도되면 이렇게 된다. 그래서 행위가 중요하다. 반면 행위에 경도되면 예수는 도덕군자가 된다. 교회 역사에서 일어났던 일들이다.

그 사이에서 교회가 어떻게 해야 할 것인가? 이것이 깊은 고민이다. 한 세기 전 본회퍼만 겪은 것이 아니다. 인간이 항상 그랬다. 가장 큰 이유는 이쪽과 저쪽의 나뉨 때문이다. 주객 관계이기도 하고 자타 관계이기도 하다. 이것이 그러니 본회퍼나 유럽 그리고 그리스도교만의 문제가 아니었다. 일상의 문제이고 사람이 생겨 먹은 모양 때문에 일어나는 문제이다. 그래서 사람의 꼴에 대해 더 깊이 들어가야 한다.

행위와 존재의 얽힘으로써 인격 공동체

'행위'와 '존재'는 일단 대립한다. 행위로 모든 것을 싸안으려 하지만, 존재가 버티고 서 있기 때문이다. 행위를 명분으로 구워삶으려는 경향들에 관한 반박이다. 이것이 왜 문제가 되는가? 근대가 그러한 시대였던 탓이다. 상대적으로 거칠게 비교하자면, 고대·중세가 존재를 말했다면 근대는 행위를 말했다고 할 수 있다. 현대는 근대를 이어받으면서 행위에서 시작했다. 그러나 근대와도 다른 것은 존재의 새로운 부상이다. 그렇다고 고대로 되돌아가는 것은 전혀 아니다. 이래서 우리 시대는 연속적 불연속성이고 불연속적 연속성이다. 존재로 지칭되는 저쪽이 지나간 이야기가 아니라 행위라는 것과 밀접히 연관되며 더 나아가 그것을 촉발하는 근거라는 점에 새삼 주목한다. 더 나아가 그것이 행위로 나와야 비로소 존재라고 할 수 있다는 데에까지 나간다.

반대로, 행위 역시 존재 없이 나온다면 자기내적 순환에 빠지니 자기정당화나 자기도취에 머물 수밖에 없다는 지적도 놓치지 않는다. 거기엔 타자가 없기 때문이다. 근대의 극단이 보여준 것처럼 말이다.

그렇다면 '대립'을 지침 삼아 생각해 보자. 행위와 존재를 관통하는 기축은 '자기와 타자의 관계'이다. 오늘날 타자철학, 타자윤리학을 말할 수 있다면 본회퍼가 그 효시 중의 하나이다. 타자는 근대적 자기동일성으로의 환원을 거부하고, 혼종적임을 강조하는 현대의 초점이다. 타자를 위한 것이 아니라 자기를 위한 것이다. 그렇다고 중심적이고 이기적인 것으로 되돌아간다는 것은 아니다. 그렇게 해 보았던 근대 주체의 실패를 거친 성찰이니 그리로 되돌아갈 수는 없다. 공존공생이 자기에게도 좋다는 방식이다. 상대성이 그런 것이다. 물론 천박한 상대주의는 결코 아니다. 아니 사실 정반대이다. 상대주의는 저마다 옳다는 것이지만 상대성은 어떤 것도 따로 혼자만 옳다고 주장할 수 없다는 혜안이니 말이다. 근대의 자기중심성이 소외와 억압으로 빠지는 자가당착으로 귀결되어왔음을 뼈저리게 겪은 현대의 성찰이다. 그러한 억압적 이데올로기를 거부하는 것이 우리 시대의 핵심이라고 한다면 본회퍼는 그 선구자인 셈이다. 물론 그는 계시의 위치를 되찾으려 했지만 엄청난 통찰이 부수적으로 따랐다고 해야 할 일이다.

그렇게 해서 행위를 통해 계시에서 자유를 읽어내고, 존재에서 보니 계시는 밀고 들어오는 사건이 된다. 이것이 구현되는 터전은 교회이다. 왜 갑자기 교회인가? 의아할 법하다. 본회퍼는 교회가 인격 공동체이어야 한다고 주장한다. 그런데 현실의 교회는 인격 공동체가 아닌 탓에 그런 의구심이 든다. 그렇다면 차라리 '인격 공동체'라고만 말했더라면 더 좋았을 것이다. 인격과 공동체를 배제하면 현실에서

떠버린 관념론으로 돌아가고 만다. 그러니 현실에서 실현 가능성으로서 인격 공동체를 말한다.

그렇다면 구체적으로 어떻게 교회가 작동할 것인가? 2장에서 우리는 이 질문에 대한 답을 살펴보았다. 3장은 이에 대한 보론이다: "'아담 안에'와 '그리스도 안에' 있는 인간에 관한 구체적 교리에서 행위와 존재의 문제"를 놓고 아담과 그리스도를, 바울이 대립시키듯, 본회퍼도 대립시킨다. 아담과 그리스도가 무엇인지 모르는 사람을 위해 풀자면 어떻게 설명할 수 있을까? 앞서 제시되었던 자아와 타자의 관계라는 틀로 설명해 보자. 두 단어로 아담과 그리스도를 각각 설명해 보자. 이것이 인격 공동체로서 교회의 작동 방식에 연관되기 때문이다. 인격은 실체가 아닌 관계적 개념이다. 자타 관계가 깔려주어야 인격을 말할 수 있고, 시도도 할 수 있다. 홀로 있으면 인격이 무슨 상관인가? 인격은 이미 한 개체를 관계에서 비롯된 것으로 보는 것이다. 관계의 파생이니 관계에 소속된 것으로서 개체, 즉 '관계적 개체'의 또 다른 이름이 인격이다. 그러니 이미 인격 안에 관계, 즉 공동체적 의미가 함축되어 있다. 해서 인격공동체라는 말은 동어반복이기도 하다.

인격은 공동체의 본질이다. 흔히들 개인 대 공동체의 대립각을 생각하곤 한다. 그러나 이는 대립이 아니다. 개인과 대립하는 것은 집단이다. 개인주의 대 집단주의라는 대립 구도를 말할 수는 있다. 개인만을 주장하면 이기주의로 빠진다. 개체성을 인정하지 않으면 집단주의이다. 이에 대해 공동체주의는 개인을 인정하면서도 관계 속에서의 개인들의 긴장을 싸안는 태도이다. 즉 공동체란 개체와 관계의 긴장이다. 반면에, 집단은 개체를 허용하지 않는다. 예컨대 집단 체조에서 개인성이 강조되어서는 안 된다. 매스 게임은 일사분란하게 일어나야 한다. 그것이 집단이다. 여기에 개체는 없다. 공동체는 그러한 개인과 그러한 집단 사이에 있다. 개인과 집단은 공존 불가능하다. 반면 개체와 관계는 공존 가능할 뿐 아니라 서로를 필요로 한다. 공동체성이란 개인과 관계의 상호공속성에 다름 아니다. 이렇게 본다면, '인격'은 '관계적 개체'라고 풀 수 있고, '공동체'는 '개체적 관계'라고 풀 수 있다. 본회퍼가 이해하는 인격 공동체로서 교회는 그렇게 서로 얽힐 수밖에 없는 인격과 공동체의 뒤얽힘이다. 이러한 교회가 계시를 행위와 존재의 얽힘으로 펼치는 터전이 된다는 것이다. 관계적 개체로서 인격과 개체적 관계로서 공동체가 얽힌 인격 공동체, 그것이 곧 계시를 행위와 존재의 얽힘으로 펼쳐내는 터전이라는 것이다. 무슨 말인가?

자기를 주인으로 세우는 양심과 자기를 맴도는 반성

위 물음에 답하기 위해 본회퍼는 자기를 더욱 깊숙이 파고든다. 구체적으로 자기를 중심으로 세계를 둘러보는 일반적인 인간의 모습을 분석한다.

> 인간은 혼자 있기 때문에 세상은 바로 '그의' 세상이 되고, 이웃은 사물의 세계 속으로 침전되며, 하느님은 종교적 대상이 된다. 그리고 인간은 스스로 자기 자신의 창조주, 즉 자신의 소유자가 된다.[94]

인간이 주체가 되면 세계는 대상이고 신도 역시 대상이다. 이렇게 인간은 자신의 창조주가 된다. 말하자면, 근대 주체가 대상화의 방식

---

94 『행위와 존재』, 167.

으로 세계를 구성하고 연장선 상에서 종교적 경건을 기치로 신앙을 제도화하니 세계나 신이나 모두 인간의 주도권 안에 귀속될 수밖에 없다. 근대성에 대한 통렬한 비판이다. 그런 주체가 벌이는 대상화를 벗어나는 타자가 없으니 주체는 독단에 빠질 수밖에 없는데 자신을 인식한다는 명분으로 심지어 정당화까지 도모하게 된다. 헤어 나올 길이 없이 자기를 내세우니 타자는 배제되거나 억압될 수밖에 없다. 그래서 죄로 빠지게 된다.

> 죄 가운데 있는 인간의 사고와 '철학함'은… 독단적이 될 수밖에 없다.… 즉 모든 인식은 —그리고 무엇보다도 "너 자신을 알라"는 말 또한 — 자기 자신 앞에 서 있는 인간의 마지막 정당성 주장을 지향한다.[95]

돌이키건대, 소크라테스의 저 유명한 격구가 우리에게 얼마나 지대한 자기성찰의 자료로 회자되어 왔는가? 그런데 그것이 본회퍼의 눈에는 "자기 자신 앞에 서 있는 인간의 마지막 정당성", 즉 독단적임에도 자신을 알아서 진단하고 처방하고 해결하는 모습으로 보인다는 것이다. 여기에서 작동하는 것이 '양심'이다. 대표적 인물로 아담을 거론한다.

> 아담 안에 있는 인간은 그의 홀로 있음의 한계에 부딪친다. 그러나 자신의 상황을 오해하면서 "그는 자기 자신 안에서 자신을 찾으며", 후회하는 자로서 여전히 자신의 죄인된 실존을 구원하기를 소망한다. 그는 죄인으로서 자신이 지은 죄들 곁에 머물러 있다. 왜냐하면 그는 자신

---

95 『행위와 존재』, 168.

의 죄를 양심을 통해 보기 때문이다.[96]

언뜻 양심은 정당해 보인다. 아니 마땅한 덕목으로 여겨진다. 그런데 그런 양심에는 타자가 없다. 양심은 자기 안에서 순환적으로 작동하기 때문이다. 계시를 통해 죄를 보는 것과 양심을 통해 죄를 보는 것은 질적으로 다를 수밖에 없다. 양심은 타자성, 우발성이 없이 자기에 의한 것이기 때문이다. 심지어 "바로 그렇기 때문에 이러한 양심은 ―인간을 자기 곁에서 비진리 안에 머물도록 방치하는― 악마에 속한다"[97]고까지 비판한다. 양심은 비진리이고 악마라는 것이다. 너무 심한 말이 아닌가 싶을 정도이다. 그러나 과연 무슨 뜻으로 이렇게 말했는가? 출발이, 기준이, 목적이 전부 자기라는 점에서 그렇다는 것이다. 양심이 문제인 것은 바로 이를 근거로 "인간은 자기 자신에 매여 있으며, 결국 자기 자신에 대한 지식은 비진리 속에서 종결"[98]되기 때문이다.

'너 자신을 알라'는 소크라테스의 격언은 주제 파악이라는 숭고한 동기에도 결국 자신을 주체로 내세우는 근거가 되는데 그러다 보니 스스로를 진리의 기준으로 세우게 되는 수렁에 빠지게 된다는 것이다. 그래서 본회퍼에 따르면 그것은 비진리다. 자기라는 것에는 자기밖에 없기 때문이다. 그래서 본회퍼는 다음과 같이 주장한다.

---

96 『행위와 존재』, 169.
97 『행위와 존재』, 170.
98 『행위와 존재』, 171. 연속으로 이어지는 본회퍼의 질타는 집요할 정도로 '자신'을 향해 있다. 물론 명분은 든든하다. 양심이라는 기제가 작동하니 자기를 반성하고 이 과정을 거쳐 정당화할 수 있으니 말이다. 윤리, 양심, 정당화 등이 이런 맥락에서 궤를 같이 한다. 그런데 이것이 비진리로 간다고 비판한다. 반복하지만, 타자를 배제하고 억압하기 때문이다.

'자신을 그의 세계의 주인으로 알고 있는 사고'가 홀로 있음의 상황에 상응한다면, 이러한 상황은 이제 그의 본래적 본질 속에서 ―즉 그리스도에 의해 홀로 있음이 극복되는 바로 그 순간에― 그리스도에 대한 죄책으로 인식될 것이다.[99]

결국 계시가 양심의 얽혀 있음을 깬다는 것이다. 구체적으로 어떻게 깨는가? "자아가 실제로 끝나가고 자신으로부터 벗어나는 곳에서만, 즉 자아의 파악이 자기 자신 속에서 자기 자신을 찾는 마지막 탐구가 되지 않을 때 비로소 그리스도께서 일하신다."[100] '자기 자신 속에서… 마지막 탐구가 되지 않을 때'라는 단서를 주목해야 한다. 무슨 말인가? 자기반성이라는 것이 대체로 자신 안에서 자신을 찾다가 다 찾았다고 착각하거나 아니면 포기해버리니 마지막 탐구가 되고 말아버린다는 것이다. 그러나 자아의 파악을 자기 안에서만 찾다 보면 자기도 찾지 못하고 타자는 나오지도 않는다. 자아에서 벗어날 때, 타자로서 그리스도가 보인다는 것이다. 계시의 자리를 가리킨다. 그런데 보다 더 중요한 단서가 있다. "내가 그리스도를 발견하기 위해서 나 자신을 반성하는 한, 그리스도는 그곳에 계시지 않는다."[101] 계시는 자기반성으로 일어나는 것이 아니라는 것이다. 발견이라고 하니 저쪽에서 올 것 같지만, 반성은 이쪽에서 벌이는 일이다. 존재가 개입하지 않아도 가능한 것이다. 지적인 자위, 종교적인 자위가 될 수도 있다. 그런 사태들에 대한 비판이다. 이어서 자기라는 문제가 계속 비판된

---

99 『행위와 존재』, 172.
100 『행위와 존재』, 173.
101 『행위와 존재』, 173-174.

다. 심지어, "자기로써 자기를 헤아리고 자기로써 자기를 비교하니 지혜가 없도다"[102]라는 고린도후서의 구절을 인용함으로써 자기라는 문제의 핵심을 짚어낸다.

죄성을 일깨우는 계시

자기가 지금 얼마나 문제 상황에 있는지를 이토록 집요하게 이야기한다. 앞서 행위와 존재의 구도를 풀어내는 것이 자기와 타자의 관계라고 했다. "심지어 죄를 행위에 한정시키려는 양심의 시도는 스스로 자신을 구원하려는 인간의 시도로 이해될 수 있다."[103] 이미 행위라는 말을 했다면 이쪽의 일이다. 즉 계시 없이도 안다는 말이다. 더 깊이 보자면, 행위로서 죄는 개인적 죄(guilt)나 사회적 죄(crime)에 해당한다. 종교적 죄(sin)가 아니다. 개인적 죄는 양심과 도덕의 문제이고 사회적 죄는 법의 문제이다. 이에 비해, 종교적 죄는 전인적인 문제이다. 죄를 행위로 보는 것은 계시 없이도 양심에 따라, 타자 없이 모든 것을 판단하는 죄의식과 구원관으로 이어지는 자력 종교의 행태를 사례로 갖는다. 그러나 종교적 죄는 죄의식이나 범죄행위가 없더라도 여전히 성립한다.

더욱이 만일 죄를 행위로만 고찰한다면 '구원받은 죄인'이라는 개

---

102 『행위와 존재』, 175.
103 『행위와 존재』, 176. 양심이 자기구원으로 이어진다. 물론 그 사이에 자기정당화가 있다. 말하자면 양심의 주체는 자기이다. 발동과 판단 모두 주체가 하는 일이다. 그러니 자기정당화로 귀결될 수밖에 없다. 이는 니체가 자유라는 것이 사실상 자기가 명령해 놓고 자기가 복종하는 것이라고 비판한 것과 유사한 구조를 지닌다. 모두 자기 안에서 벌어지는 착각과 기만의 문제를 고발한다. 그렇게도 소중한 양심이나 자유가 이런 맹점을 지니니 말이다. 앞으로 추려질 수 없는 삶이기 때문이다.

넘은 불가능하다. 행위의 측면에서 본다면 구원받으면 죄인이 아니기 때문이다. 그런데 복음은 그렇지 않음을 말한다. 구원으로 끝난다고 하면 구원파의 주장이 된다. 이들에겐 어떻게 행동하든 일단 구원받으면 끝난 일이다. 구원파 뿐인가? 이미 통념이 이렇다. 죄짓고 회개하는 패턴이 반복된다. 이것은 악용되고 남용될 만한 시각이다. 그런데 '구원받은 죄인'은 이에 반대된다. 구원받아도 여전히 죄인이다. 이때 죄인이라는 것은 죄의식이나 범죄의 측면이 아니다. 죄성(sinfulness), 즉 인간 본성으로서 죄성이다. 우리가 언제나 죄 지을 가능성에 던져져 있다는 것이다. 이 점이 고려되어야만 계시에 열릴 수 있다. 이 같은 이야기를 본회퍼는 다음과 같이 한다.

죄가 단지 그때마다의 자유로운 행위라면, 무죄한 존재로 되돌아가는 것이 근본적으로 가능할 수도 있다. 그리고 그리스도 안에 있는 계시는 불필요한 것이 되어 버릴지도 모른다. 그리스도의 죽음은 인간 전체가 율법에 죽어야 한다는 것을 계시해 준다. 왜냐하면 옛 인간의 전체성이 죄 안에 있기 때문이다.[104]

방금 한 이야기가 이것이다. 만약 죄가 행위에 불과하다면, 개인적 죄와 사회적 죄가 없을 경우 종교적 죄도 없게 된다. 이렇게 되면 계시가 불필요하거나 아전인수가 되어버린다. 그러지 않으려면, "이제는 죄를 어떤 방식으로든 존재로 이해하는 것이 필요하다."[105] 행위로만

---

104 『행위와 존재』, 177.
105 『행위와 존재』, 177. 그렇다고 해서 죄의 존재론으로 되돌아가는 것은 아니다. 그러면 지나치게 숙명론에 빠질 수도 있으니 말이다. 원죄론이 이와 연관되어 어쩔 수 없는 숙명의 차원을 가리키기도 하지만 죄를 있음의 구도에서 읽으려고 하기보다는 삶에

이 아니라 존재로 봐야 계시에 열릴 수 있기 때문이다. 전인적 죄성에 대한 이야기다. 행위로 죄를 짓는가의 여부를 넘어서 전인적 행위-존재가 죄성적이라는 것이다. 무슨 뜻인가? 자기를 내세우면서 자기 안을 맴도는 행태가 바로 죄성의 전형이라는 것을 가리킨다. 말하자면 끝없는 자기부정을 삶의 과제로 삼자는 것이다. 그래서 행위와 존재의 얽힘이 중요하다.

> 자아는 한 개인으로서 존재하는 것이 아니라, 이미 인류 안에 존재한다. 개인의 행위는 동시에 인류의 행위이기 때문에, 인간은 반드시 전체 인류의 죄에 책임이 있음을 알아야 한다.… 그의 전 '인격 존재'가 죄 가운데 있다.[106]

전인적 인격이 죄성으로 이루어진다. 그래서 단지 죄(sin)가 아니고 죄성(sinfulness)이라고 해야 한다. "~성(性)"이라는 것은 전인성에 대한 이야기다. 하이데거가 현존을 분석하면서 나누었던 시간과 시간성, 공간과 공간성, 세계와 세계성의 구분과 같은 맥락이다. 이는 전인적 본성이다. 그것이 인간을 구성한다고 할 때 인간은 시간성, 공간성, 세계성, 역사성으로 이루어져 있다. 두 개념의 섬세한 구분이 필요하다. 이어서 나오는 '일상성' 또한 같은 맥락이다.

서의 가능성과 불가피성으로 읽으려는 의도로 새기는 것이 보다 타당할 것이다.
106 『행위와 존재』, 178-179.

자기-양심-반성-과거라는 고리를 넘어서야

"네 자신이 아니라, 오직 그리스도 안에서만 네 자신을 찾아라. 그러면 너는 네가 영원히 그분 안에 있음을 발견하게 될 것이다." 바로 여기서 '자신 안에서 회개한 자'가 자신 곁에 머무르려는 시도와 자기 자신으로부터 자신을 이해하려고 하는 시도에서 벗어나 그리스도에게로 돌아서는 것이 암시되어 있다.107

본회퍼는 계시에 열리기 위해서는 그리스도로 돌아서고, 자신으로부터 나와야 한다고 한다. '아담'은 자기이다. 자기에게 머물러 있는 것을 대표적으로 '아담'이라고 부른다. 성서에서도 이 구분은 잘 드러난다. '첫 사람'인 아담과 '둘째 사람'인 그리스도의 대비이다. 본회퍼는 이 구분을 조금 더 일반적으로 풀어낸다.

이것은 존재론적으로는 하느님이 '존재의 근원'인 동시에 피조물의 주이심을 의미한다. 그리고 초월적으로는 현존재가 초월 '사이에' 그리고 초월과의 '연관 속에' 존재한다는 것을 의미한다. 하느님은 화해자시며 구원자시고 인간은 죄인인 동시에 은혜받은 자라는 사실을 간과하면서 피조된 것을 존재론적으로 상론하는 것은 있을 수 없다.108

주목할 것이 두 가지다. 하나는 초월과의 관계방식인데 이도 또한 두 개가 나왔다. '사이'와 '연관'이 그것이다. 둘이 비슷해 보이지만 다

---

107 『행위와 존재』, 183-184.
108 『행위와 존재』, 185.

르다. 사이는 정태적인 공간을 가리킨다면 연관은 주고받는 움직임이다. 말하자면, 사이는 하느님과 피조물 사이의 차이로 보아야 할 것이고 연관은 그렇지만 오가는 관계로 읽어야 할 것이다. 주목할 또 다른 한 가지는 '죄인인 동시에 은혜받은 자'라는 것이다. 바로 앞서 말했던 '구원받은 죄인'(saved sinner)이다. 구원과 죄가 역접이 아니라 순접으로 이어진다. 더 나아가 '죄인으로서 구원받음'(the saved as sinner)이다. 순접일 뿐 아니라 동일화이다. 어떻게 반대말 사이의 동일시가 가능한가? 그것이 역설이다. 현대 사상이 공유하는 역설이다.[109] 어떤 종교사상가도 역설을 강조하지 않는 경우가 없다. 역설로 이르지 않을 수 없다. 〈행위와 존재〉 역시 역설이 관통하고 있다. 환원하지 않고, 환원을 거부하고, 행위와 존재의 양 끝을 붙잡는 방식으로 결국 역설에 이른다.

현대는 객관적 환원인 고전, 주관적 환원인 근대를 모두 거부한다. 환원은 삶을 일그러뜨린다. 삶을 짓눌러가며 믿음만 강조하던 것이 고전이다. 이에 대한 항거가 시대를 전환시켰다. 그러나 근대에도 여전히 환원이었다. 인간이 군림한다. 그러나 이는 인간에게도 더이상

---

109 '역설'이라는 것이 현대의 시대정신을 읽는 핵심이다. 고전형이상학이 설정하고 추구하는 동일성의 원칙은 다른 것을 틀린 것으로 배제하는 것밖에 방법이 없다. 동일성이 다른 것을 모순으로 볼 수밖에 없으니 말이다. 그러나 인식론적 반성에서 모순으로만 처리할 수 없다는 것을 겪어간다. 그럼에도 모순을 봉합하려고 애를 썼다. 이성론과 경험론은 물론이거니와 이를 바탕으로 다시 복고하는 근대 후기 형이상학은 이 과정의 절정이었다. 그러나 우리 삶의 현실은 그렇게 봉합되지 않는다. 삶이 모순과 부조리의 얽힘이니 이를 싸안고 가는 길을 더듬어야 한다. 여기서 일찍부터 제안되었던 유산인 역설이 전면으로 나온다. 시대정신의 요구에 의한 몸부림이다. 책상에서 나온 인위적인 고안이 아니다. 역설에 대한 보다 자세한 논의는 필자의 다음 저서를 참조하라. 정재현, 『망치로 신-학하기: '말씀'이 말이 되게 하기 위하여』(파주: 한울아카데미, 2006). 1부 3장.

적절하지 않는다는 것이 현대의 목소리이다. 여전히 환원을 고집하는 사람이 있지만 점차 줄어든다. 이것이 현대의 패러다임 전환이다. 이제 양심에 대한 이야기가 반성에 대한 이야기로 이어진다: "신앙을 단지 '경건성'으로만 보려 하고 반성을 신앙의 행위로 받아들이려는 시도도 거부되어야 한다."[110]

이유가 무엇일까? '경건성'이란 인간의 태도이기 때문이다. 중세시대에는 하느님의 본성을 중심으로 합리주의와 신비주의가 대조를 이루었고 말기에 가서야 의지주의가 등장했다. 앞의 둘은 신화시대부터 고대를 거쳐 중세로 넘어왔고, 의지주의는 중세 끝자락에 만들어졌다. 그렇게 삼각구도가 완성되었다. 그런데 이 구도는 하느님에 관한 이야기였다. 그런데 근대로 오면서 인간이 주체로 등장한다. 그렇다 보니 신학의 초점이 하느님이 아니라 믿음으로 전환된다. 신의 신학(神學)에서 신앙의 신학(信學)으로 옮겨간 셈이다. 그래서 신의 삼각구도가 신앙의 삼각구도로 전환된다. 소위 정통주의, 경건주의, 자유주의가 그것이다. 물론 이는 주지주의, 주정주의, 주의주의의 신앙론적 사조들이다. 이러한 근대 구도에서 주정주의가 경건의 갈래를 잡는다. 경건은 어디에 속하는가? 말했듯 믿음에 속한다. 고전 신학이 존재의 신학이었다면 근대 신학은 행위의 신학이다. 그래서 근대를 논하는 것은 행위로의 환원을 이야기하는 것이 된다. 근대 중기의 선험론이나 근대 후기의 관념론이 좋은 증거이다. 고·중세에는 신으로 환원했다면 근대에는 신앙에 대한 가르침으로 환원했다. 정통, 경건, 자유는 신에 관한 이야기가 아니라 신앙에 관한 이야기다. 물론 이러한 환원에는 나름대로 명분이 있다. 그러나 부분적 타당성이다. 존재

---

110 『행위와 존재』, 189.

에서 행위로 넘어가면서 신-중심주의에서 인간-중심주의로 간 것이다. 중심주의는 환원주의이다. 신과 인간이 주거니 받거니 상호적이어야 한다는 것은 우리 시대의 목소리다. 그래서 현대에서는 탈중심주의가 된다. 그렇지 않으면 일방적인 환원이 될 수밖에 없겠기 때문이다. 곁가지 이야기가 길어졌지만, 여하튼 "신앙을 단지 경건성으로만 본다"는 것은 신앙을 행위로만 환원한다는 것을 가리킨다. 그래서 인간의 아전인수가 될 소지가 많다는 것이다. 이어서 과거와 미래의 이야기가 나오기 시작한다:

> 죄가 있는 곳에만 양심은 존재한다. 그러나 그리스도 안에 있는 인간
> 은 더는 죄에 지배되지 않기 때문에, 양심은 아담 안에 있는 과거에 의
> 해 규정된다.… 양심은 "미래적인" 것에 속하지 않는다. 양심은 자기
> 자신에 대한 반성이다.[111]

양심이 과거에 얽혀 있고 과거에 의해 규정된다는 점에 주목하자. 그래서 양심·과거·반성이 한 묶음이다. 반성이야 과거와 당연히 얽히겠는데, 양심은 왜 묶이는가? 과거에 주어진 틀이기 때문이다. 앞서 살폈던 불트만이 말하는 세계관과 비슷하게 작동하는 것으로 보인다. 이미 주어져 있을 뿐 아니라 언제든지 필요할 때마다 꺼내 쓰면서 빈칸을 채우고는 스스로를 정당화하는 근거로 작동해 주기 때문이다. 그러더니 이제 본회퍼는 더 나아가서 양심이 만드는 왜곡들에 대해 말한다.

---

111 『행위와 존재』, 191.

양심은 그리스도(공동체)와 나 사이에 등장하며, 그리스도를 향한 나
의 시선을 어둡게 만들거나 그리스도를 십자가에서 나의 심판자로 제
시한다. 그리고는 계속해서 나의 죄를 지적한다.112

사실 이런 방식으로 신앙을 행하는 경우가 적지 않다. 명분으로 그
리스도를 앞세우기는 하는데, 사실 나에게는 양심의 방식으로 작동할
가능성이 많기 때문이다. 계시라고 하지만 기다리기도 막연하고 분별
하기는 더욱 막막하니 양심이 대안으로 등장하게 되는 것이다. 이러
다보니 종교와 윤리가 구별되지 않는다. 계시는 사라지거나 아전인수
가 된다.

보다 자세히 보자. 앞에서 '그리스도 안에 있는 존재'에 대해 말했었
다. 아담 안에 있는 존재가 양심이나 반성을 끌어들이기 때문에 그리스
도 안으로 넘어와도 이런 문제가 생긴다는 것이 본회퍼의 지적이다. 그
리스도 안으로 들어왔더라도 여전히 반성, 양심, 과거를 끌고 들어온다
면 '자기'의 문제가 끝나지 않는다. 그래서 결국 '자기·과거·양심·반성'
이 묶인다. 양심이 그리스도와 나 사이에 등장함으로 인하여 그리스도
를 받아들여 새로운 피조물이 되었더라도 여전히 아담 안에서, 인류
안에서 살았던 탓에, 그리스도를 향한 시선이 '심판자'와 '죄의 지적'이
된다는 것이다. 그리스도 안에 있게 된 후에도 십자가에서의 구원이
아니라 죄의 지적에 몰두하게 된다는 것이다. 결국 죄의식이 강박이
되는 셈이다. 이는 자기 부정이 아니다. 죄의식의 강박이 얼마나 많은

---

112 『행위와 존재』, 191. 그리스도와 나 사이에 양심이 등장한다는 분석은 앞서 말했던바
   하느님의 초월과의 관계에서 피조물인 내가 사이에 있으면서 연관된다는 것과 견주
   어 보면 그 뜻이 보다 분명하게 드러난다. 양심은 초월과의 사이니 연관을 나의 영역
   으로 끌어들여 내제화할 것이기 때문이다.

가? 목회상담에서도 종교 강박의 문제들이 많이 논의된다는 것은 좋은 증거이다. 그것에 의해 가정이 파괴된다. 종교에 매몰되어서 다 포기하고 종교로 들어가니 말이다. 우리가 사이비나 이단이라고 말하는 행태들이 결국 이런 것이다. 예수를 계속 심판자로 세운다. 그렇게 죄의식의 강박으로 끌고 간다. 그런데 그렇게 양심을 명분으로 끌고 가는 신앙의 행태는 결국 인간 중심적인 고리로 빠질 수밖에 없다. 그러나 이것은 소위 사이비나 이단만의 문제는 아니다. 소위 정통이라고 해서 여기서 벗어날 수 있는 것이 아니니 말이다.

자기 자신을 붙잡으려는 몸부림이 우리를 억압한다

그러나 "통회 또한 더는 자기 자신을 붙잡으려는 마지막 몸부림이 아니라, 오히려 용서를 믿는 신앙 안에 존재하는 참회가 된다."[113] 종교 안에서, 종교의 이름으로, 계시를 빌미 삼아 자기 자신을 붙잡으려는 몸부림이 얼마나 많은가? 그래서 종교 이전에, 신앙 이전에, 자기의 굴레로부터의 고리를 놓는 것이 필요하다. 그런데 그것이 쉽지 않다. 놓는 순간 바닥 모를 심연으로 빠질 것밖에 다른 길이 없다고 생각해서 그렇다. 왜? 과거에 이미 결정되었고 알려진 것으로 포장된 이념, 교리, 그렇게 엮인 신앙으로부터 안정을 보장받아 왔었기 때문이다. 모르는 것에 대해서는 속수무책이기 때문이다. 그래서 결국은 자기 믿음을 잡으려 한다. 자기 믿음을 믿는다. 결국 자기를 붙잡는다. 앎이 우리를 속이고 앎의 꼴로 잡혀 있는 믿음이 우리를 속이고 있다는 증거다. 문제는 속임 당함으로 끝나지 않는다는 데에 있다. 강박으

---

113 『행위와 존재』, 193.

로 내몰리니 억압당하게 되기 때문이다.

> 죽음으로 인도하는 힘은 신앙인들에게 금욕 생활이나 자기반성을 가져
> 다주는 것이 아니다. 이러한 것은 십자가와 죽음을 받아들일 수 없는 자
> 연적인 인간의 행동이다. 신앙인은 오직 신앙 안에서만 죽는다.[114]

니체 역시 〈도덕의 계보〉에서 금욕주의를 비판한다. 두 비판의 근
거는 다르지만, 동서고금을 막론하고 인간의 계도, 도덕의 계율로 인
간을 짓눌러왔다는 점은 공유한다. 그런데 그것이 본회퍼에게 있어서
는 자연적인 인간의 행동이다. 이를 극복할 방안으로 본회퍼는 매우
독특하게 '미래'와 '어린이'를 들고 나온다. 앞에서 줄줄이 이어졌던 '자
기·양심·반성·과거'라는 묶음과 극적으로 대비되는 그림을 '미래·어린
이'를 통해 그리고자 한다.

차라리 우리를 자유하게 하는 '미래 · 어린이'

> 그리스도로부터 멀어진 세계는 자아에 폐쇄되어 있다. 즉 언제나 과거
> 에 갇혀 있게 된다. 그리스도를 멀리하는 세상 안에서의 삶이 바로 반성
> 이다.… 미래를 통한 규정 속에서는 인간이 그리스도를 바라보며 자신
> 으로부터 철저하게 멀어진다. 그러나 이것은 신비주의적인 자기소멸
> 적 직관이 아니다.… 이것은 이제 자아에 대한 반성이 아니라, 지향적인
> 행위 속에서 자신을 보존하는 '관계의 인격성'에 대한 표현이다.[115]

---

114 『행위와 존재』, 193.
115 『행위와 존재』, 195.

'자아에 폐쇄되었다'는 것은 '과거에 갇혀있다'는 것을 가리킨다. 또한 반성이란 그러한 과거를 반복하는 것일 뿐이다. 반면 미래는 자기로부터 멀어지게 한다. 과거는 알지만 미래는 모르기 때문이다. 과거 대 미래는 결정 대 미결, 기지 대 미지이다. 그렇다고 해서 내가 없다는 것은 아니다. 대신 '관계의 인격성'이다. 앞서 인격을 관계적 개체로 규정했었다. 관계의 인격성이 이를 가리킨다. 드디어 '관계'라는 것이 타자를 끌고 온다. 이제 우리가 대조시켜야 할 것은 자기·양심·반성·과거이다. 자기와 대조되는 것은 일단 타자와의 관계이다. 한편, "그리스도 안에 있는 존재가 미래로부터 규정될 때 행위와 존재의 변증법이 반복된다."[116] 미래는 알 수 없지만 어찌 되었건 들어올 것이다. 그래서 존재이다. 그리고 그것이 현재로 들어온다. 그래서 행위가 된다. 그렇기에, "인간은 행위 없이 존재 속에서만 '존재하지'도 않고, 존재 없이 행위 속에서만 '존재하지'도 않는다."[117] 이 대목에서 본회퍼는 독특하게도 '어린이'를 등장시켜 '미래'를 진하게 드러낸다. 참으로 전율적인 통찰이다.

> 미래로 하여금 자기를 규정하도록 만드는 것은 어린이의 종말론적 가능성이다. 어린이는 자신을 '미래적인 것'의 충격의 권세 속에서 (온갖 불안과 행복 속에서) 바라본다. 바로 그런 까닭에 어린이는 현재를 살 수 있다. 왜냐하면 성인, 즉 현재를 통해 자신을 규정하려는 성인은 과거와 자기 자신, 죽음과 죄책에 빠지고 말기 때문이다. 오직 미래로부터만 현재를 살아갈 수 있다.[118]

---

116 『행위와 존재』, 196.
117 『행위와 존재』, 196.

'미래적인 것'이 '충격'임에 주목하자. 앞서 과거를 대비하며, '미래'를 경험할 통로가 별로 없다고 했다. 미래는 언제나 미래인데, 과거의 관습으로 미래를 새기다 보니 미래를 과거화하기 때문에 그렇게 된다. 반면 미래는 충격이라고 했다. 미결이고 미지이기에 충격일 수밖에 없다. "여기서 어린이는 신학적 문제가 된다."[119] 성인과 어린이를 구별한다. 성인은 과거에 있고, 어린이는 미래에 있다. 이 은유가 어떤 함의를 가질까? 이 맥락에서 성인은 어느 위치에, 어린이는 어느 위치에 있을지에 대한 물음을 가지고 더 살펴보자.

'직접적 행위'인가 아니면 '반성'인가, 유아세례인가 아니면 종교성인가? 오직 그리스도에 의해서만 그리고 오직 그리스도만을 지향하는 행위로서 '직접적 행위'와 의식의 반성이 배제된 역설적 계시사건으로서 '유아세례'는 생명을 자신 아래 복속시키는 종말론적 서막이다.[120]

'직접적 행위'와 '반성' 사이에서 전자를 택하고, '유아세례'와 '종교

---

118 『행위와 존재』, 196. 특별히 시제의 관점에서 성인과 어린이의 대비를 좀 더 주목해 보자. 성인은 현재를 통해 자신을 규정하기 때문에 과거로 빠지는 반면에, 어린이는 미래에서 자신을 보기 때문에 현재를 산다고 했다. 현재에서 규정한다는 것은 현재까지의 시간이니 결국 과거로 소급될 수밖에 없다. 그러나 미래가 비록 예측불허의 충격일지라도 거기에서 보면 오히려 미래가 밀고 들어오는 현재의 밀도가 진해진다. 같은 현재라고 하더라도 어떤 시제와 연관시키는가에 따라 사뭇 다른 현재가 된다는 것은 이 맥락을 떠나서도 의미 있는 통찰이라고 하겠다.

119 『행위와 존재』, 196.

120 『행위와 존재』, 196-197. 여기서 '유아세례'와 '종말론적 서막'이 같다고 하는 데에 주목해보자. 유아와 종말이라는 극적인 대비를 연결하는 것은 오히려 유아의 뜻을 더욱 진하게 드러내준다고 보기 때문이다. 유아라고 하여 이제부터 무엇을 시작한다는 설계의 주체라기보다는 더이상 무엇을 할 수 없다는 자세로 매순간을 살아가는 종말신앙이 차라리 유아의 뜻이라고 강변하려는 것으로 보인다.

성' 사이에서도 전자를 선택한다. 왜? '오직 그리스도만을 지향하는 행위'로서 '직접적 행위' 그리고 '역설적 계시사건'으로서 '유아세례'가 행위와 존재의 불가분리를 가리키는 탁월한 길이기 때문이다. 상세한 설명이 필요하지 않을 정도로 자명하다. 본회퍼가 직접적 행위와 유아 세례를 통해 말하고자 하는 바가 무엇인가? 직접적 행위와 반성이 대비된다. 반성은 자기의 굴레에 머무르지만 행위의 직접성은 매개를 넘어서는 것을 가리킨다. 종교성은 성인이 자기기만을 감수하고서라도 제도화된 종교에 의존하는 행태를 지칭한다면 유아세례는 의식의 반성이 작동하지 않으니 생명의 복속에까지 이른다는 것을 뜻한다. 결국 '자아·양심·반성·과거'가 '어린이·유아세례·직접적 행위·미래의 충격'과 대비되고 있다. 나중에 '만유 회복'도 여기에 추가될 것이다.

　유아세례를 '의식의 반성이 배제된 역설적 계시 사건'으로 풀이했다. 왜? 유아는 세례를 받을 때 아는 것이 없다. 의식의 반성을 할 수도 없다. 그런데 그것이 계시이다. 여기서 어린이가 하나의 은유로 작동한다. 우리가 나이가 들어도 계시에 관해서는 유아 세례를 받는 어린이로서 맞닥뜨려야 할 텐데 그렇게 하지 않는다. 아니 그렇게 하지 못한다. 갖고 있는 것이 너무 많기 때문이다. 아는 것이 너무 많기 때문이다. 그러니 내가 갖고 있는 틀에 맞으면 좋은 계시이고 맞지 않으면 나쁜 계시이거나 계시가 아닌 것으로 치부한다. 그것이 선입견이고 의식의 반성이니 기성관념이다.

　　반성을 통해서는 결코 파악되지 않는 직접적인 행위에 관한 언설 (내 자신 안에 있는 나도 아니고, 그렇다고 그 어떠한 타자에 관한 것도 아닌), 즉 유아세례와—자신을 배제하는—신앙에 관한 언설은 만유 회

복의 종말에 길을 열어주는 전망들을 지시해 준다.[121]

드디어 계시를 통해서 만유 회복, 즉 모든 것들이 회복된다고 한다. 그것도 유아세례가 상징하는 바와 같이 자기 스스로가 어찌하지 못하는 어린이의 내맡김이니 자기 스스로 어떤 전제도 갖고 있지 않다. 자기로 회귀하지 않는 인간상에 대한 고도은유로서 어린이다. 그런 어린이를 통한 만유 회복은 하느님 나라의 도래를 꿈꾼다. 이어서 이렇게 나온다.

그리고 [고독에 대한 외침과 폭력에 대한 저항은] 서서히 예수 그리스도의 말씀 안에서 아버지와 함께 나누는 어린이의 ―너무나 고요하면서도 기도하는― 대화 속으로 용해되고 만다. 자아의 분열에 대한 고통스러운 지식은 그리스도를 바라보면서 '즐거운 양심'과 신뢰 그리고 담대함을 발견하게 된다. 노예가 자유인이 된다. 소외와 고독 속에서 성인이 된 자가 고향에서 어린이가 될 것이다. 고향은 그리스도의 공동체이며, 항상 '미래'이고, 즉 '신앙 안'에서 현재가 되는 미래다. 왜냐하면 우리 모두는 미래의 어린이기 때문이다. 즉 존재이기 때문에 행위이며, 행위이기 때문에 항상 존재인 것이다.[122]

'성인 대 어린이'의 구도가 '노예 대 자유인'의 구도로 새겨진다. 노예·자유인과 성인·어린이의 평행구조이다. 또한 공동체가 강조되는데, 그것이 미래, 즉 모르는 것이자 충격으로 다가온다. 기존의 틀 안

---

121 『행위와 존재』, 198.
122 『행위와 존재』, 199.

에서 반성을 통해서는 이해되지 않기 때문이다. 유아세례가 바로 그러하다. 들이닥치는 계시이다. 산전수전 다 겪으면서 나름대로 세상을 관조한다는 성인이라면 이런 통찰을 어떻게 받아들일 수 있을까? 어떻게 설득의 실마리를 찾을 수 있을까? 이 대목에서 우리는 '미래의 어린이'라는 전율적 통찰에 주목하고자 한다. 우리의 미래에서 우리의 지금을 본다면 아직도 젊었다, 아니 어리다. 무엇을 좀 안다고, 내가 이만큼 믿고 있다고 들이댈 것이 아니라 우리의 미래가 보는 지금의 어린이로서 우리의 삶에 대해 보다 조신하라는 깨우침으로 새긴다면 적지 않은 의미를 지닐 것이다. 그래서 본회퍼도 그의 통찰을 이렇게 맺는다. "이 새로운 인간은 그가 ―전에 그런 사람이었든 아니든 간에― 하느님의 피조물, 즉 어린이가 된다."[123]

〈행위와 존재〉의 결론은 '어린이가 되자'라고 해도 좋을 터이다. 어엿한 성인인 줄 알았는데 의식의 노예라고 일깨워주었다. 여기까지 오면 니체 같은 이들과도 통한다. 자유롭다고 했는데 그것이 정말 자유로운가? 자기에게 명령해서 복종한 것을 두고 자유라고 한 것이다. 생각 속에 맴도는 의지가 자유로운 것이 아니라 삶의 의지, 힘의 의지가 자유를 향한다고 니체는 갈파한 것과 같은 맥락이다.

본회퍼의 해석학적 의미를 어떻게 새길 것인가? 우리는 계시를 존재나 행위 중 한쪽에만 쏠려 새겨왔다. 파행적 왜곡이 아니더라도 환원주의라는 문제가 있다. 거기에 더해 파행과 왜곡까지 있다. 앎이 속이는 것이고 믿음이 속이는 것이다. 삶으로 나가야 한다고 했다. 행위와 존재의 얽힘이 인간에게서는 삶이다. 있음이기만 한 것이 아님은 물론이지만 앎은 더욱 아니다. 삶이라는 것은 이렇게 넘고 넘어서 펼

---

123 『행위와 존재』, 199.

처지는, 그러나 어찌 가야 할지 알지 못하는 길 없는 길이다. 그래서 계시가 뜻을 지닌다. 그리고 이런 맥락으로 그 뜻을 풀어야 한다. 그러기에 이제 우리는 본회퍼의 〈행위와 존재〉를 인간과 신의 관계를 행위와 존재의 눈으로 바라보면서 환원주의를 거부하는 해석학적 통찰로 읽을 수 있다. 인식론은 객체가 주체에게 알려지는 바에 주목하지만 해석학은 모르는 타자를 들여온다. 그래서 해석학에는 성숙이 요구된다. 눈앞에서 해결을 요구하는 인식론과 다르다. 본회퍼와 함께 '행위와 존재의 얽'힘이 성숙과 이를 통한 성찰에 어떻게 기여할 것인가를 찾아가는 것을 우리의 과제로 삼아야겠다. 해결이 아니라 성숙이니 말이다.

3 장

앎의 종교가 아니라 삶의 믿음으로

앞서 살핀 대로, 불트만은 그의 논문에서 앎과 삶을 대비하고 믿음을 논했다. 불안한 삶의 현실에서 안정을 구하려는 믿음이 앎의 차원으로 새겨지다 보니 앎의 주체로서 인간이 신과의 관계에서도 자신이 원하는 대로 신을 그려내려는 유혹에 빠질 수밖에 없었다. 스스로 그려낸 신이니 아전인수의 우상일 수밖에 없었다는 것이다. 이를 넘어설 길로 그는 불안으로부터 도피하는 기만적인 안정이 아니라 '진공 중에 빈손으로' 신과의 관계를 결단해야 한다고 했다. 본회퍼는 더 나아가 우리의 예측을 넘어서 우발적으로 밀고 들어오시는 신의 타자성에 주목해야만 세상을 향한 신의 계시와 보다 적절한 관계로 갈 수 있다고 역설했다.

결국 앎에서 삶으로 가야 한다는 것이었다. 특히 종교의 문제에서 이러한 과제는 더욱 절실하다고 이들은 입을 모은다. '나는 안다'고 할 수는 있지만 그와 같은 방식으로 '나는 산다'고 할 수는 없다. 내가 삶을 사는 것이 아니라 삶이 나를 살기 때문이다. 게다가 앎마저도 내가 아는 것만이 전부가 아니다. 앎의 저편에 앎이 그렇게 엮이도록 이미 짜이고 얽힌 삶이 꿈틀거리니 말이다. 그러기에 그 너머를 힐끗이라도 살펴야 한다. 이제 우리가 함께 읽으려는 리쾨르는 구조나 무의식, 심지어 삶에서 피할 수 없는 악이라는 것도 앎 너머를 살펴야 한다는 것을 일깨워주는 계기로 보고 진하게 분석했다. 이런 것들이 소용돌이치는 삶이니 갈등을 피할 길이 없는데 외면할 일이 아니라 진솔하게 새겨내는 것이 삶의 뜻을 일구어내는 마땅한 길이라고 강변한다.

그 맥락에서 종교에 대해서도 한마디 한다. 종교는 인간을 정죄도 하고 위로도 한다. 그야말로 병 주고 약 주는 식이라는 것인데 으레 그런 것이라고 받아들였었다. 그런데 이것이 엄청난 기만이었다는 것이다. 불안을 극복하고 안정을 얻음으로써 자유롭게 되기를 원해서 종교에 귀속했었는데 도리어 억압이 되었다는 것이다. 왜 그런가? 왜 그럴 수밖에 없었는가?

있음의 필요에서 종교가 태동되었지만 역시 앎의 구도에서 설계되고 구성되었기 때문이라는 것이다. 반복하지만, 앎의 구도라는 것이 주-객 관계를 기축으로 하는데 인간이 둘러싼 세계를 대상으로 관계하는 주체로 스스로를 세우면서 종교 안에서 신마저도 그렇게 대상적으로 투사하거나 환상으로 그려내다 보니 그러한 자가당착이 벌어지게 되었다는 것이다. 이제 우리가 살피려는 리쾨르의 해석학이 이러한 구성과 전환 그리고 왜곡을 거친 자가당착에 이르는 과정에 대한 절묘한 분석을 보여준다. 그리고는 그렇게 앎에 갇힌 종교를 넘어서 삶을 살게 해주는 믿음으로 가야 한다고 역설한다. 종교에서 믿음으로의 전환인데 이는 '앎에서 삶으로'이기도 하지만 '강박에서 자유로'라는 더 깊은 뜻을 지닌다. 그런데 이 대목에서 더욱 오묘한 것은 무신론이 이러한 전환에 뜻 있는 가교의 역할을 한다는 독특한 제안을 한다는 점이다. 이를 함께 살펴보자.

삶으로서 믿음이기에

리쾨르, 〈해석의 갈등〉

이 책에 대한 우리의 관심

리쾨르(Paul Ricoeur)의 〈해석의 갈등〉이라는 저서는 제목이 내용을 직설적으로 표현해 주고 있다. 해석을 향해 가는 길에 피할 수 없는 긴장 구조가 갈등으로 나타나고 때로 충돌하기도 하는 현실이니 이를 들어가 살피고 해석을 향한 마땅한 길을 더듬고자 한다는 취지를 가늠하게 해준다. 물론 처음부터 끝까지 밀고 가는 기본 틀은 해석학이다. 서론에서는 '실존'을 말한다. 1장에서는 '구조주의'를 이야기하고, 2장에서는 '정신분석학', 3장에서는 '현상학', 4장에서는 '악의 문제'를 다루고, 5장에서는 '종교'로 들어간다. 말하자면 해석의 터전으로서 실존을 살펴 전제로 깔고서는 이와 거리를 두거나 긴장 관계를 가질 만한 것들을 차례로 분석해 나아간다. 구조주의도 실존과 대척점에 있는 구조에 관한 이야기이고, 정신분석학도 실존으로 싸잡을 수 없는 근저의 무의식을 다루며, 현상학도 실존으로 밀고 들어오는 존재의 드러남에 대한 검토이니 공히 실존이라는 전제를 제대로 깔기 위해서 반드시 훑어야 하는 것들이었다. 악의 문제도 역시 삶에서 피할 수 없이 씨름해야 하는 과제이니 앞의 것들과 같은 맥락이라고 하겠다. 마지막에 다룬 종교도 이런 맥락의 연장선상이라고 본다면 실존과 구조, 실존과 무의식, 실존과 존재현상, 실존에 대한 악의 힘 등 긴장 구도에서 종교와 신앙을 논의하는 것으로 읽어 마땅하다.

우리의 관심에 비추고 책의 결론에 해당하는 이야기로서 종교를 화두로 이야기를 시작해보는 것도 좋겠다. '종교와 신앙' 또는 '종교와 믿음'의 구별이 어떤 경우에는 굳이 필요 없기도 하지만, 더 많은 경우에는 구별이 절실하기도 하다. 종교는 한자로 풀면, '으뜸 종'(宗)에 '가르칠 교'(教)이니 말 그대로 '으뜸 되는 가르침'이라는 뜻이다. 뜻은 그랬다. 신앙의 기본적 가르침을 뜻했기 때문이다. 중세가 좋은 예가 될 터인데, 그리스도교의 지배라는 구도에서 신앙이라는 말이 훨씬 컸고, 종교는 그 신앙을 지탱하는 틀 정도에 불과했었다. 말하자면, 그 구별은 마치 본질 속에 들어 있는 실존처럼 거의 동어반복적인 뜻이었다. 그런데 근대로 넘어오면서 '종교'라는 말의 뜻은 상당히 달라졌다. 서로 다른 종교들을 경계 짓는 준거가 되었다. 그렇다면 왜 종교를 구별하고 복수로 새겨야만 했었나? 중세 유럽에서는 종교라고 칭할 수 있는 것이 그리스도교 하나뿐이었다. 그런데 유럽이 근대로 넘어오면서 다른 세상을 만나게 되었다. 지리상의 발견, 특히 천문학을 중심으로 하는 자연과학의 발달로 인해 벌어진 일이었다. 이렇게 해서 '다름'을 만났다. 다른 인종, 다른 문화, 다른 종교를 만나게 된 것이다. 그러다보니 구별할 '필요'가 생겼다. 그래서 구별 단위 기준으로 종교라는 개념을 쓰기 시작했다. 이전에는 쓰지 않던 방식이었다.

이렇게 근대에 와서 '종교들'이라고 하는 틀이 등장하게 되었다. 물론 그전에도 여러 종교가 있었다. 그러나 그동안은 그렇게 서로 다른 종교들의 만남이 관건이 아니었다. 그러나 근대의 '종교들' 때문에 소위 배타주의·포괄주의·다원주의와 같은 이야기들도 나왔다. 그런데 현대로 넘어오면서, 종교만으로 종교가 가리키는 것을 넉넉하게 잡아낼 수 있는가 하는 의문이 제기되었다. 그리고 대답은 아니라는 것이었다. 아닐 수밖에 없는 이유는 삶이라는 터전에서 종교를 보게 되었기 때문이었다. 그래서 더 촉촉한 '삶'의 뜻에 다가가는 믿음과 신앙이라는 말이 부각되었다. 하나는 한글이고, 다른 하나는 한자어이지만, 우리는 '믿음'과 '신앙'을 구별해서 쓰기도 하고, 버무려서 쓰기도 한다. 하여튼 시대에 따라서 종교와 믿음, 종교와 신앙의 관계가 이렇게 엎치락뒤치락 해왔다. 중세에는 신앙의 비중이 더 컸고, 종교가 작았다. 근대에는 '종교들'이 단위가 되었고, 현대에 와서는 종교가 겉껍질이기는 한데, 믿음이 오히려 더 크기도 한 공동체로, 또한 작기도 한 개인 단위로도 새겨졌다. 두 단어의 역학관계가 시대의 패러다임에 의해서 계속 뒤바뀌어 왔었다. 결론에 해당할 5장이 바로 이를 다룬다.

작품의 취지

〈해석의 갈등〉을 펼치면, 서론이 나오고, 목차가 나온다. 그런데 '목차'보다 '서론'이 먼저 나온다. 왜 그렇게 나누었을까? 1-4장에서는 해석이 불가피하게 씨름해야 할 갈등을 분석한다. 5장은 1-4장까지의 이야기를 용해시켜 결론적인 주장으로 끌고 간다. 그렇다면 1-4장에서 다루는 구조주의, 정신분석학, 현상학, 악에 대해 서론의 '실존의 해석학'은 어떻게 다른가?

서론에 있는 '실존'은 해석학의 핵심이다. 해석학이 실존 때문에 필요하고, 또 실존으로 되돌아간다. 즉, 실존은 해석과 같이 간다. 삶과 뜻이니 당연히 그러하다. 안에 있던 밖에 있던, 어느 것이 크건 작건 같이 굴러간다. 그런데 1-4장은 무엇을 이야기하고 있는가?

구조주의, 정신분석학, 현상학은 해석학과 다른 것이다. '실존'처럼 해석학과 같이 있는 것이 아니다. 실존은 해석학과 같이 있는 것이지만, 구조주의, 정신분석학, 현상학은 해석학의 바깥에 있는 것이다. 그러나 또 한편으로, 해석학은 구조주의/정신분석학/현상학과 적극적으로 관계되어야 한다. 다르지만 무시할 수는 없다. 아니 바로 이런 것들이 해석을 절실히 필요로 하는 계기들이다. 그러기에 거리가 있고, 차이가 있음에도 불구하고, 바로 그렇기 때문에 이들 사이에서 벌어지는 긴장과 갈등을 과제로 삼아야 한다. 실존이 가리키는 삶이라는 것이 그렇게 생겨먹었기 때문이다.

이러한 논조는 현대가 대체로 공유하고 있다. 이것과 저것이 다르다. 방향도 다르고, 취지도 다르다. 그런데 목적을 향해 가는 방법은 다르지만 무언가 목적에 있어서는 공유하는 것이 있다. 출발도 다르고 과정도 다른데 목적에 공유되는 것이 있으니 '대조와 수렴의 방식'을 취하게 된다. 대조로 출발해서 수렴으로 간다. 벌어진 데서 출발했는데 점점 가까이 만난다. 그런데 이렇게 모여 가는 과정에서 아주 절묘한 통찰들이 있다. 이것은 현대 사상가들이 다 공유한다. 리쾨르도 이런 대목에서 앞장서서 간다. 무엇을 공유하는가?

예를 들어, 서로 대조되는 A와 -A가 있다고 해보자. 그런데 절묘하게 A 안에 -A가 있다. 또한 -A 안에도 이미 A가 있다. 이것을 파헤치고 들추어낸다. 그래서 겉보기에는 대조이지만, 점차로 진전되면서 서로 얽힐 수밖에 없다. 그래서 현대 사상가들이 '이것 안에 저것 있고, 저것 안에 이것 있다'라는 식의 논조를 개진한다. 그럴 수 있고 그럴 수밖에 없다. 그 이유가 무엇일까?

있음에서 출발하거나 앎에서 출발하면 위와 같은 논조는 불가능하다. '이것 안에 저것 있고, 저것 안에 이것 있다'는 것은 근본적인 터전인 삶에서만 가능하고 필요하기 때문이다. 그런데 오랜 세월동안 삶이 물음을 던진 근본 뿌리인데도 뿌리로부터 나오고서는 이를 잊어버리고 삶을 오히려 있음과 앎으로 엮다 보니 본말전도가 된 것이다. 그런데 현대에 들어와 다시 삶으로 돌아오다 보니까, A 속에 -A가 있고, -A 안에 A가 있다는 것을 점차로 발견하게 되었다.

리쾨르만 그런 것이 아니었다. '행위 속에 존재, 존재 속에 행위'를 말한 본회퍼도 마찬가지였다. 더 앞서 살폈던 불트만도 역시 그러했다. 불트만은 보다 구체적인 목적을 갖고 있었기 때문에 이러한 구도를 그렇게 가시적으로, 적극적으로 드러내지 않았을 뿐이다. 불트만은 특별히 계시 실증주의를 비판대상으로 삼았기 때문에 극단적으로 밀어붙이는 전략을 취하지 않을 수 없었다. 그런데 본회퍼만 하더라도 두 선배들 사이에서 양 갈래 길을 보았다. 불트만은 구체적 목표가 있었기 때문에 강조하다 보니까 한쪽으로 쏠린 것처럼 보였지만 말이다. 앞서 나온 한쪽으로 쏠린 이야기에 대해 다른 쪽으로 쏠린 이야기를 해야 균형이 잡히기 때문이었다. 그것이 불트만의 위치였다.

서론은 '일차적으로 해석학의 터전이라고 하는 것이 실존이다. 출발이 그렇고 되돌아가야 할 곳이 실존'이라고 말한다. 그리고는 이제 해석학이 싸워야 될, 그러면서 또 얽혀야 될 것으로서 '구조'를 말한다. '해석'을 명분으로 삼아서 '구조'를 제쳐둘 수는 없다. 정신분석이 말하는 '무의식'이나 '심층'과 같은 것들이 '해석'에 어떤 식으로 작동하는지를 덮어놓고, 해석만 표피적으로 말할 수도 없다. 현상학도 마찬가지이다. 그냥 겉으로 드러난 칸트적인 현상이 아니다. 현상이게 만드는 그 무엇과의 적극적인 관계를 필요로 한다. 그것이 현상학이다. 물자체를 잘라놓고, 현상만 붙들고 늘어지는 칸트의 현상이 아니다. '현상이게' 만드는 '그 무엇'을 거슬러 가는 것이 현상학이다. 그러니까

'현상 안에 본질이 있다'고 말한다. 현상학이 말하는 현상과 본질의 관계는 한편으로는 '앎과 있음'의 관계이다. 여기서 '있음'이 '본질'이다. '있음'이 그렇게 우리에게 알려지도록 현상으로 드러나게 만들었다. 당연히 현상은 앎이다. 이것이 전기 현상학이다.

그런데 후기로 넘어가면서 후설도 회개했다. '있음과 앎'의 이야기로 끝낼 일이 아니라, 그 현상이 삶의 터전으로까지 가야 한다는 것을 깨달았다. 그래서 현상을 삶까지 끌고 나온다. 그리고 안에 들어있는 본질이 존재를 어디까지, 어떻게 가리킬 것인가 하는 것이 관건이 된다. 현상이 '앎'이고 본질이 '있음'이었는데, 현상이 이제 '삶'이 되면 본질은 '앎'이 되니, '있음'까지 갈 수 있을까를 고민하게 된다는 말이다. 아닌 게 아니라 본회퍼도 후설의 현상학을 놓고 진단을 이렇게도 하고 저렇게도 했다. 현상학이 존재론으로 가려고 했는데 결국 실패했다고 말했다. 그래서 후설의 현상학만 가지고는 안 되고, 하이데거의 '현존재'까지 가야 한다고 말했다. 한 사람의 사상이 사실 계속 달라진다. 전기·중기·후기로 쪼개지는 사상가들도 있다. 이렇게 복잡다단한 과정을 일관적이지 않다고 매도할 일은 아니다. 무엇인가를 더 찾아가는 과정이라고 봐야 한다.

이제 현상학은 칸트와는 달리, 현상으로 드러나게 하는 그 무엇에 주목한다. 이것이 해석학이 놓치지 말아야 할 부분이다. 우리가 본회퍼의 이야기를 살필 때, 이쪽과 저쪽을 구별하면서도 연관하여 말했을 때, 해석학은 인식론과는 달리 이쪽의 이야기로만 끝나서는 안 된다는 절박함 때문이었다. 구조주의도 저쪽을 말하고, 정신분석도 저쪽을 말하는 것이다. 저쪽이 아래에 있다고도 하고 뒤에 있다고도 한다. 구조나 정신분석이 아래의 이야기라면, 현상학은 뒤의 이야기이다. 그동안 위로, 앞으로 나왔었다면 이제 아래나 뒤의 이야기로 보아도 좋을 일이다.

어쨌든 눈앞에 펼쳐진 것만을 전체로 싸잡는다고 생각해왔던 인식론에 대하여, 해석학은 '그게 전부가 아니다'라고 말한다. 인식론은 전체를 꿈꾼다. 이성론은 애당초 전체에서 출발하고 경험론도 개별성을 모아서 공통성을 만듦으로써 전체에 근접하려고 애쓴다. 그런데 해석학에서는 전체가 불가능하다고 말한다. 칸트와 함께 전체의 불가능성은 이미 드러났다. 칸트의 〈순수이성비판〉이 전체의 불가능성을 말했다. 영혼, 우주, 신을 전체로 논한다는 것이 불가능하다. 전체가 가능하다고 마구 주장하면 영혼론(인간론)에서는 '오류 추리'에 빠지고, 우주론에서는 '이율배반'에 빠지게 되며 신론에서는 '증명 불가'로 내몰린다. 이 모두는 앎의 경계를 짓는 일이다. 전체가 불가하다는 선언이다. 이제 칸트와 함께 이전으로 되돌아가지 못하니 전체를 꿈꾸는 것은 환상이고 결국 허상이 된다.

그런데 칸트의 선언에도 이후의 관념론자들은 전체를 또 그려냈다. 인식론 가지고는 못 그리니까 형이상학으로 그렸다. 이것이 근대후기 형이상학이다. 그런데 현대를 터뜨린 실존의 반동이, 삶의 반동이 전체는 불가하고 부분일 수밖에 없음을 말했다. 알 수는 없지만 없어지는 않은 '전체'와 힐끗 알려지는 '부분' 사이의 관계를 말한다. 우리 삶이 부분일 수밖에 없을진대, 그렇게 알려진 부분과 모르는 전체 사이의 주고받는 관계는 앞서거니 뒤서거니 굴러가니 달리 순서를 매길 수도 없어 '순환'이라고 했다. 해석학은 바로 이걸 주목한다. 당연히 환원을 거부할 수밖에 없다. 그래서 실존을 이루는 긴장의 요소들에 주목하게 되었던 것이다.

인식론과 해석학은 어떻게 구별되는가? 인식론은 앎에 관한 이야기다. 앎은 주체와 객체의 관계에서 벌어지는 일이다. 앎이라는 행위를 놓고 주체와 객체가 맞선다. 맞서는 주객 관계는 어느 한쪽으로 끌어당겨 묶거나 비슷하게 만들어야 직성이 풀린다. 앎이라는 것이 또 그렇게 해야 만들어지기도 하니 어쩔 수 없기도 하다. 그런데 해석학은 삶에서 나온다. 아니 삶이 그것을 요구한다. 삶의 실존이다. 결국 '앎의 주체' 대 '삶의 실존'이다. 이제 삶은 더이상 주체를 허락하지 않는다. 주체는 앎의 틀에서 빌려온 표현이다. 그래서 이제 삶에서는 주체 대신에 실존이라고 해야 한다. 앎의 주체는 전체를 설정한다. 그런데 삶의 실존은 부분일 수밖에 없다. 부분일 수밖에 없다 보니 알려진 부분 외에 다른 부분들, 알려지지 않거나 알려질 수 없는 부분들을 더듬는 것들이 구조주의이니 정신분석이니 현상학이니 악이니 하는 것들이다. 물론 그것들을 덮어둘 수는 없다. 삶은 그런 것들로 엮여졌기 때문이다. 앎은 테두리를 짓지만, 삶은 테두리를 지을 수 없다. 구조주의, 정신분석, 현상학 모두 테두리를 설정할 수 없는 저편에 주목한다. 악도 마찬가지다. 악은 인간이 어찌할 수 없는 가장 현실적인 체험이다. 어찌할 수 없는 데 삶 가운데 똬리를 틀고 있다. 자연적인 악뿐만이 아니라 도덕적인 악도 인간이 어찌할 수 없다. 도덕적인 악이라 해서 자유의지의 통제 안에 들어간 것처럼 볼 수도 있지만 턱도 없는 일이다. 인간이 그렇게 도덕적이지도 않을 뿐더러 의지를 자유롭게 구사할 수 있지도 않기 때문이다.

그렇지만 근대 주체는 인간을 그렇게 설정했었다. 근대 주체는 도덕적 주체였다. 그래서 자유의지가 굉장히 중요했다. 그것으로 선과 악을 가르고 조정-통제할 수 있으리라고 보았다. 물론 환상이고 허상이었다. 근대 말기의 소외, 허무, 불안, 절망이라는 절규가 그로부터 비롯되었다. 그 소용돌이의 끝자락에서 폭발한 것이 세계대전으로 등장했다. 정신문화계가 현실정치 세계로, 사회적인 현실로 터져 나왔다. 일련의 과정을 거치면서 인간이 이성적이지도 않고 도덕적이지도 않으며, 더욱이 자유의지로 판단하고 행동하는 것이 아니라는 것을 부정할 수 없게 되었다. 실존철학과 해석학은 이것을 절절이 겪은 체험에 대한 성찰이다. 이성적이고 도덕적이었으면 인식론으로 충분했었을 터인데 말이다.

한국전쟁의 경우에도 직접 겪은 사람들에게는 엄청난 상처다. 온갖 것을 상식적이고 합리적으로 판단하다가도 한국전쟁 이야기가 나오는 순간, 자신의 '트라우마'로 모든 것을 빨아들여 버린다. 우리는 그러한 경우들을 우리보다 윗세대에서 자주 본다. 그분들은 일상생활에서는 온전한 인격체로서 활동하는 듯이 보이지만, 어렸을 때 동란을 겪었고 그 부모들이 겪은 것을 눈으로 보면서 형성된 상처로 인해 전쟁 문제에 있어서는 해결할 수 없는 트라우마를 여전히 겪고 있다. 세계대전도 그렇고 아우슈비츠 사건도 마찬가지다. 되새김질을 통해서 인간이란 근대적 방식으로 정리될 수 없음에 대한 길고 깊은 성찰이 현대 사유로 터져 나왔다. 그래서 '삶'이 전면에 나올 수밖에 없었다. '앎'으로는 정리될 수 없었기 때문이다.

전체는 턱도 없다. 부분이고, 쪼가리일 수밖에 없다. 쪼가리일 수밖에 없을 때 그중 몇 개를 추려서 '여기까지다'라고 할 수는 없다. 그래서 등장하는 것이 구조이고 무의식이며 현상이고 악이다. 선은 문제가 안 된다. 선은 추구할 그 무엇이지만, 악은 문제다. 선은 현실에서 실현 불가능한 과제로 있을지 모르지만, 악은 해결해야 할 문제다.

선보다도 악이 훨씬 더 급하다. 저울에 달면 같은 무게일 수가 없다.

〈해석의 갈등〉이란 책은 그런 것들과 씨름하는 삶의 갈등을 다룬다. 그러나 봉합이나 정합으로 가는 것은 결코 아니다. 헤겔식으로 아귀를 맞추는 것이 아니다. 갈등을 어떻게 끌고 갈 것인가가 관건이다. '구조와 실존의 갈등', '무의식과 의식의 갈등', '현실과 본질 사이의 거리', '불가피한 악을 현실 속에서 어떻게 관계해야 할 것인가?' 등 이 모든 것들이 거리이고 긴장이며 갈등의 문제다. 해소되지 않고 봉합되지 않는 것이 삶이다. 잠시 봉합되는 듯해도 무엇인가 또 터져 나온다. 삶이 이미 갈등이니 말이다. 우주가 그런 소용돌이기 때문이다. 과거에는 이를 어떻게 체계적으로 추려보려고 했었다면, 이제는 오히려 그럴 수밖에 없음을 받아들이는 길을 찾는다. 더 크게 볼 수 있게 되었기 때문이다. 작게 보일 때는 뭔가 할 수 있을 것 같았지만, 더 크게 보이니 오히려 조신하게 받아들이게 되는 것이다. 그런 점에서 리쾨르는 한 단계 진전하는 과정을 '실존'의 격랑으로 묘사하면서 해석학으로 끌고 나온다. 그것이 얽혀 소용돌이치는 가운데 그런 대척점이 있음에도 불구하고, 한데 얽어매면서 끌고 갈 과제가 마땅하게 있다는 것에 주목한다. '갈등'이라는 이름으로 그 관계를 표현하면서 과제로 삼아서 전개한다.

해석학에 대해 구조주의가 지니는 뜻

책을 이해하려고 애를 쓰는 데 있어서는 크고 작은 범위가 있다. 어떤 지점에서는 자세하게 들어가는 것이 필요하다. 그러나 그것은 될 수 있는 대로 뒤로 미룰수록 좋다. 너무 늦게 할 일은 아니지만, 앞서 해야 할 일은 뒤로 물러서서 테두리 지어진 이야기의 흐름을 조망하는 것이다. 서론과 1장을 묶으면 '실존과 구조'이다. 실존과 구조는 '대비'이다. 그런데 2장에서 다루게 될 '실존과 정신분석'은 '실존과 구조'와 같은 방식의 대비는 아니다. 어떤 면에서는 대비이지만, 어떤 면에서는 아니다. 실존이 정신분석이 가리키는 영역 아래로 깔려버리고 끝나서는 안 되겠다고 하는 깨우침을 정신분석이 주는 데에 뜻이 있다. 그런데 비하자면, '실존과 구조'는 매우 대조적이다.

사실 구조주의라는 것 자체가 실존주의에 대한 대안으로서 중요한 뜻을 지닌다. 구조주의는 실존주의에 대한 대항이다. 그런데 실존주의는 본질주의에 대한 대항이다. 본질주의에 대한 대항으로 실존주의가 나왔다. 그렇다면 구조주의는 본질주의로의 회귀인가? 그것은 아니다. 본질주의로 회귀하지는 않지만, 실존주의에서 놓칠 수 있는 본질주의의 소중한 부분에 대해서 구조주의는 말하고자 한다. 구조주의가 말하는 구조는 바닥의 아래이다. 바닥을 벗겨야 드러나는 구조다.

자연적 차원에서, 구조주의의 근거는 소위 지질학이라고 알려져 있다. 지구과학과 지질학이 발전하면서, 껍질 아래 아주 다른 지질층들이 다양하게 깔려 있다는 것을 발견하게 되었다. 껍질은 굉장히 단단한 고체인데 지구 속으로 들어갔더니 지각을 떠받치고 있는 거대한 대륙판이 있다. 그런데 그 단단한 대륙판 아래 출렁거리는 용암이 들어있다. 고체 밑에 액체라니 상식으로는 받아들이기 어려운데, 파고 들어가 보니까 그런 것이 있다. 고체를 오히려 액체가 떠받치고 있다. 그러니 우리가 단단한 기초라고 그 위에 수백 층의 건물을 짓지만 그 아래 출렁거리니 건물의 기초를 고체만 가지고 다 말할 수 없다. 우리의 경험 영역만 가지고 다 말할 수 없다는 깨달음이다. 지질학이 가리켜주고 가르쳐준 깨달음이다.

자연과학의 거대한 발견은 그 파장을 사회적인 차원과 심리적인 차원으로 뻗어나갔다. 사회적인 차원으로는 마르크스가 말하는 하부 구조가 있다. 경제적 하부구조, 사회적 하부구조가 그것이다. 상부구조가 가능한 것은 하부구조가 떠받치고 있기 때문이다. 마르크스는 그것을 헤겔의 '주노변증법'에서 자기 방식으로 가져왔다. 주인과 노예의 변증법이다. 주인과 노예가 어떤 관계인가? 주인은 노예를 부린다. 그러면 주인이 주도권을 가지고 다할 것 같지만, 거꾸로 주인은 노예에 의존함으로써 노예가 없으면 주인도 주인이 아니다. 그것이 주·노 변증법이다. 주인만 일방적으로 노예에게 명령하고 노예는 그저 주인에게 의존하는 것이 아니라, 주인도 거꾸로 노예에게 의존하니 말이다. 이러한 발상을 사회구조에 들이댔더니 상부구조와 하부구조가 나왔다. 하부구조가 바로 '구조'이다.

심리학의 차원으로 가게 되면, 프로이트를 만난다. 마르크스와 프로이트가 우리 시대인 현대를 열어준 초기의 사람들이다. 의식이 전부인 줄 알았더니 아래에 무의식이 있더라는 것이다. 그러니까 단단한 지각 아래 엄청난 두께의 출렁이는 용암, 견고한 상부구조 밑에 요동치는 하부 구조, 보이는 의식 아래 있는지도 모를 무의식, 이러한 것들이 구조주의적인 착상을 일으켰던 것이다. 실존주의만으로는 충분하지 않다는 것이다. 이제 실존과 구조가 그렇게 엎치락뒤치락하는 상황이라면 실존과 관련한 성찰 작업으로서 해석학은 당연히 구조주의가 제기한 문제를 갖고 씨름하지 않으면 안 된다. 이것이 1장의 이야기이다.

인식론과 해석학

해석학을 인식론과 견주면, 리쾨르가 왜 구조주의, 정신분석학, 현상학을 말했는지 알 수 있다. 그러니까 1-3장에서 그런 것을 선택하는 이유가 인식론과 대별된다. 인식론은 전체를 주장하지만, 해석학은 부분일 수밖에 없다는 데에서 시작한다. 조각이고 파편이다. 인식론은 어쨌든 이쪽에서 하는 것이다. 앎이란 이쪽에서 하는 것이다. 그런데 해석학은 실존이다. 실존은 삶이다. 삶이란 이쪽만으로 이루어져있지 않다. 삶은 내가 혼자서 교통 정리해서 살 수 있는 것이 아니다. 내가 모르고도 살고, 없음이 있음에 깔려 있고, 죽음이 삶에 들어와 있기 때문이다. 죽음과 불가분리 관계에 있는 삶인데 죽음은 없음과 모름을 끌고 들어온다. 삶과 불가분리 관계에 있는 죽음이 끌고 들어온 없음과 모름이 인식론에서는 대상이 될 수가 없다. 없음이 어떻게 인식의 대상이 될 수 있겠는가? 또한 모름이라는 것은 앎이 극복해내야 할 과제이지 싸안고 가야 할 과제는 아니다. 제거하거나 극복하려 하니 그래서 인식이다. 말하자면 모름을 제거하면서 앎을 늘여감으로써 전체에 근접하겠다는 것이 앎의 이야기이고 인식이다.

이에 비해서 해석은 전체가 아니라 부분이다. 부분일 수밖에 없는 여러 조각은 어떠한 한 부분으로만 특정하게 추려지지 않는다. 환원을 거부한다. 인식론은 환원주의일 수밖에 없다. 그러니까 인식론을 토대로 그 뒤에 등장한 인식론적 형이상학이 철저히 환원주의일 수밖에 없었던 것이다. 피히테, 셸링, 헤겔이 모두 환원주의로 귀결되었다. 전부 자아로 환원시키거나 정신으로 환원시켰다. 관념론이라는 이름의 인식론적 형이상학은 그랬다.

거기에 대한 삶의 반동, 실존의 반동을 추려내는 해석학은 당연히 환원주의를 거부한다. 환원주의란 전체를 부분으로 축소시킨다는 것이다. 부분으로 축소시켰을 때 다른 부분을 제거하는 것이 아니라 전체를 부분 안으로 싸안고 들어오려고 한다. 표방하기로 보면 그렇다. 그런데 환원주의는 환원에 의해서 도달한 것을 부분이라고 말하지 않는다. 그것을 언제나 전체라고 말한다. 자연과 정신의 관계에서 자연을 정신으로 흡수해놓고, 정신이 전체라고 말한다. 자연은 정신이 드러난 것이고, 보이게 된 정신이라고 말한다. 그래서 다시 보이는 것에는 이렇게 보이기도 하고 저렇게 보이기도 하니까, 서로 모순하고 갈등하고 충돌할 수밖에 없다. 그런데 점차로 더 보이지 않는 정신의 단계로 되돌아 올라가면 그런 쪼가리들의 충돌이 점점 줄어들게 되고 더 좋은 것이 될 것이라고 한다. 그것이 정신으로 되돌아감이다. 그런 식으로 자연을 정신으로 끌어들인다. 그들은 환원이나 축소라고 말하지 않는다. 오히려 전체라고 말한다. 피히테나 셸링 그리고 헤겔도 모두 전체라고 말했지 부분으로 간다고, 자연을 덮고 정신으로 간다고 말하지 않았다.

그런데 그것을 바깥으로, 즉 삶이라는 터전으로 나와 보니까 전체가 아니라 부분이었다는 것이 드러났다. 근대인들은 그것을 전체라고 말하고, 현대인들은 부분이라고 말한다. 그랬을 때 이제 부분일 수밖에 없는, 그것도 서로 충돌할 수밖에 없는 부분들 사이의 관계가 절실하게 필요해졌다. 해석학은 이에 부응하려는 노력이다.

해석의 터전인 실존을 이루는 욕망과 노력

해석학의 기원에 대한 리쾨르의 말로 시작하자.

다시 말해서 말하는 행위, 곧 발화를 통해 현실 그 자체가 그대로 찍혀
나오는 것이 아니라, 무엇을 뜻하는 표현을 빌어 현실을 잡으려는 것
이기 때문에 거기에 <헤르메네이아>의 차원이 들어있다.[1]

'그대로 찍혀 나오는 것'과 '잡으려는 것'이 대조적으로 눈에 들어
온다. 우선 말한다는 것은 '그대로'가 아니라고 한다. 인식론은 그대로
를 꿈꾸었다. 필연성을 구가하는 이성론은 말할 것도 없고 경험론도
근사치를 찾으면서 그대로에 다가가려고 했다. 그러나 그것은 앎의
논리 구조였을 뿐 삶은 사뭇 다르다. 삶의 현실을 잡으려는데 그대로
가 아니라 잡히는 대로다. 이때 잡히는 대로는 '나름대로'도 있고 '마음
대로'도 있다. 이제는 '그대로'는 불가능하기 때문에, '나름대로'와 '마
음대로'가 관건이 된다. 이를 가늠하기 위해 한마디를 더 들어보자. 그
는 이렇게 말한다: "힘과 뜻 사이의 관계, 의미를 만들어내는 삶과 그
것을 일관되게 엮어내는 정신과의 관계다. 만일 삶이 처음부터 무엇
을 뜻하지 않는다면 이해는 아예 불가능할 것이다."[2] 벌써 나름대로와
마음대로 사이를 교통 정리할 실마리가 보인다. "의미를 만들어내는
삶과 그것을 일관되게 엮어내는 정신"이라고 했는데, 여기서 정신을

---

1 폴 리쾨르, 『해석의 갈등』, 양명수 옮김 (서울 : 아카넷, 2001), 7; 이하 『해석의 갈등』으로
  표기한다.
2 『해석의 갈등』, 8.

'앎'이라고 보면 된다. 삶은 의미를 만들어 가는데, 앎은 이를 일관되게 엮으려고 한다. 삶의 의미가 그렇게 일관되게 만들어지지 않는다는 것은 삶을 살아본 사람들은 누구나 부인할 수 없다. 그런데 앎은 일관되게 엮으려고 한다. 이것이 삶과 앎 사이의 거리다. 한 마디 더했다. "삶이 처음부터 무엇을 뜻하지 않는다면 이해는 불가능하다"고 말이다. 뒤집어 보면, 삶이 애당초 무엇을 뜻한다는 것을 가리킨다. 삶은 정신보다 앞서서, 즉 앎보다 앞서서 이미 뜻을 엮는다. 그런데 앎보다 앞선다는 것은 아직 알지 못하는 것이니 모른 채로 뜻한다는 것이다. 이것이 도대체 무슨 말인가? 어떻게 알지도 못하는데 뜻을 만든다는 것인가?

그런데 이렇게 묻는다면 그것은 아직도 인식론적 구도 안에 사로잡혀 있다는 증거다. 삶의 뜻은, 삶이 엮어가는 뜻은 모르고도 만들어지는 뜻이다. 그래서 '선이해'라고도 한다. 여기서 우리가 착각하지 말아야 할 것은 삶이 뜻을 엮어간다는 것이 인간이 뜻을 만든다는 것을 가리키지는 않는다는 것이다. 내가 아니고 삶이 만드는 것이다. '처음부터 이미 거기에 그렇게'라는 것이 중요한 전제이다. 서론의 '실존과 해석학'에서 실존은 이미 그렇게 살고 있고 그래서 삶이 그렇게 뜻을 새기고 있다는 것을 가리킨다. 바로 그러하기에 앞으로 논하게 될 구조, 무의식, 현상 등이 연결될 수 있다. 인간이 무엇을 어떻게 하기 전에 이미 거기에 그렇게 엮어지고 있는 것이니 말이다. 그리고 바로 이런 이유로 해석은 무엇인가를 하는 것에 대한 논의 이전에 이미 거기에 그렇게 깔리고 엮여가는 삶의 뜻에서 시작한다. 이를 리쾨르는 다음과 같이 말한다. "결국 사고 혁명을 가져온 것은 물음 그 자체의 전환이다. 해석의 인식론 자리에 이해의 존재론을 가져다 심은 전환 말이다."3 인식론과 해석학을 대비하고 있는 우리 구도에서 '해석의 인식론'이라는 표현은 매우 어색하다. 뜻을 풀자면, 존재론은 애당초 거기 그렇게 있는 것이고, 인식론은 무엇인가 하는 것이다. 결국 취지인즉, 해석이 무엇인가를 하는 행위가 아니라는 것을 말하고자 함이다. 따라서 이 말은 '특정한 행위로서 해석을 거슬러 이보다 앞서 삶의 뜻으로 엮여지고 있다는 이해로 눈을 돌리게 되었다'고 풀 수 있다. '하는 해석'에 앞서 '주어진 이해'로 거슬러가는 것이다. 하는 해석행위에 앞서서 이미 이해라고 하는 것이 벌어지고 있기 때문이다. 알기 전에 이미 살고 있다는 것을 가리킨다. 그러니까 여기서 계속 강조하는 것은, 무엇인가 이미 앞서 있다는 것이다. 우리가 무슨 이야기를 하더라도 그것이 시작이 아니라는 것이다.

> 물음 자체가 바뀌면서 문제를 앎의 이론에 따라 제기하는 것이 제거되었다. 그리하여 결국, 해석학이란 자연과학의 방법만큼이나 힘들여 싸워 얻어야 할 하나의 <방법>이라는 생각이 거부되었다.4

여기서 '앎의 이론'이 인식론이다. '앎'과 '방법'은 같은 이야기다. 인식론은 방법론이다. 원래 인식론이라는 것은 형이상학의 방법론으로 나온 것이니 말이다. 형이상학이라는 목적을 잘 이루기 위한 수단이었다. 형이상학만으로 충분하다고 생각했다가, 과학 때문에 방법에 주목하면서 인식론이 등장했다. '앎'이란 '있음'을 추려는 '방법'으로 주목되었던 것이다. 그래서 근대는 '인식'과 동시에 '방법'을 중요하게

3『해석의 갈등』, 10.
4『해석의 갈등』, 10.

여겼다. 탁월한 예로서, 데카르트의 〈방법서설〉을 들 수 있다.[5] 그런데 이제 그런 인식과 방법이 해석학에서는 부적절하거나 지엽적인 것으로 거부된다. 따라서 주객 도식에서도 벗어날 것이 요구된다.

> 이해에 어떤 방법을 제공한다는 것은 이해를 객관적 지식으로 보는 전제가 깔린 것이고, 곧 칸트의 인식론의 편견에 사로잡힌 것이다. 그러므로 마술처럼 된 주객 도식에서 벗어나야 하고 존재에 대해 물어야 한다.[6]

주객 도식을 벗어나야 한다는 것은 무슨 말인가? 둘러싼 세계를 대상으로 간주하고 스스로를 주체로 설정하는 앎이라는 행위가 이미 만들어져가고 있던 삶의 뜻을 덮고 그 위에 군림하는 폭력을 행사해 왔기 때문이다. 물론 명분이야 인간을 위한 것이었지만 그것이 아전인수였으니 결국 자기 강박이라는 자가당착이 되고 말았기 때문이다. 인식론이 주체로 옹립하는 인간이 자기모순에 빠지고 말게 되었기 때문이다. 해석학은 이 맥락에서 나온 몸부림이다. "이해는 더이상 앎의 형태가 아니라 삶의 형태"[7]라고 하는 것도 그러한 자기모순을 처절하

---

5 이 대목에서 데카르트와 가다머를 대조하는 것도 의미 있을 것이다. 리쾨르가 한 축에 잡고 있는 사람이 가다머이고, 다른 축에는 하버마스를 잡고 있다. 가다머는 해석학의 주저인 <진리와 방법>에서 진리와 방법을 정면으로 대립시키고 있다. 가다머의 '진리와 방법'은 '실존과 인식'으로도 대체할 수 있다. 진리는 실존에 해당하고, 방법은 인식에 해당한다. 그러니까 가다머에게서 진리는 방법이나 인식을 통해서가 아니라 실존으로서라고 말한다. 가다머가 말하는 진리는 실존이다. 하이데거를 따라서, 진리는 인식의 추론과정 끝에서 도달하는 방법적인 것이 아니라 실존적인 진리가 진짜라고 주장한다. 그래서 제목은 '진리와 방법'이지만, 나아가 '방법이 아니라 진리다!'라는 지론을 전개한다.
6 『해석의 갈등』, 10.
7 『해석의 갈등』, 10. 그래서 리쾨르는 이렇게 말한다: "나는 이해와 존재의 관계가 이처럼 완벽하게 뒤바뀔 수 있다고 본다. 그렇게 함으로써 삶을 가장 중요한 개념으로 생각한 딜

게 겪은 인간이 자신의 깊이로 파고들면서 얻은 깨달음이다.

여기서 핵심은 '삶'이다. 앎이 아니고 방법이 아니고 주객 도식이 아니고 '삶'이다. 리쾨르는 후설의 현상학을 거론하면서도 "대담한 문제의식이란 '생활 세계, 다시 말해서 주객 관계에 앞선 체험의 지층을 거론한 것을 가리킨다"[8]고 하면서 삶을 부각시킨다. '주객 관계'는 인식 구도이고, '체험의 지층'은 실존 지평이다. '앎'에 앞선 '삶'이라는 것이다. 인식을 주목하기 시작하던 근대에서 아직 '삶'을 떠올리지 않았기 때문에, 앎에 앞선다는 생각을 미처 하지 못했었다. 오히려 이미 벌어지고 주어진 의식이 출발이라고 생각했었다. 불가피하게도 그것을 삶이라고 읽을 게재는 없었다. 의식을 '삶'으로 끌어당겨 읽을 수 있게 만든 것은 '무의식' 덕분이다. 의식이 전부가 아니었음을, 빙산의 일각일 뿐이었음을 발견하게 된 우리 시대가 새삼스레 주목한 무의식 말이다. '앎'의 틀에 담길 수 없는 그 무엇일진대 후에 '욕망'이라고도 하고 겉으로 드러난 '노력'이라고도 했으니, 욕망과 노력이 얽혀서 실존이 된다는 새로운 자화상이다. 노력은 근대언어인데, 욕망은 현대언어이다. 욕망과 견줄만한 근대언어는 의지이다. 근대는 의지의 시대이다. 이에 비하자면, 현대는 비의지의 시대이다. 욕망은 비의지이다. 의지는 인간이 능동적인 주체로서 어떻게 해볼 수 있는 것이다. 그러나 욕망에서는 인간이 전혀 능동적인 주체가 아니다. 오히려 인간은 욕망에 조종당한다. 물론 욕망을 조절을 할 수는 있겠지만 말이다. 이미 거기에 그렇게 똬리를 틀고 있는 무의식처럼, 욕망처럼 '앎에 앞선 삶'이며 '주객 관계에 앞선 체험의 지층'이니 이것이 해석의 터로

타이의 철학이 바라던 바를 이루게 된다"(같은 쪽).
8 『해석의 갈등』, 11.

서 '실존'이다.

앎보다 앞서 이미 살고 있는 삶

> 후기 후설은 해석의 인식론 대신에 이해의 존재론을 여는 역전의 구도
> 속으로 들어오지만,… 전기 현상학에서 현상이라고 부른 것이 지향하
> 는 삶을 따라 생긴 것이며, 뜻을 가지고 무엇을 겨냥하는 삶에서 나온
> 연합체이니 말이다.9

전기에는 앎의 차원을 가리키는 현상이라고 부르고 말았지만, 후
기로 가면서 삶의 뜻으로 더욱 거슬러 올라가더라는 것이다. '이해의
존재론'은 이것을 가리키는 말이다. 어찌해 볼 수 없이 던져진 삶의
무게와 깊이 때문이다.

> 처음에 뜻한 바와 달리 현상학은 의미의 체계 안에 갇힌 관념의 주체
> 대신에 생생하게 살아 있는 주체를 찾아냈다. 그 주체는 그가 무엇을
> 겨냥하든 간에 그 너머에 세상, 곧 이 세상을 둔 주체다.10

전기에는 '의미의 체계 안에 갇힌 관념의 주체'를 기준으로 현상을
말했었다면, 후기로 가서는 그러한 앎의 주체 대신에 '생생하게 살아
있는 주체' 즉 삶의 주체를 찾아냈다는 것이다. '그 너머'가 핵심이다.
앎의 주체에는 '그 너머'라는 것이 없다. 너머가 무엇이든 모른다고 하

---

9 『해석의 갈등』, 11.
10 『해석의 갈등』, 12.

거나 아니면 이쪽으로 끌고 들어와야 한다. 칸트는 너머를 모르니 끌고 들어올 수 없다고 하면서 선을 그었다. 물자체 불가지론이다. 이어진 근대 후기에는 그 너머를 이쪽으로 끌고 들어왔다. 이쪽에서 최소한 그림은 그려낸다는 것이었다. 그래서 관념론이라고 한다. 그런데 후설은 칸트를 포함한 인식론자들처럼 앎의 주체로서 현상을 잡아가지고서 본질을 찾아 들어가려고 하다가 관념론을 뛰어넘을 듯한 삶의 주체로 눈을 돌렸다.

그런데 너머가 없는 앎의 주체와는 달리, 삶의 주체에는 '너머'가 있다. '너머'가 세상이다. 그 '너머'가 바로 구조주의가 말하는 구조이기도 하고, 정신분석학이 넘보는 무의식이기도 하며, 현상학이 말하는 현상 안의 본질이기도 하다. 앎은 너머를 앎에 꿰어맞추려고 했지만, 삶은 넘을 수 없는 거리를 지닌 그 너머에 조신하게 얽힌다.

> 갈릴레이 이후로 자연은 수학으로 만들어졌다. 그러나 이제 그보다 앞선 뜻의 세계가 열린다. 그 세계는 인식하는 주체가 갖는 객관성보다 앞선 세계다. 객관성 이전에 세상이라는 지평이 있다. 인식론에서 말하는 주체 이전에 살아가는 삶이다.[11]

옛날에 자연은 영혼이 깃들어 있는 것이었다. 물활론도 그렇지만 정령론은 더욱 분명히 그러했다. 그런데 근대의 천문학적 전환과 함께 자연은 수학이 되었다. 모든 것을 계산하고 측량할 수 있는 것으로 보았다. 말하자면 모두 알 수 있을 것들로 간주했다. 그러나 이제 우리 시대에 와서는 그보다 앞선 뜻의 세계가 엄연히 똬리를 틀고 있었다

---

11 『해석의 갈등』, 12.

는 것을 새삼 발견하게 되었다. '앞선 뜻'이다. 여기서 '앞선'이 중요하다. '저 위에' '그 너머' '앞선' 등은 다 같은 말이다. 모두 무엇을 가리키고 있는가? 눈 앞에 펼쳐진 의지 영역이 전부가 아니라 너머에, 앞서서 '비의지'라는 것이다. 근대의 의지에 대하여 현대의 비의지이다. 그런데 비의지가 의지 너머이고 의지보다 앞이라는 것이다. 그런 '비의지'를 적극적으로 말한 것이 '욕망'이다. 그러나 욕망만 있는가? 무의식도 있다. '비의지' '무의식' 이것이 도대체 무엇인가? 부정어다. 의지에 대해서 비의지이고, 의식에 대해서 무의식이다. '인식하는 주체가 갖는 객관성보다 앞선 세계'라는 말도 이걸 가리킨다. 모르는 채로 삶과 얽혀 있는 그 무엇이다.

후설에 이어 하이데거도 이를 말했다. 리쾨르보다 앞선 가다머의 스승인 하이데거는 '세계-안의-현존'(in-der-Welt-Dasein)이라고 했다. 여기서 세계가 물리적 공간이고 현존이 그 안에 들어 있는 존재자로 새긴다면, 현대로 전환한 것을 또다시 근대로 되돌리는 것이 되어 버린다. 그것이 아니라, 현존과 세계가 서로 얽혀지고 맞물려있다. 이것이 저것을 구성하고, 저것이 이것을 구성한다. 상호 구성적 관계이고, 상호 공속적 관계다. 근대의 주객 관계가 능동적이었든 수동적이었든 주체가 일방적으로 주도권을 지니는 것과는 사뭇 다르다. 그래서 현존에 대해서는 주체나 객체라는 말은 부적합하다. 더이상 주객 구도가 아니다. 현존은 '주객 구도에 앞선 체험의 지층'이라는 표현이 가리키듯이 "객체를 둔 주체 역시 살아가는 삶에서 나온 것임"[12]을 선언한

---

12 『해석의 갈등』, 12. '주객 구도에 앞선 체험의 지층'이라는 표현은 정확하게도 앎의 뿌리에 삶이 깔려 있고 따라서 앎이 삶으로부터 나온 것이라는 점을 시각적으로 일러준다. 그동안 인식론은 앎이 앞선 형이상학이 옹립하려 했던 있음에 대한 것, 있음을 잘 모시려는 것으로 자임해 왔었는데 오류일 뿐 아니라 억압이었다는 것이 드러났다.

다. 객체를 둔 주체란 인식 주체일 터인데 앎이 시작이 아닐 뿐더러 주도권을 지닌 것도 아니다. 앎이란 살아가는 삶에서 나온 것이고 삶이 필요에 의해서 내뻗는 몸짓이기 때문이다. "여기서 우리는 이해와 진리의 문제가 얼마나 철저하게 변모하는지 보게 된다."[13] 그러니 진리라는 이름으로 앎을 앞세울 것이 아니라 삶의 이해에서 비롯된 것이라는 점을 염두에 두어야 한다.

이 대목에서 '진리'에 대해서 잠시 짚고 가도 좋겠다. 진리란 무엇인가? 너무 거창하고 막연하다. 그러나 철학사 안에서 진리는 분명한 시대적 배경을 갖고 있다. 중세에 뿌리가 심겨졌지만 근대에 와서 만개한 진리관 말이다. 즉, 형이상학이 규명하려는 '실재'는 고대와 중세를 지배한 '무엇' 물음에 대한 대답이라면, 인식론이 추구하는 '진리'는 근대의 기축 물음인 '어떻게'의 귀결이다. '무엇'과 '어떻게'가 목적과 방법으로 쌍벽을 이루듯이 실재와 진리는 등가적인 무게를 지닌다. '실체적 진실'이라는 말도 이 두 말을 결합한 것이니 실체는 있음 차원이고 진실은 앎의 차원이다. 있는 그대로의 앎이다. 물론 현실에서는 불가능한 꿈같은 이야기이지만 그래도 꿈이라도 꾸자고 사람들은 이 말을 계속해서 사용한다. 이처럼 진리는 실재의 무게와 동등하다. 그런데 우리 시대의 핵심 물음인 '왜'가 파고 들어가는 '의미'는 실재나 진리에 비하면 한결 가볍고 작아 보인다.

왜 그러한가? 우리가 그렇게 길들여졌기 때문이다. 형이상학과 인식론에 너무 오랫동안 세뇌를 받아서 그렇다. 해석학이 아직도 미진해서 그렇다. 실존이 아직도 생소해서 그렇다. '여기서 우리는 이해와 진리의 문제가 얼마나 철저하게 변모하는지 보게 된다'는 말은 이제

13『해석의 갈등』, 12.

더이상 진리는 '실체적 진리'가 아니고, 차라리 '의미적 진리'라는 것이다. 그래서 의미라는 말을 진리라는 말의 무게로 써야 한다. 예를 들면, "역사 물음은 더이상 역사 인식의 방법 문제가 아니라 한 사람이 다른 사람들과 〈함께 살아가는〉 방식의 문제가 된다"[14]라고 한 것은 실재와 진리를 넘어서 의미로 향해 가자는 통찰이다.

> 그러한 역사성을 드러내는 것이 어떤 방법론보다 앞선다. 과학의 한계였던 것—존재의 역사성을 아는 것—이 존재를 구성한다. 역설—해석자가 해석대상에 속함을 아는 것—이 존재론의 특성이 된다.[15]

여기서 '방법론'은 앎이고, '역사성'은 삶이다. 해석자가 해석대상에 속하는 것은 인식론에서는 있을 수 없는 일이다. 인식론에서는 대상이 주체에 속할지언정, 인식 주체가 인식대상에 속할 수는 없다. 그것이 주체가 주도권을 지니는 주체다. 그런데 거꾸로 해석학은 해석하는 사람이 해석 대상에 속한다는 것이다. 이것이 역설이다. 역설인 이유는 인식론을 뒤집었다는 뜻이다. "더이상 앎의 형태가 아니라 삶의 형태"이기 때문이다. 앎이 아니라 삶이라고 했으니 이 대목에서 인식론과 해석학을 바로 견주어 보는 것도 좋을 것이다.[16]

---

14 『해석의 갈등』, 12.

15 『해석의 갈등』, 12.

16 론(論)은 로고스다. 그런데 해석을 해석론이라고 하지 않는 것은 이것이 로고스 마저도 싸잡고 넘어서는 이야기이기 때문이다. 인식론(epistemology)은 episteme + logos로서 아직도 로고스 중심주의 흐름 안에 있다. 그런데 해석학은 그 로고스 중심주의라는 비판의 전통적인 사상에 대한 반동, 삶이라는, 실존이라는 터전에서 터져 나온 이야기다. 그래서 로고스로 다시 환원되지 않는다. 그래서 해석론(hermenes+logos=herme-nologia)이라고 하지 않는다. 해석론(hermenology)라고 하지 않고, 해석학(hermeneu-

	인식〔앎〕	해석〔삶〕
주어진 것	의식	(선)이해
하는 것	인식	해석
나오는 것	지식	성찰
향하는 것	진리	의미

앎에서도 애당초 먼저 주어진 의식은 인간이 하려고 해서 하는 게 아니라 이미 벌어지고 있는 것이다. 그게 원동력이 되어 구체적으로 무언가를 하는 게 인식이다. 그것으로부터 나오는 것이 지식이고, 향하는 게 진리다. 같은 단계로 살핀다면, 해석도 그냥 처음부터 하는 게 아니고, 이보다 앞서서 애당초 삶이 뜻을 엮어내고 있는데 이것이 바로 이해다. 그리고 그것을 겉으로 드러낸 것이 해석이다. 말하자면, 안에 이미 있었다는 것이다. 앞서 안에 있는 것이 이해이다. 그래서 심지어 '선이해'라고 한다. 이것은 내가 하는 것이 아니라 이미 벌어지고 있는 것이다. 주어져 있는 것이고 그것을 깨내는 것이 '해석'이며 해석에서 나오는 것이 '성찰'이고 성찰이 향하는 것이 '의미'이다.

해석학 구성을 위한 리쾨르의 전략

서론에서는 해석학을 이야기하기 위해서 '실존'을 깔았다. 서론의 실존은 해석의 기본 터전이다. 이것 때문에 해석일 수밖에 없다. 불가피하다. 그런데 실존 때문에 구조를 무시해서는 안 된다. 구조는 실존에 흡수될 수 없는 것이다. 실존과 구조 사이에 팽팽한 거리가 있고, 긴장 관계가 있다. 1장에서는 해석학이 실존에서부터 비롯되고 실존을 향해서 지녀 마땅한 의미와 기능을 가지고 있지만, 그런 것을 빌미

---

tics)라고 한다. 이름도 그냥 선택하는 것이 아니라 그만한 근거가 있다.

로 삼아서 구조를 도외시한다든지, 망실하고 이쪽 편만 질러댄다든지, 그런 식으로 전개시켜서는 안 된다는 것을 말한다.

2장으로 가서 정신분석도 마찬가지다. 정신분석이 가리키는 '무의식'이라고 하는 것이 구조와는 다르지만, 그렇지만, 자유와 결단을 소중히 여기는 실존에 대해서는 '경계 장치'로서 뜻을 가지고 있다. 3장이 다루는 현상학도 현상 안의 본질로써 실존과의 거리와 긴장을 말한다. 그렇다면 리쾨르는 무엇을 말하려고 하는가? 해석이 해석으로서 마땅히 가져야 될 '틀'로서 밀고 당기는 관계를 거리와 긴장을 유지하면서 균형적으로 잘 끌고 가야 한다는 것을 강조하고자 함이다. 그런 점에서 1장, 2장, 3장이 나름의 역할을 하는 것으로 볼 수 있다. 근대 인식론과 견주면 현대 해석학이 그런 '경계 장치'가 없이는 자칫하면 도로 근대 인식론이 되어버릴 수도 있다.

'코기토'(cogito) 이야기가 그것이다. 근대인들은 코기토가 시작이라고 했다. 근대의 출발이고 토대다. 확실하기 때문이다. 그런데 현대의 눈에는 그것이 앎의 논리일진대, 삶이 부득불 출발이고 터전일 수밖에 없는 현대에서 코기토라는 것은 시작일 수가 없다. 실존의 충동과 욕망이 코기토의 사유보다 훨씬 앞서 똬리를 틀고 있으니 말이다. 구조를 가지고 이런 이야기를 형식적으로 하더니, 정신분석을 가지고는 이런 이야기를 내용적으로 채워간다. 무의식은 '의식 없음'이라는 부정적인 표현이지만 그것을 채우는 것이 욕망이고 충동이다. 그것이 사유보다 앞서 있다는 것이다. 사유는 '앎'이고, 욕망과 충동은 '삶'이니 말이다.

현상과 본질의 관계 전환

플라톤에서 현상과 본질은 거리가 멀다. 현상은 가짜고 본질이 진짜다. 칸트는 현상만 우리가 어떻게 해볼 수 있고, 본질은 어떻게 할수가 없다. 그러니까 고대의 플라톤이나 근대의 칸트나 현상과 본질의 관계는 사이가 좋지 않았다. 본질이 진짜이고 현상은 가짜이거나 그림자라는 입장이 고대·중세라면, 근대에서는 본질이 없다는 것은 아니지만 우리가 알 수 없고, 모른다는 입장이다. 그냥 우리에게는 현상만 주어질 뿐이다. 현상만 알고 그것만 이야기할 뿐이다. 그래서 현상과 본질 사이에 엄청난 거리를 말한다.

그런데 현상학은 현상과 본질 사이를 앞선 시대보다도 친하게 말한다. 현상 안에 본질이라고 한다. 현상 뒤에 본질이 아니라, 현상 위에 본질이 아니라, 현상 안의 본질이다. '위'라고 하면, 플라톤의 '이데아 세계'이다. '뒤'는 칸트식이다. '위'도 아니고 '뒤'도 아니고 '안'이다. 현상 '안의' 본질이다. 그러니까 가깝다는 것이다. 가까운 정도가 아니라 아예 안에 들어있다. 그것이 리쾨르의 눈에는 양다리를 걸치고 있는 것으로 보였다.

앞서 살폈던 본회퍼는 〈행위와 존재〉에서 현상학을 어떻게 보았는가? 선험론, 관념론, 존재론 중에 어디에 위치하는가? 존재론은 본질이 '위'에 있다고 한다면, 선험론은 '뒤'에 그리고 관념론은 '안'에 있다고 한다. 그런데 이 모두가 리쾨르에도 등장한다. 본회퍼와 리쾨르를 비교하면 어떠한가? 후설의 현상학에 대해서 본회퍼가 보는 것과 리쾨르가 보는 것이 다르다. 현상학이 이미 걸쳐져 있기에, 어느 쪽에 더 무게를 두고 보느냐에 따라 입장이 달라질 수 있다. 본회퍼는 어느 쪽인가? 선험론인가? 관념론인가? 존재론인가? 본회퍼가 현상학을 논하는 자리는 어디인가? 선험론은 이쪽이다. 관념론은 이쪽에서 저쪽을 엮어내는 거다. 존재론은 저쪽이 벌려내는 일이다. 그랬을 때, 현상학은 어디에 있었나? 걸쳐져 있다. 본회퍼에게는 현상학이 선험론에서 시작해서 존재론으로 가려 했으나 관념론에 머무르고 말았다고 비판된다. 물론 리쾨르도 현상학이 걸쳐져 있는 것으로 말하고 있다.

주체-객체에서 자기-타자를 거쳐 나-너로

코기토는 인식 주체가 시작이었다. 그런데 리쾨르는 코기토의 주체가 자아도 아니고 나도 아니며 사람도 아니라고 비판한다. "나는 생각한다, 고로 존재한다"라고 할 때, 자연스럽게 '나'라고 하지만 '나'가 아니라는 것이다. 주체는 주체인데 자아는 아니라는 것이다. '나'는 더욱 아니라는 것이다. 주체가 '자아'가 아니고 '나'도 아니다. 무슨 말인가? 자타 관계가 성립되지 않는다는 말이다. 주객 관계에 머무르고 있다는 것이다. 주객 관계와 자타 관계는 다르다. 주객 관계에서는 언제나 주체가 주도권을 지닌다. 자타 관계에서는 주도권을 어느 한쪽으로 몰지 않는다. 그러니까 기본적으로 자타 관계는 중립적이다. 어느 한쪽에 주도권을 두지 않기 때문이다.

그것이 근대에는 주객 관계로 뒤틀어졌다. 주체가 주도권을 지녔다. 현대에 와서는 자타 관계를 주객 관계와 다른 방식으로 즉, '나-너 관계'로, '아(我)-여(汝) 관계'로 개혁하려고 발버둥 친다. 그러니까 근대의 '주객'과 현대의 '아여'를 관통하는 통칭 구도로 '자타 관계'를 쓸 수는 있다. 그 자타 관계를 근대에서는 주객 관계로 몰아간 데 비해,

현대는 주체가 주도권을 지닌다고 행복하게 사는 길이 아니라 오히려 중심주의와 환원주의로 빠지면서 왜곡과 소외를 거쳐 타자만 억압하는 것이 아니라 스스로도 억압하는 자가당착에 빠질 수밖에 없었다고 비판한다. 근대의 끝자락에 터져 나온 '소외'가 그런 이야기다. 자기가 자기의 자리를 벗어났다는 것이다. 타자 소외에 앞서 자기 소외가 보였기에 몸부림치게 되었던 것이다. 헤겔도 그랬고, 마르크스도 그랬다.

주객 관계로 갈 일이 아니다. 주객이 오히려 소외다. 잘난 주체의 주도권적인 논리가 자기 소외로 빠진다. 그래서 자타 관계의 중립성을 회복하고, 다시금 주도권을 갖지 않은, 중심적이지 않은, 밀고 당기는 관계로 가야 한다. '나-너 관계'가 바로 그것이다. 그런 '나'를 염두에 두면 저 앞의 근대 주체는 '나'가 아니고 '자아'도 아니라는 말이다. 물론 근대 후기에 와서 자아를 말했지만 이는 아전인수의 주체였다.

근대 인식론이 주체의 주도권으로 언제나 이쪽에서의 판을 짜려는 것이었다면, 현대 해석학은 저쪽을 결코 놓치지 않으려는 노력이다. 구조가 그렇고, 정신분석의 무의식을 차지하고 있는 욕망과 충동이라고 하는 것이 그것을 일깨워준다. 존재에 앞서서 사유에 앞서서 욕망과 충동이 먼저 있었다고 하는 것은 근대인들은 생각할 수 없었던 것이었다. 주체의 주도권으로만 펼쳐지는 것으로 착각하게 되면 나르시시즘에 빠지게 된다. 이것을 종교적으로 적용하면, 자기도취와 우상 숭배이다. 자기도취와 우상 숭배는 아주 밀접하게 얽혀져 있다. 자기도취는 '자'에 대해서 벌어지는 일이고, 우상 숭배는 '타'에 대해서 벌어지는 일이다. 자기 도취와 우상 숭배는 한 쌍이다. 묶여져 있고 엮여져 있다.

자기 도취가 나왔으니 덧붙인다. 우리 안에 나르시시즘이 얼마나 깔려 있다고 진단할 수 있는가? 나르시시즘은 어떻게 작동하는가? 이 것이 인식과 해석을 가르는 길이기도 하다. 해석의 눈으로 보면 인식 은 '나르시시즘'이다. 인식이란 주체의 방식으로 대상을 새기기 때문 이다. 해석학은 그러지 말아야 한다고 열심히 말하고 있다. 인식이 시 작이 아니고, 인식의 근간이 되는 사유도 시작이 아니니 그 아래에 욕 망이 깔려있더라는 것이다. 물론 욕망과 함께 노력이 있었지만 그것 이 우리를 자연스럽게 나르시시즘으로 끌고 갔는데, 그것이 우리를 얼마나 왜곡시키고 자기를 가두었는가? 그러니까 타자만 왜곡시킨 것이 아니라 자기를 속박하는 문제가 있다. 세계와의 관계 속에서 그 렇고 신과의 관계에서도 그러하니 종교에서도 나르시시즘이 그렇게 작동한다는 것이다. 그런데 그것이 인식론에서 정당화되어왔다. 이제 해석학이 그러한 것을 들추어 비판을 개진한다. 우리에게 깔려져 있 으나 우리가 의식하지 못한 가운데 소용돌이치고 있던 나르시시즘이 무의식의 영역에서 깊이 드리워져 있다는 것이 드러나면서 말이다.

인식론의 진리와 해석학의 자유

인식이 해석과 다른 점은 이성론이 되었든 경험론이 되었든 도달 해야 할 목표가 설정되어있다는 점이다. 예를 들면, 이성론은 전체를 먼저 설정한다. 형이상학의 전체는 당연히 설정되었었는데, 그것을 인식론으로 전환했음에도 이성론은 형이상학이 설정한 전체를 다시 가지고 온다. 그래서 보편 이성의 목표는 전체이다. 결국 인식론적 보 편성은 형이상학적 전체성을 위한 것이었다. 현실에서는 보편 이성이 에누리 없이 깔끔하게 모든 기능을 발휘하지 못하기 때문에 부분적이고 개별적일 수밖에 없지만, 그렇지만 그것의 누적 과정이라도 전체에 이르게 되어야 한다. 이것이 보편 이성이 설정하는 목표로서 '전체'이다. 그런 전체를 설정하게 되면, 이성의 보편성은 거꾸로 현실에서 이성이라는 기능을 사용해서 판단하는 지식들의 가치를 판단하는 기준으로 등극한다.

그런데 경험론은 그런 전체에 다가가려고 애쓴다. 물론 경험론은 전체에 절대로 도달하지 못한다. 경험에서 출발하기 때문이다. 그러나 여전히 목표는 전체이다. 이성의 보편성이 설정하는 전체성을 경험론도 목표로 삼는다. 경험은 개별에서 출발하지만, 개별성을 주장하는 것은 아니다. 개별성을 모아서 '공통성'을 향한다. 경험론은 이성론의 보편성에 해당하는 대안으로서 공통성을 말한다. 그래서 필연성이 아니라 개연성일 수밖에 없게 된다. 보편성의 필연성이 전체라면, 공통성이 확보하는 개연성은 전체에 근접하려고 하는 것이다. 확률을 높이는 방식으로 향하고자 하는 것은 당연히 전체이다. 전체를 향해서 가다가 멈출 수밖에 없는 경험의 영역 속에서 전체를 향해서 가는 잠정적인 움직임을 '집계'라고 한다. '전체' 대 '집계'이다. 집계는 모으는 것이다. 모아서 전체를 향한다. 결국 이성론이든 경험론이든 적어도 앎이라는 행위는 그 대상과 관련해서 대상 '그대로'를 목표로 했다.

당연한 것이지만, 인식이 앎이라면 해석은 삶이다. 삶은 이미 죽음과 얽혀져 있는 한계가 출발점이다. 그것은 이미 주어져 있고 던져져 있다. 이제 삶이라는 터전이 요구하고 거기서부터 비롯되고 다시 그리로 되돌아가야 할 그런 해석은 그 터전 안에서 계속 가야 하는 것이다. 전체를 확보했다든지, 전체에 근접한 집계와 같은 설정이 불가능하다. 집계라 하더라도 계속 가야 한다. 왜냐하면 완성되었다고 하면서 멈출 수 있는 어떤 전체라는 설정이 불가능하기 때문이다.

무엇을 말하는가? 표면적으로 보면, '전체 설정의 불가능성'을 말하는 것으로 보인다. 그런데 전체설정의 불가능성은 칸트 같은 사람이 〈순수이성비판〉에서 이미 주장했다. 고대와 중세의 형이상학자들 그리고 이어서 근대 초기 이성론자들이 계속 읊었던 전체라는 것이 환상이고 심지어 '가상'이라고까지 비판했다. 그런데 칸트가 그렇게 비판했음에도 불구하고, 이후의 관념론자들은 또다시 그 전체 그림을 그렸다. 다만 앞선 인식론과는 그림의 방식이 사뭇 달랐다. 굉장히 역동적인 전체다. 소용돌이의 과정을 거치면서 도달하게 되는 전체로서 그림을 그렸다. 이른바 역사도 여기서 나오기 시작했다. 근대의 이야기이다. 그러나 세계와 인간이 그런 그림으로 꾸려져 있지 않다는 것을 우리 시대가 겪게 되었다. 인간과 세계뿐 아니라 그렇게 관계하는 신도 마찬가지이다. 그러니까 과정 철학도 나오고 범재신론도 나왔다. 세계나 인간과 관계하는 신조차도 그렇다는 것이다.

무슨 의미인가? 이제는 더이상 환원이 허락되지 않는다는 것이다. 환원을 허락하는 순간 또다시 나르시시즘에 빠진다. 자기 도취가 왜 나쁜가? 인식의 자기 도취가 오히려 자기 속박일 수밖에 없기 때문이다. 도취했는데 강박이 된다. 내가 좋아서 뛰어들었는데 그것이 나를 질질 끌고 다닌다. 그래서 나르시시즘은 자유와 해방이라는 과제와 얽혀 있다. 인식이 향하는 것은 '진리'이지만 해석이 향하는 것은 '의미'이다. 그런데 의미의 구체적인 내용이 자유 또는 해방인 것은 바로 이 때문이다.

이런 점에서 이제 '인식론의 진리'와 '해석학의 자유'를 대별할 수 있다. 앞서 말한 대로 인식이 설정하는 전체나 집계와는 달리, 해석은 어느 순간에도 멈출 수 없다는 것은 진리에서 보면 갸우뚱할 수밖에 없다. 그런데 해석이 자유를 향한다는 점에 주목하면 이야기가 맞아떨어진다. 해석이 향하는 자유, 특히 자기 강박으로부터의 해방이 주는 자유는 인간과 세계·신 사이의 동학을 추려내는 진리관 자체를 새롭게 구성한다. 이제는 진리가 더이상 고정적이지 않다. 명사가 아니다. 전체가 아니다. 완결이 아니다. 진리는 동사이고 사건이다. 그래서 결국 진리와 자유가 다시 수렴한다. 종래의 진리관은 자유와 충돌할 수밖에 없지만 해석에서 진리는 자유와 만난다. 그게 삶의 진리이다. 자기 도취가 자아내는 자기 강박으로부터 해방되는 자유이니 이것이 참진리이다. 성서가 전하는바, '진리가 너희를 자유하게 하리라'는 예수의 말씀과도 호응하는 해석학의 통찰이다.

코기토가 시작이 아니다

리쾨르가 코기토를 잡은 것은 싸워야 될 최대의 대상이기 때문이다. 코기토를 붙잡고 싶어서가 아니다. 그런데 싸워서 그것을 폐기처분하자는 것인가? 그것은 아니다. 코기토의 핵심은 확실성이다. 그리고 그 확실성을 담보하는 것이 인식주체이고 결국 신이다. 생각하는 행위가 시작되면서 모두 의심하면서 없애버렸는데, 의심하는 행위, 즉 생각하는 행위만큼은 확실하다는 데에 이르렀다. 따라서 생각하는 행위가 확실할진대, 생각하는 주체가 있지 않고는 못 배긴다. 이런 논조가 코기토의 확실성이다. 그러니까 여기가 시작이다. 세계가 없다고 방법적 회의를 했음에도 불구하고, 근거가 확실하니 거기서부터 세계의 확실성도 다시 확인할 수 있다는 것이었다. 물론 종당에 인간과 세계 사이의 주객 관계가 확실성을 보장받는 근거는 신이었다. 결국 고·중세의 형이상학 구도인 인간·세계·신을 또다시 인식론으로 확정한 것이 근대의 코기코다.

거기에 비해서 현대는 그게 과연 시작인가를 묻는다. 앎이 그냥 시작하는 것이 아니라 특정한 내용을 가진다는 것을 발견했기 때문이다. 앎의 시작이라 할 의식도 이미 내용을 가진다. 의식은 내가 하는 것이 아니라 주어지고 벌어진 것이니 사실 앞선 내용을 가진다. 인식은 구체적으로 그 토대 위에서 의식의 주고받는 지향성의 관계에서 무엇인가 일을 벌여낸 것이다. 의식에서 인식으로 가게 하는 동인이 당연히 사유이어서 이를 코기토라고 부르면서 시작이라고 생각했었다. 그런데 보다 앞서서 먼저 '존재'이고 사실은 그것도 존재하고자 하는 '노력'이고 더 근본적인 뿌리에는 '욕망' 내지는 '충동'이 있었다는 것을 발견하게 되었다. 이제 여기가 시작이고 근거이니 근대인들이 시작이라고 보았던 코기토는 이로부터 나온 파생물로서 끝자락에서 부분적이고 지엽적으로 드러날 뿐이었다는 것이다. 그러니 리쾨르는 코기토를 붙잡으려고 한 것이 아니었다. 코기토가 시작이 아니라 오히려 끝자락에서 만들어지는데 게다가 확실하지도 않으니 확실성과 불확실성을 같이 싸안아야 한다고 주장했다. 말하자면 코기토의 확실성은 근대 이성의 신화에 불과하다는 것이었다. 그래서 드러난 것뿐만 아니라 숨은 뜻을 더듬어 찾아가는 해석에 주목하자는 것이다.

아집에서 벗어나기 위해 필요한 해석학

서론에서 제일 중요한 것은 5절의 '실존단계'이다. 여기서 '해석의 순환'이라는 표현이 나오고 이어서 '해석들의 갈등'이라는 말이 나온다. '순환'과 '갈등', 우리가 주목해야 할 단어이다. '순환'은 무엇을 가리키고, '갈등'은 무엇을 가리키는가? 그 둘 사이는 어떠한 관계일까? 그것에 대해 주목해보자.

'순환'은 하이데거에게서 가져온 것이다. 똑같은 사태를 놓고, '순환'이라고 말하는 것과 '갈등'이라고 말하는 것 사이의 관계를 생각해보자. 순환은 벌어지지 않고, 따로 놀지 않고, 얽혀 돌아간다는 분위기이다. 물론 같다는 것은 아니다. '순환'이나 '갈등' 그 어떤 것도 동일화로 가지 않는다. 그것에 대해서 철저히 거부한다. 근대까지는 철저히 동일성으로의 회귀였고, 복원이었고, 환원이었다. 그에 비해서 순환은 그것을 부정하는 것이고, 갈등은 더더욱 노골적으로 거부하는 것이다. 순환은 '동일회귀'와 '환원'에 대한 대안이다. 순환만 하더라도 어느 한쪽에다 무게를 두지 않는다. 그렇지만, 순환은 갈등에 비하면 점잖다. 무언가 틀을 짜는 듯한 분위기가 있다.

'해석학적 순환'을 말한 하이데거는 앞서 슐라이어마허의 '부분과 전체 사이의 순환 관계'로부터 가져온 것이고, 딜타이의 '체험과 역사의 순환관계'를 가져온 것이다. 그러니까 해석학은 시작부터 이것과 저것 사이의 순환을 말한다. 슐라이어마허에게 있어서는 '주'과 '객' 사이의 순환이다. '심리와 문법 사이의 순환'이다. 가로축에서의 순환이다. 딜타이는 '체험과 역사 사이의 순환'이었다. 비교하여 세로축에서의 순환이라고 할 수도 있겠다. 말하자면 어느 한쪽도 버릴 수 없다는 깨달음이 빚어낸 애절한 시도이다.

능동적 주체이든 수동적 주체이든 주도권이 주체에게 있다는 인식론적인 주장과 달리, 슐라이어마허는 순환으로 설정한다. '객'도 '주'

만큼 주도권을 지닌다는 구도를 그린다. 객이 움직이기 시작한다. 그와 동시대에 헤겔도 세계를 건드렸다. 그런데 건드린 방식은 매우 달랐다. 기존의 '주'에 해당하는 정신과 '객'에 해당하는 '자연'이 각각 실체인데, '정신'은 '주체적 실체'이고 '자연'은 '객체적 실체'라고 했던 전기를 지나서 '자연'도 움직이는 '주체적 실체'라고 한 것이다. 객체도 주체가 되니 '실체는 주체'라고 한 것이다. 상호주체의 서광이 시작되었다. 쌍방을 이야기하는 것이다. 그러니까 일방에 의한 환원주의를 어떤 식으로든 극복하려고 애를 썼다.

그렇지만 다음 시대로 넘어가니 헤겔도 환원주의로 쏠렸다고 평가되었다. 자연을 정신으로 끌고 들어간 관념론으로 비판되었다. 슐라이어마허도 사정은 비슷했다. 한쪽으로 쏠리지 않는 '주'와 '객' 사이의 순환을 말했지만, 딜타이에게 '주객순환'은 아무리 묶어보았자 '체험'이었다. 체험은 공시적 구조일 뿐이다. 통시적 구조가 필요하다. 그래서 딜타이는 '역사'를 말한다. 슐라이어마허와 딜타이 사이에는 큰 차이가 있다. 슐라이어마허는 19세기 초의 사람이고, 딜타이는 20세기 초의 사람이다. 사이인 역사의 세기라는 19세기가 있다. 슐라이어마허는 아직 역사에 눈을 뜨지 못했다. 그러나 딜타이는 역사의 세기를 거쳤다. 헤겔과 랑케에게서 역사철학이 정리되었다. 딜타이가 그것을 해석학으로 끌고 들어온다. 그래서 '체험과 역사'를 말한다. 체험이 공시적 가로축이고, 역사는 통시적 세로축이다. 체험과 역사 사이의 순환을 말한다. 어떤 것이 먼저라고 할 수 없다. 우선성을 허락하지 않는다. 주도권을 허락하지 않는다. 이것이 순환이다. 딜타이도 순환을 이야기했다. 하이데거는 이 순환을 '존재와 사유로 순환'으로까지 끌고 간다. 점점 더 범위를 확장시킨다. 하이데거의 제자인 가다머는 이를 자신의 맥락에서 '전통과 현재 사이의 순환'으로 말한다. 그러한 역사적 순환을 그의 표현으로는 '지평 융합'이라고 한다. 어휘는 달라도 모두 순환에 대한 표현들이다. 그런데 한 발짝 뒤에 등장한 리쾨르는 '순환' 대신에 '갈등'이라고 말하고 있다. 앞선 이들의 '순환'에서 어떤 것을 공유하며, 또 어떤 지점에서 더 밀고 가는가를 살펴야 한다.

헤겔은 '있음'과 '앎'이 무수한 모순들을 지양함으로써 결국 같은 데로 간다고 말했다. 그러나 하이데거의 '순환'은 차이를 통폐합하지는 않는다. 환원이나 동일성으로의 회귀는 아니다. 또한 '있음'과 '앎' 사이에서 어떤 것도 먼저가 아니다. 그런데 지금 리쾨르는 그 관계를 '갈등'으로 표현한다. 차이를 보는 방식이 다르다. 여러 각도에서 볼 수 있는데, 리쾨르는 나르시시즘과 우상 이야기를 계속 하고 있다. 말하자면 '자기 강박의 노예로부터의 해방'을 과제로 삼고 있다. "먼저 지금까지 주체를 의식으로 보는 관점을 완전히 허무는 점이다. 그리고 실존을 욕망으로 보는 문제의식을 되살리는 점이다."17 주체는 의식이다. 이것이 의식 철학이었고, 근대 전기에서 시작하여 후기에 와서 완성되었다. 여기에 대해서 실존을 욕망으로 보는 데로 넘어간다. 주목해야 할 두 가지 전환이 있다. 먼저 '주체'에서 '실존'으로의 전환이고, 또한 '의식'에서 '욕망'으로의 전환이다. 그런데 주체에서 실존으로 가는 것은 모름과 죽음을 향해 넓어지는 것이고, 의식에서 욕망으로 가는 것은 아래 보이지 않는 곳으로 내려가는 것이다. 물론 이 모두는 앎에서 삶으로의 전환이다. 이런 전환을 겸손히 받아들이고 보니 새로운 깨달음이 밀려 들어온다. 말이 앎에서 나오는 줄 알았더니 삶의 충동 또는 욕망에서 튀어나온 것임을 소스라치게 발견하게 되었

---

17 『해석의 갈등』, 25.

다: "언어가 욕망 또는 삶의 충동 속에 뿌리내리고 있음을 발견하게 된다."[18]

언어 이야기를 공연히 하는 것이 아니다. 욕망과 충동을 드러내는 통로이고 계기이기 때문이다. 언어가 이제 그런 역할로 의미를 지니고 있다는 것이다. 이렇게 되니 종래의 코기토에서 그렇게 확고하게 설정되었던 주체가 찌그러진다. "정말 주체의 축소를 겪게 된다."[19] 물론 여기서 축소되는 주체는 당연히 앎의 주체이다. 욕망과 충동을 동인으로 하는 삶에서 앎은 아주 작은 조각들이니 이를 담당하는 인식주체는 작아질 수밖에 없다. 이러면서 리쾨르는 주체로부터 자기로까지 파고 들어가 들어낸다: "거기에서 정말 잃는 것은 일찌감치 모든 대상 밑에 자리 잡고 있던 것, 곧 '자기'이다."[20] 주체도 사실상 타자와의 관계에서 자기를 중심으로 세운다는 것이었으니 핵심은 자기였다. 그러니 인식 주체가 아전인수를 거쳐 자기 도취에 빠질 수밖에 없었던 것이다. 이제 그렇게 인식 주체가 보는 대상 밑에 깔려 똬리를 틀고 있던 자기에게로 빠졌던 주체를 꺼내어야 한다. 여기에서 리쾨르의 과제가 나온다: "'나'를 찾으려면 '자기'를 버려야 한다."[21]

이런 구절은 머물러서 새겨야 한다. '주체', '자기', '나', 이 모두를 구별해야 한다. 주체는 '앎'의 주체이니 껍데기이다. 비어있다. 살아 숨 쉬지 않는다. 필자의 메타언어로 표기하면, 주체는 '누가'만 있다. '언제'와 '어디서'가 없는 '누가'이다. 그런데 현대의 실존은 '언제'와 '어

---

18 『해석의 갈등』, 25.
19 『해석의 갈등』, 25.
20 『해석의 갈등』, 25.
21 『해석의 갈등』, 25.

디서' 안에 있을 뿐만 아니라, '언제'와 '어디서'로 만들어짐으로써 살아간다. 이제 '주체'에서 '자기'를 거쳐서 '나'로까지 가는 것은 실존으로의 전환을 가리킨다. 왜 '자기'와 '나'를 구별했을까? '자타 관계'는 '주객 관계'도 될 수 있고, '나-너 관계'도 될 수 있다. 그러한 중립언어이다. 그래서 '자타 관계'를 '나-너 관계'로 끌고 가려는 것이다. '자기'에서 '나'로 가는 것은 주체로도 휩쓸릴 수 있는 중심적이고 집착적인 자기로부터 대상인 남을 상대인 너로 만나는 나로 가자는 것이다. 이것이 자기 강박에서 벗어나는 자유의 길이기 때문이다. 그래서 리쾨르는 "결국 해석학이 '에고'의 아집에서 벗어나기 위해 꼭 거쳐야 할 것"[22]이라고 주장한다.

아집에서 벗어나려면 실존의 뿌리인 욕망에 정직해야

드디어 해석학의 목적이 나온다. 그것은 '아집에서 벗어나기 위해서'이다. 그래서 자유를 향하기 위해서이다. 자아집착은 우리 스스로를 속박하는 자기 강박이기 때문이다. 우리가 일상생활에서 '자아집착', '자기 도취', '아집'이라는 문제에 대해서 '나와는 상관없다'고 스스로 말할 수 있을까? 그럴 수 없다. 그래서 인식의 나르시시즘을 살펴보라고 한 것이다. 그러면 어디로 어떻게 갈 것인가? 리쾨르는 답한다: "의미를 뒤로 끌고 가 욕망과 이어놓는 작업에는 반성을 넘어 실존으로 갈 조짐이 보인다."[23] 삶이 만들어가는 뜻이 비롯되었던 욕망으

---

22 『해석의 갈등』, 25. 해석학이 자기의 아집에서 벗어나는 것을 목표로 한다는 것은 그것이 해결과제로 삼고 있는 인식론이 그만큼 자기중심적인 아집을 부추기는 방식으로 움직여 왔다는 것을 반증한다. 인식론과 해석학의 대비를 살필 수 있는 여러 대목 중에서 자기라는 문제에 초점을 두는 것도 매우 탁월한 지름길일 수 있다.

로 들어가면 그저 반성만 하는 주체가 아니라 삶의 터전인 실존이 열린다는 것이다. 아집으로부터 벗어나기 위해 살펴할 것이 '의미'와 '욕망' 그리고 '실존'이다. 의미를 캐어 들어갔더니 의미이게 만든 근본적인 요체가 욕망이었는데 그것이 실존으로부터 비롯된 것이고 결국 실존의 정체라는 것이다. 욕망이 우리를 실존으로 드러낸다는 것이다. 실존이 멋지고 예쁜 이야기가 아니다. 물론 욕망이라는 것을 오해하면 안 된다. 우리는 금욕주의 때문에 욕망을 부정적으로만 보아왔었다. 그러나 욕망은 윤리적 판단으로 좋고 나쁘다는 이야기를 하는 것이 아니다. 삶의 동인으로서 욕망을 일단 가치중립적으로 보아야 한다.

그래서 급기야 "실존은 이제 욕망과 노력"[24]이라고까지 말한다. "정신분석학이 발견한 실존은 욕망의 실존이다. 욕망인 실존이다."[25] 욕망이 실존의 정체라고까지 주장한다. 그러니 해석은 "겉으로 보이는 뜻에서 속뜻을 읽어내는 작업"[26]으로까지 가야한다. 겉보기에 그럴 듯한 삶의 의미인데, 껍질을 벗기니 욕망이 소용돌이치고 있기 때문이다. 여기까지 살펴야 삶의 뜻을 새겨낼 수 있기 때문이다. 그러니 인식론으로는 부족할 수밖에 없고 해석학이 요구된다.

해석학이란 그런 것이다. 속뜻을 드러내서 겉 뜻처럼 만드는 것이 아니다. 속뜻일 수밖에 없다. 그러니까 알고도 모르는 것이다. 알다가도 모르는 것이다. 세계가 그렇고 인간이 그렇고 신도 그렇다.[27] 서로

---

23 『해석의 갈등』, 26.
24 『해석의 갈등』, 26.
25 『해석의 갈등』, 26.
26 『해석의 갈등』, 27.
27 리쾨르가 말한 '속뜻'에 해당하는 것으로 불트만은 신을 '외부'로 말했다. 우리가 실존에서 탈신화화 한다고 해서 외부가 없다고 말하는 것이 아니라고 강변한다. 그런데 그 외부는 우리에게 어떤 식으로 자리 잡고 있는가? '비가시성'이다. 보이지 않는다. 심지어

얽혀 있고 서로 기대고 있기 때문에 더욱 그렇다. "그러므로 여러 가지 해석학이 매우 다르면서도 모두 이해의 존재론이라는 뿌리를 향하고 있다. 제각기 실존 자아가 어디에 기대어 있음을 말한다."[28] 그러면 속뜻을 어떻게 읽어낼 것인가? '기대어 있음'이 중요하다. 코기토와는 사뭇 다르다. 코기토는 기대어 있는 것이 아니다. 코기토는 자신이 기준이고 출발이기 때문에 기댈 필요가 없다. 그러나 '실존'은 '기대어 있음'이다. 무슨 뜻인가? 실존은 '실체'가 아니라 '관계'라는 것이다. '실체'는 자기 독립적이고 자기 충족적이니 자존적이다. 스스로 존재해서 스스로 충분하다. 이에 비해 실존은 타자 관계성이 핵심이다. 기대어있다.

의기양양한 인식론이 아니라 한 풀 꺾인 해석학으로

"그러므로 의기양양한 존재론이 아니다."[29] 무슨 말인가? 근대 주체와 사뭇 다르다는 것이다. 거만한 주체와 다르다는 것이다. 게다가 "해석에 따른 위험을 그냥 넘어갈 수 없기 때문이다."[30] '위험'이라는 말도 나오고, '싸움'이라는 말도 나온다. "한 풀 꺾인 존재론"[31]은 '의기

'은폐성이다. 스스로를 숨기신다. 인간의 한계 때문에 못 보는 것이 아니라, 신이 스스로를 숨기시는 것이다. 그리고 그것과 관계하는 우리의 방식은 어떠한 대책도 없다. 그가 '진공 중에' '빈손으로'라는 말을 하는 것도 이와 같은 맥락이다.

28 『해석의 갈등』, 28.
29 『해석의 갈등』, 28.
30 『해석의 갈등』, 28.
31 『해석의 갈등』, 28. '한 풀 꺾인'이 인식론과 해석학을 가르는 결정적인 분기점이다. 인식론 및 이에 토대를 둔 근대 후기 형이상학은 자유와 자율에 근거한 오만한 주체였다. 세계를 구성하는 자아라고도 했다. 그런데 소외와 허무로 던져지면서 불안과 절망을 피할 길이 없었다. 사실 한 풀 꺾이는 정도가 아니었다.

양양'의 반대말이다. 우리 삶은 이제 '한 풀 꺾인' 것이다. 근대의 주체
는 의기양양한 주체인데, 이에 비하자니 현대의 '기대어 있는 실존'은
'한 풀 꺾인 존재론'이다. 존재론이라는 표현을 관통해서 썼지만 사실
의기양양한 것은 인식론이고 한 풀 꺾인 것은 해석학이다. 그런데 이
것이 우리 삶에 더욱 다가가는 길이다. 게다가 오히려 의기양양으로
버텨야 했던 강박을 풀어낼 길이다.

  그렇지만 리쾨르는 해석학으로의 귀향에 대해 다음과 같이 의미
심장하게 경고한다. "그래도 여러 가지 해석학이 단순한 '말장난'이 아
님을 분명히 할 수 있다. 그것들이 전체주의 의도를 지니고 한 가지
차원의 언어만 고집하면 말장난으로 그칠지도 모른다."[32] 말하자면,
이 문제들을 해결하는 길은 오직 해석학이라고 하면서 자신의 방식을
고집하게 되면, 또다시 전체주의적 독단으로 가게 된다고 경고한다.
사실 과거의 형이상학과 인식론이 그래왔다. 그런데 현대 해석학은
더이상 그러지는 않는다. 다만, '자기 나름대로'[33]나 '자기 멋대로'[34]가
나온다. 물론 '자기 나름대로'와 '자기 멋대로'는 매우 다르다. '나름대
로'이긴 하지만 '멋대로'는 아니라는 말이다.

  그렇다면 어떻게 '멋대로'에 빠지지 않고, '나름대로'가 될 수 있을
까? 코기토는 '나름대로'가 아니라 '그대로'라고 주장했었다. 영점 조
준된 것이니 기준이었다. 그러니까 자기가 보는 것이 그것 그대로라
는 것이었다. 코기토가 '그대로'라면, 이제 기대어 있는 실존은 '나름
대로'이다. 그런데 자칫하면 '멋대로' 혹은 '마음대로'가 될 수도 있다.

32 『해석의 갈등』, 28.
33 『해석의 갈등』, 28.
34 『해석의 갈등』, 29.

그렇다면 우리가 세밀하게 읽어야 할 것이 '멋대로' 혹은 '마음대로'에 빠지지 않고 '나름대로'로 가는 길이다. 쉽지 않은 길을 어떻게 찾아갈 것인가가 관건이다. 이것을 잘 찾아가야 한다. 멋대로 마구 날뛸 수 없다는 경계 장치로서 '구조'를 살피고, '무의식'의 충동과 욕망을 더듬어보고, 양다리 걸쳐져 있는 '현상'을 살펴야 한다. 그러니까 취지가 다 그런 것이다. 그런데 이들도 서로 엇갈린다. 그래서 "고고학과 목적론과 종말론의 변증법 속에서 서로 엇갈리는 해석들"[35]로 간다. 자세한 논의를 생략하더라도 '멋대로'가 아니고 '나름대로'일 수 있기 위해서 밀고 당기는 긴장관계를 이제부터 주목해야 한다. 실존이라는 것이 그렇게 생겨 먹었기 때문이다. 그것이 우리에게 해석을 요구하고, 해석을 그렇게 수행하도록 요구하면서 가능케 하는 조건이기 때문이다.

구조, 그런데 조각과 부분도

1장에서 주목해야 할 것은 '체계와 역사'이다. 체계는 가로이고, 역사는 세로이다. '공시성'과 '통시성'이라는 표현도 쓴다. 간단히 이야기하면, 씨줄과 날줄이다. 그런데 해석은 그러한 공시성과 통시성을 싸잡아야 하는데 구조는 다소 체계 쪽으로 쏠려 있는 것으로 보인다. 물론 해석은 체계라는 것을 들추어내는 데서 구조의 역할이 있으니까

---

35 『해석의 갈등』, 29. 보다 구체적으로, "주체의 고고학에서는 욕망에 기대고, 목적론에서는 정신에 기대고 있으며, 종말론에서는 거룩한 것에 기대고 있다." 고고학이 정신분석학을 지칭한다면 목적론은 정신현상학을 가리킨다. 이들이 시제적으로 과거 소급적인 것과 미래지향적인 것으로 대비를 이루니 현재를 치환하여 보아온 접근이려니와 눈앞의 현재인 실존이 외면할 수 없는 틀로 작용한다. 그래서 마음대로에 빠지지 않게 한다.

덮어두어서는 안 된다.

> 그러나 공시가 통시를 압도할 때는 구조로 푸는 것이 그럴 듯해 보이지
> 만, 끊임없이 생각을 불러일으키며 거듭 되살아나 해석과 혁신을 불러
> 일으키는 다각도의 내용을 다룰 때 구조 설명은 막연한 뼈대를 보여줄
> 뿐이다.[36]

공시는 가로축이다. 공시는 동시라고도 할 수 있다. 같은 시대를
관통하는 공통적인 요소라는 뜻에서 공시이다. 그런데 거기에 매몰되
어버리면, 내용도 없는 기계가 되어버린다. 그러니까 촉촉한 삶의 이
야기가 되기 위해서는 역사도 엮어야 한다. 그렇지 않으면 부분이고
조각일 뿐이기 때문이다.

> 물론 우리의 자아 해석과 존재 해석이란 것이 조각에 지나지 않으며 따
> 라서 당연히 부분 이해에 그칠 뿐이다. 그러나 구조 인식도 실제로 보
> 면 부분에 지나지 않으며 따라서 당연히 부분 이해에 그칠 뿐이다.[37]

여기서 가장 주목해야 할 말은 '부분', '조각'이라는 말이다. 누군가
는 '파편'이라고도 했다. 이 점이 고·중세의 형이상학이나 근대의 인식
론과는 사뭇 다른 현대의 시대정신이다. 형이상학은 전체를 설정했
고, 인식론도 전체를 표상했었다. 그것의 불가능성을 말한 것은 칸트
였다. 현대를 선구했다. 그런데 칸트 이후에 다시 전체를 등장시켰다.

---

36 『해석의 갈등』, 58.
37 『해석의 갈등』, 59.

근대 후기 관념론자들이었다. 그래서 현대가 반동한다. 삶의 저항이다. 삶에 도대체 전체가 어디 있는가? 삶이 무슨 전체인가? 어림도 없다. 전체를 말하니까 삶과 동떨어질 수밖에 없었다. 그러니 삶의 아우성이 터졌다. 죽음과 얽힌 삶의 뜻이 닿는 이야기니까 부분일 수밖에 없고, 조각일 수밖에 없다. 전체를 포기하라는 것이다. 아니 전체가 불가능하다는 것이다.

옛날 사회는 어떠했나? 옛날 경제는 어떠했나? 옛날 정치는 어떠했나? 거대담론이었다. 정치도 전제군주체제였다. 경제도 대량생산이었다. 과거에는 전체라는 이름으로 군림했었다. 그런데 그 전체를 누가 관장하는가? 가진 자가 주물렀다. 권력자가 조종했다. 그런데 세상이 근대를 거쳐 현대로 넘어왔다. 소품종 대량 생산에서 다품종 소량 생산으로 바뀌고 있다. '거대'가 아니라 '미시'로 가고 있다. 전체가 아니라 부분이고, 조각이다. 조각들이 살아나는 것이다. 이 시대정신의 변화는 자연스럽게 정치체제로도 나오게 되어있다. 철학만 그렇게 가고, 세상의 정치와 경제가 따로 갈 수는 없다. 경제가, 사상이, 문화가 변한다. 삶을 살아가는 방식이 변화한다. 그것이 정치로도 나오는 것이다. 그러니까 전제군주체제에서 시민사회를 거쳐서 대중 민주주의로 가는 것이다.

고대와 중세의 전제군주체제는 그냥 전체이다. 근대 시민사회도 여전히 전체를 표상한다. 전체를 다만 시민으로 대체한 것이다. 군주에서 시민으로 대체했다. 여전히 엘리트이다. 과학자 중심의 엘리트가 주도하던 사회가 바로 근대이다. 그러니까 잘난 주체이고, 거만한 주체였다. 거만한 주체의 요건을 만족시킬 수 있는 사람이라야 시민이다. 나머지는 다 잡것이고, 대중으로 분류되었다. 근대 사회에서 모든 사람들이 다 시민인 것은 아니었으니 말이다. 시민(civilian)은 야만인(barbarian)과 대조되는 개념이다. 시민은 그저 민중이 아니라 문맹인, 야만인과 대조되는 문화인이라는 뜻이다. 잘난 사람들이다. 그러다가 현대로 넘어와서 대중민주주의가 되었다. 저마다 마음대로 떠들어댈 수 있다. 오늘날은 그런 시대이다. 이것이 조각의 승리이다. 전체에 대한 부분의 승리이다. 아우성이다. 그러니 갈등은 당연하고 불가피하다. 그래서 자유다. 이것이 해석학의 뜻이다.

저마다 다른 부분들이다. 그래서 갈등일 수밖에 없다. 이제 리쾨르와 함께 해석학은 갈등을 견뎌야 한다. 갈등이 과제이다. 간단한 이야기가 아니다. 교회 안에서 성경 구절을 놓고 뜻풀이를 하는데, 벌어지는 갈등을 어떻게 할 것인가? 그런데 우리 현실은 이러한 갈등이 매우 생소하다. 갈등하다가 치고박고 싸우게 되면 어떻게 해야 할까? 뜯어말리는 것도 하루 이틀이다. 그러다가 수틀리면 찢어진다. 교회도 찢어지고 교단도 찢어진다.

왜 찢어질까? 갈등에 대한 실존적 이해가 없었기 때문이다. 만일 그것이 있었으면, 갈등이라는 것이 원래 우리 삶의 생겨 먹은 꼴이라는 것을 받아들였을 것이다. 그것을 어떻게 할 것인가에 관한 논리, 생리, 윤리가 개발되었더라면, 이보다는 덜 찢어지고 갈 수 있었을 것이다. 이제 해석학은 그것을 도모한다. 이런 점에서 해석학이 현실적으로 중대한 의미를 지니고 있다. 갈등의 수용 논리다. 조정해서 동화시키는 것이 아니라, 갈등과 함께 사는 방법을 도모한다. 화해로만 끌고 가야 한다고 생각하면 또 '거리'가 없어진다. 화해만이 능사라고 하는 것은 아니다. 그렇다면 어떻게 해야 하는가? 그런 문제를 우리가 관심해야 한다.

언어라는 구조와 이를 넘어서는 행위-사건

1장이 구조주의를 말하는 이유가 무엇인가? "처음 물음으로 돌아가자. 구조 문제가 해석학적 인식에 필요한 단계라면 어떤 점에서 그런가?"[38] 여기서 해석학적 '인식'이라고 했는데, '인식' 대신에 '이해'라고 새기자. 구조주의를 여러 가지로 이야기하는데, '언어'로, '존재'로, '문화'로, '인류'로도 말한다. 하여튼 리쾨르는 집요하게 구조주의라고 이름붙일 수 있는 온갖 사례들을 가져오면서 해석학이 인식론처럼 아전인수와 자기 도취에 빠지지 않도록 하기 위해서 저쪽에 집요하게 주의를 기울여야 한다고 주장한다. 왜 생뚱맞아 보이게 언어이고, 인류이고, 야생이고, 문화인가? 이게 다 무엇인가? 저쪽이다. 아전인수에 빠지지 않을 경계 장치로서 뜻을 지니니 말이다.

> 어쨌든 이중 의미 인식은 기본적으로 해석학적 이해이다. 그런데 레비-
> 스트로스의 말에 따르면 그러한 이해가 <보조 가치의 교환>을 인식하
> 는 행위에 전제되어 있다. 구조주의 안에 해석학적 이해가 깔려있는 셈
> 이다.[39]

의미를 이중으로 인식한다는 말은 인식론의 뿌리로 들어간다는 것이니 해석학적 이해가 드러나게 된다. 그러니 이중 인식을 수행하는 '구조주의 안에 해석학적 이해가 깔려있는 셈이다.' 같은 말을 달리 하면, "결국 어느 정도의 해석학적 이해 없이는 구조 인식은 없다. 밖

---

38 『해석의 갈등』, 62.
39 『해석의 갈등』, 64.

으로 드러내지 않을 뿐이다."[40] 구조주의 안에 해석학이 있다고 하더니, 이제는 해석학 없이 구조주의는 없다고까지 이야기한다. 무엇을 이야기하는가? 결국은 해석학이 아전인수가 아니라는 것이다. 인식론의 자기 도취를 극복할 경계 장치를 구조주의를 통해서 갖게 된다는 것이다. 구조 안에 이미 해석이 있고, 해석을 통해서야만 구조라고 하는 논지를 주장한다.

> 그러므로 우리가 말하는 상징은 개별 상징들 사이에서 발생한다. 그들 사이에 관계가 생기면서 상징이 생긴다. 그런 상징의 세계가 기독교에서 가장 뚜렷하게 나타난다. 거기서 자연 상징이 <말씀>의 빛 속에서 구조되고 질서를 잡으며 이야기의 흐름 속에서 모양을 갖춘다. 역사의 틀 없이는 자연 상징도 없고 추상적이고 도덕적인 알레고리도 없다.[41]

어떨 때는 구조와 체계를 구별해서 말하는데, 어떨 때는 체계라는 뜻으로 구조라는 말을 쓰기도 한다. 저 앞에서 '구조'와 '역사'를 '공시'와 '통시'로 대별시켜서 말했다. 이 사이를 잇는 것이 '관계'이고, 그 관계를 추동시키는 것이 '상징'이다.

그러나 반대로, 상징은 어떤 질서 안에서만 뜻을 가진다. 그런 질서 없이는 해석학적 이해도 있을 수 없다. 상상으로 너무 부풀리거나 알레

---

40 『해석의 갈등』, 65. 반복해서 말하지만, 리쾨르의 논조는 대체로 이런 방식을 취한다. 어느 한 쪽으로만 기울어지면 편리한 듯 보이지만 환원주의를 피할 길 없으니 갈등을 불사하더라도 얽혀 있음을 직시해야 한다는 것이다. 그리고 그것이 바로 해석의 역동성이라는 것이다.
41 『해석의 갈등』, 68.

고리로 너무 빈약하게 만드는 것 모두가 상징에 위협이 된다. 미숙한 상징론자는, 상징의 풍요로움과 넘침 그리고 겹뜻을 무절제하거나 불만스러운 것으로 보이게 한다.[42]

우리는 성서를 읽을 때에도 상징을 못 견딘다. 풍요로움, 넘침, 겹뜻을 견디지 못하고 교리로 깔끔하게 정리하려고 한다. 확실하게, 아주 명징하게 단계를 밟아가는 메뉴얼로 추리고 싶어 한다. 이럴 수도 있고 저럴 수도 있다고 하면 약발도 없고 영발도 다 날아간 것으로 간주한다. 그렇게 생겨 먹을 수밖에 없는 삶에서 씨름할 과제로 떠맡을 생각은 하지 않는다. 그러나 "논리적 사고에서 요구하는 분명함과 달리, 불분명함이다. 그 모호함과 불분명함 때문에, 여러 가지 상징은 각각 자기를 제약하면서 동시에 뜻을 가지는 전체 속에서만 상징이 된다."[43] 불분명함과 모호함이 상징으로 하여금 상징되게 한다. 저 위에 '풍부함', '풍요로운 넘침'과 '불분명함', '모호함'은 함께 간다. 풍부함과 풍요로운 넘침은 긍정적인 표현이고, 불분명함과 모호함은 부정적인 표현이지만 동전의 양면이다. 갈등은 이것을 가리킨다. '풍요로움'과 '넘침'을 위해서 '불분명함'과 '모호함'을 견뎌야 한다.

갈등은 풍요로움과 모호함을 거쳐 개방으로 향한다. 사실 모순인 듯이 보이는 풍요로움과 모호함은 개방의 요건들이다. 해석학이 추구하는 자유가 여기에 이어진다. 개방을 주장하기 위해서 "해석학에는 폐쇄된 기호 세계는 없다"[44]고 덧붙인다. 언어학 중에 기호학은 굉장

---

42 『해석의 갈등』, 69.

43 『해석의 갈등』, 69.

44 『해석의 갈등』, 73. '폐쇄된 기호'라는 것은 맥락과 상황을 넘어서는 또는 무관한 무시간적 표식일 뿐이다. 비슷하게 언어철학에서 이상 언어로 그런 기획을 한 적이 있었지만

히 기계적이다. 말하자면, 모호한 것들을 교통처리 하겠다는 발상으로 튀어나온 것이다. 그런데 그러다가 그 안에 갇혀버린다. 명백한데, 명백한 것을 대가로 폐쇄되어 버린다는 것이다. 그러나 해석학은 '폐쇄'가 아니다. '개방'이다. 개방이라는 것은 앞에서 말한 풍요로움과 불분명함의 뒤얽힘이다. 그것이 우리에게 '개방'을 요구한다. 그러나 불분명함이나 모호함이 귀결은 아니다. 이는 개방으로 향하는 디딤돌이다. 개방으로 끌고 가야 한다.

> 요약해보자. 상징이 철학의 관심을 끄는 것은, 그것이 겹 뜻을 통해 삶의 모호함을 드러낸다는 데 있다. <삶은 여러 가지 방식으로 말한다.> 그래서 상징은 삶의 모호함 앞에서 다양한 뜻을 열어놓는다.[45]

'삶의 모호함'이다. 갈등일 수밖에 없는 것을 외면한다고 해서 없어지는 것이 아니니 말이다. 그러니까 실상을 잘 보아야 한다. 갈등에서 씨름하는 과정의 성숙이라고 하는 것은 단지 책 이야기가 아니고 삶의 현장이다. 그런데 이를 부정하니 성경공부랍시고 앉아 있는 사람들에게도 공감을 받지 못하는 실태가 오늘날 교회를 유폐되게 만들었다. 현실과 동떨어지게 만들었다. 이 유폐를 극복할 책임이 교회에 있고, 종교 언어를 쓰는 사람들에게 있다. 그래서 해석학이 중요한 과제다. 그런데 해석학을 자꾸 인식론으로 돌리는 경향이 있다. '명확성'이 아니라 '불분명'일 수밖에 없다는 것을 과감하게 받아들여야 하는데

삶의 세계와는 동떨어진 것이었으니 궤도수정을 할 수밖에 없었다. 비트겐슈타인의 전기와 후기 사이의 차이도 좋은 예증이 될 터이다.
45 『해석의 갈등』, 75.

주저한다. 주저하는 순간 인식론으로 되돌아간다.

모호함은 사실 다양함을 담으려는 몸부림이다. 삶이 이미 여러 가지 방식으로 엮이고 뜻을 만들어가니 다양함은 불가피하다. 그런데 다양함은 또한 모호함으로 겪어진다. 이것이 바로 삶이 출발이고 목적임에도 오랫동안 주목받지 못하고 심지어 억압받아 왔던 이유이다. 다양함에 대한 정리가 간단하지 않고 모호함은 견딜 수 없는 불안의 원천이기 때문이다. 그런데 이것은 덮는다고 사라지는 것이 아니다. 오히려 열어야 한다. 개방의 이름으로! 개방이라는 것이 바로 이를 가리킨다. 리쾨르가 말하는 '개방'이 불트만이 앞서 말했던 '진공 중에'이고 '빈손으로'이다. 왜 그럴 수밖에 없는가?

> 말하는 행위는 바깥 사항이며 개인의 수행 사항이라고 해서 배제할 뿐
> 만 아니라, 자유로운 결합이며 새로운 언술이라고 해서 배제한다. 그
> 러나 언어의 기본이 거기에 있지 않은가? 언어의 운명이 그런 것 아닌
> 가?[46]

'바깥' '자유' '운명'을 보라. 이것들은 구조라는 것이 가리키는 역할이다. 해석이 해석을 명분으로 아전인수로 빠지지 않을 경계 장치로 '바깥', '자유' 그리고 '운명'이 있다. 진공과 빈손이 무장해제를 가리킨다면, 삶은 이미 우리를 무장해제하면서 그렇게 살아내고 있다.

그런데 말하는 사람에게 언어는 대상이 아니라 매개체다. 언어를 거쳐, 언어를 수단으로 삼아 우리는 우리를 표현하고 사물을 표현한다.

---

46 『해석의 갈등』, 91.

말한다는 것은 말하는 사람이 누군가에게 무엇에 대해 무언가를 말하기 위해 폐쇄된 기호 세계를 넘어서는 행위다. 말한다는 것은, 언어가 기호이기를 넘어서서 자신이 가리키고 겨냥하는 것으로 가는 행위다. 언어는 사라지기를 바란다. 대상으로서는 죽기를 바란다.[47]

구조에 해당하는 '바깥'이나 '운명'은 결국 우리의 언어가 기호에만 갇히고 머무를 수 없다는 것을 가리킨다. 언어가 '매개체'나 '수단'이라고 했지만 '기호'를 넘어서야 하고 '대상'으로서는 죽어야 한다는 것은 우리가 언어에 갇힐 수는 없다는 것을 가리킨다. 그런데 구조주의는 언어를 가둔다고 비판된다.

모순이 보인다. 구조주의 언어학은 인식론적 결정에서 나온다. 닫힌 기호 세계 안에서 작업하겠다는 것이다. 그러한 결정 때문에 체계에는 밖이 없다. 자동 내부 의존체이다. 그러나 그러한 방법 결정은 언어 체험을 무시하는 결정이다.[48]

구조주의 언어학은 결정 상태로 가고, 언어는 그것을 넘어서려고 한다. 위의 두 인용을 이어보면, 위의 것은 언어의 마땅한 생리에 대한 것이고, 아래 인용에서는 구조주의 언어학이 언어를 납작하게 찌그러트렸다고 비판한다. 그래서 모순이 있을 수밖에 없다.

그러나 어떻게 그렇게 되는가? 랑그의 과학에 맞서 말의 현상학을 세

---

47 『해석의 갈등』, 93.
48 『해석의 갈등』, 93.

우면서, 심리주의나 정신주의에 다시 빠질 위험이 있다. 적어도 구조주의는 이미 그 문제를 해결했다. 파롤과 랑그의 이율배반을 제대로 해결하려면, 랑그의 환경 속에서 말의 행위를 생산할 수 있어야 한다. 그런 식으로 변증법적 의미 생산이 이루어질 때 체계는 행위가 되고 구조는 사건이 될 수 있다.[49]

그래서 구조주의 언어학이 기호학 중심으로만 기울어짐으로써 언어의 본래적인 닫힌 체계를 넘어서 '삶'을 드러내는 기능과 관련해서 모순일 수밖에 없을 때, 해석의 틀로서 언어는 마땅히 이것들 사이의 이율배반을 함께 얽어내는 단계로 전환해야 한다는 것이다: "그 첫걸음으로 우리는 이율배반을 더 뚜렷하게 드러냈다. 체계와 역사, 사건과 잠재, 선택과 구속, 혁신과 제도, 지시와 폐쇄성, 주체와 익명의 이율배반을 분명히 보았다."[50] 리쾨르가 갈등을 어떻게 끌고 갈 것인지를 여실히 보여준다. 그리고는 바로 해법을 모색한다: "〈이미 구조를 갖춘 목록〉이 아니라 〈구조를 만드는 활동〉이 라고 하는 역동적인 개념 덕분에 구조와 사건, 규칙과 창조, 구속과 선택 사이의 이율배반이 아닌 새로운 관계가 성립한다."[51] 이율배반을 넘어설 가능성을 위해서 '구조'를 개조한다. 말하자면, '구조'라고 하면 우리는 이미 주어진 것처럼 생각했었는데, 구조를 만든다고 한다. 벌써 명사를 동사로, 주

---

49 『해석의 갈등』, 94.
50 『해석의 갈등』, 97. 이율배반을 더욱 뚜렷하게 드러냈다고 했는데 당연하게도 넘어서기 위해서다. 넘어선다는 것이 없앤다는 것은 물론 아니다. 아래로 내려가서 모순으로부터 역설로 이행하기 위해서 그렇게 했다고 풀었지만 역설은 결코 갈등의 봉합이 아니다. 갈등의 소용돌이를 끌고 가는 삶의 지혜. 해석은 이를 향한다.
51 『해석의 갈등』, 100.

어진 것과 가리키는 것 사이의 이율배반을 통해서 그냥 주어진 것이 주어진 채로 머무르는 것이 아니라, 가리키는 것과 같이 엉키도록 한다. 그래서 주어진 것이 닫힌 체계로 머무르지 않고 새로운 사건으로 들이닥치도록 만든다. 이율배반이 아닌 새로운 관계가 성립한다. 이율배반이 '모순'이라고 한다면, 새로운 관계는 '역설'이다.

"그래서 낱말은 체계와 행위가 교환되고 구조와 사건이 교환되는 지점이다."[52] 낱말 이야기를 왜 꺼냈을까? 기호학은 낱말을 붙들고 늘어지면서, 그것 자체는 아주 고유하고 깔끔하게 정리된 어의를 가지고 있을 것이라고 생각했다. 그런데 낱말은 문장과 문맥에서 뜻을 부여받는 것이다. 그래서 낱말은 일의적이 아니라 다의적인 것이다. 낱말은 체계와 구조 쪽에서만 역할을 하고 나중에 후천적으로 행위나 사건이 가서 붙는 게 아니라는 것이다. 체계와 행위가 대비이고, 구조와 사건도 대비이다.

왠지 낱말은 낱말 자체가 스스로 명백하고 깔끔하게 언제나 어디서나 '일물일어설'처럼, '일어일의'식으로 정리가 될 것처럼 생각하기가 쉽다. 그러나 사전을 보면, 여러 뜻이 있다. 일의적이지 않다. 그래서 낱말이 체계나 구조로 정리되는 것이 아니라 행위와의 뒤얽힘이고, 구조와 사건의 뒤얽힘이다. 주고받는 것이다. 그래서 이율배반이 아니라 새로운 관계이다.

낱말은 체계로 돌아간다. 체계로 돌아가면서 낱말은 체계에 역사를 선사한다. 그 과정을 설명하기 위해 다의 polysemie 문제로 돌아가 보자. 앞에서 그 문제를 분석했는데, 거기서는 여기서와 달리 기호론과 의미

---

52 『해석의 갈등』, 101.

론을 구분하지 않았다. 체계 속에 있는 기호의 과학인 기호론과 문자에서 기호를 사용하는 활용의 과학인 의미론을 구분하지 않았다. 기호와 활용의 변증법 그리고 구조와 사건의 변증법을 끌어들이지 않고는 다의(多義)현상을 이해할 수 없다.[53]

그럼 우리가 이제 성경공부를 할 때 기술적으로 어떻게 해야 하나? 구조와 사건의 변증법, 기호론과 의미론의 얽힘이다. 그래서 기표와 기의와 같은 이야기들을 소쉬르 이후에 언어학자들이 많이 이야기한다. 그런데 별거 아니다. 용어만 그런 것이다. 원조는 리쾨르도 아니다. 앞에 하이데거가 있고, 후설도 있고, 프로이트가 있으며, 거슬러 니체가 있다. "그러나 그런 식의 생각은 핵심을 놓치고 있다. 그 핵심이라는 것은 구조 문제가 아니라 과정의 문제다. 이름을 갖다 붙이는 과정이 있고 활용의 역사가 있다."[54] 구조와 사건의 변증법을 이해하기 위해서 '다의', '과정', '역사'를 이어야 한다. 우리가 문장은 고사하고 단어 하나조차도 구조와 사건의 변증법, 과정과 역사에서 벗어나 이해할 수 없다. 점이 아니라 선이고, 가로선만이 아니라 세로선도 있다. 존재라는 말, 사랑이라는 말, 신이라는 말이 유구한 사상사에서 다의적인 변천 과정을 거쳤다. 말은 이제 비로소 말하면서 사건이 된다: "말함은 언어의 개방성이고, 열어젖힌 언어다."[55] '열어젖힌 언어'

---

53 『해석의 갈등』, 102.
54 『해석의 갈등』, 102.
55 『해석의 갈등』, 106. 글이 말이 되면서 다의성으로 더 노출된다. 글이 공간 언어라면 말은 시간 언어인데 시간이라는 것이 공간에 견주어 가변성과 이로 인한 다의성을 기본적으로 지니고 있으니 말이다. '열어젖힌'이라는 것은 그런 맥락으로 나간다는 것을 가리키는 것으로 보인다.

라는 말을 잘 생각해보자. 글을 그냥 읽는 것은 말이 아니다. 열어젖히려면 구조와 사건의 얽힘, 체계와 행위의 얽힘이라는 변증법이 되어야 한다. 그래야 '말 사건'이 된다. 언어가 보여주는 구조로 실존의 임의성에 대한 경계의 뜻을 일깨워준다.

정신분석학이 폭로하는 자아도취

두 개의 해석학이 있다. 하나는 새로운 상징의 출현에 눈을 돌리는 해석이다. <정신현상학>에서처럼 마지막 것에서부터 힘을 받아 올라가는 형태에 눈을 돌린다. 그 마지막은 더이상 형태가 아니라 앎이다. 다른 하나는 원초 상징들의 출현에 눈을 돌리는 해석학이다.… 두 가지 해석학을 변증법으로 묶는 것은 어떤 결과를 가져올까? 다시 말해서 의식과 무의식이라고 하는 두 가지 상징의 길을 변증법으로 묶으면 어떨까? 의식과 무의식을 서로 반대되는 것으로 보는 한, 앞으로 가는 해석과 뒤로 가는 해석은 각자의 길을 간다. 의식은 역사이며 무의식은 운명이라고 할 것이다.… 무의식은 기원이고 출생이며, 의식은 기원의 끝이고 종말이다.[56]

해석학은 반대로 달리는 두 마리의 토끼, 다시 말해서 이쪽과 저쪽을 더불어 아우르면서 '진리'가 아닌 '의미'를 캐묻는다. 정신현상학은 역사의 완성인 미래를 향하고, 정신분석학은 과거로 거슬러 원초적인 근거를 찾아간다. 말하자면 이들은 뿌리와 열매라는 대조적 방향으로 뻗어나간다. 뿌리로의 접근은 프로이트의 무의식을 의미하며 열매는

---

56 『해석의 갈등』, 127-128.

헤겔의 정신현상학을 의미한다. 그러나 리쾨르는 이것이냐 저것이냐의 문제로 접근하지 않는다. 둘 다 놓쳐서는 안 된다. 반대 방향으로 달리는 두 마리의 토끼를 어떻게 잡을까 고민하며 해석학을 전개한다.

근거로 거슬러가는 정신분석을 통해 종교의 실마리를 잡는다. 종교적 욕구가 만들어낸 환상에 주목하는 데에서 시작한다.

환상의 핵심은 삶의 지속에 있다. 사람은 이해하고 느낄 뿐만 아니라 타고난 나르시시즘 때문에 늘 위안이 필요하며 그런 점에서 삶은 견디기 어려운 면이 있다. 그런 가운데서 삶을 지탱하는 것이 환상이다.… 두려움을 몰아내고 잔인한 운명을 달래고 문명의 고통을 보상하기 위해 문명은 신을 만들어낸다.… 신들에 대한 교리가 생기는데, 그것으로 현실을 파악하고 거기서 믿음이 생긴다. 그처럼 교리로 설명된 현실에 대한 믿음에 환상의 특이한 점이 있다. 만족과 불만의 균형을 위해 특별한 역할을 담당한다. 종교는 합리적으로 관찰할 수 없고 증명할 수 없는 신념을 매개로 사람에게 만족을 준다.[57]

프로이트는 종교가 탄생하는 과정을 이렇게 인간적 동기, 즉 삶의 원초적인 뜻에서부터 풀어가면서 분석한다. 나르시시즘, 환상, 문명, 욕망, 신, 교리, 믿음, 만족의 순서로 종교가 탄생한다. 종교의 뿌리에는 나르시시즘이 있다는 것이다. 하지만 근대인들은 앎 밑에 똬리를 틀고 있는 무의식, 욕망, 나아가 나르시시즘을 발견하지 못했다는 것이다.

정신분석은 오직 분석일 뿐이며 그래서 불가지론으로서, 신학 문제에

---

57 『해석의 갈등』, 142.

대해서는 무능하다. 적어도 정신분석학자는 하느님이 환상에 지나지 않다고 말할 수 없다. 다만 유아적이고 신경증적인 신앙 형태를 넘어서도록 환자를 도울 수 있다. 또는 종교가 유아적이고 신경증적인 신앙에 불과하지 않은지 생각해 보도록 한다. 만일 환자의 신앙이 그런 비판을 견뎌내지 못하면, 그런 신앙은 지속할 필요가 없다. 그러나 그때에도 하느님을 믿는 신앙에 대해 이러쿵저러쿵 말하는 것은 아니다. 다시 말해 믿음은 종교와 다른 것이고, 그런 믿음을 위해 종교는 죽어야 한다.[58]

리쾨르는 프로이트를 풀어내면서 종교를 비판한다. 종교 성찰로서 신앙, 나르시시즘, 환상, 문명, 욕망, 신, 교리, 믿음, 만족이라는 일련의 분석이 신이 그 자체로 환상이라고 말하는 것은 아니다. 신 그림이 환상이라고 말하는 것일 뿐 신 자체를 환상이라 말하는 것은 아니다. 그런데 사람들이 이를 구별하지 못하니 엉뚱하게 엄청난 오해를 한다. 프로이트는 그저 신 그림을 환상이라 말하고 있었을 뿐이었다. 신 그림과 신은 다르다! 포이어바흐의 투사, 마르크스의 아편, 니체의 우상, 프로이트의 환상 모두 인간의 신 그림에 대한 비판이다. 신 자체가 이렇다저렇다 말하지 않았다. 그런데 고·중세 형이상학의 사고틀에 머물러 있는 뭇사람들이 그 눈으로밖에 볼 수 없으니 천박한 오해를 소신으로 내세운다. 그래서 리쾨르는 이제 이 책의 결론적인 주장에 해당하는 종교와 믿음의 구분을 이 대목에서 벌써 내지르기 시작한다.

---

58 『해석의 갈등』, 157.

현대인을 이해하는 데 프로이트의 글이 마르크스나 니체 못지않게 중요하다는 것은 의심할 여지가 없다. 세 사람 모두 <허위>의식을 비판한 점에서는 비슷하다. 그러나 자아의식의 확실성을 의문에 붙이는 사람의 생각을 비교한다든지 그들의 <의심>을 우리 쪽으로 끌어올 만한 단계는 아니다.… 현대인을 해석하는 데 이 세 사람이 끼친 영향력을 이해하려면 셋을 같은 토대 위에 놓고 보아야 한다. 그들은 똑같이 환상을 비판했다. 그것은 자아의식의 환상이다.… 그러나 의식을 의심하지 않았다. 의식이 겉으로 보이는 모습 그대로가 아니라는 생각은 하지 않았다. 의식 안에서, 의미와 의미의 의식이 일치한다. 그러나 마르크스와 니체와 프로이트 이래로 우리는 그 점을 의심한다. 사물을 의심한 후, 우리는 의식도 의심하게 되었다.[59]

앞서도 말했지만, 포이어바흐의 투사, 마르크스의 아편, 니체의 우상, 프로이트의 환상 모두 신앙의 허위의식을 비판한다. 우리가 불러내는 신은 누구인가? 과연 진짜 신인가? 무의식에 깔려 있는 욕망으로부터 불러내는 신이 아니던가? 그런데 그렇게 하는 허위의식의 정체는 자아의식이라는 것이 드러났다. 신에 대한 그림이 허상이기 전에 자아의 그림이 허상이었다. 자아가 허상이기에 신이 허상인 것은 불가피하다. 대상과 마주하여 자기를 세우는 것이 자아의식이며 자아의식의 환상이다. 이게 근대정신이다. 그러나 근대인은 의식을 의심하지 않았다. 근대는 의식에서 비롯된 인식이 투명하다고 생각했다.

---

59 『해석의 갈등』, 161. 소위 의심의 대가로 불리는 네 명 중 거명되지 않은 포이어바흐를 여기에 넣어야 한다. 사실 일련의 궤적은 그로부터 시작한다고 해도 과언이 아니기 때문이다. 정신에 대한 육체의 반동이 정신을 테두리 짓게 만들었으니 이어지는 의심과 전환은 이 관문을 통과하고 난 이후의 일이기 때문이다.

그런데 우리 시대에 와서 의식을 의심하게 되었다. 의식이 전체가 아니라는 삶의 축적된 체험이 의식의 테두리로 밀고 나가게 만들었고 껍질을 뜯게 몰아갔기 때문이었다.

사물에 대한 의심에서 끝나는 것이 아니라 사물을 인식하는 인식 또한 의식해야 나르시시즘을 극복할 수 있다. 삶은 있음이나 앎으로만 짜여있지 않기 때문이다. 삶은 있음뿐만 아니라 없음도, 앎뿐만 아니라 모름도 함께 하니 말이다. 오늘날의 그리스도교는 첫 번째 전환, 다시 말해 중세에서 근대로의 전환도 하지 않고 있다. 하지만 두 번째 전환인 근대에서 현대로의 전환까지 가야 나르시시즘을 드러내고 극복할 수 있다. 있음에 물음표를 던진 것에서 끝나는 것이 아니다. 앎에 물음표를 던져야 한다. 그렇게 갈 길을 물을 때 삶이 나온다. 없음과 있음, 모름과 앎의 뒤범벅이 삶이다. 죽음과 뒤얽혀 있기 때문이다.

> 그런데 그 세 사람이 새로운 진리를 위해 좀 더 진실한 언어의 지평을 여는 데 사용한 것은 <파괴>뿐 아니라 <해석이다>.… 그러나 위의 세 사람은 사람을 의심하는 싸움에서 의미 해석으로 승리를 거두었다. 그들로부터 이제, 이해는 해석이다. 의미를 찾는 것은 의식을 그냥 읽으면 되는 것이 아니라, <그 표현을 해독>해야 하는 것이 된다.… 그들이 각자 자기의 방식으로 당시의 편견을 무릅쓰고 직접 의미를 아는 직접 의식에 반대하고 의미를 간접으로 아는 학문을 이룩했다는 점이다.[60]

'의심의 대가'로 불리는 사람들이 구한 것은 자유였다. 의심이 허용되지 못했던 전통과 근대에 대한 저항이었다. 종교적 권위도 그러했

---

60 『해석의 갈등』, 162.

고, 인식 주체라는 오도된 출발이 귀결시킨 자기 도취도 모두 인간을 속박하는 것이었다. 자기 도취를 안정 욕구 성취로 오인하도록 몰아갔던 시대의 비극을 소외로 읽게 된 것은 비로소 우리 시대의 반동과 함께 가능하게 되었을 뿐이다. '의미를 간접으로 아는 학문'이라는 것은 자기가 주체로 설정되는 도취에서 벗어나 자기도 타자의 거울에 비춰 볼 수 있게 된 덕분이었다. 그러한 타자에 구조도 있고, 정신분석이 드러낸 무의식도 있으며, 육체에 주목하는 유물론적 인간학도 있었다. 이런 일련의 반동 과정이 급기야 해석학적 성찰로 귀결되었다. 그런 만큼 해석은 자유를 향한다. 있음의 억압, 앎의 나르시시즘 또는 자기 굴레에 갇히는 것이라는 진단은 필시 자유를 열망할 수밖에 없었던 것이다.[61] 해석학은 단순한 낱말 뜻풀이가 아니다. 풀어냄에 자유가 있어야 한다. 해석학이 자유로 향하지 않을 때 그것은 근대의 대상화로의 회귀일 뿐이다. 특히 '진리에 대한 저항'은 우리의 특별한 주목을 요한다.

---

61 『해석의 갈등』, 163. 그래서 리쾨르는 이렇게 말한다: "의미는 분석에 의해 <만들어진다>. 의미는 의미를 <세운> 과정에 <기대어 있다>. 그러나 반대로 말할 수도 있어야 한다. 방법이 타당한지는 <발견된> 의미의 일관성으로 결정된다. 말하자면, 발견된 의미가 무질서한 겉의식보다 지성을 더욱 만족시켜야 한다. 그래야 해독 방법이 옳다. 그러나 그뿐 아니다. 환자가 그 발견된 의미를 인정하고 받아들였을 때, 다시 말해 자기도 모르게 그 의미를 품고 다니던 자가 그 의미를 의식했을 때, 그 환자는 <자유로워져야 한다>. 자기 바깥에, 곧 환자의 무의식 안에 그리고 분석가의 의식 안에 있던 그 의미가 환자의 의식으로 나왔을 때, 환자를 <해방할 수 있어야 한다>. 그때서야 해독 방법을 올바른 방법으로 인정할 수 있다."

인간 자화상의 추락

진리에 대한 저항: 코페르니쿠스의 우주론 때문에 충격을 입었다. 그것
은 사람이 사는 터전이 세상의 중심이라는 나르시시즘적 환상을 허물
어뜨렸다. 그 다음에 다윈은 생물학으로 충격을 주었다. 사람이 동물
세계와 별개라고 하는 생각에 종지부를 찍었다. 그 다음에 심리학이
타격을 가하였다. 사람은 우주의 주인이 아니고 생명체의 주인도 아닐
뿐만 아니라 자기 심리의 주인도 아니다.… 당신 속으로 깊이 들어가
라. 그리고 먼저 자신을 알도록 하라. 그러면 왜 아픈지를 이해하게 되
고, 병을 피할 수 있을지도 모른다.[62]

〈해석의 갈등〉에서 가장 진하게 집중해서 새겨야 할 대목이다. 코
페르니쿠스가 16세기 천문학자이니 새로운 시대인 근대를 열어준 자
연과학은 이미 근대의 시작에서 전통적 진리관의 붕괴를 예고하고 선
도했다. 인간의 자화상에서도 우리 시대를 향해 성큼 다가오는 대전
환을 발주했다. 그런데 철학은 이를 떠받친다고 인식론을 내세우면서
인간을 앎의 주체로 내세웠다. 자기 스스로를 주인이라고 생각하고,
주인이라는 관계 속에서 신 그림을 그렸던 것에 대해 코페르니쿠스의
전환이 뿌리를 흔든다. 19세기에 진화론의 출현에는 종교가 저항하
면서 주제 파악을 향한 길을 거부하고 앙탈을 부렸다. 진화론은 인간
이 계보의 일부일 뿐이라고 질러주니 말이다. 그러다가 20세기로 넘
어오면서 무의식의 대발견은 그야말로 지축을 뒤흔드는 충격이었다.
정신분석은 내가 아는 '나'가 내가 아님을 드러낸다. 아울러 그동안 스

---

62 『해석의 갈등』, 165-166.

스로 설명할 수 없었던 인간의 수많은 파행을 분석할 수 있게 되었다. 이렇게 하여 철저하게 나르시시즘을 파괴하는 과정이 16, 19, 20세기에 걸쳐 연이어 벌어졌다. 이러한 일련의 과정을 '진리에 대한 저항'으로 풀어내는 독법의 취지를 지나쳐서는 안 된다. 무엇인가? '진리'와 '자기 도취'가 묶여 왔다는 것에 주목해야 한다. 진리를 명분으로 인간은 사실 자신을 내세웠다. 특히 근대의 시점에 기준으로 선 코기토가 진리와 자기를 하나로 묶는 결정적인 기제였다. 그런데 반복하지만 그것이 자승자박의 원흉이었다. 삶의 반동이, 몸의 저항이 터져 나올 수밖에 없었다. 이런 요청에 부응하려는 해석학은 당연히 그런 진리에 저항한다. 그렇다면 나르시시즘이 파괴된 후에 등장하는 것은 무엇인가?

> 더 넓게 이야기하면, 중심에서 벗어난 의식이고, 편견 없는 의식이며, 코페르니쿠스를 따라 거대한 우주로 <자리를 옮기고> 다윈을 따라 생명의 진화로 자리를 옮기고 프로이트를 따라 어두운 심층 심리로 자리를 옮긴 의식이다. 우주, 생명, 심리 같은 의식의 타자에서 새로 중심을 잡음으로써 의식은 커진다. 자기를 잃음으로써 자기를 찾는다. 나르시시즘적인 자기를 잃음으로써 자기를 찾고 배우며 투명해진다.[63]

현대 철학은 '편견'을 어떻게 극복할 것인가를 과제로 삼는다. 편견이야말로 억압과 강박의 원천이기 때문이다. 예를 들면, 현상학의 판단중지라는 것도 이미 편견에 사로잡힐 수밖에 없는 것을 일단 묶어 놓자고 하는 것이다. 형상학적 환원은 편견의 껍질 벗기기다. 근대의

---

63 『해석의 갈등』, 166.

인식으로부터 현대의 실존으로의 움직임, 다시 말해 앎에서 삶으로의 움직임은 스스로에 도취하는 자기를 해체하고 새로운 나를 찾는다. 현대는 더이상 자기를 '중심'에 두는 것을 거부한다. 자기라는 편협한 자아를 넘어 더 큰 세계, 있음과 없음이 얽혀 있는 삶으로부터 자신의 의미를 추구한다. 결정적으로, '자기를 잃음으로써 자기를 찾는다.' 자기와 관련된 문제는 언제나 거의 이와 같은 역설적 통찰에 이르게 된다. 참으로 오묘한 이치이다. 왜 그럴까? 자기가 이미 최소한 양면적이기 때문이다. 아니 모순의 얽힘이기 때문이다. 자기를 주체로 세우는 것이 중요한데 이것이 오히려 자기에게 속박된다는 역리는 역설의 해법을 필요로 하니 말이다. 분야를 막론하고 파고 들어가면 피할 수 없이 만나는 역설적 통찰이다. 그래서 리쾨르도 같은 말을 반복한다. 자기중심적 의식에서 벗어나니 오히려 의식은 더 커진다고 말이다. 더 커진 의식이란 무엇일까? 여전히 의식인가? 더이상 앎에만 머물러 있지 않으니 모르고도 살아온 삶일 터이다. 더 커진 의식은 작은 앎보다는 비교도 안 되게 큰 모름으로 이루어져 있을 터이니 해석학이 말하는 선이해에 견줄 만하다.

> 우리가 진실에 저항하는 것은 결국 나르시시즘 때문이다. 진실이 밝혀지면 자기중심의 사랑을 잃고 방황할 것 같기 때문이다. 코페르니쿠스의 발견을 방해한 것도 나르시시즘 때문이었다.… 자아와 자연과 남을 마음대로 하려는 것이 아니라, 욕망을 거쳐 자신을 더 잘 알려는 것이다. 그런 비신화화를 통해 미신인 종교의 죽음이 일어난다. 그러면서 참된 신앙이 탄생할 수 있고 또 그렇지 않을 수도 있다.[64]

---

64 『해석의 갈등』, 204-205.

그러나 리쾨르의 분석대로 근대의 진리로 여겨졌던 것들, 즉 자기 도취적인 자아는 여전히 변화하는 세계에 저항한다. 사실 여기에도 이미 욕망은 작동하고 있었다. 다만 당대의 언어인 의지로 그럴듯하게 포장했을 뿐이고 이를 인식이 떠받치고 있었으니 욕망을 알아챌 길이 없었을 뿐이다. 그런데 그렇게 똬리를 틀고 있는 욕망이 향한 것은 역시 자신이었다는 것이다. 자연과 타자를 주무르는 것은 부차적인 것이었으니 자신이 우선이었기 때문이다. 이런 방식으로 리쾨르는 근대를 정초하는 자아의 핵심인 의식 아래 그렇게 욕망이 꿈틀대고 있었고 오히려 욕망이 자아를 그토록 중심주의적으로 집요하게 끌고 간 원동력이었다고 고발하고 있다. 아울러 '묻지마 믿음'[65]을 앞세우는 고전적 종교관이 여전히 진실을 밝히는 것을 방해한다는 데에도 주목한다. 진실을 밝히려는 일련의 노력들에 가장 강력하게 저항하는 것 중에 하나가 '종교'라고 서슴지 않고 폭로한다. 그런데 그렇게 앙탈하는 종교는 바로 '미신'이라는 것이다. 무슨 미신인가? 인간이 인간 자신을 믿고 있으니 미신이라는 것이다. 종교에서도 벌어질 뿐 아니라 더욱 증폭되고 있는 자기 도취의 문제를 다시금 비판한다. 여기서 비신화화한다는 것은 인간이 스스로를 믿는 자기 도취의 미신을 깬다는 것을 가리킨다. 이로부터 주어지는 결과에 대해서도 예단을 허락하지 않는다. '신앙이 생겨날 수도 있고 그렇지 않을 수도 있다'는 것은 그러한 경계 장치다. 종교에 대한 비신화화가 신앙의 태동으로 이어져야 한다면 여전히 자기 도취에 의한 자기 강박에 머물러있는 것이 되기 때문이다.

---

65 필자는 다른 저서에서 이 표현을 제목으로 사용하여 신앙 성찰을 개진한 바 있다. 정재현, 『묻지마 믿음 그리고 물음』(서울: 동연출판사, 2014), 전권 참조.

물을 뿐 아니라 물음 자체인 인간

잊은 것은 단순히 존재가 아니라 존재 물음이라는 것, 이런 말들이 뜻
하는 것은 무엇인가? 망각은 물음의 망각이라는 이야기로 단순히 교훈
을 주는 것이 아니다. 물음 그 자체에 문제의 핵심이 들어 있다.… 존재
를 묻는다는 것 자체가 나를 먼저 세우는 것을 부정한다.[66]

근대와 현대 사이의 핵심적인 차이가 여기에 있다. 앞서 중세는 물
음 없는 대답이었다면 근대는 묻고 바로 대답한다. 이에 비하면, 현대
는 대답을 얻지 못해도 묻는다. 왜 그런가? 리쾨르의 말을 자세히 보
자. '물음 자체에 문제의 핵심이 들어 있다.' 무슨 말인가? 삶에서 만나
고 겪는 문제(problem)들은 해결(solution)을 필요로 한다. 그런데 해결
이 종결은 아니다. 앎에서는 그럴 수도 있지만 삶은 그렇게 생겨먹지
않았기 때문이다. 삶은 문제·해결에 대해서도 물음이 던져진다. 그리
고 그런 물음(question)은 대답(answer)으로 종결되지 못한다. 삶의 생
리 때문이다. 오히려 더 큰 물음을 만남으로써 지금까지의 물음을 더
이상 붙들고 씨름하지 않아도 되게 된다. 문제의 핵심이 물음 자체에
들어있다고 말한 것도 이를 가리킨다. 이어서 인용된 문장도 우리의
풀이를 옹호해주는 것으로 보인다. '존재를 묻는다는 것 자체가 나를
먼저 세우는 것을 부정한다.' 존재 대신에 삶이라고 바꾸면 훨씬 더
잘 통한다. 삶을 묻는 것이다. 그것도 먼저 묻는 것이다. 사실 선이해

---

66 『해석의 갈등』, 242. '인간이 묻는다'는 명제와 '인간은 물음이다'는 명제는 연관되지만
큰 차이가 있다. 앞의 것은 알기 위해서 하는 행위니 앎의 차원이라면, 뒤의 것은 삶의
꼴을 가리키는 말이기 때문이다. 본문에서 논의하지만 단락에 붙인 제목에 대해 설명하
는 뜻도 들어 있다.

란 앎이 아니라 모름이니 물음이라고 해도 좋다. 이것이 나를 세우는 것에 앞서 삶을 향해 물음을 던지게 할 뿐 아니라 나를 세우는 것을 부정하게 한다. 그래서 그는 이렇게 말한다. "참다운 〈나〉는 물음 그 자체에 의해 형성된다."[67] 이제 인간이 묻는 것을 넘어서서 인간이 물음 자체가 된다. 삶이 물음이기 때문이다. 물음 속에 끼어들어가 있는 나는 자기에게 분명하지 않다. 참다운 나는 인식 주체가 아닌 묻는 실존이다. 삶이 모름과 앎의 얽힘이기 때문이다.

그런데 이와 견주자면, 근대는 진리를 표상한다면서 대상화하는 데 그렇게 대상화한다는 것은 주체가 하는 일이니 주관화가 동시에 일어난다. 대상화란 주체 안에서 내재적으로 하는 대상화이기 때문이다. 그리고 그렇게 주체-내재적 대상화를 하는 주체는 실체라는 것이다. 그러나 단지 실체일 뿐이다. 물론 '나'는 없다.

> 데카르트의 형이상학에서 처음으로 존재자는 표상의 대상으로 규정되고 진리는 표상의 확실성으로 규정된다. 그런데 그러한 대상화 또는 객관화와 함께 주관화가 일어난다. 확실한 대상은 주체와 짝을 이루기 때문이다. 그리하여 우리는 주체를 〈내세우면서〉(position) 또한 표상을 〈내민다〉(proposition). 그래서 세계〈상〉(像, Bild)의 시대다. 이 시대에 주체가 생겼다. 그런데 그 주체는 〈나〉가 아니라 〈실체〉(sub-stratum)이다.[68]

67『해석의 갈등』, 242. 그런데 종교는 물음을 허락하지 않은 채 문제에 대해 해결을 지른다. 진지하게 씨름하고 있는 사람에게 대답의 폭력을 가한다. 종교에서 해결이 제시되고 대답이 종결되어도 신앙이 되는 것은 아니다. 우리는 종교로 살지 않는다. 삶을 신앙으로 산다. 무조건 믿음에 기대야 한다는 이야기는 강박일 뿐이다.
68『해석의 갈등』, 245.

고대·중세 시대에는 아직 주체가 없었다. 앎에 주목하면서 주체가 등장하게 되었고 둘러싼 세계를 대상으로 간주했다. 대상화를 통해 주체가 주체 안에 새겨낸 결과물이 표상이다. 진리의 규준인 확실성은 대상과 표상의 동일성에서 주어진다고 보았다. 대상, 표상, 확실성 등은 모두 근대의 언어다. 그런데 여기에는 '나'가 없다는 것이다. 결국 소외로 빠질 수밖에 없는 비극의 씨앗이 이미 주체 설정에 심겨져 있었다고 폭로한다.[69] 인식의 횡포는 사실 대상에 대한 주체의 주도권에서만 비롯된 것이 아니었다. 그렇게 스스로를 주체로 설정하는 인간도 '나'가 아니니 이미 시작부터 꼬였다. 그렇다면 '나'가 아닌 '주체'는 도대체 누구인가? 아니 무엇인가? '누가'이긴 한데 '언제'와 '어디서'가 없으니 '무엇'에 비견될 정도이다. 데카르트의 '생각하는 주체'나 칸트의 '선험적 자아'가 좋은 증거일 터인데 이들은 죽지 않는다. 아니 살아 있지도 않다. '나'가 아니라고 한 것은 이런 뜻이다. 그러니 소외로 빠질 수밖에 없었다. 인식의 전형이라 할 수 있는 언어의 이름 짓기도 대상에 대한 일방적 표상화의 짓거리이니 개방인 듯하면서 동시에 가두는 것이다.

결국 <이름 붙임>은 언어를 지닌 사람이 차지하는 자리와 역할을 보여준다. 여기서 존재는 언어로 나아가고, 말하는 유일한 존재가 탄생한

---

69 주객 관계에서 인간 중심주의적으로 근대인이 주체를 상정하며 살아갈 때, 인간은 잘 살아갔는가? 아니었다. 주체 중심주의가 인간이 잘 사는 길이 아니었다. 왜 그럴까? 소외가 발생하기 때문이다. 객에 의해서 주가 소외된다. 주인이 노예에 의존하게 된다. 주객 관계가 그렇다. 주가 주도권을 지고 객을 주물렀더니 서로 간의 자기 이탈과 소외가 벌어졌다. 그래서 이 문제를 극복하기 위해서 상호주체 이야기가 나온다. 그래서 현상학의 상호주체, 해석학이 등장하며 이 둘을 이어주는 실존철학이 등장한다.

다. 이름 짓기는 존재의 개방을 보여주면서 동시에 언어의 한계 속에 갇힘을 보여준다.… <지킴> 속에서 사람은 이미 폭력을 저지르고 감추기 시작한다.[70]

언어라는 것은 '이름 짓기'인데 개방이면서 한계다. 지키면서 감춘다. 지켜주면서 폭력을 행사한다. 덮으면서 대신에 환상을 보여준다. 그런데 언어의 양면적인 기능에서 인식론은 한쪽만 보고 몰아갔다. 결국 확신으로 내몰아 갔다. 이에 반하여, 해석학은 역설적인 양면 모두를 함께 주목한다. 인식은 확실성으로 가지만 해석은 모호성을 함께 싸안는다. "해석은 드러난 뜻에서 숨은 뜻을 가려내는 일이다"[71]라고 한 것도 같은 맥락이다. 인식은 확실로 가지만 해석은 확실과 불확실, 확신과 의심을 함께 잡는다.

정신분석학과 구조주의

우리는 정신분석학과 구조주의 쪽의 공격을 기호론의 도전이라는 이름으로 묶어서 살핀다. 기호를 생각한다는 면에서 공통점을 지닌 그 둘은, 자기를 <바탕으로> 자기를 생각하고 자기를 <통해> 자기 자리를 찾는 주체를 문제로 본다. 주체의 그런 행위를 기초 행위이고 근본 행위로 보는 것을 문제 삼는다.[72]

---

70 『해석의 갈등』, 251.
71 『해석의 갈등』, 283.
72 『해석의 갈등』, 253.

'자기를 바탕으로 자기를 생각하고 자기를 통해 자기 자리를 찾는' 주체를 정신분석학과 구조주의가 공히 문제 삼는다. 기호를 가지고 말하는 것이 주체보다 앞선다. 앎의 주체보다 삶의 실존이 앞선다. 삶에서 주체란 표현은 적절하지 않다. 삶에서 앎은 파생적 표현일 뿐이다. 주체를 대체하는 말이 실존이다. 실존은 던져지면서 만들어지는 것, 시작이면서 가야하는 과정이다. 하지만 주체는 시작이고 근본이다. 기호는 근대의 생각하는 주체, 다시 말해 인식주체가 시작, 기초, 바탕이 될 수 없음을 말한다. 주체에 앞서 구조와 무의식이 있음을 주장한다. 정신분석학의 기호는 '무의식' 또는 '욕망'이다. 구조주의의 기호는 앎에 앞선 구조 또는 언어를 들 수 있다: "프로이트는 의식을 이루고 있는 의미 세계를 파고들어가 환영과 환상 작용을 밝혀 거기에 숨어 있는 욕망을 찾아낸다."[73] 나아가 프로이트는 근대 주체 설정의 토대였던 '의식'이 아닌 '무의식,' 즉 '욕망'이 의미를 추구할 것을 명령한다고 밝힌다. "프로이트는 의식을 위상학으로 풀어, 여러 〈자리〉가운데 하나로 보았다. 그리고 이제 자아는 하나의 〈힘〉이고 그것을 지배하는 주인은 따로 있다고 본다."[74] 자아의 주인은 의식 아래 똬리를 틀고 있는 무의식이란 이름의 욕망이라는 것이다. 그런데 "프로이트는 의식(Bewußtsein) 대신에 의식됨(Bewußtwerden)을 말한다. 기원이

---

73 『해석의 갈등』, 254.

74 『해석의 갈등』, 256. 프로이트가 욕망을 들추어낸 것은 사상사적으로 지대한 의미를 지닌다. 긴 세월 욕망은 부정적으로 간주되어 억제되어야 할 것으로 여겨졌다. 고전적 금욕주의는 말할 것도 없고 근대도 자유의지를 근간으로 하는 잘난 주체였으니 욕망이 끼어들 자리가 없었다. 그러다가 삶의 터를 떠받치고 있는 힘을 발견하게 되었으니 욕망이라 했다. 따라서 근대의 의지와 현대의 욕망의 대비는 중요하다. 의지는 인간이 주체로서 조정-통제하는 능력이지만 욕망은 오히려 '자아를 지배하는 주인'이다. 인간이 욕망을 부리는 것이 아니라 욕망이 인간을 부리니 말이다.

자 바탕이었던 것이 과제고 목표가 되었다."[75]

　'의식'과 '의식됨'을 명사와 동사로, 즉 존재와 생성으로 풀 수 있다. 프로이트는 의식적 존재가 아니라 의식됨을 말한다. 출발이 무의식이기 때문에 무의식에서 의식으로 가는 '과정' 다시 말해 '됨'이 필요하다. '됨'은 모든 것이 알려질 수 없다는 것을 가리킨다. 즉 모름이 있다. '나'라는 것이 얼마나 '나' 된지 모른다. 이게 바로 삶이다.

> 프로이트 이전에는 확실성과 동일성을 혼동했다. 확실성으로 말하면, 의심이나 착오, 환상 속에서도 <나는 생각한다, 나는 존재한다>는 정말 확실하다. 내가 착오를 일으켰다 할지라도 그렇게 생각하는 내가 존재한다. 그러나 생각 때문에 나의 존재가 확실하다고 해서, 내가 생각하는 내가 나라고 할 수는 없다. 그런데 확실성과 동일성을 혼동하는 경향이 있다.… 그러나 정신분석학은 존재의 확실성과 <어떤> 존재인가 하는 판단이 겹치는 것을 막는다. 나는 존재한다는 것이 확실하지만 <나의 모습>은 불확실하다.[76]

　프로이트 이전의 철학자들, 소위 데카르트로부터 시작하는 근대 철학자들은 확실성을 목표로 했는데 이를 동일성에서 구했다. 데카르트는 존재의 확실성을 '나는 생각한다'로 담보한 후 이를 '나는 누구이다'로까지 확장시킨다. 헤겔은 '있다'와 '이다' 즉 있음과 앎의 차이를 강조하지만 결국 확실성과 동일성이 하나가 될 것이라고 주장했다. 하지만 프로이트와 같은 현대 사상가들은 동일성과 확실성은 같지 않

---

75 『해석의 갈등』, 258.
76 『해석의 갈등』, 258.

음을 주목한다. 확실성이 동일성을 담보하지 않는다. 곧 내가 있다는 것이 내가 누구인지를 말하는 것은 아니기 때문이다. 있기는 하지만 언제나 알려지는 것이 아니라 모르는 채로 가기 때문이다. '있다'는 확실한데 '이다'는 모르겠기 때문이다.

> 정신분석을 거쳐야 그런 추상성을 벗고 구체적인 코기토 비판으로 넘어갈 수 있다. 그처럼 구체적인 비판은 거짓 코기토를 해체하고 우상이 된 코기토를 부수어 리비도 대상을 장례 치르는 과정을 시작한다.… 반성철학의 코기토와 직접 의식의 혼동을 일으키는 것이 바로 그 나르시시즘이다. 나르시시즘 때문에 나는 내가 어떻다고 믿는 대로 존재한다고 믿게 된다. 의식에 얽매이지 말아야 한다.[77]

'있다'와 '이다', 확실성과 동일성, 있음과 앎을 같다고 놓을 때 자아 도취가 발생한다. '이다'라고 생각하는 것을 확실히 있다고 믿을 뿐 아니라, 있다는 것을 자기가 원하는 대로 '~이다'라고 믿기 때문이다. 정신분석은 '있다'고 해서 '-이다'가 아님을 폭로하며 해체한다. '있다'와 '이다' 밑에 어디로 튈지 모르는 욕망, 앎보다 앞선 무의식을 그려내며 확실성과 동일성의 고리를 해체한다. 이유인즉 확실하지 않으면 규정도 되지 않으며 결국 가치 없는 것으로 치부되기 때문이다. 그러면서 삶이 잘려져 나가기 때문이다.

> 주체가 의식으로 그리고 의지로 바로 서기 전에 이미 충동 차원에서 존재에 놓였다. 의식이나 의지 이전에 충동이 앞선다는 것은 존재 차원

---

77 『해석의 갈등』, 259.

이 반성 차원보다 앞서고, <나는 존재한다>가 <나는 생각한다>보다 앞
선다는 것을 의미한다.··· 그러므로 내가 볼 때 프로이트 사상이 철학에
서 수행하는 기능은 추상적인 코기토의 확실성과 구체적인 주체 사이
를 벌려놓는 것이다. 둘을 벌려 놓고 거기서 거짓 코기토를 비판하며,
자아와 나 자신 사이를 가로 막고 있던 자아의 우상을 해체한다.[78]

주체는 의식이나 의지에 앞서 충동이다. 의식, 의지는 근대의 언어
다. 충동은 현대가 주목하는 몸 또는 삶의 언어다. 이제 리쾨르는 데카
르트의 전제를 뒤집는다. 데카르트는 생각에서 존재를 끌어낸다. 하
지만 생각이 가능하려면 존재가 있어야 한다. 하지만 근대는 생각만
강조했다. 존재에 앞서 생각에 우선 집중했다. 이제 존재가 먼저라고
한다. 그런데 그 존재는 욕망, 충동으로 존재한다. 여기서 보면 코기토
는 매우 추상적이다. 그러니 자기 도취로 갈 수밖에 없다. 구체적인
현실, 즉 삶의 터를 깔 수 없으니 타자를 만날 길이 없다. 그저 대상일
뿐이다. 주·객 관계의 함정이다. 이제 리쾨르는 주·객 관계로 환원되
지 않는 자·타 관계를 회복하고 주장한다. 잘난 나가 아니라 너와 치고
받고 긴장 관계에 있는 나를 회복하자는 뜻이다. 자아의 우상, 즉 주도
권을 쥐는 나르시시즘적 주체를 해체함으로써 말이다.

현상학

현상학은 세 가지 명제로 이루어져 있다. ① 현상학에서 말하는 기술
의 범주는 의미다. ② 주체가 의미를 쥐고 있다. ③ 환원이라는 철학 행

---

78 『해석의 갈등』, 260-261.

위를 통해 의미를 향한 존재를 낳는다.… 어떤 체험이든지 체험
(Erlebnis)의 특징은 의미 활동이며 그처럼 모든 체험을 이루는 의미
활동은 어떤 판단보다 더욱 뿌리가 깊다.[79]

리쾨르는 현상학에 대한 설명을 그 핵심인 '체험'(Erlebnis)에 초점
을 두면서 시작한다. 이때 체험은 '살면서 겪어낸다'는 뜻이다. 이는
인식론에서 말하는 백지상태에서 출발하는 앎의 수동적인 경험과는
전혀 다르다. 이미 벌어지고 일어나는 삶의 과정을 가리킨다. 앞서 겪
어온 것을 풀어내는 것이니 이제 삶의 체험은 '의미'로 자리 잡는다.
이런 이유로 '체험'은 '판단'보다 깊다고 했다. 당연한 것이지만 체험은
삶이라면 판단은 앎일 뿐이다. 그런데 리쾨르가 보기에 현상학은 현
상, 의미, 체험을 모두 이쪽으로 끌고 들어온다고 본다.

지각하고 행위하고 말하는 주체가 지향하고 뜻한다는 것을 현상학이
처음으로 철학의 주제로 삼았다고 말이다. 그러나 현상학은 언어 문제
를 현대 언어학과 대화할 수 없는 쪽으로 몰고 갔다.… 왜 그런가? 현상
학과 객관성은 처음부터 서로 맞서는 것이었기 때문이다.… 현상학에
서는, 공시를 말하는 주체에 두고 통시를 객관적 학문에 둠으로써 주
관적 측면이 객관적 측면을 삼켜 버린다. 말의 공시가 랑그의 통시를
둘러싸고 있다.[80]

리쾨르는 현상학이 '주관' 쪽에 기울어져 있다고 비판하고 있다. 하

79 『해석의 갈등』, 263.
80 『해석의 갈등』, 265-266.

지만 리쾨르는 이쪽과 저쪽을 다잡아야 한다고 주장한다.[81] 이쪽과 저쪽을 연결시키는 고리인 '동사'에 주목해야 한다. 인식론은 주어가 먼저 있었다고 주장하지만 해석학은 술어가 먼저 있다고 주장한다. 인식은 명사고, 해석은 동사다. 인식이 도달하려는 목표는 명사화를 통한 개념 규정이다. 이와는 달리 해석은 동사에 머무른다. 변화의 불가피성을 포착하기 때문이다.

같은 맥락에서 구조주의 언어학을 가져와 현상학을 비판한다. 주체 철학에 던지는 도전이 있기 때문이다. 구조주의에서 말하는 의미는 주체가 지향하는 의미와 다르기 때문이다. 리쾨르는 구조주의를 통해 현상학의 한계를 지적한다. 구조주의는 주체에 앞서 구조, 특히 언어가 있다고 주장한다. 현상학은 저쪽에 해당하는 언어의 구조를 너무 쉽게 간과했다. 하지만 구조주의도 역시 한쪽 방향만을 강조한다. 기호, 다시 말해 구조에서만 의미가 파생된다고 주장한다. 리쾨르는 기호[명사]에서 의미[동사]로 그리고 의미에서 기호로, 즉 일방향이 아닌 쌍방향으로 갈 수 있음을 말한다.

---

81 해석에 대해 시비하는 거리 중에 단골로 나오는 것이 객관성 문제이다. 그러나 객관(客觀)이라는 것이 무엇인가? 손님의 눈이다. 타자의 눈이다. 주인의 눈으로 보면, 자기의 눈으로 보면, 언제 어디서나 모든 게 옳다. 빗대자면 입체를 이루는 축에서 가로, 세로, 높이 모두 영점에 조준되어 있다고 보는 것이다. 물론 착각이다. 객관이란 이제 손님의 눈으로, 즉 타자의 눈으로 자기를 다시 보는 것이다. 그러면 자기가 가로 세로 높이의 기축이 만나는 영점에 위치하고 있는 것이 아니라 이리저리 흩어져 돌아다니고 있다는 것을 깨닫게 된다. 말하자면 주제 파악이다. 좀 더 발전하면 역지사지(易地思之)가 될 터이다. 보는 위치를 옮길 뿐 여전히 자기를 보는 것이다. 자기가 기준이 아니라는 것을 보고 깨닫는 것이다. 그러면 타자와 어떻게 관계해야 할 것인가가 나온다. 객관이란 그런 것이다. 누구나 동의할 수 있는 무슨 절대기준이 있는 양 하는 것은 객관이 아니라 실체주의일 뿐인데 결국 교조주의나 원리주의에 빠질 수밖에 없다. 객관성은 그렇게 불순한 것은 아니다.

현상학에서는 언어가 매개체다. 즉, 언어는 앎의 도구다. 그러나,

세상이 단번에 무언가 뜻(삶)하게 되었지만 그만큼 인식(앎)된 것은 아니다. 물론 언어가 출현하면서 인식의 발전도 빨라졌을 것이다. 그러므로 인류의 정신사를 보면 상징과 앎이 처음부터 맞서 있다. 상징(삶)은 불연속이고 앎은 연속이다.[82]

삶은 연속적이지 않다. 딱 맞게 굴러가지 않는다. 삶은 모순이고 부조리다. 즉 불연속이다. 그럼에도 앎은 삶을 연속적으로 연결시키며 정의한다. 불연속과 모순인 삶을 연속으로 추리는 것이 인식론이라면 불연속인 채로 읽어가는 것이 해석학이라는 것을 예고한다. 아래 리쾨르의 주장도 우리가 그렇게 읽는 것을 지지하는 것으로 보인다.

이 글을 구성하는 두 개의 분석[이쪽(현상학)과 저쪽(정신분석, 구조주의)]을 서로 연결해야 할 때가 왔다.… 주체 철학에 미래가 있으려면 정신분석학과 구조주의 비판을 하나로 받아들여야 한다.… ① 말하는 주체 문제를 다루면서 우리는 정신분석학을 논의하며 결론으로 돌아가서 그것을 새로운 관점에서 보게 된다.… 정신분석에 따르면, <나는 생각한다>의 확실성에 도달하지 못하고 오직 나는 내가 느끼는 대로의 나라는 믿음에 도달할 수 있을 뿐이다.[83]

삶의 불연속에 보다 주목하는 정신분석은 확실성이 아닌 '믿음'에

---

82 『해석의 갈등』, 276.
83 『해석의 갈등』, 281.

이어진다. 키르케고르가 믿음을 '객관적 불확실성'이라고 한 것에 견주어질 만하다. '느끼는 대로 나'라는 것은 그만큼 불확실하다는 이야기다. 정신분석학의 특이한 점은, 풀어야 할 의미 효과가 힘의 관계를 표현한다는 것이다. 프로이트 이론의 모호함이 여기에 있다. '힘의 언어'와 '뜻의 언어'라고 하는 서로 다른 두 세계를 가지고 작업을 하는 것 같다. 힘의 언어는 욕망 충동에 의한 것이니 이미 주어진 것이고 솟구치는 것이다. 이에 비해 뜻의 언어는 풀어가고 만들어가며 엮어가는 것이다. 해석학이 불연속, 불확실성으로 새겨져 온 것을 버리지 않고 '숨은 뜻'으로 새긴다.

> 그처럼 기호론 측면에서 다시 보면 정신분석의 주제는 리비도와 상징의 관계에 있다. 그러므로 해석학이라는 좀 더 넓은 영역으로 들어온다. 해석은 드러난 뜻에서 숨은 뜻을 가려내는 일이다.[84]

리쾨르는 쏠려 있는 구조주의와 정신분석학 그리고 현상학을 훑고서는 모으려고 한다. 드러난 뜻에서 숨은 뜻을 가려낸다고 했는데, 드러난 뜻은 '앎'이고 숨은 뜻은 '모름'이다. 앎에서 모름을 읽어낸다. 구조주의는 엄연한 모름을 일단 받아들이라고 한다. 정신분석은 모름에서 앎의 조각들을 건져낸다. 현상학은 모름을 앎으로 끌고 들어온다. 이를 아울러야 하는 해석학은 앎에서 모름을 드러낸다. 숨은 뜻은 어떻게 깔려져 있을까? 해석학은 해석이 어떻게 삶으로 나아가는지 밝혀야 한다. 먼저 세계-내-존재가 있고, 그다음에 그것을 이해하는 것이 있으며, 그다음에 그것을 해석하고, 그다음에 그것을 말한다. 이

---

84 『해석의 갈등』, 283.

궤도는 순환하지만 그렇다고 우리 발목을 붙잡는 것은 아니다. 그것
은 낡은 순환이 아니다. 표현과 표현된 존재의 살아 있는 순환이다.
단순 순환이 아닌 나선형적 순환이다. 앎의 구도에서는 시작과 끝이
맞물릴 때 단순 공회전이지만, 삶은 머무르지 않는다.

> 그러므로 해석학은 의미 효과나 이중 의미 속에 틀어박혀서는 안 된다.
> <나는 존재한다>의 해석학이 되어야 한다. 그래야만 관념론의 코기
> 토, 주관주의와 유아주의의 환상을 없앨 수 있다. <나는 존재한다>의
> 해석학만이 데카르트의 <나는 생각한다>의 확실성과 직접 의식의 거
> 짓 환상과 불확실성을 함께 품을 수 있다. 그때, <나는 존재한다>는 확
> 신과 <나는 누구인가?> 하는 의심이 양립할 수 있다.[85]

'전제'이면서 '과제'인 실존 즉 삶은 해석을 요구한다. 해석한다는
것은 이쪽(현상학)이나 저쪽(구조주의, 정신분석)만을 가지고 이야
기하는 것이 아니다. 이쪽과 저쪽의 긴장 관계, 갈등 관계를 주시하고
더불어 엮어가며 의미를 추구하는 것이다. 이쪽과 저쪽, 존재와 행위,
체계와 역사, 구조와 사건, 확실성과 불확실성, 확신과 의심은 그렇게
역설로 엮여 있다.

정죄와 형벌의 고리를 부추기는 도덕주의

해석학은 자유를 지향한다. '악의 상징'을 다루는 장에서 핵심적인
주제는 자유다. 정죄로부터 자유, 형벌과 형법 사이에서의 자유이다.

---

85 『해석의 갈등』, 285-286.

해석학은 종교, 도덕, 법의 신화가 우리 삶을 얽매던 것으로부터 해방을 추구한다. 진리를 넘어 자유를 향한다. 자유로 향하기 위해서는 확신과 의심이 필요하다. 확신만 강조하면 환원주의로 빠져 삶을 축소시킨다. 반대로 의심만 하면 허무주의에 빠진다. 리쾨르는 확신과 의심을 역설적으로 얽어 삶을 해석할 때에야 자유로 향하는 삶의 의미가 드러남을 주장한다. 그가 말하는 확신과 의심의 역설적 얽힘을 우리 신앙에 적용해 볼 수 있다. 확신만 강조하는 신앙은 교조적이게 되며, 생명을 살리기보다는 죽인다. 교조주의나 도덕주의 모두가 확신만 강조하는 신앙이다. 정죄 이야기 또한 확신만을 강조하는 신앙이다. 반면에 의심은 신앙에서는 회의주의로 몰고 간다. 확신과 의심이 얽힐 때 신앙은 건강해진다. 확신이라는 우상 숭배로부터 탈출해 참자유로 향할 수 있다.

'악의 상징 해석'을 구체적으로 논하기 위해서 원죄, 정죄 그리고 형벌을 다룬다. 원죄, 정죄, 형벌을 관통하는 것이 무엇인지 제목인 '악의 상징'과 엮어 생각해보자. 형이상학적 악은 세계가 지닌 구조적 악을 뜻한다. 한계로서 악이다. 자연적인 악과 도덕적인 악은 서로 다르면서도 얽혀 있다. 그리고 자연을 도덕으로 봤던 선사시대의 궤적 때문에 자연적인 악조차도 도덕적으로 본다. 예를 들어 지진이 나고 해일이 일어나면 천벌을 받았다고 이야기한다. 다시 말해 정죄로 본다. 이게 종교가 가지고 있는 도덕주의다. 이것이 인간을 얼마나 억압했는가? 니체는 이에 대해 적나라하게 비판했다. 원죄, 정죄, 형벌은 억압구조로 작동하고 있는 사례다. 해석학은 이러한 사슬로부터 해방을 도모한다.

악은 악인데 '상징'이라는 말을 붙였다. 무슨 뜻인가? 상징을 개념과 구별해 보자. 상징은 개념을 부정하는 것이 아니다. 개념으로 다 잡을 수 없다는 것이다. 개념으로 다 잡을 수 있다고 하는 것은 인간이 주물러서 해결할 수 있다는 뜻이다. 하지만 상징이라고 말하는 순간 원인은 물론 해결방안도 모르겠다는 의미를 지닌다. 그런데 정죄하고 이것을 근거로 형벌로 추린 것이 인간의 역사다. 하지만 리쾨르는 이러한 악-형벌의 심층에 신화가 깔려 있음을 밝혀낸다. 이를 위해서 악은 상징으로 봐야 한다고 주장한다. 그동안 악을 개념으로 잡아 정죄에 사용하고, 정죄가 형벌로 이어졌다고 비판한다. 형벌이 합리적으로 보이지만 그 안에 신화가 깔려있다는 것이다. 그것이 그리스도교의 대속 교리까지 간다. 대속에 작동하고 있는 원리가 무엇인가? 죄를 지으면 벌을 받아야 한다는 것이다. 원인과 결과의 관계이니 합리적이고 논리적이다. 하지만 이곳에는 은총이 들어올 자리가 없다. 대속의 껍질을 벗기는 순간 은총이 끼어들 자리가 없다. 리쾨르는 은총의 자리를 찾아가려고 한다. 인과 관계를 해체함으로써 은총이 은총으로 드러나게 하는 방식으로 말이다.

죄를 지었는데 형벌을 받으면 죄가 씻어진다고 한다. 과연 그런가? 형벌을 받는다고 죄가 사라지는가? '저지른 악'에 대해서 '당하는 악'이 씻어 낸다는 것인가? 예수가 벌을 받음으로 우리 죄를 씻어낸다는 것인가? 벌이 죄를 씻는가? 죄는 죄이고 벌은 벌이다. 그런데 도대체 무엇으로 이를 연결시키는가? 엄밀히 말해서 죄와 벌이 인과 관계인가? 더 중요한 것은 대가를 치른다고 죄가 씻어지는가? 리쾨르는 여기에 물음을 던지고 해법을 묻는다. 그 안에 작동하고 있는 정죄와 형벌의 인과 관계, 도덕주의적 논리, 형벌의 신화적 사유를 한데 엮어서 대속의 교리를 그려냈다고 분석한다.

원죄·정죄·형벌을 악의 상징이라는 맥락에서 연결하지만, 큰 테두리 안에서 이들의 위치는 조금씩 다르다. '원죄론'은 당시의 신화가 그려내는 인간의 어찌할 수 없는 구조적 운명이나 불가항력적인 악에 대해 자유를 말하는 데에 그 뜻이 있다. 운명 대 자유라는 구도에서 악을 보려고 한다. 신화가 전해주는 문화의 시작으로 거슬러 가면, 악은 운명이었다. 그러나 에덴동산에서 악은 자유이다. 당대의 신화들과 창세기 설화가 구별되는 지점이다. 하지만 뱀을 등장시키면서 어쩔 수 없는 운명의 불가피한 구조를 또한 말한다. 다시 말해 자유와 운명을 동시에 말한다. 이것에 대한 탁월한 사례로 리쾨르는 아우구스티누스를 소개한다. 아우구스티누스가 마니교도와 논쟁할 때는 자유를, 펠라기우스와 논쟁할 때는 운명을 거론했던 것을 근거로 든다. 그러나 아우구스티누스의 자유는 신정론적 자유다. 신이 인간의 죄와 타락에 대해서는 책임이 없으며, 인간이 자유의지를 행사했다는 것이다. 그런데 여기서 자유의지는 노예 의지다. 죄를 짓지 않을 자유는 사라지고 죄를 지을 자유밖에 없기 때문이다. 사실 이것은 아우구스티누스의 개인적 동기 때문이기도 하고 시대의 한계 때문이기도 하다.

운명과 자유를 싸안아야 함에도 도덕주의가 자유를 구실로 악에 대하여 정죄했다. 정죄는 어떤 방식으로 펼쳐지는가? 정죄의 구성 원리는 무엇이며, 정죄의 결정적인 맹점은 무엇인가? 악이 개념이 아니라 상징이라는 것은 기원도 시작도 모를 뿐 아니라 흡수도 통합도 할 수 없다는 것을 가리킨다. 그런데 정죄는 시작과 끝을 인간이 주무르는 것이다. 그게 도덕주의다. 그렇게 해서 정죄가 자리 잡더니 형벌이 자연스럽게 등장한다.

1절에서 리쾨르는 운명과 자유의 밀고 당기는 관계를 무시하면 안

된다고 주장한다. 창세기는 물론이고 아우구스티누스도 거론한다. 칸트도 등장시킨다. 칸트야말로 도덕주의의 탁월한 사례다. 그에 의하면 인간이 의지의 자유로 도덕적일 수 있다. 당위이어서 가능하다. 그런데 마땅히 해야 할 의무로서 '덕'과 인간이 원하는 '행복'이 반대 방향으로 간다. 덕은 위로 올라가고 행복은 아래로 내려가는 것으로 보인다. 여기서 칸트가 말하는 최고선은 덕과 행복의 일치, 즉 '해야 하는 것'과 '하고 싶은 것'의 일치다. 그런데 그게 가능한가? 리쾨르는 아우구스티누스보다 칸트가 더 나갔지만 그래도 여전히 도덕주의적 세계관에 머물러 있다고 비판한다. 리쾨르는 원죄에서 갈 길을 정리하고 정죄에서 문제의식을 드러내며 형벌에서 구체적인 삶에 적용시키고서는 대속으로까지 간다.

> 사실 원죄 개념은 성서에 나오는 것이 아니다. 그러면서도 어떤 합리적인 사유 과정을 거쳐 초대 교회의 고백을 담고 있다. 우리가 그 <의미>를 생각한다는 것은 결국 그 개념의 의도를 재발견하자는 것이다. 개념 이전에 선포가 있다. 그 선포는 죄를 말하면서 죄 사함을 말한다.… 간단히 말해서 의미를 생각한다는 것은 <개념을 해체해서> 그 동기들을 뜯어보고 일종의 지향성 분석을 통한 뜻의 방향을 재발견하는 것이다.[86]

'실재'나 '진리'는 엄청난 무게가 있고 '의미'라고 하면 가벼워 보이는 느낌이 든다. 하지만 '의미'는 그런 것이 아니다. 삶을 있음과 앎의 방식으로 치환시키며 살아가기 때문에 '의미'가 가벼워 보인다. 하지

---

86 『해석의 갈등』, 288.

만 의미는 가볍지 않다. 인간은 의미로 산다. 더욱이 개념에 앞선 의미라는 것은 앎에 앞선 삶을 가리킨다. 의도나 동기가 이를 가리킨다. 고백도 이로부터 나온다. 원죄도 이런 구도에서 다시 풀어야 한다는 것이다. 그래야 의미를 끌어낼 수 있기 때문이다.

> 논쟁하고 변증하는 개념 언어인 <원죄>론에는 한 가지 의미가 들어 있다. 악은 존재가 아니며 자연도 아니라는 점이다. 악은 우리에게서 나온 것이고, 우리의 자유의 문제이기 때문이라는 것이다. 물론 뒤에서 보듯이 이 첫 번째 의미가 악을 충분히 밝히는 것은 아니다. 분명한 현실 악만을 말하고 있기 때문이다. 나는 두 가지 측면에서 분명한 현실 악이란 표현을 썼는데 행위 악, 곧 저지르는 악이라는 측면이고 또 하나는 현재 일어나는 악, 순간의 악이라는 측면이 있다.[87]

'악의 체험'과 '죄의 고백'에 주목하자. 체험과 고백은 '의미'의 구체적인 장르다. '저지르는 악'이 분명히 있지만, 또한 '일어나는 악'도 덮어둘 수 없다. 결국 자유와 운명 사이의 긴장을 어떻게 끌고 가느냐 하는 것이 관건이 될 터이다. 아래 두 인용은 아우구스티누스가 벌인 양동작전을 잘 보여준다. 연이어서 살펴보자.

---

87 『해석의 갈등』, 290-291. 같은 이야기를 달리 표현하는 대목을 보자: "이제 원죄의 두 가지 <상징 기능>을 살펴보자.… 인간 체험의 깊은 부분, 곧 말로 할 수 없는 부분을 말하려는 것이다. 신화가 역사 사실이 아니라고 버리지 말고 신화에서 역사 사실일 수 없는 진리를 찾아내야 한다.… 아담 신화는 악의 신비를 드러낸다. 다시 말해서 우리 각자가 악을 저지르고 악은 우리에서 시작되지만 다른 한편으로 악은 내 속에, 내 밖에 그리고 나 이전에 보인다"(299-300).

악은 <존재>가 아니라 <행위>다.⋯ 곧 세상에 악이 생기는 바로 그 지점에 사람이 있다는 점이다. 사람을 통해서 죄가 세상에 들어왔다. 세상이 악이 아니라 악이 세상에 생겼다.⋯ 아담 설화는 그런 삶의 고백이며 아우구스티누스는 바로 그 점을 다시 끌어와 마니교도와 싸웠다.[88]

아우구스티누스가 원죄 개념을 끝까지 밀고 나간 것은 펠라기우스의 주장에 대항하기 위해서다. 펠라기우스는 모든 사람을 강하게 짓누르는 죄의 어두움을 그냥 지나쳤다.⋯ 아우구스티누스는 자기 마음대로 되지 않는 의지, 다른 법에 복종하는 의지를 말하고 있다.[89]

마니교는 운명주의를 말하니 인간의 행위로 대응하고, 펠라기우스는 자유주의 또는 의지주의를 주장하니 어찌할 수 없이 짓누르는 어두움을 부각시킨다. '강하게 짓누르는 죄의 어두움'이 바로 리쾨르가 말하는 악의 비의지적 측면이다. 펠라기우스가 의지, 즉 개념으로 설명하는데 비해, 아우구스티누스는 원죄 안에 사람이 등장하고 자유의지가 등장하지만 '어찌할 수 없음'을 가리키는 뱀이 등장한다는 것에 주목한다. 악에는 우리가 어찌할 수 없는 비의지적인 것이 있다는 것이다. 리쾨르의 대표적인 어휘로 '비의지'를 말할 수 있다. 인간이 의지라는 것을 구실로 잘난 주체를 내세웠지만 오히려 그러한 자기에게 속박된다. 이 경우 오히려 비의지적인 것을 주목함으로써 해방으로 갈 수 있는 실마리를 마련한다.

---

88 『해석의 갈등』, 292-293.
89 『해석의 갈등』, 298-300.

결국 아담이라는 조상을 내세워 말하려는 것은 앞에서도 밝혔지만 의식보다 앞선 죄의 현실, 개인에게 물을 수 없는 죄의 연대성 그리고 잘못을 저지르는 의지의 무능력 따위다. 죄 개념의 뿌리는 신화이고 신화의 뿌리는 고대 이스라엘과 교회의 참회에 있다. 원죄 개념에는 일정한 기능이 있다. 그것은 죄는 자연이 아니라 의지라는 신념을 지키고, 그 의지는 거의 본성이 악하다는 생각을 원죄 개념으로 지키고 있다. 이것은 개념 정립이라는 관점에서 보면 난감하지만, 형이상학적 관점에서 보면 참 의미가 깊은 이야기다. 거의 본성이라고 할 만한 것도 의지 안에서의 문제다. 악은 의지의 산물이고 그 가운데 비의지가 있다. 비의지는 의지와 맞서는 것이 아니고 의지 속에 있다. 그래서 바로 노예 의지다. 법 개념과 생물학 개념을 합쳐놓은 까닭이 거기에 있다. 악이 의지의 산물이라는 데서 책임을 묻는 법 개념을 가져오고, 물려받은 것이며 의지를 넘어 있는 것이라는 데서 유전이라는 생물학 개념을 가져온 것이다. 그런 죄의 깊이의 차원에서 회심이 일어난다. 악이 나면서부터 생기는 문제라면 회심은 거듭남이다.[90]

죄와 악의 문제를 놓고 본성과 의지를 연결하더니 의지와 비의지의 얽힘이라는 통찰까지 갔다. 게다가 비의지는 의지 속에 있다고 한다. 그래서 오히려 '노예 의지'라고까지 한다. 의지라고 하면 으레 자

---

90 『해석의 갈등』, 312. '노예 의지'라는 표현은 형용모순일 수 있다. 의지라고 하면 당연히 자유로워야 할 터이니 말이다. 그런데 그것은 정신 요소로서 의지에 국한해서 난 성립하는 것일 뿐이다. 말하자면 앎의 차원에서이다. 삶의 차원으로 가면 의지를 자유로만 말하기 어렵다는 것은 누구나 겪는다. 사실상 의지와 욕망 사이를 잇는 가교로서 노예 의지가 뜻을 가진다고 봐야 할 것이다. 그래서 삶의 심연을 가리키는 통찰을 담고 있다는 것을 부정할 수 없다.

유 의지를 떠올렸던 중세와 근대의 역사를 뒤로 하고 의지 안에 들어 있는 비의지에 주목하면서 노예 의지까지 들추어내게 되었다. 앎의 껍질을 벗기고 삶으로 들어가는 전환이고 심화이다. 책임을 묻는 법에 대한 이야기와 함께 유전이나 생물학적 구조까지 동원하면서 리쾨르는 자유를 거스르는 반대구조들을 세세히 살펴낸다. 물론 자유로 향하기 위해서이다.

자유를 향하는 갈등

이 대목에서 잠시 돌아보자. 불트만, 본회퍼, 리쾨르, 이 세 사람을 관통하는 주제는 무엇인가? 이것을 보기 위해서는 근대 인식론과 현대 해석학을 견주어야 한다. 근대 인식론은 주·객 관계를 말하고 현대의 해석학은 자·타 관계와 이를 거친 나·너 관계를 말한다. 다시 말해 일방이 아닌 쌍방을 말한다. 근대 주객 관계는 주체가 주도권을 지니기 때문에 한결 쉽다. 주체 내재적 대상화가 이루어진다. 그런데 사실 이것은 우리가 본능적으로 하고 있는 짓이다. 이것의 끝자락이 투사다. 포이어바흐는 주장한다. 주체가 인간의 최대희망을 신으로 대상화했다. 이것이 근대이다. 여기에 대해서 현대는 투사를 넘어서는 시도를 한다. 투사의 매커니즘이 왜곡과 소외를 불러 일으켰음을 밝히며 이를 극복하기 위해 노력하는 것이 현대다. 현대에 와서는 자·타를 팽팽한 긴장 관계로 표현하고 나·너 관계로 전환할 가능성을 더듬는다.

여기서 살펴 온 불트만, 본회퍼, 리쾨르는 모두 쌍방 관계로 가려고 애쓴다. 불트만은 쌍방의 구도를 설정하면서 이쪽·저쪽 중 이쪽 이야기에 상당히 공을 많이 들인다. 그렇다면 불트만도 이쪽을 강조한 인식론과 별반 다를 게 없지 않은가? 실상 이렇게 오해를 받았다. 그러나 결코 아니다. 불트만은 주체가 아닌 실존을 강조하기 때문에 근대와 다르다. 근대 주체는 이성 의지 자유 자율을 강조한다. 의지는 능동적 주체의 결정적 핵심이다. 현대 사상의 주체를 근대 사상의 주체로 읽어서는 안 된다. 그렇게 읽는 것은 오독이다. 현대의 주체는 실존으로 읽어야 한다. 실존은 미지, 유한, 미결, 불안, 내던져짐이다. 불트만은 근대처럼 이쪽 이야기를 했지만, 다른 이쪽이다. 게다가 불트만이 이쪽만 강조한 것은 아니었다. 근대와 다른 이쪽을 강조한 것이 불트만의 시대적 과제였다. 불트만은 자유주의자가 아니다. 자유주의는 인간이 잘났다고 본다. 불트만은 인간이 잘났다고 강조하지 않는다. 실존에 주목한다. 실존은 아름다운 이야기가 아니다. 본질에서 깨져 나온 것이다. 중세의 실존은 본질 안에 들어 있는 것이었지만 현대의 실존은 본질 밖으로 터져 나온 것이다. 상태를 유지하는 것으로부터 깨고 나오는 것이다. 던져졌으니 깨진다.

리쾨르도 말한다. 데카르트의 멋진 코기토 대신 너덜해진 코기토를 말한다. 정체를 알 수 없는 무의식의 욕망이 꿈틀거리며 엉켜있는 희미한 나를 말한다. 상처 입은 코기토를 이야기한다. 그래서 현대의 실존적 코기토는 시작이 아닌 끝자락에 있는 것, 즉 과제로 주어진다고 한다. 현대의 코기토는 찾아가야 하는 자기인 것이다. 불트만은 실존의 눈으로 신화를 볼 때 새로운 것을 발견할 수 있다고 주장한다. 이성에서 신화로 거슬러가듯이 이성도 신화임을 불트만은 드러냈다. 리쾨르는 불트만을 향해 실존만 다루었다고 비판하였다. 하이데거를 반만 수용했다고 비판한다. 하지만 과연 그런가? 불트만은 '비'(非)와 '미'(未)를 말했다. 본회퍼는 바르트와 불트만 두 분이 싸우는 것을 보면서 둘을 함께 가져오려 했다. 그게 바로 〈행위와 존재〉다. 리쾨르는 본회퍼를 직접 언급하지 않지만 '행위와 존재의 얽힘'을 그려낸다. 리쾨르는 이쪽과 저쪽의 수많은 대립 쌍들을 끊임없이 펼쳐내고 다시 모으려 한다.

리쾨르는 상호 간의 긴장을 넘어 갈등을 주장한다. 긴장과 갈등이 차이는 무엇인가? 긴장은 팽팽하지만 싸우지 않는다. 긴장 상태로 그대로 잘 갈 수 있다. 갈등은 치고받고 싸운다. 대표적으로 프로이트의 고고학과 헤겔의 종말론을 들 수 있다. 완전히 정반대이다 '정신분석학'과 '정신현상학'이 그것이다. 리쾨르는 저쪽에 해당하는 것을 '앞으로, 아래로, 위로' 등 다양한 공간적 이미지로 제시한다. 저쪽이 한 방향으로만 밀고 들어오는 것이 아님을 주장한다. 이로써 어느 한쪽으로 쏠리는 환원을 거부하며 갈등을 정직하게 드러내며, 삶이 그렇게 생겼음을 말한다. 갈등과 충돌이 우리에게 자유와 해방의 통로가 됨을 역설한다. 리쾨르는 이러한 자유를 필요할 때마다 이야기한다. 갈등이 억압의 구조가 아니라 자유와 해방의 통로가 됨을 1, 2, 3장에서 준비하고 4, 5장에서 터트린다.

설교는 대언이 아닌 체험에 대한 고백이다. 체험이란 이쪽과 저쪽이 밀고 당기는 관계로 이루어진다. 체험은 혼자 벌이는 일이 아니다. 고백의 원천이 체험이다. 고백은 혼자서 작위적으로 질러대는 것이 아니다. 악의 체험과 죄의 고백을 말했는데, 악의 체험은 저지르는 악보다 당하는 악에 대한 것이지만 그 가운데 죄의 고백이 한 부분으로 들어 있다. 그러기에 정죄는 부분적으로는 정당하지만 전체로는 정당하지 않다. 형벌 또한 마찬가지다. 죄를 지었을 때 벌을 받는다고 죄가 사라지는 것은 아니다. 사회 통제적인 규율을 위해 있는 것일 뿐인데,

우리는 죄가 씻어지는 것처럼 착각한다. 죄와 벌 사이의 형벌적인 관계를 통해서 윤리적 요소만 강조하도록 오도해왔다. 정죄는 인과율이고 위로는 목적론이다. 둘 다 일방적이다. 이것을 넘어서야 한다. 어떤 근거로 넘어설 수 있을까?

벌어지는 악과 저지르는 악

어느 대목에서 '반성'과 '사변'을 대비시킨다. 반성은 적극적이고 능동적으로 하는 것이다. 윤리를 상대적으로 강조한다. 사변은 '사유'이니 생각과 연결된다. 반성이 능동적 이성 행위라면 사변은 수동적인 이성 행위이다. 그런데 반성과 사변도 밀고 당기는 긴장 관계를 지니는 한 묶음이다. 한편, 능동적 반성으로서 이성은 윤리로만 끌고 들어오려고 한다. 그래서 반성만으로 정리할 수 없다. 다른 한편, 수동적 이성은 운명과 비극에 보다 더 주목한다. 그래서 어느 하나만으로 안 된다는 것을 '반성의 돌아감 그리고 비극으로 돌아감'에서 보여준다. 윤리 대 비극의 대비를 보여준다. 윤리로만 보게 되면 인간이 주체로서 모든 것을 할 수 있다는 착각에 빠지게 되기 때문이다.

그러나 우리의 원죄 개념에서 보아야 할 것은 그런 것이 아니라 은밀하게 빗대어 하는 말의 풍요로움이다. 그 유비의 힘으로 죄의 고백에 들어있는 좀 더 뿌리 깊은 무엇인가를 가리키고 있다. 내가 의식하기 이전에 악이 내게 있으며, 그것은 개인의 잘못으로 돌릴 수 없는 무엇이며, 내가 어떻게 할 수 없는 것이라는 점, 바로 그것을 원죄 개념은 은밀한 유비라고 말한다. 악과 자유의 관계는 나의 <태어남>과 현재의 의식의 관계와 같다. 다시 말해서 악은 (태어나면서부터) 이미 있다.…
자연 비슷한 것이 의지에 들어있다. 악은 의지 한가운데 있는 비의지
다. 의지와 맞서는 것이 아니라 의지 안에 있다.[91]

황당하게 보이는 원죄론이 지니는 깊은 뜻에 대한 통찰이다. '내가
어떻게 할 수 없는 것'에 주목한다. 원죄라는 것이 내가 알기 전에 이
미 벌어진 것을 가리킬 때 그것이 지닌 뜻이다. 윤리의 이름으로 인간
이 모두 책임을 질 수 있다는 것은 언뜻 갸륵해 보이지만 현실에 부합
하지도 않을뿐더러 교만한 주체만 부추길 뿐이다. 근대가 이 문제를
눈여겨보지 못했었는데 이를 일깨워준다. 그래서 '의지라고 하지만
거기에 자연이 들어 있다'고 했다. 앞서 말한 대로, '의지 안에 비의지
가 들어 있다'는 것과 같은 말이다. 리쾨르가 이토록 비의지를 주목하
는 결정적인 이유는 의지가 갸륵한 취지에도 교만으로 끌고 가기 때
문이다. 주체의 주도권을 뿌리로 하는 인식론에 대한 해석학의 많은
기여 중에 인간의 자기 이해를 위해 놓쳐서는 안 될 부분이다. 아래의
인용도 다시 이를 확인해 준다.

악의 책임을 통째로 짊어지려는 도덕의식을 문제시하는 데 있다. 악의
무게를 홀로 짊어지려는 도덕의식은 매우 겸손한 것 같지만 거기에는
큰 교만이 숨어 있을지 모른다. 그래서 비극의 상징에는 겸손의 윤리
가 들어 있다. 사람이 다 짊어질 수 없는 죄의 신비를 말한다.[92]

---

91 『해석의 갈등』, 332.
92 『해석의 갈등』, 336.

겸손을 가장한 교만을 비판하면서 책임을 내세우는 과도하고 왜곡된 도덕의식의 허상을 폭로한다. 그리고 그러한 도덕주의에 의해 억압받고 있었던 인간 실존의 해방으로 나아간다. '사람이 다 짊어질 수 없는 죄'를 '신비'라고까지 했다. 무슨 말인가? 신비라는 것은 일단 알 수 없다는 것이다. 앎으로 모두 풀어내려고 하지 말라는 경고다. 종교적으로 보면, 은총의 차원을 향한 길을 연다. 철학적으로는 자기의 실존에 그렇게 들어오는 타자의 영역을 가리키는 것으로 읽을 수 있다. 이렇듯이 리쾨르는 죄의 문제를 운명과 자유의 긴장으로 계속 읽어 나간다. 의지적인 것 안에서 비의지적인 것을, 비의지적인 것 안에서 의지적인 것을 드러내며 의지적인 것과 비의지적인 것이 역설적으로 얽혀 있음을 계속해서 말한다. 운명과 자유, 우연과 필연의 얽힘이 드러난다. 문제는 이것을 한쪽으로 환원시키는 것이다. 리쾨르는 이렇게 환원시키는 것을 교만이라 말한다. 특히 악을 전적으로 인간의 책임으로 돌리는 것 또한 교만의 한 사례라는 것이다. 그러면서도 그렇다는 이유로 무책임으로 방기하자는 것은 아니다. 사이의 경계를 주목하는 세밀한 통찰이다. 그래서 결국 갈등으로 가게 될 대조적인 긴장을 계속하여 주목한다.

> 악의 우연성과 주체적 회개를 아우르는 그런 깊은 이야기를 생각하는 것이 가능할까? 비극적인 악—이미 있는 악—을 인정하면서 동시에 극복할 수 있는 <생성되는 존재>를 생각할 수 있을까?[93]

'악의 우연성'과 '주체적 회개'는 정면으로 대조되는 긴장의 항목이

---

93 『해석의 갈등』, 341.

다. '비극적인 악'은 어찌할 수 없이 이미 벌어지는 운명적인 악이라면, 극복할 수 있음으로 자유를 놓치지 않으려고 한다. 그래서 '생성되는 존재'라고 했다. 존재와 생성의 대조를 싸안는 해법이다. 일찍이 고정, 영원, 불변을 가리키는 존재와 유동, 시간, 가변인 생성의 대조가 존재를 잊어버리게 만들었다고 개탄하고 대조되는 차원을 싸안는 사건으로서 존재를 회복시키려는 하이데거의 주장과 같은 맥락이다. 하이데거의 〈형이상학 입문〉을 살피면서 다루었던 것이다. 리쾨르도 존재와 생성을 아울러서 '생성되는 존재'를 향한다. 이처럼 해석학은 크고 작은 범위에서 저쪽이 이쪽과 떨어진 것도 아니고 이쪽의 처분에만 달려 있는 것도 아니라는 것을 주장한다. 저쪽도 움직이고 있다. 저쪽이 움직인다는 이야기를 하이데거가 혁명적으로 통찰했다. 저쪽이 부동의 원동자로 버티고 있는 것이 아니라 세상을 있게 하는 힘으로서 작동한다고 이야기한다. 존재가 사건이고 행위임을 하이데거는 그려낸다. 리쾨르는 이러한 통찰들을 받아들인다.

정죄하는 종교와 풀어내는 믿음

이제 결론을 내릴 수 있겠다. 〈내〉가 무의식과 거룩한 무엇에 이중으로 기대고 있음을 안다면 해석의 문제를 잘 이해할 수 있다. 이 이중 의존은 상징으로 드러나기 때문이다. 그 이중 의존을 밝히려면 반성은 의식의 콧대를 낮추고, 뒤에서 오고 앞에서 오는 또는 밑에서 오고 위에서 오는 상징의 뜻을 통해 의식을 해석해야 한다. 간단히 말해서 반성은 고고학과 종말론을 함께 붙들어야 한다.… 종교는 우상이고 거짓 예배이며 우화이고 환상이다.[94]

정신분석학에서 무의식을 가져오고 종교현상학에서 거룩한 것을 가져온다. 저 앞에서 오고 아래에서 온다. 저쪽을 말한다. 4절 '정죄를 비신화함'이라는 제목으로 '비신비화'와 '비신화론화'를 구별하면서 보다 자세히 논의한다. 비신비화는 신화의 신비성을 부정하는 것이다. 비신화론화는 의미를 캐내는 것이다. 비신비화가 말하는바, 사실이 아니라는 것은 중요하다. 문자주의를 비판하는데 있어 비신비화는 중요하다. 사실주의적 신화관을 깨뜨리는데 있어 비신비화는 중요하다. 사실주의에서 보면 세상은 사실과 비사실 밖에 없다. 하지만 비신화론화는 사실과 견주어 진실을 말한다.

① 먼저 정죄를 비신비화한 힘이 계속 압력을 행사해야 한다. ② 정죄의 비신비화가 위로의 비신비화와 짝을 이루어야 한다. ③ 믿음의 케리그마, 곧 하느님이 사랑이라는 복음에서 출발해야 한다.[95]

정죄의 시제는 과거 고고학(구조주의, 정신분석학)이고, 위로의 시제는 미래 종말론(정신현상학)이며, 사랑의 시제는 현재다. 정신분석학은 과거가 현재와 미래를 지배한다고 한다. 결정론적이고 과거-회귀적이며 그래서 결국은 어쩔 수 없는 억압구조에 갇힌다. 그런가 하면, 반대로 종말에서의 완성을 말한 '정신현상학'이 또한 미래를 구실로 기만으로 빠질 소지가 있다고 말한다.

정죄하는 의식을 비판하다 보면 새로운 형태의 문제에 부딪히는데 그

---

94 『해석의 갈등』, 362.
95 『해석의 갈등』, 378.

것은 믿음과 종교의 갈등이다. 욥의 친구들은 종교이고, 욥은 믿음이라고 할 수 있다. 믿음은 우상파괴를 일으킨다. 믿음은 정죄하는 의식을 비판하면서 정죄 비판을 새롭게 생각한다. 프로이트가 <부친 포기>라고 부른 과제를 완수하는 것은 믿음이다. 사실 욥은 고통의 의미에 대해서는 아무런 설명도 얻지 못했다. 다만 그는 믿음으로 도덕적 세계관을 빠져 나왔다.… 그리하여 새로운 길이 열렸다. 나르시시즘이 아닌 화해의 길이다. 나는 내 관점은 포기하고 전체를 <있는 그대로> 사랑한다.[96]

종교는 우상 숭배이고 믿음은 우상파괴다. 우상파괴까지 가야 믿음이다. 결코 도덕 자체가 필요 없다고 말하는 것이 아니로되, 도덕이라는 우상으로부터, 도덕적 세계관으로부터, 다시 말해 도덕주의로 무장한 우상으로부터 탈출하는 것이 욥기의 의미다. 종교가 얼마나 정죄를 들이대면서 갈라내고 억압해 왔는가를 되돌아본다면 이러한 통찰은 단순한 분석을 넘어서는 해방선언이다. '고통의 의미에 대해서는 아무런 설명도 얻지 못했다'는 것을 주목해야 한다. '고통에 의미가 없는 것이 인류에게 내린 저주'라고 니체도 절규했었지만, 고통에 대해 의미를 추리려다가 정죄하거나 위로하면서 기만하는 오류에 빠져온 것이 종교의 역사였다는 점을 상기한다면 설명이 불가하다는 것

---

96 『해석의 갈등』, 383. 종교가 제도화하면서 이를 이루는 요소들을 실체화하니 물상화에 빠질 수밖에 없었다는 비판은 현대 신학과 종교철학이 공유하는 바이다. 리쾨르도 이와 호흡을 같이 하여 앎의 차원에서의 종교와 삶의 차원에서의 믿음으로 확연하게 구별하고 있다. 특히 그에게서 종교가 자기 도취로 끌고 들어가는 데 비해 믿음이 우상파괴라고 하는 통찰은 시대를 관통하는 중요한 과제로 볼 수 있다. 우상 파괴가 고대·중세의 종교에 대한 처방이라면, 자기 도취라는 비판은 근대 종교에 대한 것으로 이어볼 수도 있기 때문이다.

이 오히려 고통에 대한 정직한 대답이다. 삶에 대해 삶 이외에 달리 이유가 없듯이 고통도 달리 이유를 풀어낼 수 없기 때문이다. 이걸 견디지 못하는 인간의 습성이 결국 삶을 앎으로 축소하고 왜곡하면서 도리어 이로부터 억압받는 자가당착으로 빠졌었을 뿐이다. 이에 주목한다면 욥이 비록 고통에 대한 설명을 듣지는 못했지만 고통에 대해 계속해서 들이댔던 도덕적 세계관의 억압구조로부터 해방되었다는 사실이야말로 욥기의 복음이다. 그 억압이 결국 자아도취에 의한 것이었으니 이로부터 벗어나는 해방은 정죄를 넘어서 화해를 향하는 것이었다. 그리고 이것이 바로 해석학의 가치다.

십자가는 형벌을 통한 대속이 아니라 고통에의 연대라는 은혜이다

형벌 신화로 넘어가서, 형벌의 신화적 성격을 어떻게 끌어낼 수 있을까를 몇 가지 대목을 통해 확인할 수 있다. 우리가 형벌 신화에서 반드시 추려야 할 것이 있다. 바로 그리스도교 복음의 핵심이라 생각하는 '대속'의 문제다. 대속 신화의 문제를 리쾨르의 눈으로 어떻게 비판하고 재구성할 수 있을지 보자.

형벌 측면에서 해석하는 것은 십자가의 신비를 다 말해주고 있지 못하다. 다시 말해서 만족설(십자가에서 일어난 속죄 사건을 이해하는 한 가지 방법으로서, 잘못에 대해서는 반드시 대가를 치러야 한다는 법을 만족시킴으로써 그리스도가 우리를 속죄했다는 이론)은 나중에 합리적으로 설명한 것에 지나지 않으며, 십자가 신비의 핵심은 벌이 아니

라 은혜다.[97]

우리는 십자가를 형벌로 이야기한다. 내 죄 때문에 그가 죽음을 당했다. '때문에'로 풀이되는 인과율의 정죄 구도이다. 그런가 하면, 그것이 위로인 것은 '나의 구원을 위하여'라는 풀이를 통해서이다. 목적론적인 풀이도 곁들여진다. 십자가에 대한 이러한 해석은 바울이 응보적인 만족을 근거로 설명한 것에 기인한다. 유태교와 그리스철학을 관통하는 인과율을 신봉하는 바울은 그렇게밖에 볼 수 없었다. 그런데 십자가에 대한 바울의 이와 같은 해석에 의해 종교가 되었다. 신약학자들은 질문한다. 과연 복음서로만 종교가 가능할까? 복음서에는 우리를 편안하게 하는 말이 별로 없다. 그런데 종교가 되었다. 종교적 인간의 원초적 욕구를 충족시켜주는 체계를 갖추었다는 말이다. 대속이 바로 그것이다. 죽어 마땅한 죄를 내가 지었지만 믿기만 하면 나는 죄의 대가를 치르지 않아도 된다. 대신 치러주기 때문이다. 그래서 대속의 복음이다. 그런데 이것은 철저하게 정죄와 형벌 신화에 뿌리를 두고 있다. 인과율 중의 인과율이다.

그러나 대속이 은총일진대, 은총이라면 무조건적이어야 한다. 그런데 무조건으로서 대속의 은총이 인과율이라는 조건에 뿌리를 두고 있다. 무조건이 조건에 뿌리를 두고 있다. 환원에 의한 오류다. 그러나 십자가 사건을 사랑으로 해석한다면, 다시 말해 '때문에'와 '위하여'를 넘어 '더불어'로 해석한다면, 십자가는 피조물이 당할 수밖에 없는 고통에 신이 살과 피가 아니면 겪을 수 없는 인간의 고통을 직접 겪는 길이 된다. 피조물의 고통과 얽히는 신의 연대다. 십자가의 피가 죄의

---

97 『해석의 갈등』, 392.

대가나 구원에의 투자가 아니라 피조물과의 고통과의 연대다. 이렇게 되면 조건에 묶일 이유가 없다. 이래야 무조건이다. 신과 피조물의 관계에서 신의 무조건적 연대다. 연대는 일방적일 수 없고 쌍방적이다. 신도 연대를 요청한다. 겟세마네동산 이야기를 생각해보라, 제자들에게 함께 기도하자고 요청한다. 인간이 신에게 그리고 신도 인간에게 연대를 요청한다. 그리고 바로 그렇기 때문에 은총이다. 만일 그렇지 않으면 아래와 같은 오류에 빠진다. 대속의 은총이라고 했는데, 은총의 무조건적인 차원은 무시되고 철저히 조건화하는 오류 말이다.

> 마치 형벌 법을 떠나서는 은혜와 용서와 자비를 생각할 수 없다는 것과 같다. 그 법을 물리치는 것 같으면서 다시 끌어들인다. 무죄 석방이란 여전히 형벌 법과 연관된 문제가 아닌가? 은혜를 재판과 관련하여 말하고 있지 않은가? 무죄 석방은 죄를 묻지 않겠다는 것이지만 여전히 판결이다. 그 놀라움은 여전히 재판 차원의 놀라움이 아닌가? 거저 주는 은혜는 형벌의 논리에 가장 반대되는 것으로 보이는데 그 밑을 보면 결코 그렇지 않은 것 같다.[98]

대속의 은총은 무죄 석방도 아니어야 한다. 거저 주는 은혜라고 했

98『해석의 갈등』, 392. 형벌에 도덕을 들이대니 신화가 되어버린다. 리쾨르는 이렇게 분석한다: "순전히 법 문제인 형벌 논리를 도덕 양심이 내면세계로 끌고 들어갈 때 신화가 시작된다. 순전히 법 문제로 볼 때 형벌 논리는 두 가지 전제 위에 서 있다. 하나는 자유가 사물에 외화되었다는 것이고 또 하나는 계약을 통해 의지들이 밖에서 연결되어 있다는 것이다. 형벌의 <합리적 측면>이 그렇다. 형벌을 도덕으로 만들려는 시도는 하나같이 정죄하는 의식과 정죄된 의식 사이의 이율배반에 빠진다. 형벌을 도덕으로 보면 안 된다. <신성한 것>으로 만들어서는 더욱 안 된다. 분열과 거리를 만드는 <불행한 의식>으로 되돌아가기 때문이다. 그러면 파괴적인 종교 세계가 되고 만다"(401).

는데, 그래서 무조건적인 은총인데, '죄와 벌 사이의 재판을 통해서 은혜를 말하고 있으니 이런 자가당착이 또 어디에 있는가'라고 개탄한다. 은혜를 말하면서 법과 벌을 끌어들이니 모순투성이다. 이처럼 대속 교리가 지니고 있는 형벌 논리는 아래와 같은 문제를 피할 길이 없는데 이유인즉 근본적으로 법적인 형벌 논리를 도덕주의적으로 포장하려니 신화가 되어버린 왜곡의 역사 때문이다. 그리스도교 복음의 핵심으로 간주되어 온 대속 교리가 깔고 있는 종교와 도덕의 결탁에 의해 종교가 억압적이게 될 수밖에 없었던 이유를 폭로하는 쾌거라고 하지 않을 수 없다.

그러나 사실 은총을 올곧게 새기려면 '은총의 무서움'에 새삼 주목해야 한다. 이것은 범죄와 형벌을 다루는 윤리적 차원이 아니라 신성의 요소이기 때문이다.

> 겉보기와 달리 은총의 질서는 부드럽기만 하지 않다. <무시무시함>이 있다. 무서운 <노여움>과 정다운 <부부 관계>는 살아 계신 하느님과 만날 때 생기는 두 측면이다. 무시무시함과 정다움은 모두 법과 계명 그리고 범죄와 형벌이라는 윤리 차원을 초월한다.[99]

은총에는 부드러움뿐만 아니라 무시무시한, 두렵고 떨리는 요소들도 있다. 많은 종교학자가 이를 말한다. '두려움'과 '이끌림'이라고도 표현되었다. 그렇다면 왜 그렇게 되었을까? 왜 은총의 두려움은 사라져버리고 정다움만 늘어났을까? 종교적 인간의 원초적 종교성 때문이다. 삶에서 벌어지는 문제에 대해 앎으로 추려내려고 하면서 벌어

---

99 『해석의 갈등』, 405.

진 왜곡이다. 은총은 무조건인데 그리고 삶도 그런데, 이것이 우리 앎에 들어오지 못하니 앎의 테두리 안에서 끊임없이 조건화하면서 벌어진 왜곡이고 축소이다. 정죄를 지배하는 인과율이라는 조건이나 위로를 부추기는 목적론이라는 조건 모두 잡힐 수 없는 무조건의 차원에 대한 조건화의 앙탈이다. 거룩함이 지니는 무시무시함을 감당할 길도 없으려니와 인간 삶이라는 무조건도 감지할 수 없기 때문이다. 그래서 리쾨르는 십자가를 은총으로 읽어야 한다고 주장한다. 정죄의 속박과 위로의 기만을 벗어나야 함을 주장한다. 그래서 그는 말한다. "은총의 논리는 넘침의 논리다. 그것이 바로 십자가의 어리석음이다."

> 한 의인(예수 그리스도)의 죽음을 두고 끝까지 법이 지켜진 것으로 보면 안 된다. 형벌 법은 부수어야 할 우상은 아니지만, 그렇다고 영원히 숭배해야 할 법도 아니다. 형벌 법은 새로운 시대를 부른다. 거기에 복음이 선포된다. 형벌 법을 <기억하면서> 복음이 선포된다. 만일 하느님의 진노가 내게 아무런 의미도 없다면 용서와 은총 역시 아무것도 아니게 된다. 그렇다고 해서 형벌 논리에 고유한 의미가 있고 홀로 완전하다면 존재의 법이 되어 결코 무너지지 않을 것이다. 그렇게 되면 그리스도의 속죄도 형벌 논리 안으로 빨려 들어가게 된다. 최후 승리는 형벌 논리의 몫이고, 결국 십자가는 <대리 만족>의 신학이 되는데 그것은 은총이 아닌 형벌의 신학이 되고 만다.[100]

일찍이 이런 설교를 들어본 적이 있는가? 이러한 해석을 신학에서 들어본 적이 있는가? 그래서 해석학이다. 철학적 해석학이 절실하다.

---

100 『해석의 갈등』, 412.

거리를 두고 넘나들어야 한다. 다시 보자. 하느님이 사람이 되시고 독
생자라고까지 선포했는데 그를 죽여서야 하느님의 정의가 바로 서고
만족에 이르게 된다는 사유는 유태교와 그리스 철학이 공유하는 인과
율에서 비롯된다. 다시 말해 히브리 전통과 그리스 전통이 공유하고
있는 인과율이다. 그런데 이를 따라가면 십자가의 대속은 은총이 아
니라 형벌의 논리에 예속되고 말게 된다. 죄에 대한 벌로 짜여있는 논
리 구조에 은총이 끼어들 여지는 없기 때문이다. 형벌의 논리는 시작
과 끝 사이를 수미상관으로 잇는다. 다른 것이 끼어들 여지가 없다.
아귀가 맞는다. 그런데 이때 맞은 것은 앎이다. 그러나 우리 삶은 그렇
게 생겨 먹지 않았다. 아귀가 맞지 않는다. 아귀가 맞지 않으니 갈등을
피할 길이 없다. 그러나 삶은 그렇게 생겼다. 그리고 바로 그런 이유로
은총의 터전이 된다. 아귀가 맞아떨어지는 앎에는 은총이 끼어들 필요
도 없고 끼어들 수도 없다. 그 앎으로 충분하다. 그런데 그 앎이 족쇄가
되어 온 역사를 무수히 보아왔다. 앎의 자가당착이고 자기 강박이다.
  그러니 이제는 더이상 갈등을 미워하지 말자. 갈등이 뭔가 제거되
어야 하는 나쁜 문제라고 생각하지 말자. 갈등이 우리 삶의 꼴이다.
모순, 부조리, 불안, 유한, 더 정직하게 말해서 갈등이 우리가 살아가
는 실상이다. 갈등을 있음과 앎으로만 해결하려 할 때 오히려 삶의 소
외가 발생한다. 해석학은 갈등을 자기 멋대로 주무르려 하지 않는다.
갈등의 자리로 향하며 갈등에 자신의 몸을 던진다. 갈등 안에서 삶의
의미를 추구하며 자유로 향한다.

해석으로서 종교와 이미 해석인 경전

그리스도교는 그 자체로 해석학적이다. 하느님이 사람이 되셨다는 성육신으로 대표되는 그리스도 사건이 생뚱맞은 독단적인 주장이 아니라 짧지 않은 세월 동안 엮어온 인간의 씨름이 염원하던 뜻이 이루어진 결과로 정당화하고자 했다. 이를 위해서 메시아를 대망하는 히브리 성서를 '오래된 약속'으로 규정하고 '새로운 약속'에서 성취된 것으로 해석하는 대대적인 역사를 전개했다. "그리스도 사건을 갑자기 생긴 비합리적 사건으로 보지 않고, 예로부터 감추어져 있던 뜻이 이루어진 것으로 보았기 때문이다."101 즉, "일어날 사건이 일어난 것"이다. 일어날 사건'이라는 것은 역사적 당위성을 뜻하려니와 '일어난 것'은 역사적 성취를 가리킨다. 리쾨르는 이를 "시간을 취하면서 뜻을 취했다"102고 표현한다. '시간을 취한다'는 것이 삶을 살아가는 과정과 역사를 가리킨다면, '뜻을 취한다'는 것은 벌어진 사건이 눈앞에서 보이고 알려지는 대로가 아니라 삶에서 새겨지는 대로 뜻을 풀어왔다는 것을 말한다. 종교형성 자체가 이미 해석의 산물이라는 말이다.

이제 그렇게 해석을 통해 형성된 종교로서 그리스도교는 경전을 갖는다. 그런데 경전 형성 과정에 앞서 교리논쟁이 먼저 등장했다는 것도 해석학적으로 중요한 의의를 갖는다. 수많은 자료 중에서 경전으로 수록할 자료들을 선별하는 근거로서 기능뿐 아니라 그렇게 채택된 경전 자료를 읽을 기준을 제정한 것이기 때문이다. 즉, 경전에 앞서 교리제정논의가 먼저 시작되었다는 사실도 종교형성과정이 해석이

---

101 『해석의 갈등』, 418.
102 『해석의 갈등』, 418.

라는 판단을 옹호해주는 좋은 증거다. 경전에 들어갈 문서들에 이미 초대신앙공동체의 고백이 들어간다는 점도 경전이 해석과 무관할 수 없다는 증거가 된다. 리쾨르는 이를 다음과 같이 말한다: "우리는 들으며 믿고, 그 자체가 해석인 텍스트를 해석하면서 믿는다."[103] 그러기에 "신약은 구약을 해석하고 삶과 현실을 해석하지만, 그 자신도 해석되어야 할 텍스트다."[104] 그런데 종교의 현실은 제도화와 경전화를 거치면서 경전을 해석 이전의 규범으로 군림하게 만들었다. 그렇게 해서 절대적 기준이 되니 온갖 종교재판의 헌법이 되고 종교적 일상을 강제하기에 이르니 결국 종교 강박으로 작동했다. 해석학적 성찰을 통해 종교의 본래적 의미인 자유를 다시금 되뇌어야 할 이유가 바로 여기에 있다.

그러나 경전으로서 성서가 다시금 해석되어야 할 이유는 종교 강박 문제 때문만은 아니다. 이미 성서가 그 자체로 이를 필요로 한다. 이유인즉, 성서 형성의 시간과 지금 읽는 우리 시간 사이의 거리 때문이기도 하지만, 이에 못지않게 이미 성서의 기록 자체에 사건을 증언하는 자와 그 증언을 듣는 자 사이의 거리가 처음부터 있었기 때문이다. 그런데 처음부터 있었던 거리가 발견된 것은 최근에 와서의 일이다. "처음부터 있었지만 현대에 이르러 드러나기 전까지는 감추어져

---

103 『해석의 갈등』, 421. 그런데 경전주의자들은 마치 경전은 원전이고 후에 해석을 첨가하는 것으로 착각하는 경향이 있다. 그리고 해석을 임의적인 것으로 치부하기까지 한다. 마치 자신은 삶을 살지 않거나 아무런 짓도 하지 않고 숨만 쉬는 것처럼 말이다. 경전이 이미 처음부터 해석이다. 창세기 첫 문장이 탁월한 증거다. "태초에 하느님이 천지를 창조하셨다." 아직 어떤 인간도 창조되지 않았는데 도대체 이를 누가 보고 인간의 언어로 기록했다는 말인가? 유치하게 사실인가를 따지는 것이 아니다. 이미 해석이라는 말이다. 그래서 이렇게 말해도 좋을 것이다. '태초에 해석이 있었다.'
104 『해석의 갈등』, 421.

있었던 것이다."105 역사학과 과학의 발전으로 인하여 비로소 드러나게 된 것이어서 그리스나 라틴 교부들은 물론 종교개혁자들도 알지 못했던 것이니 교계와 신학계에서 아직도 해석학에 대해 거부반응을 보이거나 아예 곡해하는 분위기가 지배적일 수밖에 없는 이유도 여기에 있다.

그렇다면 애당초 처음부터 있던 거리를 어떻게 해야 하는가? 그리고 우리와의 거리는 또 어떻게 해야 하는가? 이를 고민하면서 나온 착상이 바로 해석학적 순환이다. 해석의 순환이란 믿음의 대상과 이해의 방법 사이에서 어떤 것에도 우선권이 없다는 것이다. 이유인즉, "해석자가 해석을 주도하지 않기 때문이다."106 반복하지만, 이것이 바로 해석학이 인식론과는 다른 결정적인 근거이다. 그렇지만, 아니 오히려 그렇기 때문에, "해석의 과정을 배제한 객관적인 주장으로는 케리그마를 찾을 수 없다."107 이렇게 본다면, 교리를 명분으로 객관적 주장이 마치 가능한 듯이 착각하는 교리주의자들이 넘실거리는 종교의 현실은 객관도 아니면서 오히려 스스로 해석을 주도하려고 덤벼드는 꼴이라고 하지 않을 수 없다.

해석의 순환은 거리이면서 동시에 관계이다. 어떤 관계인가? 성서에서 거리는 기록 당시의 자료 양식인 신화 및 역사와 오늘날 세계이해 사이의 거리이다. 예를 들면, 불트만이 주목한 바와 같이, 신화적 우주론과 과학적 천문학 사이를 들 수 있겠다. 물론 천박하게 후자로 치환하자는 것은 결코 아니니 신화는 세계를 설명한다거나 역사나 종

---

105 『해석의 갈등』, 422.
106 『해석의 갈등』, 424.
107 『해석의 갈등』, 425.

말을 예견하는 것이 아니라 "사람이 근원과 관련된 자기 이해를 세상 용어로 표현한 것"[108]이기 때문이다. 말하자면 신화는 사용된 세상용어를 인간의 자기 이해라는 깊은 뜻으로 번역해서 읽어야 한다. 겉 뜻에만 머물러서는 안 되고 속뜻으로 들어가야 한다. 이것이 바로 불트만이 제안한 비신화론화이다. 겉뜻에 머물러 사실인가의 여부에 초점을 맞추는 근본주의와 문자주의는 오히려 신화에 대한 모독이다. 속 알맹이까지 가지 못하고 껍질만 훑어놓고 다 보았다는 식이니 말이다.

신화가 본디 말하려는 속뜻은 무엇인가? 인간의 자기 이해라고 했다. 그것도 지엽적인 것이 아니라 근원적인 것이라고 했다. 이를 일상으로 끌어내는 일이 필요하다. 이에 대한 좋은 제안으로 당대의 실존론적 해석이 있다. 하이데거에게서 제안된 것을 불트만이 취한다. 이렇게 해서 비신화론화는 이중 과제로 이루어진다. 껍질을 벗기고 속의 것을 끌어내는 일이다. 간단한 일이 아니다. 그런데 이를 표피적으로 듣고는 내동댕이치는 천박함이 아직도 교계와 신학계에 적지 않다. 아니 아예 관심도 없다. 아니 이런 것이 있는지도 모른다. 이렇게 해야 하는 것인지도 모른다. 그런데 그렇게 되면, 오히려 "신화를 하느님으로부터 의롭게 여김을 받지 않고 오히려 하느님을 부리려고 하는 인간의 업적과 행위"로 간주하는 자가당착에 빠지게 된다. 신화의 이야기를 근거로 삼아 하느님의 일을 예상하고 하느님에게 임의대로 요구하게 되기 때문이다. 심지어 이런 방식으로 "어떻게 참된 실존이 되는지 안다면, 그 역시 자기 자신을 자기 맘대로 할 수 있는"[109] 심각

108『해석의 갈등』, 426. 리쾨르가 불트만과 포이어바흐를 대조한 것은 특별히 주목할 만하다. "신화는 인간의 힘을 저 너머의 가공 세계에 투사한 것이 아니다. 오히려 객관적이고 세상적인 방식으로 사람의 기원과 종말을 다룬 것이다"(426).
109『해석의 갈등』, 428.

한 자가당착에 빠지게 된다. 비신화론화는 이런 가능성들에 대한 경계의 뜻을 지닌다. 인간으로 하여금 얼마나 겸손하고 조신하게 매무새를 고쳐 잡도록 안내하는가?

하느님의 말씀은 길을 잃을 수도 있는 길

물론 불트만의 비신화론화가 건너뛰는 부분이 있다. 리쾨르는 이를 집어 비판한다.

> 우리는 전적 타자, 초월자, 저 너머 같은 말이 무슨 뜻인지 의문을 갖지
> 않을 수 없다. 역사, 말씀, 사건 같은 표현도 마찬가지다. 불트만이 신
> 화 언어에 대해서는 그토록 의심을 품으면서 믿음의 언어들에 대해서
> 는 그냥 지나치는 것이 이상하다.[110]

리쾨르는 이 지점에서 불트만보다 더 나아간다. 심지어 리쾨르는 불트만이 신화를 벗기자고 하면서 믿음에 대해서는 실존적 결단을 전제하고 중시하는 태도를 취함으로써 "지성의 희생을 거부해서 신화를 문제 삼았는데 믿음과 함께 다시 지성이 희생되는 셈"[111]이라고 기염을 토한다. 리쾨르는 불트만이 믿음에 대해서는 지나치게 우호적이리만큼 언어와 해석의 문제를 상대적으로 도외시했다고 보았기 때문이다. 아래의 인용은 보다 더 강한 어조로 비판을 개진한다:

---

110 『해석의 갈등』, 431.
111 『해석의 갈등』, 433.

불트만의 의도는 그처럼 의심할 수 없다고 하더라도, 그런 다른 기원을 생각할 방법이 그에게 있는가? 그의 작업은 모두 신앙절대주의에 빠져 있는데, 과연 내게 닥치는 뜻을 말할 여지가 있는가?[112]

여기서 '신앙 절대주의'와 '내게 닥치는 뜻'이 갈등하는 관계에 있다. 신앙 절대주의란 인간 행위로서 믿음이 좌판을 정리한다는 주장이라면, 내게 밀고 들어오고 닥치는 것은 인간이 어찌할 수 없는 차원을 가리키니 말이다. 이 간결한 질문에서 알 수 있듯이 리쾨르도 불트만이 이쪽으로 과도하게 기울어져 있다고 보았다. 우리가 불트만을 읽을 때 살폈던바 실존 구성이 외부를 부정하거나 거부하는 것이 아니라고 그렇게도 목청을 돋우었는데도 말이다. 그러면서 리쾨르는 이둘, 즉 내 안에서 벌어지는 '믿음'과 내게 밀고 들어오는 '뜻'을 이으려고 한다. 그래서 객관적인 것과 실존적인 것이 서로 반대가 아니라고 하면서 급기야 그는 "내게 요구하는 그 무엇이 내게서 나가는 것이 아니다. 저쪽에서 내게로 온다"[113]고 단언한다. 그렇지 않으면 "내 업적으로 내 실존을 주무르는 방식으로 돌아"[114]가게 되기 때문이다. 그러면서 리쾨르는 말씀으로 다가오는 다른 분에 대해 열어야 한다고 강조한다. '다른 분' 또는 '저쪽'을 거쳐 급기야 그는 이렇게 말한다: "하느님의 말씀을 생각한다는 것은 길을 잃을 수도 있는 길에 들어선다는 것이다."[115] 하느님은 이제 '다른 분', '저쪽'을 넘어 '잃을 수도 있는

---

112 『해석의 갈등』, 435.
113 『해석의 갈등』, 435. 리쾨르가 불트만을 비판하면서 이렇게 주장했다. 그러나 앞서 살펴본 대로 불트만이 이러한 생각을 하지 않았던 것이 아니다. 안타깝게도 리쾨르도 불트만에 대한 당대의 오해에 그저 합류한 듯하다.
114 『해석의 갈등』, 435.

길 너머'로 묘사된다. 취지인즉 비신화론화를 하더라도, 껍질을 벗기고 속뜻을 들어가더라도, 이쪽으로 끌어들여서는 안 된다는 것이다. 말하자면 우상 파괴이다.

그리고 이 길이 오히려 자기로의 속박에서 벗어나는 길이다. 자유의 길이고 희망의 길이다. 이때 자유는 저쪽으로부터 오는 희망을 향한 '따름'이며 저쪽에 의한 '보냄'의 뜻까지 포함한다. 이를 리쾨르는 다음과 같이 표현한다. "너무 현재의 결단에 쏠려있는 실존론적 해석과 달리, 우리를 멀리 보게 한다. 실존의 결단이 개인 내면에 치우친 반면, 보냄의 윤리에는 공동체와 정치, 우주까지도 들어가기 때문이다."[116] 리쾨르에게 '따름'과 '보냄'이 특별히 중요한 이유가 있다. 그는 저쪽을 그리는 환상이 포이어바흐나 니체가 비판한 것처럼 인간적인 것을 신에게 투사해서 생기는 것이 아니라 칸트가 지적한 대로 "무조건적인 것을 경험할 수 있는 사물의 형태로 생각하기 때문에" 만들어진다고 보기 때문이다. 말하자면, 저쪽이 있는가의 여부와는 무관하게 이쪽에서 저지른다는 비판보다는, 있는데 모르는 채로 이쪽에서 받아들이는 대로 간주한다는 비판이 자신의 입장에 더욱 부합된다고 보기 때문이다. 말하자면 저쪽에 대해서 오해를 받을 수도 있는 애매한 묘사보다는 어떤 방식으로든지 전제하는 입장을 더 선호한다. 본회퍼와도 비슷하게 선험론의 가치를 인정한다.

---

115 『해석의 갈등』, 436.
116 『해석의 갈등』, 445.

스스로 의롭다는 윤리, 삶의 주인인체 하는 악을 넘어서

같은 이야기를 조금 다르게 풀어가는 부분으로 들어가 보자. 윤리
와 종교의 관계가 그것이다. 바로 짐작될 터인데, 윤리는 인간이 어찌
해 보는 것인데 비해, 종교는 이를 넘어서는 차원에 연관될 것이다.
이를 특히 허물과 관련해서 양쪽이 어떻게 하는지에 초점을 둔다. 내
용을 세세히 소개할 필요는 없되, 간단히 이렇게 추려볼 수는 있겠다.
악을 내가 저지른다는 차원에서는 '자유'와 연결시키고, 저지르지 않
았어야 한다는 '의무'와 연결시키면 윤리 문제가 된다. 그런가 하면,
악의 문제를 종교에서 접근하면 '희망'으로 간다. 여기서도 리쾨르는
인간이 주인으로서 전면에 나서는가에 초점을 두고 둘을 가르면서 경
고한다:

> 종교에서는 악의 내용을 크게 바꾼다. 도덕에서 말하는 악은 기본적으
> 로 범함이요 규범을 위반하는 것이다. 경건한 사람들이 죄를 생각할
> 때 대개 그런 식으로 생각한다. 그러나 하느님 앞에 서면 악의 질이 바
> 뀐다. 악이란 율법을 위반하는 것이 아니다. 사람이 스스로 자기 삶의
> 주인인 체하는 것이 악이다. 율법에 따라 살려고 하는 것이 악이요, 악
> 이 아닌 것처럼 은폐하는 만큼 가장 큰 악은 없다. 스스로 의로움을 말
> 하지만 그것은 불의보다 더 나쁘다. 윤리의식은 그것을 잘 모른다. 종
> 교의식만이 그것을 안다.[117]

윤리에서는 악이 규범을 위반하는 것인데 비해, 종교에서는 자기

117『해석의 갈등』, 477.

삶의 주인인 체하는 것이 악이라고 새겨진다. 두 가지를 생각해 보아야 한다. 하나는 자기 삶에 대해 자기가 주인인 것이 왜 악인가 하는 것이다. 무엇이 문제인가? 자기가 자기의 주인이 되면, 타자를 자기에게 복속시키려고 하기 때문이다. 긴 말이 필요 없다. 결국 윤리와 종교 사이의 결정적인 차이는 타자와의 관계 여부이다. 윤리에는 타자가 필요 없다. 스스로 규범을 어기지 않는 것으로 충분히 자기정당성을 갖는다. 그러나 종교에서는 자기가 삶의 주인인체하는 것이 악이다.

그런데 더 깊게 주목해야 할 것이 있다. 실제 종교 생활에서는 오히려 규범을 위반하는 것을 악으로 간주하는 윤리의식을 종교의식이라고 착각하고 있다는 점이다. 종교와 윤리를 거의 구별하지 못한다. 물론 종교인이 윤리적이라는 것은 결코 아니다. 그저 종교를 윤리로 간주하기 때문에 여기에 혈안이 되어 있고 이를 기준으로 정죄하려고 덤벼드는 경향에 지배되고 있을 뿐이다. 종교 안에서 율법을 내세우는 것은 이미 성서적 전거까지도 가지고 있는 퇴행의 증거이다. 결국 '스스로 의로움'이 불의보다 더 나쁘다는 것이 윤리와 종교를 가르는 핵심이다. 윤리적으로는 하자 없이 깔끔한데, 종교적으로는 그렇게 의롭다고 내세우는 것이야말로 악 중의 악이다. 그러니 "정죄에서 자비로 가는 문턱을 넘지 못하고… 윤리 차원에 갇혀서 다가오는 하느님 나라를 보지 못한다."[118] 해석학적 성찰이 종교를 위해서도 이토록 중요하다는 것을 우회적으로 강변하고 있다.

---

118 『해석의 갈등』, 479. 믿음이 우리를 속이는 사례로서 정죄를 보게 해준다. 애석하게도 종교를 명분으로 행해지는 정죄가 얼마나 범람하는가를 되돌아본다면 이와 같은 분석은 우리를 짓눌러온 정죄강박으로부터 벗어나게 해주는 종교철학의 소중한 통찰이라고 하지 않을 수 없다 .

종교를 넘어서 믿음으로

그런데 이런 논의를 거쳐 리쾨르는 한 단계 더 나아간다. 종교만으로 충분하지 못하다는 것이다. 윤리와도 그렇게 구별됨에도 종교도 그 안에 맹점을 지니고 있기 때문이다. 그래서 종교와 믿음을 구별하는 단계로 나아간다.119

종교에서 중요한 두 가지 측면이 타부와 위로다. 벌에 대한 두려움 그리고 보호받으려는 욕망이다. 그것은 신의 모습이기도 한데, 똑같은 신이 위협하기도 하고 위로하기도 한다. 그러므로 나는 벌에 대한 두려움과 보호받으려는 욕망으로 이루어진 인간 삶의 가장 오래된 구조, 그것을 종교라고 본다. 물론 그것은 믿음으로 극복해야 한다.120

종교는 벌과 보호라는 양면이 겹친다. 그래서 오토 같은 종교학자는 '두려움과 이끌림의 신비'라고 했다. 신도 역시 그러하여 그러한 양면을 엮어 '거룩함'이라고 한다. 위협과 위로라는 상반된 본성을 지닌 힘이다. 그러한 힘을 숭배하는 '종교적 인간'이라는 표현도 여기에서 나온다. 어쩔 수 없는 한계에서 겪을 수밖에 없는 불안이나 이로 인해 벌어지는 죄에 대한 벌로부터 벗어나고 보호받으려는 본능적 작동이 인간을 종교적이게 만든다. 그런데 여기에 오히려 왜곡과 억압이 있

---

119 리쾨르는 종교와 믿음을 구별하고 우리를 억압하는 종교로부터 자유하게 하는 믿음으로 가야 한다고 역설한다. 이 맥락에서 <믿음이 그대를 속일지라도>라는 이 책의 제목은 '종교가 그대를 속일지라도'라고 새겨주어도 좋을 터이다. 물론 책 제목은 왜곡된 믿음이 억압과 강박으로 이어지는 문제를 가리키는 것임을 다시 한번 강조한다.
120 『해석의 갈등』, 480.

으니 믿음으로 이를 극복해야 한다고 주장한다. 밀접해 보이는 종교와 믿음을 대비적으로 읽고 있다.

그런데 그사이에 무신론이 들어간다. "무신론의 존재 근거가 거기에 있다. 파괴와 해방이라는 이중 의미를 지닌다. 그리고 바로 거기서 무신론은 정죄와 보호 너머에 있는 믿음의 길을 연다."[121] 이 대목에서 무신론의 역할에 주목한다. 그는 무신론이 종교를 부인하는 것이라기보다는 종교를 넘어선 믿음을 향하게 하는 계기가 된다는 현대의 시대정신을 공유한다. 참으로 절묘한 역설적 통찰이 아닐 수 없다. 이제 무신론이 어떻게 작동하는지 유념하면서 종교와 믿음의 관계를 살펴보자. 먼저 두려움의 원인인 벌과 이로 인한 불안에 대해 살펴보자. 종교는 정죄하고 벌을 준다. 니체가 말하는 '이상'이나 프로이트가 집어낸 '초자아'가 가치의 초월 근거를 설정하고 최고 존재로 등극하게 되니 이제 인간은 거꾸로 이로부터 준엄한 심판을 받고 정죄당하며 벌을 받게 된다. 그런데 이런 것이 사실상 '텅 빈 것'이어서 파괴되어야 한다는 것이다. 인간이 세워놓은 자화상의 극대화이며 이것이 벌어낸 자기 강박이기 때문이다. 리쾨르는 말한다.

> 허무주의는 형이상학 안에 들어 있다. 형이상학이 이상을 제시하고 어떤 초자연적인 기원을 제시해서 삶을 무시하고 이 땅을 우습게 보며 본능을 미워하고 약한 것을 취하기 때문이다. 그래서 환원해석학은 그리스도교를 노린다. 그리스도교는 백성에게 '플라톤주의'이고 윤리로 볼 때 '초자연주의'에 속하기 때문이다.[122]

---

121 『해석의 갈등』, 481.
122 『해석의 갈등』, 482-483.

형이상학이 초자연적 기원을 내세우며 현실과 세계를 억압했다는 것이다. 이를 파괴하면 허무를 겪을 수밖에 없으나 이는 오히려 해방을 향한 진통이라는 것이다. 따라서 프로이트의 경우, 초자아는 이상이 만든 것이고 이로 인한 억압 때문에 쓰게 되었던 힘은 생명으로부터 온 것이니 이드를 통해 초자아의 절대성을 파괴해야 한다는 것이다. 무신론이 종교를 극복하는 계기들을 여실히 확인할 수 있는 대목이다. 그렇게 해서 파괴된 이상을 무신론이라고 부른 것일 뿐이다. 말하자면 니체가 신은 죽었다고 했을 때 바로 그렇게 폭력적으로 정죄해온 도덕적 이상이 텅 빈 것임을, 즉 도덕적 신의 사망을 가리키는 것이었다. 그리고 이는 사실명제라기보다는 당위명제였다. 말하자면 그렇다기보다는 그래야 한다는 것이었다. 그리고 바로 이 지점이 믿음이 떠올려져야 할 대목이다. 그래서 이제 "우리가 찾는 하느님은 도덕의무나 계명을 내리는 분이 아니요, 인간의 윤리 체험에 절대성을 부여하는 분도 아니다. 케리그마를 의무와 책임의 미로에 빠뜨려서는 안 된다."[123] 이렇게 리쾨르는 신을 기껏해야 도덕적 당위성의 근거로서 새기거나 이런 방향으로 환원시키는 도덕주의적 종교를 비판한다. 물론 의무, 계명, 책임의 가치를 방기하는 것은 아니다. 다만 그런 것들이 끊임없이 자기를 내세워 정당화하면서 타인을 정죄하고 억압하는 구실이 되어왔다고 비판한다.

이제 리쾨르는 도덕신의 사망 선고와 함께 오히려 의무의 형식 원리에 매몰된 도덕을 엄격주의적 윤리로부터 구해 내어 행복과 적극적으로 결합할 가능성을 도모하고자 한다. 말하자면, 칸트의 규범적 도덕 설정을 거슬러서 '행복과 자유의 공생'을 말하는 스피노자를 복권

---

123 『해석의 갈등』, 485.

시키기 위해 니체와 프로이트를 통해 노력과 욕망으로 초점을 이동하고자 한다. 결국 도덕적 의지 아래에 실존적 욕망이 똬리를 틀고 있다는 것을 [124]주목하고 드러냄으로써 도덕의 억압으로부터 해방을 염원하는 실존의 희망을 말한다. "칸트가 의지의 선험적 구조라고 부른 의무의 원리를 앞서는 것이 있다. 그것은 우리의 실존, 말씀으로 변화될 수 있는 실존 그 자체다."[125] 결국 종교가 아니라 종교의 본래 취지인 인간해방을 위해 도덕규범화한 종교가 해체되고 욕망과 노력이 뒤얽히는 실존의 자유를 구가하는 행위로서 믿음으로 가야 한다는 것이다.

이러한 논조는 종교의 위로 기능을 다루는 대목에서 더 강화된다. 그런데 우리가 이미 익숙하여 당연한 듯이 간주해 왔던 종교의 아이러니에 대해 리쾨르가 놀랍다고 한 것은 새삼스러운 주목을 요한다. 정죄와 위로가 종교 안에서 서로 연결되어 있다는 점이 바로 그것이다. 그야말로 '병 주고 약 주는 식'일 수도 있다는 것이다. 도덕신이 정죄를 하는데 섭리로 보호하기까지 한다는 전통형이상학의 그림이었다. 그러나 이제 무신론이 믿음으로 향하는 길에 의미가 있다면 '보장과 보호를 넘어선 비극적 믿음'[126]으로 향해 가야할 것이었다. 물론 여기로 내몰리지 않으려는 종교적 앙탈이 보상법칙을 고수하는 신정론적 발상으로 나왔다. 이러한 신정론에 대한 비판이 칸트처럼 인식론

---

124 『해석의 갈등』, 494. 도덕적 의지 아래 실존적 욕망이 깔려있다고 했다. 앞서 말했던 의지와 욕망의 관계를 다시 거론한다. 가로축에서 대비한다면 의지는 인간을 자유로운 주체로 세우나 욕망은 오히려 인간을 노예로도 만들 만큼의 힘이다. 인간이 의지를 소유하지만 욕망이 인간을 소유한다고 해야 할 정도로 말이다. 그런가 하면 세로축으로 보면 의지 아래 욕망이 깔려 있다. 의지인 줄 알았는데 삶에서 벗겨지고 보니 욕망이더라는 것이다. 그래서 노예 의지라는 통찰도 나왔다.
125 『해석의 갈등』, 493-494.
126 『해석의 갈등』, 495.

적 한계를 지목하면서 개진될 수도 있지만. 리쾨르는 더 아래로 파고드는 니체와 프로이트의 길을 선호한다. 니체가 말하는 운명이나 프로이트가 주목하는 필연이 주요한 길목이 될 터이다. 둘은 매우 다르지만 결국 만난다. 도덕을 인준하는 종교를 비판하는 니체와 종교를 고통을 보상해주는 쾌락의 원칙에 충실한 것으로 보는 프로이트는 욕망에 대한 처방에서 만난다는 것이다. 특히 에로스에 주목하면서 죽음과 연결하는 대목은 좋은 증거가 된다고 본다.

무신론의 비판에도 살아남을 믿음의 가능성과 의미

관건은 리쾨르의 질문에 집약되어 있다: "프로이트와 니체의 비판에도 살아남을 신앙은 어떤 것인가?"[127] 이것이 억압과 강박을 행사해 온 종교로부터 무신론을 통해 자유로 향하게 하는 믿음으로 전환하려는 우리의 과제이기도 하다. 사실 '종교에서 신앙으로' 보다도 '강박에서 자유로'가 더 중요한 과제다. 그리고 전자는 후자를 뜻할 때에만 의미가 있다. 어떻게 해야 하는가? 무신론은 정죄와 위로를 반복했던 종교에게 다음과 같이 일깨워준다.

하느님은 섭리라는 꼬리표를 떼버리고 우리를 보호하지 않고 삶의 위

---

127 『해석의 갈등』, 499. 사실 서구그리스도교는 자체의 종교개혁을 제대로 할 기회를 이들에게서 얻었어야 했다. 니체와 프로이트 같은 의심의 대가들이 일관되게 종교에 대한 깊은 관심과 애정으로 비판을 했으니 말이다. 그런데 이를 외면함으로써 소중한 기회를 잃어버렸다. 그 결과 오늘날의 인간들은 종교의 존재 이유를 부정하는 것을 넘어서 아예 관심조차 갖고 있지 않게 되었다. 시대의 예언자들을 놓친 까닭이다. 이제라도 그들을 다시 불러 오늘날의 감각에 맞게 각색해주는 리쾨르의 통찰에라도 귀를 기울이는 것이 마땅하다.

험 속에 놔두는 하느님일 것이다. 위험하지만 사람다운 삶을 살도록 놔둘 것이다. 사실 성서의 하느님은 십자가에 달리지 않았는가? 본회퍼가 말한 대로 약한 하느님만이 우리를 도울 수 있지 않은가?[128]

'무력성의 힘'(die Macht der Machtlosigkeit)을 말하는 본회퍼의 역설에 공감하는 리쾨르의 고백이다. 힘이 없는 하느님이라면 무슨 하느님일까 하고 반문하고 싶겠지만 이는 막강한 힘을 행사하는 전제군주적인 신 이미지를 붙잡고 있다는 증거일 뿐이다. 그런 신이 당신을 정죄하고 위로했는데 그 과정에서 당신은 노예가 되었을 뿐이니 말이다. 종교에 대한 해석학적 성찰을 해야 하는 이유가 바로 여기에 있다. 무신론은 어떤 역할을 했는가? 그 가치가 도대체 어느 정도일까? 전제 군주적으로 군림하면서 힘의 전권을 행사하는 신은 잘 보이면 이쁨을 받으니 안으로 들어가 안기고 싶은 이끌림이다. 그러나 잘못 보였다가는 어떤 벌을 당할지 알 수 없으니 두렵다. 이끌림이 두려움을 데리고 다니는가, 아니면 두려움이 이끌림을 끌고 가는가? 전자일 가능성은 없다. 두렵지 않았다면 잘 보이려고 애쓸 이유도 없었다. 두렵기 때문에 이끌림을 늘여보려고 했었던 것이다. 물론 신에 대한 두려움은 인간 삶이 겪을 수밖에 없는 불안 때문이었지만 결국 죽음으로부터 비롯된 것이니 신에 대한 두려움과 불가분리의 관계라고 하지 않을 수 없다. 그런 두려움에서 정죄가 나왔고 따라오는 이끌림이 위로라는 부수적인 기능을 취했다. 결국 정죄와 위로로 인간을 희롱하는 듯한 꼴이 되었다. 실제로 신이 그러했겠는가? 신에 대한 인간의 앎이 그렇게 그려냈을 뿐이다. 그리고 그런 앎이 종교를 그렇게 만들

---

128 『해석의 갈등』, 500.

었다. 그렇게 종교로 포장된 신에 대한 앎, 아니 인간의 앎으로 꾸려진 신을 이제 무신론이 거부한다는 뜻을 지닌다. 종교에서 믿음으로 가는 길에 무신론이 일을 한다고 한 것은 이를 가리킨다.

종교에서 믿음으로 넘어가는 길에 무신론이라고 했는데 리쾨르는 아예 성서적인 근거를 찾아 나선다. 구약성서의 욥기를 동원하면서 리쾨르는 '고통과 죽음의 문제에 대한 답이라고 생각할 만한 말은 하나도 없다'고 한다. 그토록 앙망했던 신이 없다는 것이다. 신 부재 체험이다. 무신론의 구체적인 예증이다.

"그 때에 주께서 욥에게, 폭풍이 몰아치는 가운데서 대답하셨다"(욥기 38장 1절). 그런데 무엇이라고 말했는가? 고통과 죽음의 문제에 대한 답이라고 생각할 만한 말은 하나도 없다. 신정론으로 하느님을 정당화 하는 데 쓸 만한 말도 없다. 오히려 사람에게 걸맞지 않는 낯선 말만 한다. "내가 땅의 기초를 놓을 때에, 네가 거기에 있기라도 하였느냐? 네가 그처럼 많이 알면, 내 물음에 대답해 보라"(욥기 38장 4절). 신정론 의 길은 막혔다.[129]

폭풍 속에서 무엇인가 음성을 듣기는 했는데 인간 최대의 과제인 고통과 죽음이라는 문제에 대해 어떤 답도 기대할 수 없었다. 하느님 의 말씀인 듯한데 '사람에게 걸맞지 않는 낯선 말'이다. '땅의 기초를 놓을 때 거기에 있어서 알면 대답해 보라'는 황당한 물음이니 말이다.

---

129 『해석의 갈등』, 501. 신정론에 대한 비판은 필자에게도 중요한 관심이다. 여러 연구물에 서 피력했지만, 최근 저서를 참고하기 바란다: 정재현, 『미워할 수 없는 신은 신이 아니 다: 틸리히의 역설적 통찰과 종교비판』(서울: 동연출판사. 2019), 10장과 나가면서.

여러 가지로 풀이할 수 있겠지만 이 대목에서는 이 물음이 가리키는 '모름'의 뜻에 주목하는 것이 적절하지 않을까 한다. '땅의 기초를 놓을 때'는 시작 이전인지라 우리의 앎은 물론이고 있음도 넘어서 있으니 말이다. 하느님의 말씀이 그토록 낯설게 들리는 것은 우리가 믿고 싶은 대로 믿고 있는 하느님으로부터 하느님 스스로 벗어나신다는 것을 가리킨다. 불트만도 인간의 인식 한계 때문이 아니라 하느님의 일탈로 인해 비가시적이고 피안적이라고 했고, 본회퍼도 계시의 우발성으로 이를 강조했다. 모두 모름의 가치와 의미에 주목하는 해석학적 통찰이다. 인식론으로는 어림없는 일이니 이러한 문지기를 필요로 하는 형이상학도 깃발을 내려야 할 일이다.

그래서 신정론도 턱도 없다는 것이다. 수많은 신정론으로 하느님을 정당화해왔었는데 하느님이 오히려 이를 거부하셨다는 것이다. 전능하시고 지선하신 하느님이 창조하신 세계에 악이 이글거리니 모순일 수밖에 없는 현실에서 나온 신정론들이 그러했다. 고전형이상학과 이를 토대로 한 고전신학에서 하느님은 악을 그림자로 보고 눈을 감으시는 존재였었고, 근대에 와서는 더 큰 선을 위해서 작은 악을 허락하신다 하니 하느님은 악을 이용하는 존재가 되었다. 어찌해도 모순을 피할 길이 없으니 자고로 신정론이란 신성모독이고 인간억압이었다. 하느님이 땅의 기초를 놓으실 때에 해당하는 이야기인데 이걸 하겠다고 나선 언어였으니 말이다. 욥기는 이를 일깨워준다.

말이 말함이 되는 것이니 언어는 은총이다

땅의 기초가 가리키는 것과 같이 삶의 터에서 울려 나오는 '폭풍이 몰아치는 상황'이라는 것도 근본적인 모름을 가리킨다. 표상으로 신의 말을 듣는 것이 아니니 주객이 따로 있을 수 없다. 그렇다고 구별 없는 동일성은 아니다. 폭풍에서 울리는 소리는 도대체 말이라는 것이 무엇인지를 새롭게 일깨워준다. 리쾨르는 이를 다음과 같이 설명한다.

> 언어를 통해 사물을 아우르는 힘은 말하는 주체인 우리에게 속한 것이 아니다. 아우르고 드러내 밝히는 것은 능가하며 지배하는 그 무엇에 속한 것이다.… 언어는 사람의 작품이 아니다. 말하는 능력은 우리가 마음대로 부릴 수 있는 것이 아니고 그 능력이 우리를 부린다. 우리가 우리 언어의 주인이 아니기 때문에, 우리는 아우르는 그 무엇에 합류하여 통합된다. 그 때에 우리 언어는 단순히 다른 사람과 서로 의사를 소통하는 수단이 아니며, 단순히 자연을 지배하는 수단이 아니다. 지껄임이 말함이 될 때 또는 우리의 말에 말함이 있을 때 우리는 언어가 은총인 것을 느낀다.[130]

언어가 지니는 힘은 말하는 인간의 것이 아니다. 우리가 마음대로 부릴 수 있는 것이 아니기 때문이다. 구조주의와 언어학을 말할 때 기호 운운하면서 도구로서 언어를 분석하던 지점을 떠올리면 참으로 격세지감이 아닐 수 없다. 언어는 인간이 세계를 주무르는 데 쓰는 도구가 아니다. 언어는 그저 아무런 일도 하지 않고 이를 사용하는 인간의 생각과 의도를 전하는 텅 빈 통로나 수단이 아니다. 단순히 의사소통의 수단이 아니라는 것이 이를 말해준다. 전달하고 싶은 의사가 먼저 있고 나중에 언어라는 무색무취의 도구를 써서 우편 달하듯이 보낼

---

130 『해석의 갈등』, 505.

수 있는 것이 아니라는 말이다. 의사가 언어에 의해 비로소 만들어진다. 그런데 그 언어는 내가 만든 것도 아니고 택한 것도 아니다. 내가 그렇게 알기 전에 이미 나를 직조하고 있었다. 알기 전의 삶이었다. 그것을 언어가 드러내 준다.

자연을 지배하는 수단이 아니라는 것도 같은 맥락인데 훨씬 더 큰 차원을 가리킨다. 인간은 자연을 포함한 세계를 대상으로 삼는 주체로서 지배한다고 생각했었다. 물론 착각이었다. 이런 착각을 대대적으로 부추겼던 것이 근대 인식론이라고 누누이 말했었다. 그러나 그것이 인간이 행복하게 잘 사는 길이 아닐뿐더러 더 중요하게는 아예 그렇게 생겨 먹지도 않았다. 그저 착각일 뿐이었다. 그런데 그것이 단순히 착각에만 머무르지 않았다. 엄청난 왜곡과 이로 인한 소외 그리고 결국 억압으로 이어졌다. 자가당착이었다. 그 자가당착은 급기야 자기 강박을 귀결시켰으니 이제는 더이상 방관할 수 없는 일이었다. 자기 강박으로부터 벗어나는 일은 하면 좋고 안 해도 그뿐인 선택이 아니니 말이다. 저항과 반동이 터져 나왔다. 그리고는 인간이 이제 스스로를 되돌아보게 되었다. 삶이 요구한 것이었으니 삶을 보게 되었다. 그랬더니 우리의 언어가 앎이 시키는 도구인 줄로 착각했었음을 깨닫게 되었다. 그저 삶의 '지껄임'일 뿐이었다. 그것이 '말함'이 되는 것은 전혀 다른 차원이었다. 내가 주체로서 아는 앎에서 벌어지는 일이 아니었다. 삶이었다. '내가 사는 삶'이 아니라 '삶이 나를 사는 삶'에서 일어나는 일이었다. 삶에서 지껄임이 말함이 되었다. 리쾨르가 '우리의 말에 말함이 있을 때'라고 한 것은 이를 가리킨다. 즉, '우리의 말'은 앎이 하는 짓이었고 '말함이 있다'는 것은 삶이 그것을 사건으로, 행위로 일으켜낸다는 것을 뜻한다. 그런데 그것은 우리가 하는 것이 아니다. 앎은 우리가 하는 듯 하지만 삶은 그렇지 않으니 말이다. 그래서 리쾨르도 은총이라고 했다. '우리는 언어가 은총인 것을 느낀다'고 말이다. 전율적인 감동이다.

이제 리쾨르는 하이데거를 인용한다. 사람이 말하기 전에 먼저 듣는다. 그리고는 그 들음에 대해 반응하는 것이 우리의 말이다. "언어가 말한다. 그때 사람은 언어가 자기에게 말하는 것을 들으면서 언어에게 답한다"[131]고 할 때 이를 뜻한다. 그리고 이를 통해서 우리가 언어에 의해 알 수 없는 그 무엇에 속한다. '폭풍의 소리'도 이를 가리키니 그래서 언어가 은총이라고 느끼게 된다는 것이다. 어떻게 은총이라고 느끼게 되는가? 리쾨르의 대답은 음미해볼 만하다.

> 하늘과 신을 향한 마음과 이 땅에 뿌리를 내린 실존 사이에 긴장이 유지될 때, 사람은 비로소 산다는 것이다. 그 긴장이 삶의 자리를 마련하는 것이다. 이해의 넓이와 깊이를 가지고 사는 사람을 하늘과 땅 사이에 둔다. 하늘 밑이지만 땅 위다. 말의 능력 안에서.[132]

삶은 긴장이다. 하늘과 땅의 거리로 인하여 긴장일 수밖에 없다. 그러나 바로 그 긴장이 삶의 자리를 제공해 주며, 그 거리 덕분에 자유를 추구할 수 있다. 그러한 자유는 특히 종교와 관련해서는 믿음으로 넘어감으로써 실마리를 찾는다. 보다 구체적으로, 무신론은 종교가 설정했던 우상을 파괴하게 하는 데에서 지대한 역할을 한다. 우리가 주인이 아니라 오히려 우리를 부리는 말의 힘이 종교를 넘어서 믿음

---

131 『해석의 갈등』, 507.
132 『해석의 갈등』, 507.

으로 끌어가는 상징으로 나아가게 한다: "무신론은 아버지 형상을 거부하라고 이른다. 그런데 우상이라고 거부한 아버지 형상을 상징에서 다시 찾을 수 있다. 그 상징은 사랑의 바탕에 관한 비유다."[133]

왜 종교를 깨고 믿음으로 가야 하는가? 억압과 강박의 원천이 되었던 종교적 우상을 깨고 믿음으로 가야 할 절박한 이유는 사랑 때문이다. 물론 희망과 자유가 여기서 핵심이다. 자유를 향한 희망이 결론이다. 리쾨르는 정죄도 정당하지 않고 위로도 마땅하지 않으니 사랑이 핵심이라고 말한다. 인과율은 억압하고 목적론은 기만이 되기 쉽다. 정죄나 위로는 모두 위에 있고 싶어 하는 마음의 소산이다. 그러나 사랑에는 위아래가 없다. 위아래를 해체한다. 사랑은 거리에도 하는 것이다. 사랑은 자유를 희망하는 동력이 되기 때문에 의미를 지닌다. 그럴 때 우리는 종교를 깨고 믿음으로 간다. 종교와도 다른 믿음이다. 사랑의 '더불어'를 말해야 한다. 종교는 진리 강박에 사로잡혀 자유가 없고 따라서 사랑이 끼어들 틈이 없다면, 자유를 향하는 희망은 사랑에서만 가능하기 때문이다. 사랑만이 해석의 갈등을 견딜 수 있기 때문이다. 이 책의 제목이 '믿음 강박'을 말했지만 '종교 강박'을 뜻하는 것이니 이제 종교를 넘어서 사랑을 향하는 믿음이 갈 길이다. 은총의 덕분으로 말이다. 삶이 그렇게 생겨 먹었기 때문이다. 그리고 그런 강박을 넘어서는 길로 향하도록 뜻을 풀어갈 일이다. 믿음이 그것을 필요로 하기 때문이다. 삶이 그것을 가능케 하기 때문이다.

---

133 『해석의 갈등』, 508.

4부

—

종교 강박으로부터의
자유를 향하여

0. 무종교시대에 종교 강박이라니?

오늘날 종교가 인간에게 어떤 의미가 있는가? 또한 여러 종교가 함께 있는 상황이 공존인가 혼재인가? 이런 의제가 문제가 되는 사람들도 있지만 전혀 무관심한 사람들도 적지 않다. 여러 종교가 함께 있는 것을 다종교상황이라고 하는데 이것도 종교에 대해 우호적인 사람들이 하는 이야기다. 여러 종교가 함께 있는 상황이야 그 사실 여부를 따질 문제가 전혀 아니다. 손바닥으로 눈을 덮는다고 하늘이 가려지는 것이 아니니 다종교상황 자체가 왈가왈부의 거리가 아니기 때문이다. 다만 어떻게 할 것인가가 관건일 수도 있는데, 이조차도 사실 종교를 관심하는 애정을 갖고 있는 사람들의 고민이다. 그러나 종교의 존재 이유를 부정하다 못해 관심도 두지 않는 이른바 무종교인이 빠른 속도로 늘어나고 있는 이 시대는 종교의 의미나 가치를 전제할 수 있는가의 여부부터 검토의 대상이 아닐 수 없다. 일찍이 라이문도 파니카가 특정한 종교를 옹호하는 태도는 물론 종교 자체의 의미와 가치를 전제하는 일반적인 호교론까지 내려놓아야 한다고 했었는데 참으로 예리한 경고다. 자기가 속한 종교의 정당성을 변명하는 특수호교론은 명함도 내밀 수 없고, 도대체 인간에게 종교가 의미와 가치를 지닌다는 전제부터 거부하는 사람들과 어떻게 종교 관련 이야기를 할 것인가부터 해결해야 할 문제이니 말이다. 게다가 꼭 해야 하는가 하는 물음도 고개를 쳐든다. 이런 물음을 되물으면 '종교적 인간'이라는 표현도 우상이었을 수도 있다. 아니 폭력일 수도 있었다. 그리고 이러한 폭력이 무종교를 더욱 부추겼을 수도 있다. 그러나 이제는 초월을 망각하든지 상실하든지 심지어 거부하든지 하여튼 초월 부재의 시대로 보이는 이 무종교의 시대에 종교 이야기를 꼭 해야 할 필요성조차 시빗거리일 수밖에 없어 보인다. 그럼 무엇을 어떻게 해야 할까?

우선 '종교 강박'부터 내려놓자. 꼭 종교를 이야기해야 한다고 생각하지 말자는 것이다. 누구는 종교를 '신경강박증'이라고 했는데 해방은커녕 억압과 강박의 혐의가 짙게 드리워져 있는 종교를 앞세울 일은 아니다. 그러니 일단 종교를 살려야 한다는 숭고한 강박에서 벗어나자. 돌아가는 것처럼 보이는 길이 도리어 지름길일 수 있다는 전략을 말하는 것이 아니다. 결국 종교 이야기를 하지 못해도 좋다는 자유가 필요하다. 그리고 이것이 마땅한 길이다. 그럼 그 길을 어떻게 내디딜까? 인간에서 시작하는 것이다. 종교로 가지 않아도 좋다. 종교를 갖지 않아도 인간으로 살고 있지 않은가? 여기서 시작하는 것이다. 이 출발점은 두말할 나위도 없이 당연하고 사실 불가피하다. 그런데 이 출발이 그냥 되는 것은 아니다. 늘 뭔가 포장을 쓰고 해왔기 때문이다. 이래서 이것부터 둘러보아야 한다.

종교 안에 똬리를 틀고 있으면서 때로 밀고 당기기를 하는 믿음으로 들어가 살피는 것도 의미가 있겠다. 종교가 추상적이라면 믿음이라는 데에서 인간이 스스로를 꾸리는 꼴을 드러낼 수 있기 때문이다. 그리고 믿음이라는 행위를 하는 인간의 자화상이 시대의 전환을 겪으면서 믿음의 틀도 따라 변화를 거쳐 왔기 때문이다. 기거서 오히려 믿음을, 그래서 삶을 옭아매어왔던 것을 점차로 벗겨가는 과정을 읽어냄으로써 종교 강박에서 벗어날 길도 더듬을 수 있을 것이기 때문이다.

1. 믿음의 터가 넓어지고 깊어지다: 이성에서 정신을 거쳐 실존으로

자고로 믿음이란 사람의 '행위'이다. 행위란 말이 사람에게 주도권을 지나치게 주는 것처럼 느껴진다면 사람에게 일어나는 '사건'이라고 해도 좋다. 하여튼 사람에게서 벌어지는 일이다. 그렇다면 사람의 어디에서 이런 믿음이라는 사건이 일어나는가? 그리스도교 역사에서 그 시작은 '이성'(理性)이었다. 인간을 '이성적 동물'이라고 규정한 것이 축의 시대인 주전 5세기의 일이니 그로부터 수백 년 뒤에 등장한 그리스도교가 이를 받아들인 것은 당연하고도 불가피했다. 그러니 믿음은 이성과 사이가 좋아야 했다. 초기에는 이성에 저항하는 믿음의 고유성을 주장하는 목소리가 터져 나왔지만 그렇게 머물러서는 이방인을 위한 복음이 될 수 없었으니 이성과의 교제는 시대적 과제였다. 그래서 믿음은 이성과 얽혀야 했는데 다만 둘 중에 무엇이 먼저인가 하는 문제만 다툼거리였을 뿐 얽혀야 한다는 데에는 재론의 여지가 없었다. 당연히 믿음에 대한 학문적인 논의가 뼈대를 이루었으니 학자들의 신학이라 스콜라신학이라고 불렸다. 여기서 가장 중요한 과제는 당연히 이성적 논증을 통한 신 존재 증명이었다. 존재론적 증명이나 우주론적 증명이나 모두 이성으로 신의 존재를 드러내 보이겠다는 당대의 과업이었으니 믿음과 이성의 얽힘은 이미 이때 절정에 이르렀다고 해도 과언이 아니었다. 이것이 중세였다.

그러나 이제 인간이 의지의 주체로 부상하면서 자유와 자율을 중시하는 새로운 시대인 근대로 넘어왔다. 인식 주체일 뿐 아니라 의지의 주체이기도 했으니 스스로를 이성에만 한정시키는 데에 머무를 수 없었다. 이성은 보편성이라는 형식적인 기준으로 판단하는 텅 빈 틀이다. 그러나 이제 인식할 뿐 아니라 의지하기도 하는 주체인 인간은 형식적인 기능인 이성만이 아니라 내용적인 차원에서의 필연성 판단을 하는 지성을 구가하는 정신적 존재로서 등극한다. 중세에 이성이 그와 대조되는 감성이라는 형식적 기능과 평행관계로서 인간을 자리매김하고 그 틀에 비추어진 대로 신과 세계를 논했다면, 근대는 인식 주체로서 생각할 뿐 아니라 알게 된 내용으로 신과 세계에 마주하게 되었다. 말하자면 이성을 포함하는 지성으로. 감성을 포함하는 감정으로 넓어지고 깊어졌으니 이는 인간을 주체로 세운 의지에 기인한 것이었다. 근대가 인간 주체의 시대이고 인간중심주의가 지배한 시대라고 한 것도 이러한 맥락이었다. 이제 인간은 지성과 감정 그리고 의지의 세 갈래 사이를 오가는 '정신'(情神)이 되었다. 이것이 중세와 근대 사이의 결정적인 차이다. 믿음도 당연히 정신으로서 인간에서 그 갈래를 따라 다양한 유형으로 뻗어나갔다. 지성을 중시하는 정통주의, 감정에 주목하는 경건주의, 의지에 호소하는 자유주의 등 근대 후기의 '신앙론'들이 모두 인간 정신의 세 요소를 중심으로 돌아가는 것이었다는 것이 그 좋은 증거이다.

그러나 과연 인간이 정신이기만 한가? 아무리 갈래가 여럿이고 더욱이 흡수 통합될 수 없다고 하더라도 모두 정신의 요소들일 뿐이었으니 믿음을 정신으로만 국한시키는 것은 정신이 아닌 것에 대한 억압일 수밖에 없었다. 억눌렸던 육체가 저항하지 않을 수 없었다. 마음으로 믿음을 다스리고 추슬러보겠다는 근대적 발상이 몸을 감추었으니 그렇게 덮어질 수 없는 몸이 반동을 일으켰다. 오늘날 몸의 철학이나 몸의 신학은 이러한 반동의 산물들이다. 이제 이런 육체의 반동은 그렇다고 유물론으로 치닫기보다는 오히려 갈라질 수 없는 전인, 즉 '통사람'으로 넓어지고 깊어질 것을 강력하게 요구했다. 이른바 전인성으로의 확장과 심화라는 우리 시대의 요구가 믿음의 터를 그저 정신, 그중에서도 한 갈래로 축소되고 말았던 근대를 뒤로 하고 가를 수 없는 몸과 마음이 하나인 통사람, 즉 삶으로 넓어지게 하였다. 그러한 삶을 일컬어 '실존'(實存)이라고 한다면 이제 믿음은 실존을 터전으로 하여 불가분리 관계로 얽혀 서로에게 속하고 서로를 만들어가는 관계로 엮여져야 하는 데에 이르렀다.

이처럼 믿음이 일어나는 터전이 시대정신에 따라 혁명적으로 전환되어 왔다. 이성에서 정신을 거쳐 실존으로 말이다. 이성이 소중하지만 너무 작은 것이었으니 정신에서의 일부일 뿐이었고, 마땅히 인간은 이성적 동물인데 동물이라는 것을 덮어두고서야 온전하게 인간의 현실이 드러날 수 없었으니 그 몸부림은 당연하고도 불가피한 것이었다. 이런 과정으로 이성에서 정신을 거쳐 실존으로 점점 더 넓어졌다. 일찍이 고대로부터 로고스가 지대한 역할을 했지만 결국 올가미가 되었다. 이성이 그러했다. 근대에 정신으로 나가면서 올가미를 벗어날 실마리를 찾아 더듬기는 했었다. 그러나 정신도 역시 정신 아닌 것들을 정신 안으로 끌고 들어와 아귀를 맞추고자 하는 생리적 강박을 벗어날 수 없었다. 아니면 정신에 담길 수 없는 것을 밀쳐내어야만 했었다. 그러나 이걸 느끼고 겪은 것은 정신이 아니었다. 육체였다. 육체가 정신의 강박에 갇혀 있음을 발견하고 절규했던 것이다. 몸이 마음의 올가미에 묶여 있음을 느끼고 겪으면서 몸부림쳤다는 말이다. 그래서 터져 나온 것이 실존이었다. 인간의 그러한 몸부림 덕분에 더 넓어지면서 더 깊어졌다. 삶을 가리키는 실존에서 넓어질 뿐 아니라 깊어진 것은 삶을 우리가 다 헤아려 알 수 없기 때문이다. 모르고도 살고 살고도 모르니 삶은 없음과 모름 그리고 죽음을 머금고 있어 우리에게 깊이의 성찰을 요구하기 때문이다. 믿음이 이를 과제로 받으니 이제 믿음도 마땅히 그러해야 한다는 것이었다. 종래의 소중한 이성과 정신이 올가미였음을 깨닫게 되었으니 이제 실존으로 넓어지고 깊어진 것은 자승자박으로부터의 해방 과정이라고 해야 마땅하다. 이것이 바로 종교로부터 믿음으로 가는 길에 대한 해석학적 성찰이 지니는 뜻일 터이다. 우리는 이제까지 이를 살폈다. 그리고 이로써 종교 안에서 도사리고 있는 강박들을 고발하고 벗어날 길을 더듬는 데로 한 걸음 더 나아가고자 한다.

2. 종교와 그 뿌리인 인간, 자기가 핵심이다!

'인간'이 문제의 핵심이다. 종교의 문제들을 아무리 심도 있게 논해도 그 뿌리는 인간이기 때문이다. 그런데 우리에게는 종교의 문제를 인간과 떼어 놓고 생각하려는 경향이 있다. 종교가 표방하는 절대성 때문인지는 몰라도 이런 경향은 어느 종교를 막론하고 대체로 일반적이다. 그런데 이렇게 하면 우리는 종교의 원론적인 차원에만 머무르게 된다. 이상적이고 원리적인 이야기만 하니 그럴 듯 해보이기는 하지만 현실과 동떨어질 수밖에 없다. 진위나 정오를 판정하기도 쉽지 않다. 종교에 대한 많은 논의가 공허한 이유가 바로 여기에 있다. 인간을 덮어놓고 종교만 살피려 하기 때문이다.

그러나 근본적으로, 종교와 인간은 떼려야 뗄 수 없다. 죽음이 없었다면 종교도 없었을 것이라는 통찰은 재론을 필요로 하지 않는다. 물론 죽음이 종교를 만드는 것은 아니다. 죽음에 대해 되씹고 넘어서려는 성정이 초월을 지향하게 되니 이를 일컬어 종교성이라 하고 그래서 인간은 일찍이 '종교적 인간'이 되었던 것이니 말이다. 물론 여기서 핵심은 초월 또는 무한으로 그려지는 힘이다. 그리고 그런 힘을 추구하다가 급기야 숭배하게 되면서 종교성이 엮어진 것이다. 그런데 그런 인간이 바로 그렇기 때문에 종교와 관련하여 복잡하게 얽혀 있다. 그런데 이런 실상을 외면하면 마치 인간은 전혀 없는 듯이 이 일련의 관계가 거기에 그렇게 하나로 있는 것처럼 착각하게 된다. 힘을 추구하고 숭배하는 인간이 엄연히 중심적인 기준으로 버티고 있는데도 그런 줄 모르면서 교회와 그리스도교와 성서와 하느님이 모두 같다고 보게 된다. 그러나 여기서 같은 것은 이를 관통하는 인간일 뿐이다. 인간은 이토록 집요하게 종교와 구조적으로 얽혀 있다. 죽음을 넘어서는 힘을 추구하다가 숭배하면서 '종교적 인간'이 되었기 때문이다.

그런데 '종교적 인간'이라고 해도 추상적인 개념을 일컫는 것은 아니다. 그저 개념으로서 '종교적 인간'이 아니라 타자와도 그렇게 다르다고 주장하는 자기가 그 뿌리이기 때문이다. 그런 자기가 소속된 교회이고, 그런 자기정체성을 꾸리는 그리스도교이며 그런 자기가 읽는 대로의 성경이고 그런 자기가 믿고 싶은 대로 믿고 있는 하느님이니 같을 수밖에 없다. 반복하건대, 같은 이유는 이 모두에 철저하게 그런 자기가 관통하고 있기 때문이다. 그런데 이것을 깨닫지 못하기 때문에 그것이 그대로 그렇게 같고 나아가 하나인 줄로 알게 된다. 자기 앞에 하느님을 가두어 놓고서는 열심히 붙들고 있다. 우상 숭배가 되어버렸는데도 독실한 신앙인 줄로 착각한다. 그래서 인간의 위치를 살펴야 한다. 그것도 추상적인 인간 개념이 아니라 타자와 그렇게도 구별되게 다른 줄로 착각하면서 거리를 두는 구체적인 자기를 되돌아보아야 한다.

물론 '자기라는 인간'이 핵심적인 관건이 되는 것은 종교에만 해당하는 것은 아니다. 사실 일상이 그러하다. 그러나 종교 안에서 가장 강하게 작동한다는 것은 재론의 여지가 없다. 진리의 이름으로 순교도 불사하는 신념의 숭고함을 마구 부정할 것은 아니지만 종교에서는 그러한 신념 안에 깔려 있을 수도 있는 '자기'를 살피지 않으면 여지없이 자기 강박이 되고 타자를 향한 독단이 되고 말기 때문이다. 그리고 이러한 강박과 독단이 얽혀 엄청난 폭력과 비극을 일으킨다. 그런데 이게 자기 도취적으로 일어나기 때문에 이러한 문제를 돌아볼 수 없을뿐더러 도리어 자기 도취가 가져다주는 희열과 충만을 종교의 궁극적 경지로 새기면서 찬양하게 된다. 그런데 이 때 찬양하는 것도 자기이지만 찬양을 받는 것도 자기다. 그래서 인간의 이런 심층을 꿰뚫은 몇몇 종교들은 이구동성으로 '자기라는 인간'을 가장 핵심적인 문제로 다루어왔다. 소승불교의 '무아'(無我)가 그러하고 대승불교의 '공'(空)이 그러하다. 유교의 '수신'(修身)도 마찬가지다. 물론 그리스도교도 그 핵심적 가르침이 '자기 비움'(kenosis)이라는 것은 두말할 나위도 없다. 물론 이런 가르침이 대속 사상에 휩쓸린 나머지 달갑지 않은 것으로 여겨지면서 별로 주목받지 못하고 있지만 말이다.

3. 교회-그리스도교-성서-하느님의 관계는?

종교에 대한 해석학적 성찰을 시도할 때 우선 기축에 해당하는 것으로 하느님을 중심으로 연결되어 있는 요소들이 어떻게 관계를 이루는가를 살펴보는 것이 의미 있을 것이다. 가장 일반적으로 생각해 볼 수 있는 핵심들을 추려본다면 교회, 그리스도교, 성서, 하느님, 이렇게 열거해 볼 수 있겠다. 물론 더 많은 핵심을 말할 수 있겠지만 이들이 서로 전혀 다른 차원에서 전체를 아우르는 뼈대라는 점을 고려한다면 동의하기가 그리 어렵지는 않을 것이다. 그렇다면 이 넷은 어떤 관계에 있을까? 가장 우선적으로 생각할 수 있는 것은 이 넷이 모두 같다고 보는 입장이다. 물론 그렇다고 해도 이미 차원이 다르니 액면 그대로 무조건 같다는 것은 아니다. 다만 적어도 소유 또는 귀속의 관점에서 보면 그렇다고 보는 가장 일반적인 입장이다. 여기서는 하느님은 성경을 통해서만 자신을 계시하시는 분이고 성경은 그리스도교의 경전으로서 그 수용과 해석의 권한이 전적으로 그리스도교에 속하며 그러한 그리스도교는 현실에서 교회로 결집된다는 것이다. 이런식으로 이 넷은 등호(=)를 써서 '교회=그리스도교=성경=하느님'이라고 정리된다. 순서를 정반대로 해도 역시 마찬가지다. 교회는 그리스도교를 구성하는 요체로서 전부이며 그리스도교는 성경을 경전으로 채택하고 전수하는 권한과 의무를 지닌 독자적 종교이고 성경은 하느님을 이 세상에 알려주는 유일한 계시 또는 통로라는 것이다. 대단히 돈독한 신앙으로 보인다.

그러나 다시 한번 생각해보자. 우선 교회와 그리스도교의 관계부터 살펴보자. 과연 교회와 그리스도교가 같은 것인가? 교회는 종교공동체이지만 종교가 공동체에만 귀속되지는 않는다. 교회에 소속되어 있지 않지만 그리스도교의 가르침과 신앙을 따르는 소위 '가나안' 신자들이 점차로 늘어가는 상황이다. 그런 사례가 아니더라도 종교는 공동체보다는 훨씬 더 큰 범위로 신념체계를 포함하여 사고방식에서 생활양식에 이르는 문화적 차원으로 보아야 할 것이다. 이렇게 보는 것이 종교의 본질에 대한 변질이라고 생각하려는 경향이 없지는 않다. 그러나 신앙구현체로서 종교가 인간의 일상적 차원에 이르지 못하고 고유성을 빌미로 무슨 특수한 집단이념이나 밀의적인 결집체로 머무른다면 이것이야말로 종교의 본뜻은 아닐 것이다. 본질도 아닌 것에 대한 본질주의적 고수가 오히려 종교의 쇠퇴를 더욱 부추겨왔다면 이제는 스스로의 자폐적 본질주의라는 자가당착의 엄청난 착각에서 깨어나야 할 때이다. '자기만의 신'이라는 표현이 가리키는 것처럼, 오늘날 근대적인 의미와 형태의 종교는 쇠퇴하고 있는 것처럼 보일지라도 오히려 개인 단위에서 종교성 고취에 대한 수요가 점증한다는 진단은 교회와 그리스도교 사이의 차이를 더욱 분명하게 드러내주는 증거가 될 것이다. 결국 관건은 종교적 차원에서도 개인주의가 부각됨으로써 공동체성이 도전받고 있는 상황을 정직하게 직시하고 공동체의 새로운 모습에 대한 고민을 진지하게 해야 할 일이지 그리스도교를 교회와 그저 동일시하고만 있어서는 안 될 것이라는 말이다.

이제 그리스도교와 성경의 관계는 어떠한가? 물론 성경은 그리스도교의 경전이다. 그러나 성경이 그리스도교만의 전유물은 아니다. 성경에 대한 전수와 해석, 적용의 권한과 의무를 내세워 성경을 그리스도교의 전유물로 주장한다면 이는 오히려 성경을 그리스도교에 가두는 오류를 범하는 것이다. 이것이 어떠한 오류일까? 바로 대답하기보다도 거꾸로 물을 수 있다. 성경이 하느님의 말씀이라면 그리고 하느님의 말씀이 온 세상을 향한 것이라면 어떻게 성경이 온 세상의 일부에 불과한 그리스도교만의 것일 수 있을까? 하느님의 말씀으로서 성서는 온 세상, 아니 백번 양보해서 적어도 이 지구를 위한 그리고 지구를 향한 것으로 새겨야 한다. 그 범위를 지구로 한정하는 것은 다소 조심스럽지만 지구 바깥 세계에 혹 있을 수도 있는 생명체에 대한 섣부른 판단을 성서에 근거해서 하지는 말아야 한다는 뜻이다. 그런 뜻에서 성서는 하느님의 말씀이지만 지구 버전으로 새겨야 할 것이다. 하느님이 성서를 통해 우리에게 자신을 알려주셨지만 물론 전부를 알려주신 것은 전혀 아니다. 전부가 아닌 정도가 아니라 아마도 지극히 일부에 불과할 것이다. 그리고 모르는 채로 남아 있는 부분이 얼마나 되는지도 우리는 전혀 모른다. 그러니 우리가 함부로 우주로 나갈 일은 아니지만 그렇다고 해서 아직 이 지구 위에서 성서를 하느님의 말씀으로 받아들이지 않고 있는 부분이 엄청 큰 상황에서 성서를 그리스도교권에만 해당하는 것으로 제한해서는 안 될 것이다. 그리스도교인의 입장에서는 우주를 창조하신 하느님께서 적어도 지구를 향해 계시하신 말씀으로 받아들여야 마땅할 것이다. 말하자면 그리스도교가 지구에서는 아직도 여전히 일부일 따름이니 따라서 성서는 그리스도교보다는 훨씬 큰 것으로 새겨야 한다. 성서를 그리스도교에만 한정할 것이 아니라 인류를 위한 선물로써 마땅한 위상을 정립하는 것이 절실하다.

　마지막으로 성경과 하느님의 관계이다. 앞서 말한 대로 성경이 하느님의 말씀이라는 것은 재론의 여지가 없다. 그러나 이 말의 뜻은 사람마다 다르다. 우선 성경이 문자 그대로 하느님의 말씀이라고 간주하는 근본주의적 문자주의가 있다. 성경을 정말 잘 믿는 것처럼 보이는데 이는 오히려 하느님을 성경에 가두는 오류를 범하게 된다. 이 입장에 의하면 하느님이 성경에서 벗어나서는 안 되기 때문이다. 하느님의 새로운 역사를 자기가 읽고 있는 성경 구절을 기준으로 재단하게 될 소지가 너무도 크다. 물론 의도하지는 않았지만 결과가 그렇게 되어버리고 말 것이다. 그래서 축자영감설은 에누리 없이 신성모독이다. 그래서 '성경이 하느님의 말씀'이라는 것에서 주어와 술어의 관계를 조금은 신중하게 살펴야 한다. 이 말조차도 문자 그대로 새겨서는 오히려 그 취지를 살리지 못하고 그런 오류에 빠질 수밖에 없으니 말이다. 말씀 또는 계시라고 할 때 그 뜻은 무엇인가? 성서가 스스로 우리에게 그 뜻을 드러내준다. 성서를 어떻게 읽어야 하는지를 성서가 직접 친절하게도 우리에게 가르쳐준다는 말이다. 예를 들어보자. 성서의 제일 앞에 나오는 창세기를 보자. 1장과 2장에 서로 매우 다른 두 가지 창조기사가 나온다. 굳이 문서설을 들먹이지 않고 그냥 한글 성서를 읽어도 충분하다. 앞장에서는 하늘과 땅, 빛, 물과 뭍 등의 순서로 창조가 시작되어 인간 창조에 이른다. 물도 넘치도록 풍성한 옥토가 배경이다. 뒷장은 정반대로 사람이 제일 먼저 창조되고 그 배경도 건조한 사막으로 추정된다. 만일 성서의 전승 자료들을 전문가들이 모여 깔끔하게 체계적으로 편집했다면 둘 중 하나만 수록했었어야 했을 것이었다. 그런데 충돌하는 두 개의 창조기사가 제일 앞에 한 데 묶여 경전으로 수록되었다. 편집기술로 보면 어설퍼도 이만저만이 아니다. 문자 그대로 하느님 말씀이라고 주장하는 축자영감설의 입장에서 보면 아예 시작부터 읽을 수도 없으니 더욱 난감하다. 한 장은 찢어버려야 한다. 결국 어떤 것이 맞는 것인가라는 문제가 튀어나올 수밖에 없다. 그저 신화이니 따질 일이 아니라고 하는 또 다른 입장도 있을 것이다. 그러나 그래도 왜 하나로 정리되지 않았는가? 그런데 바로 이것이 엄청난 길잡이라고 본다. 성서가 하느님의 말씀이라고 할 때 말씀 또는 계시라는 것이 하느님이 일방적으로 내리 쏟아붓고 받는 쪽에서는 아무 생각 없이 받는 것이 아니라 주고받는 상호관계 안에서의 대화로 이루어진다는 것을 이 충돌하는 기사들의 동시 수록이 입증해 주고 있다. 계시라는 것이 일방적 주입이 아니라 서로 만나 주고받는 상호적 대화의 사건이라는 것이다. 결국 성서는 그러한 사건에 대한 인간의 체험을 기록한 것이라고 하겠다. 물론 그 안에는 하느님으로부터 들은 말씀과 이에 대한 반응으로서 인간의 고백이 포함되는 것은 당연하다. 하느님이 하신 말씀에 대한 직접적 보도라기보다는 인간이 들은 하느님의 말씀의 기록이고 이에 대한 반응으로서 고백록이며 이를 뼈대로 체험한 사건에 대한 성찰이다. 그러니 창조사건이라고 하더라도 인간이 처한 배경과 상황에 따라 다르게 기록되고 고백되며 성찰될 수밖에 없으니 여러 자료들이 나오게 된다. 서로 충돌하는 내용을 담은 창조기사들이 창세기의 제일 앞부분을 구성하고 있으니 성서는 시작부터 어떻게 엮여졌는가에 대해 성서가 스스로 설명하면서 동시에 어떻게 읽어야 하는가에 대한 지침도 담고 있다고 하겠다. 이게 오히려 성서의 위대함이다. 성서가 하느님의 영감으로 씌었다는 종교적 고백도 바로 이런 뜻으로 새겨야 할 것이다.

그렇다면 하느님은? 하느님은 그렇게 인간과 교통하시면서 자신을 드러내신다. 다만 성서는 그렇게 자신을 드러내시는 하느님과의 만남 사건에서 듣고 고백하며 체험한 것들에 대한 인간적 진술이다. 그러니 하느님이 성서의 원천이지만 성서에 모두 담길 수는 없다. 하느님이 성서에 갇힐 수는 없다. 아니 하느님은 성서와는 비교도 할 수 없이 크신 분이다. 이 말은 사실 어불성설이다. 옛날 사람들이 하느님을 '그보다 더 큰 것을 생각할 수 없는 가장 크신 분'이라고 했지만 크기를 들이댄다는 것 자체가 어불성설이다. 우주의 창조자이신 하느님이라고 하지만 과연 우리가 우주의 크기를 감 잡고 있는가? 우주는 고사하고 지구의 크기에 대해 어떤 느낌이라도 가질 수 있는가? 물론 물리적 차원만을 말하는 것은 아니다. 그런 하느님이 지구를 향해 보여주신 모습이요 지구에서 하느님과 사람들이 만나는 사건에 대한 기록이니 지구 버전일 뿐인 성서에 지금도 우주를 창조하고 계시는 하느님을 제한시켜서는 안 될 것이다. 그러니 이제는 더이상 성경과 하느님을 동일시하면서 하느님을 성경 안에 가두는 신성모독을 저질러서는 안 될 것이다.

아직도 인정하기 어렵다고 하시는 분들을 위해 한 말씀 더 드린다. 바로 앞서도 말했지만 이 대목에서 반복하고자 한다. 하느님이 성서를 통해 우리에게 자신을 드러내주셨지만 물론 전부를 알려주신 것은 전혀 아니다. 전부가 아닌 정도가 아니라 아마도 지극히 일부에 불과할 것이다. 그리고 모르는 채로 남아 있는 부분이 얼마나 되는지도 우리는 전혀 모른다. 단계적으로 정리한다면, 하느님의 말씀인 성서를 통해 우리는 하느님에 대해서 알고 있지만 아주 작은 앎일 뿐이다. 모름이 더욱 크고 많지만 그래도 모른다는 것을 아는 것이다. 이른 바 '무지(無知)의 지(智)'이다. 그러나 더 나아가 우리는 하느님에 대해서 얼마나 모르는지를 모른다. '무지(無知)의 무지(無智)'이다. 결국 우리의 앎은 이런 차원 안에서의 아주 조그마한 앎일 뿐이다. 성서를 통한 하느님에 대한 우리의 앎은 이런 무지의 무지 안에서, 무지의 지위에 얹혀 있는, 아주 조그마한 앎과 믿음일 뿐이다. '겨자씨만한 믿음이면 산을 옮긴다'는 성서 구절이 있는데 산이 이리저리 옮겨지는 일이 흔치 않은 것을 보면 우리에게는 겨자씨만한 믿음도 어려운 일이 아닌가 한다. 하물며 그 믿음보다 작을 앎이야 말할 것도 없다. 그런데 우리는 그런 앎으로 하느님을 마구 가늠한다. 이런 가늠이 어디까지 가는지 살피려고 멀리 나갈 필요도 없다. 우리 주위를 둘러보면 가관이다. 황당하기 그지없다. 해석학적 성찰이 절실한 이유가 바로 여기에 있다. 한편으로는, 우리 주제를 파악하게 해주지만, 다른 한편으로는 우리 앎과 믿음이 우리를 속박하는 데에서부터 벗어나게 해주기 때문이다.

결국 관계는 '교회 〈 그리스도교 〈 성경 〈 -∞- 하느님'으로 정리되어야 한다. 아직도 못마땅하게 여겨진다면 이는 하느님이 아니라 교회 또는 그리스도교 또는 성경을 붙들고 늘어지는 환원주의에 사로잡혀 있다고 스스로를 진단해야 한다. 교회주의가 그렇고 그리스도교주의가 그러하며 성경주의가 그러하다. 교회사가 증명하는 바이니 역사에서 배우지 못하면 자기에게서 역사가 시작되는 줄로 착각하는 어리석음을 저지를 뿐이다.

4. '교회 밖에는 구원이 없다!'는 말에 대하여

교회보다 그리스도교가 더 크고 성서는 그리스도교의 것이라고만
할 수 없으며 하느님은 성서에 갇혀 계시지 않을 뿐 아니라 그럴 수
없는 분이라고 했다. 이런 마당에 '교회 밖에는 구원이 없다!'(Extra ec-
clesiam nulla salus!)는 말을 어떻게 봐야 할까? 물론 이 구호는 많이 들
어봤을 것이다. 그런데 이를 어떻게 생각하는가? 이렇게 묻는다면,
"뭘 어떻게 생각해? 당연한 거지!"라고 하는 분들이 많이 계실 것이다.
교회 생활을 착실히 하시는 분들에게 교회와 구원의 분리 불가는 굳
이 말할 필요도 없이 언제나 옳고 당연한 것이다. 아니라면 교회 생활
을 열심히 할 이유도 없겠기 때문이다. 실제로 교회사에서도 이런 구
호는 꽤 일찍이 등장했었다. 역사자료에 의하면 중세 초기인 7세기의
키프리우스에게까지 거슬러 올라가니 꽤 유구한 역사를 지닌 구호라
고 하겠다. 이교도들과의 싸움을 위한 것이었을 터이다. 그런데 중세
절정기인 13세기 교황 보니파시오가 교회의 치리를 목적으로 이 구호
를 다시금 천명했었던 적이 있었다. 그러다가 시대의 전환이 근세로
넘어오면서 세상이 소용돌이에 휩싸이는 듯이 보이자 교회는 다시 빗
장을 걸어 잠그듯이 이 구호를 재천명했다. 종교개혁에 대한 가톨릭
의 반동을 확인한 트리엔트공의회에서 이 구호가 재확인되었다. 그리
고 근대는 그렇게 종교개혁 후손들과 평행선으로 가는 듯했었다. 그
러나 세상은 한 번 더 시대전환의 소용돌이를 치게 되었다. 근대로부
터 현대로의 혁명적인 전환이 시작되었던 것이다. 현대가 시작할 무
렵인 19세기 중엽 가톨릭교회는 발 빠르게 움직였다. 1860년대에 열
렸던 가톨릭교회의 제1차 바티칸공의회에서는 빗장을 단단히 걸어

잠그면서 이 구호를 다시 한번 천명했다. 공교롭게도 시대의 대전환기마다 이 구호는 여지없이 등장하면서 교회의 정체성을 세우는데 동원되었던 것이다. 물론 가톨릭교회는 그로부터 100년 뒤인 1960년대 제2차 바티칸공의회에서 이 고전적 구호를 폐지하고 현대로의 전환의 길목에서 근대적 방식으로 정책을 바꾸었지만 말이다. 그러나 이 구호는 가톨릭교회만의 전유물이 아니었으니 개신교회의 경우도 이 선언은 적지 않게 즐겨 도용되고 오용되어 왔다. 오늘날에는 개신교회가 이 구호를 오히려 더욱 목청 돋우어 강조하고 있는 것으로 보인다. '교회 밖에 구원이 없다'는 것은 재론의 여지가 없다는 것이다. 구원에 관한 한 교회가 전권을 쥐고 있다는 것이다. 물론 모두 자기가 속한 교회만이 그렇다고 주장하고 있는 듯하다.

그러나 과연 이 말은 옳은가? 교회와 그리스도교 그리고 성경, 나아가 하느님까지 모두 같다면 이 구호의 타당성을 인정할 수도 있을 것이다. 그러나 교회보다 그리스도교는 훨씬 크고 성경은 그리스도교의 전유물이 아니라 지구에게 주신 하느님의 선물이며 하느님은 성경과는 비교도 할 수 없는 분이라면 구원을 교회에만 묶어둘 수는 없는 일이다. 아니 단도직입적으로, 구원은 전적으로 하느님의 것이다. 그의 주권에 달려 있기 때문이다. 오죽하면 어떤 종교개혁자가 인간의 구원에 대해 하느님이 미리 예정하셨다고까지 주장했을까? 이에 대해 시중에 황당한 오해들이 많이 있지만 이는 오해를 일으킬 수도 있는 과도함을 불사하고서라도 구원에 관한 하느님의 절대주권을 강조하려는 갸륵한 충정에서 나온 발언이다. 말하자면 구원은 교회가 아니라 하느님이 하신다는 것을 확언하고자 했을 뿐이었다.

그렇지만 이 예정설에 관해 자가당착의 오해들이 꽤 팽배한 것으로 보인다. 몇 가지 지적해야 할 것이 있는데, 우선 시중에서 이 예정설을 문자 그대로 새기면서 절대적 진리인 양 읊조리시는 분들이 빠지는 자가당착이다. 이런 이야기를 하시는 분들을 보면 대체로 자기는 구원받기로 예정되어 있다는 것을 전제로 깔고 있는 듯하다. 하긴 그렇지 않고서야 그 주장을 그렇게 애써 반복할 이유가 없기는 할 터이다. 그러나 예정설은 한 마디로 구원의 여부에 대해서는 하느님이 절대주권으로 판단하신다는 것이고 따라서 우리가 구원받을 것인가의 여부는 오직 하느님만이 아신다는 것일 터이다. 그런데 인간 자신이 구원받기로 예정되어 있다는 것을 안다고 한다면 이것이야말로 인간이 하느님이 되는 것이 아닌가? 자가당착에 빠질 수밖에 없다는 것은 바로 이걸 가리키는데 그러는 줄도 모르고 그렇게 되어버린다. 게다가 태어나기 전부터 천당 갈 사람과 지옥 갈 사람이 정해져 있다는 식으로 풀어버리면 열심히 신앙생활을 해야 할 이유도 없어 보인다. 본인 자신도 그렇고 다른 사람들도 그러하니 도대체 전도하고 선교할 이유도 없어지는 것 같다. 그러니 예정설은 문자대로 풀어낼 일이 아니라 그 취지에 주목하여 구원에 관한 하느님의 절대주권에 대한 '과도한 수사'로 새기는 것이 적절하지 않을까 싶다. 물론 과도할 수밖에 없었던 이유는 종교개혁의 역사적 배경에서 더듬을 수 있을 것이다. 말하자면 오랜 세월 교회의 제도적 권위 안에 머물러 있다가 이로부터 벗어난 민중들이 문화적·종교적 혼란에 빠져들게 되었기에 이에 대한 처방으로서 하느님의 구원을 확실하게 새기려는 애달픈 뜻에서 찾을 수 있지 않을까 한다.

하느님의 '절대주권'이라고 했지만 사실 예정설에 대한 설명을 위한 표현이고, 보다 적절하게는 '은총'이라고 해야 할 것이다. 그렇지만 이야기는 역시 마찬가지이다. 구원이 은총이라는 것은 어떤 조건에 의해서도 좌우될 수 없는 무조건적인 것임을 가리키고 따라서 믿음을 포함하여 인간의 어떤 것보다 앞선다는 뜻에서 선행적인 것임을 말한다. 이렇게 구원은 무조건적이고 선행적인 은총이니 하느님의 절대적 주권에 의한 것이라는 뜻이다. 이처럼 구원은 철저하게 하느님의 것이다. 교회의 것이 아니고 그리스도교만의 것도 아님은 물론 성경에만 갇혀 있을 수 없는 하느님의 것이라는 말이다. 그러니 '교회 밖에 구원이 없다'고 하는 말은 오히려 하느님의 주권을 모독하는 말이다. 이상하게 들리는가? 그렇다면 그것은 하느님을 믿는 것이 아니라 교회를 믿고 있었고 그리스도교를 믿고 있었으며 성경을 믿고 있었다는 증거다. 사실 교회나 그리스도교는 믿음의 대상이 아니다. 성경도 마찬가지다. 교회는 그러한 믿음을 서로 나누고 격려하며 뜻을 도모하는 자연발생적 공동체이고, 그리스도교는 그러한 믿음을 사회와 역사 안에 체계적으로 정립하고 계도할 필요성으로 엮어진 문화전통이며, 성서는 우리를 하느님과 이어주는 믿음의 지침서로서 위치로 자리매김해야 할 것이다. 결국 이 모두는 믿음의 대상이나 주체가 아니라 이를 가리키는 보조적인 요소들일 뿐이다. 오직 하느님만이 우리 믿음의 원초적 대상이고 궁극적인 주체이시기 때문이다. 믿는다는 것이 무엇인지를 조금이라도 진지하게 돌아본다면 다시 생각해 보아야 할 대목이다.

그런데 눈앞에 보여야만 직성이 풀리는 우리의 본능과 욕망으로 인하여 우리는 하느님을 성경과 동일시하여 성경주의로 빠지고, 그리스도교와 한데 묶어 기독교주의라는 종교주의로 빠지며, 결국 믿음의 공동체일 뿐인 교회에 절대적 권위를 부여하는 교회주의로 빠지고 만다. 이 모든 것이 하느님과 관계되기는 하지만 그렇게 여러 형태의 주의로 빠지면 하느님이 아닌 것을 하느님의 자리에 두는 것이니 우상숭배일 수밖에 없다. 게다가 성경주의도 내가 읽고 받아들이는 대로의 성경주의이고, 기독교주의도 내가 파악하는 대로의 기독교주의이며, 교회주의도 내가 속한 교회를 기준으로 하는 교회주의이다. 결국 이러한 각종 주의 행태의 뿌리에는 '나'가 깔려 있다. 그래서 나와 같으면 옳음이고 나와 다르면 그냥 다름이 아니라 그름이나 틀림이다. 결국 성경주의나 기독교주의, 교회주의는 인간의 자기중심주의 또는 자기절대화에서 비롯된 것이다. 그런데 자기절대화라는 문제는 자기 스스로는 절대로 되돌아 볼 수 없다는 데에 문제가 있다. 스스로 볼 수 있으면 이미 자기절대화가 아닐 터이다. 해서 이 문제는 스스로 해결될 수 없다. 문제를 문제로 보지도 못하는데 무슨 해결을 기대할 수 있을까? 교회사는 이에 대한 무수한 증거들로 넘쳐난다.

그런데 자기절대화에 의한 문제는 성경이나 기독교 또는 교회와 관련해서만 일어나는 일이 아니다. 오직 하느님만이 우리 믿음의 원초적 대상이고 궁극적 주체라고 했지만 하느님과의 관계에서도 우리의 자기절대화는 여지없이 작동하고 있다. '내가 믿고 있는 하느님'만이 하느님이라는 것이다. 그것도 솔직히 '내가 믿고 싶은 대로 믿고 있는 하느님'일 터인데 그저 '하느님 그대로의 하느님'이라고 주장하면서 자기가 믿고 싶은 대로 믿고 있는 하느님만을 기준으로 내세운다. 허나 이야말로 하느님을 자기 방식으로 그려내고 믿으니 이름은 하나님 또는 하느님이지만 자기가 원하고 좋아하는 그림 속에 갇혀진 하느님이니 결국 우상일 수밖에 없다. 다시 말하지만 이름은 하느님인데 실제로는 우상을 숭배하고 있을 가능성이 농후하다. 내가 원하고 좋아하는 그림을 벗어나서 하느님이 나에게 오실 가능성을 향해 자신을 열지 않는다면 하느님을 우상화하는 일이 벌어질 수밖에 없으니 말이다.

그렇다면 어떻게 해야 할까? 성경이 인류에게 주신 선물이라면 손가락이 달을 가리키듯이 성경은 하느님을 가리킬 뿐이니 성경을 그 자체로 믿을 것은 아니다. 성경문자주의가 오히려 신성모독이 된다는 것은 바로 이것을 두고 하는 말이다. 그리스도교에 대해서도 마찬가지다. 이제 종교, 그것도 여러 종교 중의 한 종교가 된 그리스도교가 우주의 창조자이신 하느님과 마구 동일시될 수 없으니 하느님 대신 그리스도교를 믿을 일은 아니다. 교회야 더 말해 무엇 할까? 더욱이 죄인을 불러 모으셨다면 이제 교회야말로 서로 허물을 보듬고 격려하는, 그래서 하느님 나라를 이 땅에 이루기를 꿈꾸는 전위대로서 자리매김을 해야 할 것이다. 그리고는 하느님에 대한 우리의 그림을 점차로 벗겨가는 삶의 자세를 가다듬어야 할 것이다. 혹여 하느님을 내가 원하는 대로 우상화하고 있지 않은지를 돌아보면서 말이다. 이제 앞서 꺼냈던 '교회 밖에 구원이 없다'는 말에 좀 더 주의를 기울여보자. 이 말은 마치 교회 안에는 구원이 있는 것처럼 선포되고 있다. 그러나 과연 교회 안에는 구원이 있는가? 이렇게 물으면 '무슨 망발이냐?'고 호통치시려는 분들이 꽤 계실 것이다. 그러나 차분히 살펴보아야 한다. 위에서 말한 것처럼 이론적으로도 그리고 역사적으로도, 구원이 교회 안에만 한정되어서는 안 될 일이기 때문이다. 그러나 이에 못지않게 중요한 것은 현실적으로도 교회는 구원의 주권을 가질 수도 없고 가져서도 안 된다. 교회가 구원의 주권을 가지면 면죄부 같은 황당한 일이 일어날 수도 있다. 꼭 면죄부를 팔았던 가톨릭교회의 역사만 문제가 아니다. 개신교회라고 별다를 것이 없다. 우리 교회가 아니면 구원이 없다고 협박하는 교회들이 부지기수라면 그게 면죄부 판매와 무엇이 다를까? 사이비 종파들과 이단들이 이런 주장에 더 열을 올리는 것은 그 좋은 증거다. 그러나 소위 정통교회라고 해서 이로부터 얼마나 자유로울까? 게다가 현실 모습을 보더라도 교회가 구원을 제공할 위치도 아니고 안내할 자격도 없으며 견인할 능력도 없으니 도대체 무슨 근거로 구원을 교회에 귀속시킬 수 있는가? 도무지 타당하지 않으니 이제는 구원을 교회로부터 떼어내어 하느님께 되돌려드려야 한다. 물론 이 말은 어불성설이다. 본디 하느님의 것인데 되돌려드려야 한다니 말이 안 되는 말이다. 그러나 어불성설이 타당한 말이 되어버린 현실이다. 교회가 구원하는 것이 아니고 그리스도교가 구원하는 것이 아니며 성경이 구원하는 것이 아니다. 구원은 하느님이 하시는 것이다. 이를 혼동하면 '범주의 오류'에 빠질 수밖에 없다. 그런데 이 넷을 잘 구별한다고 범주의 오류에서 벗어날 수 있는 것도 아니다. 더 깊은 문제는 아무리 이 넷을 잘 구별해도 앞서 말씀드린 것처럼 이 모두에 철저하게도 인간 자신이 중심적으로 깔릴 수 있다는 점을 직시해야 한다.

이 대목에서 필자가 다원주의를 주장하는 것이 아닌가 하는 의혹을 가지실 수도 있을 것이다. 더욱이 예수 그리스도의 고유성을 넘어서는 신-중심적 다원주의를 말하는 것으로 보일 수도 있다. 그러나 필자는 그러한 입장을 지지하지 않는다. 그렇게 보는 것은 하느님을 실체로 규정할 수 있다고 착각하는 한에서만 성립한다. 교회, 그리스도교, 성경을 하늘에서 뚝 떨어진 초역사적 실체로 간주함으로써 교회주의, 기독교주의, 성경주의로 빠질 수밖에 없었던 오랜 종교적 본능과 습성이 그 연장선 상에서 하느님에 대해서도 그렇게 '그보다 더 큰 것을 생각할 수 없는 가장 큰 존재로, 가장 높은 존재'로 그리면서 꼭대기로 모셔 올렸었다. 그리고는 그런 하느님을 절대자 또는 무한자라고 불렀다. 그런데 '가리키는 상징'일 수밖에 없는 이런 표현들이 '잡아내는 개념'으로 둔갑하면서 최고위의 고정적 실체로 자리 잡게 되었던 것이다. 그리스 형이상학이 그렇게 해 왔고 이에 토대를 둔 그리스도교 고전신학이 그래왔으며 우리는 그 문화적 유산을 물려받았다.

그러나 하느님은 최고의 절대적 정점에서 무수하게 다양한 상대적 종교전통들과 관계하시는 고정적인 '존재'만은 아닐 것이다. 우주를 창조하신 하느님은 바로 그런 이유로 그리고 바로 그런 방식으로, 우리에게 다가오시는 '행위'이고 들이닥치시는 '사건'이다. 이제 '하느님'은 명사가 아니라 동사이다. 움직이는 동사보다 고정적인 명사가 더 높은 품위를 지닌다는 명사주의의 관점에서는 어색하게 느껴지겠지만 그런 명사주의를 부추겨온 동일성의 이념이 인류역사에서 지대한 공헌 이상으로 억압적인 폭력을 전개해 온 현실을 직시한다면 이제는 하느님을 놓아드려야 할 때이다. 이 또한 본디 망발인데 이게 오히려 절실히 필요한 때이다. 그리고 이것이 오히려 성서가 증언하는 사건과 행위로서 하느님 모습에 가까운 길일 것이다. 종교에 대한 해석학적 성찰은 우리에게 바로 이것을 일깨워준다. 같은 맥락에서 "믿지 않는 사람에게 신은 명사이지만 예배하는 사람에게 신은 동사이다"라는 어느 종교학자의 말은 하느님을 최고로 모신다는 명분으로 고정적 정점에 가두려는 우리의 유혹을 일깨워주는 소중한 통찰이다. 하느님이 그렇게 사건이고 행위이니 인간으로 오신 예수 그리스도는 그저 교회 안에 머무르시지 않고 길거리를 배회한다. 그리고는 신자가 아니라 이를 넘어 사람을 찾는다. 이게 바로 하느님의 역사(役事)이고 인류의 역사(歷史)이다. 성서는 이를 우리에게 가르쳐 주고 있다. 그리고 성서는 그런 하느님을 가리킨다. 손가락이 달을 가리키듯이 말이다.

5. 그렇다면 다시 '인간'은?

앞서 '교회 밖에는 구원이 없다'는 말은 독실한 신앙이 아니라 오히려 하느님을 모독하는 자가당착이라고 했다. 하느님보다 교회를 앞세운 역사가 이를 증명하고, 그것도 내가 속한 교회만이라 하니 자기 절대화에 빠질 수밖에 없기 때문이라고 했다. 결국 우리는 이런 문제를 다루는 데에 있어 교회나 그리스도교라는 범주를 기준으로 설정하는 것이 의도하지 않은 오류를 얼마나 심각하게 자아내는지를 진술하게 보아야 한다. 아울러 성경도 무슨 법전인양 휘두르는 칼처럼 사용해서도 안 된다. 그런데 이 모든 이야기가 아직도 생소하거나 여전히 꺼려진다면 멀리 갈 것도 없이 인간을 스스로 살펴보자고 제안한다. 나 자신을 보자는 말이다. 그래야만 하는 이유는 앞서도 말씀드렸듯이 교회, 그리스도교, 성경뿐 아니라 심지어 하느님에 대해서까지 우리가 무/의식적으로 그리고 비/의도적으로, 자기를 기준으로 판단하기 때문이다. 따라서 그렇게 깊이 깔려서 작동하고 있는 '자기라는 인간'에 대해 새삼스럽지만 당연하게 되돌아보아야 한다.

자기를 스스로 되돌아보는 길에는 여럿이 있다. 그러나 여기서는 앞서 나누었던 일련의 관계에서 살피는 것이 효과적일 것이다. '교회–

'그리스도교-성서-하느님'이라는 관계에서 자기라는 인간은 어디에 위치하는가? 예를 들면, 한 그리스도교인은 개인으로서 교회에 속한다. 그렇게 보면 인간은 교회보다 앞서 가장 작은 것처럼 보인다. 그러나 그는 교회에만 속해 있지는 않다. 그렇다고 해서 교회에만 속해 있지 않다는 것이 교회를 옮겨 다니는 것을 말하는 것은 아니다. 물론 그런 사람들도 많이 있고 가나안 교인들도 점차로 많아지지만 그런 것을 말하는 게 아니다. 한 그리스도교인의 삶에서 교회 밖이 교회 안보다 훨씬 더 클 뿐 아니라 많은 경우 서로 충돌하기도 한다는 것이다. 우리는 사실상 교회 밖에서 더 많은 시간과 공간 그리고 더 크게 작동하는 가치와 목적들로 비중을 두면서 살고 있다. 아울러 교회 안에서 쓰고 있는 말들이 교회 밖에서 통용되지 않는다는 것은 교회 다니는 사람들 모두에게 공개된 비밀이다. 그렇지만 교회 생활 연조가 길고 깊을수록 교회 안과 밖 사이를 넘나드는 일에 익숙해지기도 한다. 그리고 이렇게 능숙해지면서 우리는 우리도 모르는 사이에 교회주의자가 된다. 상호 소통불가의 영역을 넘나들면서도 이 사이의 거리에 대한 느낌이 점차로 희미해지면서 말이다. 그러나 스스로는 교회 안에 깊숙이 속한 것처럼 느끼면서 살지만 실상은 교회 밖에 더 크게, 더 많이 지배되어 살고 있다. 그러니 한 인간이 교회 안에만 속해 있지 않은 것은 어느 누구에게도 예외가 아니다. 아울러 바로 이런 이유로 교회 안과 교회 밖 사이의 거리에 대해서는 새삼스럽지만 정직하게 주목해야 한다. 그 거리를 망각하면 교회주의로 빠질 수밖에 없기 때문이다.

그리스도교도 마찬가지다. 그리스도교인은 당연하게도 그리스도교에 속해 있다. 그러나 그리 간단하지 않다. 교회 안과 교회 밖 사이의 실랑이처럼, 아니 그 이상으로, 복잡하다. 무슨 이야기일까? 한 인간이 하나의 종교에만 속해 있지 않다는 것이다. '갈수록 태산이라더니 무슨 망발이냐?'고 대노하실 수도 있겠다. 그러나 하나의 종교에만 속해 있지 않다는 것은 하나의 교회에만 속해 있지 않다는 것보다 더욱 분명하다. 겉보기에는 한 교회에 속해 있어도 한 종교에만 속해 있기는 어려우니 말이다. 한 인간의 종교성을 분석해보면 여지없이 드러나는 것이니 새삼스럽게 왈가왈부할 일이 아니다. 한 인간 안에 여러 종교 전통들이 신념체계를 포함하여 사고방식에서 생활양식에 이르기까지 넓게 자리 잡고 있기 때문이다. 다종교상황이 사회적으로만이 아니라 개인 차원에까지 이른다는 말이다. 한 개인 안에 여러 종교가 겹치고 얽혀 있기 때문이다. 말하자면, 사회나 세계만이 다종교적인 것이 아니라 한 인간도 개인적 차원에서 이미 다종교적이다. 물론이는 동양종교문화권에서는 매우 자연스러운 현상이다. 황허문명권에서 보면 유교·불교·도교가 한 개인 안에서 얽혀 있고 인더스-갠지스문명권에서는 힌두교·불교·조로아스터교 등이 그렇게 뒤얽혀 있다. 사실 그리스도교가 구약성서라고 부르는 히브리 성서의 배경이 되는 지역에서도 마찬가지이고 그리스도교 배경이라는 서양에서도 근대 초기까지는 이러했다고 한다. 어느 지역이나 어느 시대를 막론하고 다 그러하다. 그러던 것이 근대에 이르러 정치적·경제적 목적으로 경계 짓기를 하고 서로 다르게 보이는 것들을 구별하고 분리하면서 다른 것을 밀어내려고 했다는 것이다. 그러나 그렇게 되기 전까지 원래의 모습은 구별될 수 없는 여러 흐름이 그렇게 얽혀 태동되고 형성되고 전개되었다는 것이다. 왜 그럴까? 종교라는 것이 원래 교리-체제적 제도라기보다는 일상적 삶의 내용이고 방식이기 때문이다. 일상의 삶에서 신념이나 행동 양식을 어떻게 나누고 자르고 쪼갤 수 있을까? 이래서 우리가 이런 문제를 다루기 위해서는 종교 단위에서 머무를 것이 아니라 인간으로까지 파고 들어가야 한다. 그것도 추상적인 인간 개념이 아니라 시간과 공간을 살고 있는 구체적인 자기를 살펴야 한다는 말이다.

그래서 우리 자신을 살펴보자. 한국인의 종교적 정체성은 무엇인가? 파란만장한 20세기 역사를 겪어왔고 군사독재 시절에는 정부가 체제 정당화를 위해 정신문화원과 같은 기관들의 건립을 통해 작위적으로 '민족 주체성'이라는 것을 부각시켰었다. 물론 이러한 모든 과정을 거치기 이전에도 이미 유구한 세월을 통해 형성된 종교적 형질은 매우 중층적이었다. 그것도 바닥의 심층적인 데에는 무교적인 요소가 많고 의식적으로는 유교적인 것이 많다고 한다. 불교가 꽤 다른 색깔을 지닌 종교이지만 심층적으로 자리 잡았다고 말할 수 있는지에 대해서는 한국의 종교학자들이나 사상문화연구자들은 대부분 부정적인 견해를 보인다. 한국의 기본적인 종교적 정서는 무교와 유교라는데 이들 사이에 큰 이의가 없다. 이랬을 때 하나님 또는 하느님이라는 신의 이름이 덜컥 받아들여진 내적 동기들은 무엇이었을까? 이를 돌이켜 볼 일이다. 그리스도교 신앙에서는 '내가 믿는 것이 아니라 하느님이 나를 택하셨다'고 흔히들 말하지만 이 고백의 뜻을 새기지도 않은 채 자기가 조작한 것이 아니니 자기의 믿음이 아주 순수하다고 착각한다. 마치 아무런 배경이나 전제, 토양이 없었던 것처럼 말이다. 앞뒤를 살피지 않으니 하느님의 뜻을 내세우면서 결국 자기로부터 역사가 무전제적으로 시작한 줄로 착각한다. 이런 경향이 특히 한국 개신교인들에게서 강하게 나타난다. 한국사회에 대한 개신교의 엄청난 공헌에도 호전적 전도와 반전통적 선교가 '생각하는 백성'의 문화적·정서적 저항을 불러일으킬 수밖에 없었던 것도 바로 이러한 몰역사적 자만 때문이다.

그래도 공감하기 어렵다면 구체적으로 스스로를 돌아볼 일이다. 한국 그리스도교인으로서 나 자신을 생각해보자는 것이다. 나 자신은 어느 정도로 그리스도교적인가? 유감스러워할 것도 없이 아직은 비그리스도교적인 것이 그리스도교적인 것보다 엄청 많다. 성분 분석을 해 보면 그렇다는 말이다. 용어를 그리스도교적인 것으로 포장해서 그렇지 실상이 이럴 소지는 다분하다. 나 자신 안에 여러 종교가 뒤얽혀 있다. 이름은 하나지만 실상은 여러 개라는 말이다. 정서적으로 받아들이기 어렵겠지만 솔직히 보면 부정할 수 없는 사실이다. 아니라고 버텨봐야 솔직하지 못한 것이니 결국 자기기만일 뿐이다. 그러나 나 자신 안에 문화적이고 정서적으로 여러 종교가 있다는 사실이 문제가 아니라 이걸 제대로 보지 못하고 인정하지 못하는 것이 문제이다. 이게 문제인 것은 솔직하게 보지 못하면 자기가 해야 할 일을 찾아하지 못하기 때문이다. 종교에서 시작하더라도 이렇게 인간으로 파고들어와야 하는 이유가 바로 여기에 있다.

단적으로, 한국 그리스도교인의 종교적 품성을 분석해보면 100중 50 이상은 무교적 정서가 지배적이라고 한다. 그다음에 유교적인 관념도 상당하게 끼어 있다는 것이다. 한국 그리스도교가 유교의 덕을 톡톡히 보았다는 것은 모두가 알고 있는데 그리스도교인들만 잘 모르는 것 같다. 성찰하지 않으면 몰역사적 자만이 자아도취를 더욱 부추길 수밖에 없다. 어찌 무교와 유교뿐일까? 그밖에 다른 종교와 문화로부터도 영향을 받았을 것이다. 한국 그리스도교인은 그 토양 위에 그리스도교를 얹었다고 볼 수 있다. 그것도 특정한 그리스도교를 말이다. 그러니 하느님과 예수 그리스도에 대한 이해에 그러한 영향들이 반영되어 있지 않다고 장담할 수 없다. 교회 용어와 성경 구절을 쓰지만 그 탈을 벗겨내면 실상은 상당히 달라진다. 이걸 부정하는 것은 손바닥으로 눈을 가려놓고 하늘이 없다고 하는 것과 같다. 너희들은 그럴지 몰라도 나는 아니라고 부정할 수 있는 게 아니다. 그것을 부정할 수 있을 만큼 우리 인간의 얽혀진 얼과 생겨 먹은 꼴이 간단하지 않다. 내가 나를 다 아는 것이 아니다. 아니 나에 대해서 내가 아는 것은 얼마 되지 않는다. 나의 대부분을 모르고 사는데 모르는 줄을 모르기 때문에 모르는 것이 없는 줄로 착각한다. 그리고 이런 착각이 우리를 편안하게 해 준다. 그러나 누누이 반복했듯이 그 편안은 수렁이다. 물론 그 수렁 안에는 친숙하고 우호적인 우상이 앉아 있다. 그리고 그 우상의 이름은 '하나님' 또는 '하느님'이다. 나의 편안한 앎 안에 갇혀 있는 하느님은 우상일 수밖에 없다.

같은 이야기를 각도를 달리해 살펴보자. 많이 회자되고 있는 장면일뿐더러 필자도 여러 곳에서 반복적으로 사용하고 있는 내용이다. 종교학회에서 실험을 했다. 두 명의 그리스도교인과 한 명의 불자를 모시고 그들에게 자신이 믿는 절대자에 대해 써보라고 했다. 그리고 그러한 절대자가 제공해 주는 궁극적 경지에 대해서 읊어보도록 했다. 그리스도교의 경우 절대자는 하느님이고 궁극적 경지는 구원일 것이다. 불교의 경우 절대는 불타이고 궁극적 경지는 해탈일 것이다. 그러나 종교를 전혀 모르는 사람들에게 설명하고 전도할 목적으로 서술하기를 요청했다. 그러기 위해서 각자 종교의 고유한 용어가 아니라 일상용어로 써보라고 했다. 그랬을 때 겪은 문제는 종교 언어를 일상 언어로 번역하기가 매우 막막했다는 것이다. 어느 종교를 막론하고 종교와 현실 사이의 소통이 쉽지 않다는 증거다. 결국 공통개념을 중심으로 용어사전을 만들어 실험을 계속 했다. 그랬더니 더욱 주목할 만한 문제가 나타났다. 여기서 절대와 궁극적 경지에 대해 두 명의 그리스도교인들 사이의 차이가 한 명의 그리스도교인과 불자 사이의 차이보다 더 큰 경우가 아주 흔했다는 것이다. 그런데도 그리스도교인들을 한 데 묶어 같은 종교인으로 분류한다. 결국 같은 것은 이름일 뿐이었을지도 모를 일인데도 말이다. 물론 서로 다른 종교인들 사이에서도 이름만 다른 경우도 있을 수 있다. 말하자면 종교의 이름이 그 종교에 속한 개인의 종교적 정체성을 실제로 정확하게 보장해 줄 수 없다. 그런데도 우리는 이름으로 정체성의 내용을 규정할 수 있는 듯이 경계를 짓는다. 이쯤 하면 한 인간이 한 이름의 종교에만 속한다고 할 수 없다는 것은 분명하다. 인간은 교회보다 작기도 하지만 더 크기도 하고, 그리스도교인이라고 하더라도 그리스도교에만 속해 있지 않으니 이보다 더 크기도 하다. 이래서 인간으로까지 파고 들어가야 한다.

좀 길어졌지만 이 대목에서 종교라는 단위에 대해서는 한 마디 더 해야 한다. 오늘날 그리스도교가 '여러 종교들 중 하나의 종교'가 되었지만, 그리스도교 자체로 들어오면 그저 '하나의 종교'라고만 할 수 없다는 것도 재론의 여지가 없다. 공존 불가한, 아니 서로 충돌하는 그리스도교들이 하나의 이름을 쓰고 있다. 사실 초기 그리스도교와 오늘날의 그것 사이에는 엄청난 변화가 있다. 역사가 그것을 말해준다. 그러면 변화하는 역사에도 불변하는 본질이 있다고 주장하고 싶은 분들이 계실 것이다. 20세기 초까지 신학계에서도 이런 주장을 한 분들이 꽤 있었다. 그러나 초역사적 본질이라는 것은 인간의 자기의식 결여,

즉 주제 파악의 망실에서만 나올 수 있는 생각이다. 사실 몰역사적 본질일 뿐이다. 말하자면 인간이 스스로 인간이라는 것을 잊어 버리면서만 떠오르는 발상이다. 이래서 인간으로까지 들어가야 한다. 그러나 시간만이 아니다. 공간 차원에서도 마찬가지다. 같은 시대라고 하더라도 지역에 따라 그리스도교는 천차만별이다. 아니 한 지역에서도 양립 불가한 그리스도교들이 같은 이름을 쓰면서 아웅다웅한다. 이름만 같을 뿐인데 말이다. 결국 그리스도교는 동일하고 단일하다는 의미에서의 '하나의 종교'는 아니다. 이런 것을 '종교적 격의성'이라고 한다. 인간이 한 개인이라고 하더라도 한 종교에만 속해 있을 수 없을뿐더러 한 이름의 종교도 하나의 종교라고 할 수 없다는 것이다.

이제 성서와 관련해서 우리를 살펴보자. 그런데 역시 이 경우도 그리 다르지 않다. 무슨 불경스러운 말이냐고 반문할지도 모르지만 보다 성찰적으로 생각해 볼 일이다. 성서는 하느님과 인간의 만남이라는 사건에 대한 인간의 체험을 기록한 것이라는 것 말이다. 앞에서 상세히 논했으니 되풀이하지는 않겠다. 이토록 성서는 하느님과 인간의 만남으로 이루어져 있다. 말하자면 성서를 구성하는 장면의 한편에서는 하느님이 다가오시지만 다른 편에는 무수한 인간들이 등장한다. 하느님과 함께 인간들이 성서의 주요 구성 요소다. 신실한 인간도 있고 배은망덕한 인간도 있다. 위대한 고백을 했었는데 돌아서서 곧 배신하기도 하는 인간의 모습이 여과 없이 묘사되고 있다. 그런데 바로 이 모순적인 간격이 우리 같은 인간들이 들어갈 수 있는 넉넉한 공간이 된다. 그리고 이것이 바로 성서의 역설적인 위대함이라고 할 수 있다. 말하자면 인간은 하느님과의 만남에서 성서를 이루는 중요한 역할을 한다. 그러니 이제 인간은 성서와 하느님 사이에 위치하기도 한다. 성서 안에 인간이 들어있지만 하느님과의 관계에서 인간이 성서를 구성하는 요소이기 때문이다. 무슨 인본주의나 인간중심주의 따위를 말하려는 것은 전혀 아니다. 오히려 그 반대이다. 그래도 이상하게 들린다면 자신 안에서 성경주의적 우상이 똬리를 틀고 있지 않은지 살필 일이다.

이제 마지막으로 하느님과 관련해서 우리를 보자. 앞서 하느님은 성경 안에 갇힐 수도 없는 분이고 그래서도 안 되는 분이라고 했다. 그런데 다시 강조하건대 그 이유는 '더 큰 것을 생각할 수 없는 가장 큰 존재'이기 때문만은 아니다. 물론 무한자라는, 감도 잡힐 수 없는 표현은 가장 크다는 말로는 어림도 없을 것이다. 그러나 무한한 크기 때문에 어딘가에 담기거나 갇힐 수 없다는 것이 아니다. 더 분명하고 중요한 것은 하느님이 오늘도 새롭게 들이닥치는 사건이요 움직이는 행위이기 때문에 성경을 포함한 어떤 것에도 갇힐 수 없다는 것이다. 그런 하느님께서 만나주기도 하고 불현듯 맞닥뜨리기도 하시는 우리 인간은 또 어떤 꼴일까? 앞서 말했지만 '주는 그리스도시요 살아계신 하나님의 아들입니다'라고 고백했던 인간이 돌아서서 바로 그 주님을 배신한다. 그러나 그만 그럴까? 우리도 마찬가지다. 그런데 이 기사가 사실 우리에게 엄청 큰 위로를 준다. 그래도 좋다는 뜻에서가 아니라 그럴 수밖에 없는 인간이라는 것을 하느님이 알고 받아들이신다는 점에서 위로가 된다. 그러나 고백하는 인간과 배신하는 인간이 따로 있지 않다. 인간은 고백도 하고 배신도 한다. 사람과의 관계에서는 물론 하느님과의 관계에서도 마찬가지다. 그렇지만 꽤 오랫동안 인간은 동일성(identity)에서 정체성(identity)을 구해왔다. 그러나 성서가 증언하는 바와 같이 인간은 언제나 같은 항시-불변적 동일성의 존재가 아니다. 오히려 성서가 넉넉히 품어주는 것처럼 인간은 비동일성이 잔뜩 들어있는 정체성(nonidentical identity)이다. 자기동일성이라는 이념에 오랫동안 기만당해왔지만 이제 나 자신이 같음으로만 이루어져 있는 것이 아니라 서로 충돌할 수도 있는 여러 다름으로 이루어져 가고 있다는 것을 인정해야 한다. 현대 사상가들이 이구동성으로 말하는 '혼종성' 또는 '구성적 상대성'이란 바로 이것을 가리킨다. 물론 상대성과 상대주의는 전혀 다르다. 아니 심지어 반대말이기도 하다. 상대주의는 진리를 저마다 소유할 수 있다는 왜곡된 전제에서 성립하지만 상대성은 어느 누구도 진리를 소유할 수 없되 다만 추구할 뿐이라는 입장이니 심지어 정반대이기까지 하다고 해야 할 터이다. 하여튼 '자기라는 인간'을 진솔하게 보는 일은 이토록 소중하다.

6. 신학방법론에서도 구도전환을 거처 해석학에 이르다

그리스도교 신학 분야에서 방법론이라는 것도 형이상학에서 인식론을 거처 해석학으로 움직여가고 있다. 형이상학이란 반성 이전에 거기 그렇게 그대로 있다는 것에 초점을 맞춘다면, 인식론은 그대로 있음이 아니라 아는 대로 있음이라는 것을 발견하면서 아는 대로의 꼴을 다듬는 일이었다. 그러나 이때 앎의 꼴을 다듬으면서 결국 그렇게 '그대로'라고 믿어 왔던 있음에 짜 맞추려고 안간힘을 썼으니 아예 처음부터 같다는 보편성이나 추리면서 이르게 되는 같음으로써 공통성을 내세운 것이 그 좋은 증거이다. 신학하는 방법에서도 형이상학에 뿌리를 둔 교의신학이 고·중세는 물론 근대 초기 정통주의를 지배했다면, 이에 대한 반동으로서 자유주의가 인본주의를 내세웠지만 이러나저러나 일방으로 추리기는 마찬가지였다.

현대에 등장한 조직신학이라는 것은 이름 그대로 신학의 체계화를 도모하는 것이었는데, 체계는 과연 양날의 칼이었다. 한편으로, 체계는 유기적인 작동을 전제하는 상호관계를 담아내고자 했다는 점에서 이전의 일방성에 대한 혁명적 전환이었다. 일찍이 들어보지도 못했던 현대 관계론의 쾌거라 하겠다. 한 예로, 조직신학의 거두 폴 틸리히가 설파하는 상호관계방법을 들 수 있는데 질문이 대답을 불러내는 일방성을 넘어 거꾸로 대답이 질문에 영향을 주기도 한다는 것을 폭로했다는 점에서 그의 기여는 아무리 강조해도 지나치지 않다. 이를 인간과 신의 관계에 적용한다면 그 의미와 파장은 실로 지대한 것이었다. 그래서 '조직신학'이었다. 일방적 선포와는 달리 쌍방적이니 체계화를 할 필요는 당연했고 그 체계는 쌍방적인 관계를 담는 그릇이었다.

그러나 쌍방 관계의 역동성을 체계에 담으려는 발상은 반대 방향으로 달리는 두 마리 토끼를 한 우리 안에 잡아넣겠다는 몸부림이다. 상호적인 역동성에 눈을 돌린다는 점에서는 현대의 시대정신에 공감하는 것이었지만 여전히 체계 안에 담으려는 성향은 어쩔 수 없이 전통이 요구하는 짜임새에 의한 것이라고밖에 볼 수 없다. 물론 이렇게 하려고 한 것도 그만한 갸륵한 동기가 있었다. 전통을 타고 전해져온 복음의 핵심을 역동적 상호관계로 짜인 세상의 현실로 내던져진 현대인들에게 보다 설득력 있게 엮어보고자 하는 것이었으니 말이다. 그렇게 해서 성공했으면 더 바랄 것이 없었다.

그러나 그게 말처럼 성공적일 수 없었다. 이유인즉, 역동성과 체계라는 것이 이미 충돌할 수밖에 없었으니 말이다. 오죽하면 '해체'라 하겠는가? 체계는 아무리 역동적 구조를 담아내려 해도 체계를 이루기 위해서는 완결성을 지향해야 하고 완결성은 폐쇄성을 불사할 수밖에 없으니 말이다. 질문과 대답이 서로 주고받는 상호영향 관계에 있고, 인간과 신이 그러하다고 해도 체계라는 테두리 안에서 주고받는다는 식으로 범위가 씌워지게 되었다. 그러나 신은 물론이거니와 인간이 체계의 테두리 안에 갇히는 삶을 살던가? 있음과 앎의 아귀 맞춤은 그걸 꿈꿨지만 삶은 그리될 수는 없는 노릇이었다. 역동성이 체계의 폐쇄성을 견딜 수 없었으니 결국 해체가 터져 나왔던 것이다. 끝이 따로 마무리되지 않고 될 수 없이 열려진 채로 관계하는 것이다. 그리고 그 관계는 계속 소용돌이치는 것이다. 이걸 구성이라고 했다. 그리고 그 구성은 계속되는 것이다. 그래서 재구성이라고도 한다. 여기서 '구성신학'이 태동한다.

조직신학의 체계적 폐쇄성과 견주어 구성신학이 기여하는 바는 재구성적 개방이다. 관계가 열린 채로 계속 움직이면서 만들어져 간다는 것이다. 질문과 대답이 그러하고 인간과 신이 그러하다. 이제 그러하니 모든 질문에 반드시 대답이 있어야 한다는 강박도 벗어나야 하고 대답이 있을 수 있다는 착각도 넘어서야 한다. 일문일답일 수 없고 즉문즉설일 수 없다. 대답 없이 질문만으로 열린 채 관계는 굴러가야 하고 실제로 그렇게 굴러간다. 우리가 살면서 던져지는 물음에 대해 과연 모든 대답을 가지고 살아가는가? 그렇지 않다면 이게 차라리 우리 삶의 현실에 더욱 부합하는 방식이다. 더욱 중요한 것은 질문과 대답이 이제는 더이상 인간과 신에 대해 일대일 단순대응관계가 아니라는 것이다. 인간은 언제나 질문만 하고 신은 언제나 대답만 해야 하는 것이 아니라는 말이다. 신도 질문하신다. 삶이 이미 그렇지 아니한가? 그런데 그런 신의 질문에 우리가 바로 대답할 수 있는 순간이 얼마나 되는가? 그러니 내가 던진 질문뿐 아니라 받은 질문도 가지고 삶을 살아간다. 닫힌 구조가 아니라 열려 있으며 질문과 대답이 고정된 위치에 지정된 것이 아니라 위치를 서로 바꿀 정도로 소용돌이치는 것이 우리 삶이다. 그러니 믿음도 당연히, 불가피하게 그럴 수밖에 없다. 믿음도 질문하며 질문을 받는다. 질문 없는 믿음을 좋은 믿음으로 새기도록 길들여졌지만, 질문을 의심으로 간주하도록 오도한 역사가 묻지마 믿음, 즉 자기 도취에 의한 우상 숭배를 부추겨왔다.

해서 이젠 삶이다. 그렇게 생겨먹었고 그렇게 살아가는 삶이다. 그게 삶의 생리다. 생리가 우주의 원리에서 비롯되었거나 거기에 포함되는 것이겠지만 우리 인간은 삶을 살아가면서 겪는 생리에서 먼저 이를 깨우치게 되었다. 점차로 눈을 들어 널리 높이 또 깊이 보면서 우주의 원리라는 것을 더듬게 되었었을 것이다. 그리고 이로부터 생각하는 길로서 논리, 함께 살아가는 길로서 윤리도 추려졌을 것이었다. 이런 궤적이라면 우리 삶에서 겪게 되는 모든 것들을 새기는 길도 마땅히 그런 얼개들로 엮여져 있을 터이다. 이미 그렇게 생리-윤리-논리로 엮여진 그 얼개를 선이해라고 하였고 그러한 얼개를 들추어 풀어낼 길을 찾아내는 것이 해석이라 하니 해석학이란 이런 몸짓이다.

해석학의 몸짓에 관련하여 동양고전의 한 마디를 덧붙인다. 『논어』(論語)에도 '술이부작'(述而不作)이라는 가르침이 있다. 말로 표현하되 지어내지 말라는 것이다. 그런데 이를 너무 문자적으로 새긴 나머지 어떤 문장이든 사건이든 이미 거기에 그렇게 있는 대로 서술해야 한다는 왜곡된 강박이 오랫동안 우리를 지배해 왔다. 그런데 이것이 왜곡이고 강박일 수밖에 없는 것은 '이미 거기에 그렇게 있는 대로'

라는 전제가 불가능한 것인데도 가능하고 마땅한 줄로 착각한 데에 뿌리를 두고 있기 때문이다. '이미'라는 시간과 '거기에'라는 공간은 '지금 여기'와는 부득이하게 다를 수밖에 없는데 마치 초시공적인 재현이 가능한 듯 단순한 복사를 꿈꾸니 오히려 지금과 여기로 얽힌 현실에서 동떨어져 무의미할 수밖에 없다. 사실 '술'(述)이 설명 뿐 아니라 해석을 포함하니 이미 말로 표현할 때 설명하고 해석한다. 말하는 것에 덧붙여 뜻풀이하는 것이 아니라 말하는 것이 뜻을 푸는 것이다. 그렇다면 뒤의 '작'(作)은 무엇을 가리키는가? 일부러 애써 지어내거나 만드는 것을 가리키니 이를 하지 말라는 것이다. 한 마디로 조작을 금지하는 것이다. 해석학적 성찰을 추구하는 우리의 맥락에 연관하여 새긴다면 인식이라는 폭력을 경계하는 가르침으로 새겨야 하지 않을까 한다. 인식이라는 것이 주체가 주도권을 지니고 대상으로서 세계에 대해 주체의 필요와 요구, 심지어 욕구에 따라 주무르는 것이니 조작일 수밖에 없는데 이것이 타자를 포함한 세계에 대한 폭력이 되니 이를 금하는 것이라는 말이다. 설령 그런 뜻이 아니라고 하더라도 우리 맥락에서는 그렇게 새겨야 한다. 아니라면 더이상 논할 가치는 별로 없다.

7. 해방과 치유를 위한 인간학으로서 해석학

현실의 많은 문제는 불안과 강박으로 우리를 옭아맨다. 인간의 정신문화 활동은 그저 고색창연한 지적 유희가 아니라 이런 문제들과 씨름하면서 해결을 도모하고자 한 것이었다. 종교가 그렇고 예술이 그러하며 철학이 그러하다. 철학사에서도 그 시작인 형이상학도 뜬구름 잡는 소리라는 오해를 받았지만 취지는 삶이 겪을 수밖에 없는 불안과 억압에 대한 해결을 위한 자구적인 노력이었다. 근대의 인식론도 당연히 그 취지의 연장선 상에서 제시된 것임은 물론이다. 그런데 여러 가지 이유로 자가당착에 빠질 수밖에 없었다. 역사의 시행착오는 급기야 그러한 자구적 해방시도에 대한 저항으로까지 터져 나왔다. 현대를 시작한 삶의 철학이 그 필두에서 달렸다면 이어서 실존의 절규가 실존철학으로 나타났고 이를 다듬으려는 현상학이 시행착오를 거치면서 이어졌다. 해석학은 바로 이런 상황에서 쏠림을 풀어보려는 시도로 나타난다. 앞선 시도들이 나름대로 타당한 취지가 있지만 의도하지 않은 왜곡들로 인하려 도리어 자가당착에 빠졌기 때문이었다. 해석학은 이에 대한 저항이고 교정이다.

해석학은 해방과 치유를 위한 인문학이다. 마땅히 그래야 한다. 해석학이 추구하는 궁극적 가치가 자유이기 때문이다. 아니 우리를 옭아매어 왔던 강박으로부터 벗어나기를 우리가 앙망하여 내지른 몸부림 중의 하나가 해석학이라고 하는 것이 보다 적절하겠다. 이것은 인식론과 비교해보면 보다 극명하게 드러난다. 인식론은 진리를 향하는 것이었다. 이미 일어나는 의식에서 시작하여 좀 더 정제하는 인식을 통해 지식을 구해내고 결국 진리에 이르고자 하는 것이었다. 이르지 못한다면 향하기라도 하자는 것이었다. 그런데 그렇게 향하는 진리는 보편타당성을 기준으로 했으니 누구에게나 같아야 했고 이것이 문명 발전의 결정적 기틀이 되었던 것은 재론의 여지가 없다. 물론 이러한 진리는 고전논리학으로 그 뿌리를 거슬러 가야 하는데 여기에서 진리는 자기-충족적이며 그것의 내적인 논리 정연함이 핵심이다. 그리고 이러한 논리학은 근대 인식론에까지 이어진다.

그런데 그러한 자기-충족적 진리의 이면에는 안정을 구실로 한 타자 배제와 억압이 도사리고 있었다. 해석학은 이에 대한 반동이다. 앞의 논리가 귀결시킨 억압에 대한 삶의 불가피한 생리적 반동이었다. 현대 해석학에서 진술은 부차적이며 파생된 것이다. 드러난 진술이 아니라 그러한 진술 안으로, 밑으로 들어가는 것이다. 뒤로 가는 형이상학적인 길이 아니라 그렇게 진술하게 한 근거와 진술 사이를 더듬어가는 것이다. 그리고 그러한 반동이 억압으로부터의 해방을 가리키니 해석학이 자유를 추구한다는 것은 이를 가리키는 것이다.

그런데 자유란 추상적인 것이 아니다. 현실의 부자유로부터의 해방이며 이는 억압에 대한 항거를 통해 얻어지는 것이다. 그냥 주어지는 것이 아니라는 말이다. 다시 말하여, 해석학이 향하는 해방은 그러한 부자유의 강박과 독단 등 온갖 형태의 억압으로부터의 벗어나는 사건이다. 그러니 해방은 당연히 벗어나는 극복을 가리킨다. 물론 벗어날 수 있으면 좋겠지만 그럴 수 없는 경우는 어떻게 해야 하는가? 이런 상황에서는 그 자리에서도 넘어설 수 있어야 한다. 말하자면, 넘어서는 초월이다. 극복이 아니라면 초월이다. 벗어남을 추구하는 것이 마땅하지만 여의치 않은 경우 그 자리에서라도 넘어서는 것이 적지 않은 뜻을 지닌다. 극복 못지않게 초월이 큰 의미를 지닐 뿐 아니라 보다 현실적이기까지 하다. 이처럼 해석학은 억압의 극복뿐 아니라 자유를 향한 초월의 지혜로서 뜻도 아울러 지녀야 한다. 이것이 바로 해석학이 현실에서 치유를 위한 인문학이 될 수 있는 길이기 때문이다.

다시 강조하지만, 매우 밀접하게 보여 구별하지 못하고 때로 심지어 혼동하기도 하는 인식과 해석을 보다 일상적으로 비교 대조할 필요가 있다. 인식이 결과를 향해 달리는 것이라면 해석은 과정을 밟으면서 걸어가고 때로는 기어가는 것이다. 그러한 과정이 역사를 이루어간다면 역사는 고정된 사실 이야기의 이음새가 아니라 시제들의 소용돌이에 의해 요동치는 뜻이 일어나는 사건이다. 그런데 바로 그렇기 때문에 잘 살다가도 끝을 망치는 경우를 종종 보게 되는데 이럴 때 더욱 절실해진다. 끝자락에서 인생을 망쳐 몽땅 뒤집어지는 것을 막으려면 매 순간을 즈려 밟으면서 살아가야 한다. 즉 천천히 살아야 한다. 인식은 속도를 원하지만 해석은 느리더라도 밟고 되새기며 순간을 씹어가는 것이다. 그리함으로써 해방을 향한 길이 될 수 있다. 그리고 그런 느림과 되새김이 우리를 치유해준다.

이에 대한 현실적인 증거로 이런 이야기를 떠올려도 좋겠다. 아우슈비츠의 고통을 겪고 나온 빅톨 에밀 프랑클(Victor Emil Frankl)이 술회한 이야기다. 그는 우리가 현실에서 겪는 자극과 우리가 이에 대해서 하는 반응 사이에 어떤 공간이 있다고 역설했다. 그 사이 공간에서 우리는 어떠한 자극에 어떻게 반응할 것인가를 선택할 품을 갖게 된다고 한다. 말하자면 동일한 자극이라고 해도 사람마다 반응이 다르고 한 사람에서도 수시로 달라지는 것은 바로 이 선택의 자유가 꿈틀거릴 수 있는 공간 덕분이라는 것이다. 자극과 반응이 무시간적일 만큼 단순하게 기계적으로 작동하는 것이 아니라는 말이다. 이 자유의 공간이 바로 앎과는 다른 삶의 생리가 작동하고 있다는 증거다. 해석이란 바로 이 공간의 뜻을 일구어 자유를 더욱 촉촉하게 갈고 다듬는 시간적 과정의 사건이고 행위이다. 앞서 인식이 결과를 향해 치달아가는 데 비해 해석은 과정을 밟고 때로는 기어가면서 겪는다고 한 것과 같은 맥락이다. 해석학이 치유가 될 수 있다면 이러한 이유 때문일 것이다. 그리고 그렇게 치유와 해방에 봉사해야 한다.

나 가 면 서

　Y2K로 세상이 마비될 것 같다는 공포가 뒤덮었던 2000년이 되고
도 어느덧 두 번의 십 년을 보냈다. 그때의 불안은 그저 호들갑이었지
만 지금 인류는 미증유의 사태를 겪고 있다. 첨단과학과 의학의 혜택
을 이전 어느 시대보다 더 크게 누려 왔던 오늘날의 인류가 눈에 보이
지도 않는 바이러스로 생명과 건강에 엄청난 위협을 받고 있다. 지구
를 장악하고 우주로 날아갈 것 같았던 인간이 어처구니없게도 한갓
미물에게 포로가 된 듯하다. 게다가 방역을 위한 거리 두기로 인하여
경제도 더욱 어려워지는 상황이다. 건강과 생명에 경제까지 얽힌 문
제이니 불안과 고통이 엎친 데 덮친 격이다. 치료제와 백신이 개발되
기 전까지는 완전 해결이라고 할 수 없다니 언제까지 이런 상황이 계
속되어야 하는지, 그 과정에서 얼마나 많은 의료적인 희생과 경제적
인 희생을 치러야 하는지 아무도 가늠할 수 없으니 말이다. 이런 와중
에 한가하게 들릴 수도 있지만, '코로나 블루'라는 말처럼 직접 당하지
않고 있어도 몸 담고 있는 사회가 겪는 우울을 피하기는 어렵다.
　많은 전문가는 코로나 19 이전과 이후로 시대를 나누어야 할 것이
라고들 예견한다. 경제구조는 말할 것도 없고 보다 근본적으로는 삶
의 방식이 바뀔 수밖에 없고 또한 바뀌어야 한다고 한다. 바이러스의
출현 원인에 대한 논란이 분분하지만 신종의 등장이 어떤 연유로든지
생태 환경과 무관할 수는 없다. 생물학무기연구소에서 흘러나온 것이

라 해도 인간의 손을 떠나면 어떤 흉측한 괴물이 되어 다시 인간을 공격할지 예측 불허의 공포이려니와 설령 자연 발생적인 것이라고 해도 가공할 섬뜩함은 다르지 않다. 그러한 자연 발생마저도 인간의 과도한 생태파괴가 초래한 자연의 자정작용일 수도 있으니 말이다. 그러나 자연 발생과 같은 자연적인 악이라 하더라도 생명의 도구화라는 인간의 농간과 같은 도덕적 악이 더 깊은 곳에 깔려있을 터이니 그저 바깥을 향해서만 손가락질하고 있어서는 도무지 해결을 도모할 길이 없다.

자연은 그리고 자연을 포함한 세계는 인간들이 주체라는 이름으로 주도권을 휘두르면서 마구 주물러댈 한갓 대상이 결코 아니라는 것을 눈에 보이지도 않는 미물 바이러스가 인류에게 혹독하게 경고하고 있다. 일찍이 지구의 생태 시계로 환경운동가들이 계속해 왔던 경고를 무시하고 자본의 이름으로 돈만 쫓아다닌 결과 벌어진 이 비극을 이제는 피할 길이 없게 되었으니 말이다. 게다가 '신자유주의'라는 이름으로 이를 더 부추겨왔으니 그토록 소중한 '자유'를 그것도 보다 새롭게 한답시고 '신'(新)까지 붙인 물신숭배의 이념은 괴물이 되어 인간을 잡아먹을 지경에 이르렀다. 이렇게 보니 차라리 준동하고 있는 바이러스는 이를 물리적으로 보여주는 지극히 생태적인 증거인 듯하다.

그런데 이런 와중에서도 이로 인한 고통과 피해에서도 사회계층이나 인종, 국가에 따라 당하는 정도가 천차만별이라는 것은 또 다른 주목을 요한다. 눈에 보이지 않는 바이러스는 그도 역시 눈을 갖고 있지 않아서 무차별 공격을 한다고 하지만 당장 치사율만 보더라도 인종이나 사회경제적인 계층에 따라 엄청난 차별의 결과를 낳고 있으니 말이다. 생태파괴라는 가해는 '가진 자들'이 앞장서서 해 왔는데 이로 인해 일어나는 자연적인 악에 의한 피해는 '못 가진 자들'이 더 먼저 그리고 더욱 심각하게 당하기 때문이다. 그렇다고 해서 경제적인 능력이 생태적 안전이나 생명을 지속 보장해주는 것도 아니니 자연적으로나 인위적으로나 인간은 그가 살고 있는 지구에서 결코 혼자만 살 수는 없다. 자연현상의 고리가 자연으로만 끝나지 않고 이렇게 심각한 사회적 파장과 얽혀 있으니 이미 우리 삶의 세계가 그렇게 엮어있기 때문이다. 말하자면 생태적 공존을 위한 인류의 사회적 연대가 그 어느 때보다 더욱 절실해지는 상황이다.

돌이키건대, 일찍이 신화시대에는 자연의 홀연한 힘에 대한 두려움과 경외심으로 인간은 스스로 주인이 아님을 고백했었다. 그러나 그러한 신화를 뒤로 하고 인간들이 보다 편하게 잘 살아보겠다고 학문과 문화를 발전시켜왔었으니, 어느새 스스로를 세계의 주인으로 내세우게 되었다. 물론 그 덕분에 여러 면에서 문명의 이기를 누리면서 수명도 연장하는 등 많은 혜택을 본 것도 사실이다. 그런데 이를 명분으로 인간이 자연을 지배하고 이를 포함한 세계를 대상으로 주무르면서 마음대로 할 수 있으리라 생각했던 오만이 이제 엄청난 자가당착에 빠지게 되었다. 물론 이러한 모순은 일찍부터 성찰되었지만 이것이 갈수록 커지고 넓어져서 감당할 수 없게 되어간다는 데에 더욱 깊은 심각성이 있다.

이제 인간은 세계의 주인이 아닐뿐더러 자연을 부리는 기술자도 아니고 그저 자연에 속할 뿐이라는 것을 조신하게 되돌려 새겨야 한다. 이것이 오히려 인간이 사는 길이니 본디 인간이라는 것이 그러하고 삶이라는 것이 그렇게 생겨 먹었기 때문이다. 여기서 우리가 함께 살폈던 통찰들도 모두 이를 함께 나누는 것이니 이는 사실 우리 시대인 현대를 시작하는 포문을 열어준 의심의 대가들이 뿜어낸 사자후에 그토록 절절하게 담겨 있던 것이었다. 이들이 열변을 토했던 삶의 모순과 부조리, 이로 인한 소외와 허무, 급기야 불안과 절망은 그저 부정되어야 할 이면이거나 보다 나은 단계로 도약하기 위한 계기가 아니었다. 우리 삶이 그렇게 생겨 먹었고 우리는 그러한 삶으로 내던져진 실존이니 찬란하고 영롱한 허상의 기준을 들이대어 엄연한 모순을 외면할 일이 아니다. 세계의 주인이라는 착각이 빚어낸 허상으로 만들어진 자화상이 우리를 행복하게 해주기는커녕 도리어 그러한 허상을 성취하지 못하는 현실에 대한 불안만 증폭시켜왔으니 우리 인간은 자화상의 노예가 되었고 그런 줄도 모르고 몰려가는 자기실현이라는 목표에 대한 강박에 시달리게 되었다. 그리고 그러한 와중에 이렇게 미증유의 중간점검에 내몰리게 되었던 것이다. 물론 지금이라도 되돌려 성찰해야 중간점검이 될 터이며 만일 그렇게 하지 않으면 22세기는 없으리라는 미래학자들의 불길한 예언이 현실이 될지도 모르는 형국이다.

이러한 시대 징후를 일찍이 예견한 선구자들이 우리 시대를 열었으니 이 책에서 다룬 첫째 주자 포이어바흐는 인간을 정신으로만 보아왔던 근대에 대한 반동으로 물질과 육체 그리고 여기서 벌어지는 모순에 주목함으로써 자연의 위치와 가치를 그토록 강조했다. 바로 이어 등장한 니체도 자연을 터전과 요소로 하는 생명과 삶에 대해 그토록 절규했으니 도덕과 종교 등 문화가 오히려 이를 억압했다는 그의 비판도 역시 그저 한 세기 반전의 외마디로 치부할 수 없다. 이런 분들의 예언자적인 통찰을 현실로 일구어내지 못하고 그저 지나간 고전으로만 간주했던 오늘날 우리가 고스란히 그 오만과 태만의 대가를 치르고 있으니 말이다. 책에서 논했던 모든 사상가를 되뇔 것은 아니로되 우리 시대 시작부터 불을 뿜었던 자연과 생명의 회복을 위한 절규를 오늘 우리가 보다 새삼스레 들추어내고 되새겨야 할 절박한 이유를 우리가 처한 상황이 오히려 드러내 주고 있다는 것만 주목해도 적지 않은 뜻을 지닐 터이다. 이런 맥락에서 세계를 주물러 대는 앎의 뿌리로 들어가 그렇게 던져진 채 이미 살아온 삶의 뜻을 일구어내어 앞으로 살아갈 길을 찾아가려는 해석학은 우리의 상황과 맥락에서도 적실한 것 이상으로 절실한 것이 아닌가 한다. 본 연구서는 그런 뜻을 서로 나누고 더듬다가 다듬어가는 데에 조금이라도 이바지할 수 있다면 더 바랄 것이 없겠다.

믿음이 그대를 속일지라도
: 종교 강박으로부터의 자유를 향한 해석학

2020년 10월 25일 초판 1쇄 인쇄
2020년 11월 02일 초판 1쇄 발행

지은이 | 정재현
펴낸이 | 김영호
펴낸곳 | 도서출판 동연
등 록 | 제1-1383호(1992년 6월 12일)
주 소 | 서울시 마포구 월드컵로 163-3
전 화 | (02) 335-2630
팩 스 | (02) 335-2640
이메일 | yh4321@gmail.com
블로그 | https://blog.naver.com/dong-yeon-press

ISBN 978-89-6447-604-8 94200
      978-89-6447-602-4 (세트)

이 도서의 국립중앙도서관 출판예정도서목록(CIP)은 서지정보유통지원시스템 홈페이지
(http://seoji.nl.go.kr)와 국가자료종합목록 구축시스템(http://kolis-net.nl.go.kr)에서 이
용하실 수 있습니다. (CIP제어번호: CIP2020037799)